人倫之道와 家庭儀禮

金政洙 著

明文堂

著者 金政洙

序文

천지간 만물이 모두 부모가 있나니 아버지가 아니면 생할 수 없으며
어머니가 아니면 성장하기 어려우니라.
부모음양이 배합하여 여러 자식을 생하여 젖을 먹이고 품어 따뜻하게 하여
성장함에 밥을 먹이고 옷을 입혀 춥고 더움을 보살펴 주며 사랑하는 마음에
분뇨예물(糞尿穢物)을 손수 가려 항상 청결하게 하여 애지중지(愛之重之)로
귀여워하며 품어 안아주는 따뜻한 사랑 속에 성장하나니
이것이 부모의 은혜라. 자식된 자로서 그 은혜를 어찌 다함이 있으리오.
그런고로 부모 망후에 호읍통곡(號泣痛哭) 슬퍼하며 애통망극(哀痛罔極)하니
이것이 사람으로서 본연(本然)의 인륜지도(人倫之道)요 근본(根本)이니라.
부모는 자식을 낳아 사랑으로 키워 성장하게 하고 자식은 성장하여 부모를
섬기며 부모가 세상을 떠난 후에는 제사로 선영(先塋)을 받들어 모시니
이러므로 천지간 만물 중에 사람이 최존자요 영장이라 하느니라.
사람사람이 자기의 자식은 더없이 사랑하고 귀여워하며 남의 자식보다
훌륭하게 키워 가문(家門)의 명예(名譽)를 높이고 나아가서는 국가의 별이
되기를 소원(所願)하여 가르치고 익혀 배우게 하는 것이 부모의 마음이다.
그러나 자식이 부모 가슴의 그 깊은 마음을 어찌 다 헤아리리오.
물론 자식 마음도 부모 섬김에 어찌 소홀함이 있으며 거역함이 있으랴마는
인륜지도덕(人倫之道德)을 배우지 못하고 익히지 못하면
행하고 나아갈 길을 방황하게 되나니 그 가정이 산란(散亂)하게 되느니라.
그런고로 부모는 자식에게 사랑으로써 인의예지신(仁義禮智信)을
위주(爲主)하여 윤리도덕(倫理道德)을 가르쳐라.
나로부터 하물며 국정(國政)에 이르기까지 윤리도덕으로써 익히 행한다면
먼저 그 가정(家庭)이 영화(榮華)로우며 나라는 태평(太平)할 것이다.
고례(古例)로부터 나라에서는 청백리(淸白吏)를 으뜸으로 뽑았으나
지금 세상에는 사기(詐欺)와 도적(盜賊)들이 상사살인(相詐殺人)하며
또는 탐관오리(貪官汚吏)들이 백성의 연약(軟弱)한 혈기(血氣)를 흡입
(吸入)하고 있는 등 추악(醜惡)한 작태(作態)에 경탄(驚歎)치 않을 수 없다.
또한 사회풍습질서(社會風習秩序)가 금수(禽獸)와 같으니
이것이 모두가 인륜지도덕(人倫之道德)을 멀리함에 기인(基因)함이라.
모두가 그러할진대 나 한 사람이 어찌 선을 좇으랴.
그러나 나 한 사람으로부터 이웃에 이어지고 전함이 있는 고로
사람된 도리를 다할 때에 그 선덕은 천추에 전해지리라.
그런즉 넉넉하여 금수가 되지 말고 가난하여 사람이 되라.
천견박식(淺見博識)한 필자(筆者)가 감히 이 책을 쓰면서 독자(讀者)
제현(諸賢)이 혹 현사회(社會)와는 과대망상적(過大妄想的)인 서책이라고
지탄(指彈)할지 모르나 순리(順理)와 근본(根本)은 어길 수 없는 것이니
많은 사람이 읽어 이해하도록 주음(註音)을 첨가기록(添加記錄)하였다.
이에 미숙(未熟)한 면(面)과 결함(缺陷)이 비일비재(非一非再)하리라
사료(思料)되나 제현(諸賢)의 넓은 이해(理解)를 구(求)하는 바이다.

乙亥 春節　　　　松岩 金政洙 謹書
　　　　　　　　　字　邦武

目 次

（人倫之道）

（家庭儀禮）

<h1 align="center">（諸祝 列書）</h1>

天 地

○人倫之道

하늘이란 자는 하나의 큰 이름이니 그 형체(形體)를 하늘이라 하며
성정은 건(乾)이요 주제는 제(帝)이니 만화(萬化)의 주(主)가 됨을 말함이요
건은 건장(健壯)함이니 그 덕이 지극히 건장함을 말함이다.
주역에 말하기를 크다, 건의 으뜸이여. 만물이 스스로 의지하여 화하게 하니
이로 하여금 삼라만상(森羅萬象)이 모두가 하늘의 자애로 인하여 비롯함을
말함이다. 그런고로 하늘의 도(道)는 아버지의 도이니라.
땅이란 자는 그 형체가 하늘에서 물러나와 이름하기를 땅이라 하며
성정은 곤(坤)이요 주제는 순(順)이니 재화(載化)의 주(主)가 됨을 말함이요
곤은 후중(厚重)함이니 그 덕이 지극히 순함을 말함이다.
하늘에 이은 자는 땅의 몸이요 넓고 두터워 싣[載]지 않은 바가 없으니
주역에 말하기를 지극하다, 곤의 으뜸이여. 만물이 스스로 의지하여 생하나니
만물의 형체를 이룬 자 모두가 땅의 자애로 인하여 비롯함을 말함이다.
그런고로 땅의 도(道)는 어머니의 도이니라.
그런즉 하늘은 즉 양(陽)이요 아버지며 땅은 즉 음(陰)이요 어머니라.
그르므로 천지간 만물 중에는 음양이 불배한즉 그 형체가 있을 수 없으니
우주공간 내에 있는 삼라만상은 이를 떠날 수 없는 것이다.

주역(周易)에서 논술(論述)한 바와 같이 음양(陰陽)의 이치(理致)는 심(深)히
무궁(無窮)하니 백만사(百萬事)가 모두 음양의 이치에 연유(緣由)되어 있다.
또한 사람으로부터 하물며 미생물(微生物)에 이르기까지
음양오행(陰陽五行)의 조화(造化)로 인(因)하여 생불생(生不生)이 있으며
빈부귀천(貧富貴賤)과 유병무병(有病無病)이 정(定)해지고
장단수(長短壽)가 정해지니 이것이 모두가 음양의 조화이니라.
대개 사람은 가족과 친척이 화목하고 부귀영화하기를 추구한다.
그러나 이것이 마음과 같이 이루어지지 못하므로 갈망하며 혹자는 허영하여
죄악을 짓기도 하니 이것은 자기의 분수를 모르기에 그러하다.
허영된 마음은 모두가 부질없는 짓이요 스스로 파멸을 자초하는 것이니
주어진 분수에 맞추어 선량하게 부지런히 노력하여 생애를 보람있게 마쳐라.
혹자는 절에 가서 공을 드리고 또는 교회에 나가 기도를 드리며
자기 가정에 재앙 없이 가족이 모두 건강하며 잘되기를 마음으로 기도한다.
고로 불교의 주의는 죄를 짓지 말라 하고 교회의 주의는 선도하라 하니
사회의 사람이 모두가 이를 진실로 행한다면 이것이 바로 인륜지도이니
천하의 온 누리가 태평성세로 국태민안하리라.
그러나 혹자는 십자가 앞에서는 순한 양이었는데 사회에서 사기(詐欺)하고
불상 앞에서는 성자였는데 사회에서는 도적(盜賊)질하는 자들이 있으니
이 모두가 간사한 마음에 자기의 분수를 모르고 허영하기 때문이다.
부처와 하느님은 곧 나의 마음에 있으니 그대의 마음부터 닦으라.
성서에 왈 암실기심(暗室欺心)이라도 신목(神目)은 여전(如電)이라 하였으니.
외면은 화애(和愛)하나 내심(內心)이 불량(不良)하면 하늘은 벌을 내리니라.
상서(相書)에 말하기를 만상(萬相)이 불여심상(不如心相)이라 하니
그르므로 일마다 간사로우면 재앙이 이르고 일마다 정직하면 복이 오느니라.
그런즉 모두가 자기 마음에 있으니 먼저 조상을 숭상하고 부모를 공경하며
친척과 화목하고 이웃을 사랑할 때 이것이 곧 천륜지도요 인륜지도니라.

太 極

（太極） 太極이라 함은 陽과 陰이 卽 天地가 分하기 前을 말한다.
太極은 原來 眞空이며 無에서 비롯된 것으로 森羅萬象이 創造되기 前
가장 처음의 主體이며 無窮 無量한 理致와 根源을 하나로 뭉친 테두리이다.

（陰陽） 極에서 一氣가 動하니 一陽이 生하므로 이름하여 하늘이라 하고
陽이라고 하며 一氣가 靜하여 一陰이 生하므로 이름하여 땅이라 하고 陰이라
한다. 그러므로 비로소 生物이 化生하는 陰陽의 交道를 成하므로
化生萬物의 始初가 되어 以後 森羅萬象이 化生하게 된 것이다.
故로 天은 一大之名이요 形體를 天이라 하니 大哉요 乾元이다. 性精은 動이요
主宰는 上帝이며 乾은 健也니 萬化之父라. 故로 萬物之所生者는 皆天資始化하
느니라. 然則 天은 陽이니 乾道요 父道이며 夫道이니 男道니라.
地는 次大之名이라. 其形體를 退下之靜하여 地라 하며 陰이니 地哉요 坤元이다.
性精은 靜이요 主宰는 和이며 順也니 萬化之母라. 故로 萬物之所養者는
皆地資始化하니 然則 地는 陰이니 坤道요 母道이며 婦道이니 女道니라.

（天道 地象） 始初에 氣之輕淸者는 上而爲天하고 氣之重濁者는
下而爲地라. 天은 包하고 地는 藏하니 天氣主化로 萬象이 化生하며 地氣主胎에
萬物이 養生이라. 故로 陰陽이 相交하여 形象이 化生하니 陽이 昭照하고
雨露其降함에 陰이 藏育하므로 萬物이 生하여 成長한다 . 是曰 天道 地象이다.

（天人地 三才） 元來에 無極에서 兩儀가 分하여 乾道는 男이요
坤道는 女이다 故로 陰陽의 精氣가 交妙하게 合하고 凝結하여 化生萬物이
變化無窮한데 오직 사람이 其中에서 가장 뛰어난 靈氣로 생겨났으므로
萬物 中에 第一 靈特한 形體를 타고 나왔으며 神이 있고 神에서 智慧가 生하며
善惡을 分別하니 萬物 中에 靈物이라.
故로 天覆地載에 人生於其間하니 上天 中人 下地에 是曰 三才이다.
卽 天과 地間에 있는 모든 物體를 이름하여 一才라 하니
其中 사람이 靈物이기에 自稱 人才라 하며 天人地 三才라고 한다.

（萬物之靈長） 사람이 自稱 萬物之靈長이라 하니 陰陽은 精妙가
合하고 凝하여 乾道는 男을 成하며 坤道는 女를 成하여 萬物이 化生하고
變化無窮함의 理致는 一般이니라. 唯一 사람이 秀氣를 得하여 靈氣가 最優하
므로 神이 發하여 智케 되니 血肉의 倫氣가 眞하여 血統을 系承하며 道와
德으로 自仁 自施하는 動物이기에 自稱 사람이 萬物 中에 靈長이라 한다.

（夫道） 夫는 父道요 乾道니 男이다. 其體質이 健壯하며 勇敢하고 活動的
이며 頭腦의 活用이 優秀하고 萬事에 迫力이 있으니 一個家庭의 主宰者로서
祖上으로부터 承系者가 되며 家庭의 內外事를 總括하니 이것이 夫道니라.

（婦道） 婦는 母道요 坤道이니 女이다. 그 體質이 軟弱하며
不動的인 與件으로 靜和하고 柔順하여 每事에 順應滋養하니
一個 家庭의 內事를 主宰하며 萬事를 從夫하니 이것이 婦道니라.

태극

(태극) 태극이라 함은 양과 음이 즉 하늘과 땅이 나누어지기 전을 말한다.
태극은 원래 비어 있는 공간이며 아무것도 없는 무에서 비롯된 것으로 모든 물체가
즉 삼라만상이 창조되기 전의 가장 처음의 주체이니 곧 하늘과 땅 모두가 하나로
뭉쳐 있는 처음의 원체이다. 이것이 무궁 무량한 이치와 근원을 하나로 뭉친 테두리이다.

(음양) 태극에서 한 기운이 움직여 일양이 생하므로 이름하여 하늘이라 하고
양이라고 하며 한 기운은 안정하여 멈추니 일음이 생하므로 이름하여 땅이라 하고
음이라고 한다. 그러므로 비로소 음양이 있게 되니 생물이 화하고 생하는 음양의 교도를
이루게 되므로 화생만물의 시초가 되어 이후 삼라만상이 화생하게 된 것이다.
그런고로 하늘은 하나의 큰 이름이요 형체를 하늘이라 하니 큼의 으뜸이다. 성정은 동이요
주재는 상제이며 하늘은 건강하고 굳세므로 만물을 화하게 하는 아버지의 도니라.
그런즉 만물이 써 소생하는 자는 모두가 하늘의 자애로 인하여 비로소 생하게 되느니라.
고로 하늘은 양이니 건도라 하고 아버지의 도며 지아비의 도이니 이것이 남자의 도니라.
땅은 다음으로 큰 이름이며 그 형체가 아래로 물러 나와 자리에 안정하니 땅이라 하며
음이니 지재요 땅의 으뜸이다. 성정은 정이요 주제는 화하여 순하므로 어머니의 도니라.
고로 만물이 써 성장하는 자는 모두가 땅의 자애로 하여 비로소 양육되며 성장하느니라.
그런즉 땅은 음이며 곤도라 하고 어머니의 도며 지어미의 도이니 이것이 여자의 도니라.

(천도 지상) 처음에 기운이 가벼운 자는 위로 올라 하늘이 되고 기운이 무겁고
탁한 자는 아래로 내려와 땅이 된지라 하늘은 포과하고 땅은 감추니(감싸 안음)
하늘의 기운으로 만상과 만물이 비로소 화하며 땅의 기운으로 잉태하여 만물을 양생이라.
그런고로 양과 음이 서로 상교하여 형상이 화하여 생하니 하늘이 따스함을 비추고 비와
이슬을 주며 땅이 감싸 주므로 만물이 생하여 성장한다. 이것이 천도 지상이다.

(천인지 삼재) 원래 무극에서 양의가 나뉘어 하늘의 도는 남자가 되고
땅의 도는 여자가 되니 고로 음과 양의 정기가 사귀어 묘하게 합하고 응결하여 화생하는
만물이 변화 무궁한데 오직 사람이 그중에서 가장 뛰어난 영기로 생겨났음으로
만물 중에 제일 영특한 형체와 몸을 타고 나왔으며 신이 있고 신에서 지혜가 생기며
착하고 악함을 나누어 분별할 줄 아니 만물 중에 영물이라.
그런고로 하늘은 덮어 주고 땅은 실으니 사람이 그 가운데 있어 위에는 하늘이요
가운데는 사람이며 아래는 땅이라 이것을 천인지 삼재라고 한다.
즉 하늘과 땅 사이에 있는 모든 물체를 가리켜 일재라 하니
그중에서 사람이 영물이기에 스스로 인재라 하며 천인지 삼재라고 한다.

(만물지 영장) 사람이 스스로 말하기를 만물 중에 영장이라 하니 음과 양은
정기의 묘함이 합하고 응결하여 하늘의 도는 남자를 이루고 땅의 도는 여자를 이루니
만물이 화하여 생하고 변화 무궁함의 이치는 같느니라
오직 사람이 빼어난 기운을 얻어 영기가 가장 월등하므로 신이 발하여 알게 되니
혈육의 윤기가 진하여 자기의 혈통을 이어가며 도와 덕으로 스스로 어짊을 베풀 줄 아는
동물이기에 사람이 스스로 만물 중에 영장이라고 한다

(부도) 지아비는 아버지의 도요 하늘의 도이니 남자이다. 그 체질이 건장하며
용감하고 활동적이며 두뇌를 이용함이 우수하고 만사에 박력이 있으니
한 가정의 주재자로서 조상으로부터 승계자가 되며 가정 내외사를 총괄하니
이것이 지아비의 도니라.

(부도) 지어미는 어머니의 도요 땅의 도이니 여자이다. 그 체질이 연약하며
부동적인 여건으로 고요하고 안정하여 화하고 유순하며 매사에 순응 자양하고
한 가정의 내사를 주재하며 만사에 지아비를 좇으니 이것이 지어미의 도니라.

陰 陽

太初에 太極이 動하여 陽을 生하고 靜하여 陰을 生하니 兩儀가 成하였다.
陽이 動하고 陰이 合하여 四象을 生하니 東西南北 春夏秋冬이다.

東	陽	春	甲	乙	寅	卯	木	靑色	仁	肝	靑龍
南	陰	夏	丙	丁	巳	午	火	赤色	禮	心	朱雀
中		四季	戊	己	辰戌	丑未	土	黃色	信	胃	勾陳
西	陰	秋	庚	辛	申	酉	金	白色	義	肺	白虎
北	陽	冬	壬	癸	子	亥	水	黑色	智	腎	玄武

四象에서 五運(木火土金水) 甲乙丙丁戊己庚辛壬癸 天氣가 流行하여
八卦를 成하니 乾 坎 艮 震 巽 離 坤 兌이다.

八卦	五行	卦象	六親	本卦	先天	後天
乾	金	三連	父	一乾天	南	西北
坎	水	中連	中男	六坎水	西	北
艮	土	上連	小男	七艮山	西北	東北
震	木	下連	長男	四震雷	東北	東
巽	木	下絶	長女	五巽風	西南	東南
離	火	虛中	中女	三離火	東	南
坤	土	三絶	母	八坤地	北	西南
兌	金	上絶	小女	二兌澤	東南	西

八卦에서 倍하고 重하여 六十四卦가 成하니
六氣의 子丑寅卯辰巳午未申酉戌亥 地氣가 動하여
三百八十四卦를 成하였다. 이것이 周易이다.
故로 先天은 魂이 되고 後天은 體가 되니 魂과 體가 相交하여
變化無窮하므로 萬象起化의 根이라. 天地가 定位하니 山澤은 通氣하고
雷風은 相傳하며 水火는 不相射의 順逆이 分別되었다.
一陽은 子에 生하여 午에 極하고 一陰은 午에 生하여 子에 極한다.
陰極의 坤에서 一陽이 生하면 震卦가 되고 二陽이 盛하면 兌卦를 成하며
三陽이 極하면 乾卦를 盛한다. 陽極의 乾에서 一陰이 生하면 巽卦가 되고
二陰이 盛하면 艮卦를 成하고 三陰이 極하면 坤卦를 成한다.
故로 先天 坤位의 子에서 一陽이 始生하여 先天 乾位의 午에서 陽極하며
陽極의 先天 乾位 午에서 一陰이 始生하여 先天 坤位의 子에서 陰極한다.
乾은 父요 坤은 母이며 震은 長男이요 巽은 長女이며 坎은 中男이요
離는 中女이고 艮은 小男이며 兌는 小女이다.
乾은 坤과 配하며 坎은 離와 配하고 艮은 兌와 配하며 震은 巽과 配하니
乾坤은 萬卦의 宗이 되고 衆卦의 父母가 된다
乾卦는 全陽이니 殺孤이며 坤卦는 全陰이니 殺寡이다. 坎은 虛陽이요
離는 虛陰이라. 故로 乾坤坎離는 殺曜이니 易家에서 大忌하며
艮震巽兌는 陰陽이 相交하여 化生萬物하니 易家에서 全用한다.
然則 淨陽局은 凶局이니 甲壬戊己를 犯하여 諸凶殺이 此局에서 出하며
淨陰局은 吉局이라 丙丁庚辛을 納하여 陰陽交道이니 諸吉星이 照臨한다.

음 양

태초에 태극이 동하여 양을 생하고 정하여 음을 생하니 양의가 성하였다.
양이 동하고 음이 합하여 사상을 생하니 동서남북 춘하추동이다.

동	양	춘	갑 을	인	묘	목	청색	인	간	청룡
남	음	하	병 정	사	오	화	적색	예	심	주작
중		사계	무 기	진술	축미	토	황색	신	위	구진
서	음	추	경 신	신	유	금	백색	의	폐	백호
북	양	동	임 계	자	해	수	흑색	지	신	현무

사상에서 오운(목화토금수) 갑을병정무기경신임계의 천기가 유행하여
팔괘를 성하니 건 감 간 진 손 이 곤 태이다.

팔괘	오행	괘상	육친	본괘	선천	후천
건	금	삼련	부	일건천	남	서북
감	수	중련	중남	육감수	서	북
간	토	상련	소남	칠간산	서북	동북
진	목	하련	장남	사진뢰	동북	동
손	목	하절	장녀	오손풍	서남	동남
이	화	허중	중녀	삼이화	동	남
곤	토	삼절	모	팔곤지	북	서남
태	금	상절	소녀	이태택	동남	서

팔괘에서 배하고 중하여 육십사괘가 성하니
육기의 자축인묘진사오미신유술해 지기가 동하여
삼백팔십사괘를 성하였다. 이것이 주역이다.
고로 선천은 혼이 되고 후천은 체가 되니 혼과 체가 상교하여
변화 무궁하므로 만상 기화의 근이라. 천지가 정위하니 산택은 통기하고
뇌풍은 상전하며 수화는 불상사의 순역이 분별되었다.
일양은 자에 생하여 오에 극하고 일음은 오에 생하여 자에 극한다.
음극의 곤에서 일양이 생하면 진괘가 되고 이양이 성하면 태괘를 성하며
삼양이 극하면 건괘를 성한다. 양극의 건에서 일음이 생하면 손괘가 되고
이음이 성하면 간괘를 성하고 삼음이 극하면 곤괘를 성한다.
고로 선천 곤위의 자에서 일양이 시생하여 선천 건위의 오에서 양극하며
양극의 선천 건위 오에서 일음이 시생하여 선천 곤위의 자에서 음극한다
건은 부요 곤은 모이며 진은 장남이요 손은 장녀이며 감은 중남이요
이는 중녀이고 간은 소남이고 태는 소녀이다.
건은 곤과 배하며 감은 이와 배하고 간은 태와 배하며 진은 손과 배하니
건곤은 만괘의 조종이 되고 중괘의 부모가 된다.
건괘는 전양이니 살고이며 곤괘는 전음이니 살과이다. 감은 허양이요
이는 허음이라. 고로 건곤감이는 살요이니 역가에서 대기하며
간진손태는 음양이 상교하여 화생만물하니 역가에서 전용한다.
그런즉 정양국은 흉국이니 갑임무기를 범하여 흉살이 여기에서 출하며
정음국은 길국이라 병정경신을 납하여 음양교도이니 길성이 조림한다.

陰陽 交道

森羅萬象이 陰陽相交로 化生萬物하니 時要不要에 따라 千態萬象이 長短과
興亡盛衰의 生死가 있으니 따라서 人命은 千差萬別로 富貴貧賤이 있는 것이다.
故로 萬物之靈長인 人命으로부터 微生物에 이르기까지 陰陽의 造化에 있다.
化生하고 歸本하는 理致 또한 亦然하니 陰陽의 循環은 곧 天道요 順理니라.
故로 宇宙空間에서 惹起되는 諸般事項들이 離脫陰陽하여 存在할 수 없는 것이다.
然則 人事命理의 理致 또한 一般이니 是謂 周易이다.
周易에는 天人地 三才가 造化하여 貧富貴賤과 善不善의 大小强弱이 定해진다.
萬卦는 中爻를 除外하고 上下로 陰陽이 相交하여야 化生萬物하니 吉象이 되고
陰陽이 不配하면 以後變化가 없으므로 無用之物이라. 凶象이 되는 것이다.
然則 乾坤坎離를 殺曜라 하니 乾은 三連이요 離는 虛中이라. 中爻를 除去하고
上下로 配하면 共히 陽陽이라. 男男으로 作配하여 以後 變化가 없으므로
無用之物이라. 陽陽이 强暴하여 相爭하니 이것이 孤殺이며
坎은 中連이요 坤은 三絶이다. 中爻를 除外하고 上下로 配하면 共히 陰陰이라.
女女로 作配하여 以後 變化가 없으므로 無用之物이라 陰陰이 相姦嫉妬하니
이것을 殺寡라고 한다. 故로 乾坤坎離가 甲壬戊己를 納하여 殺曜라 하며
艮은 上連이요 巽은 下絶이니 中爻를 除外하고 上下로 配하면 上陽下陰에
陰陽이 相交하여 化生萬物하므로 丙辛을 納하여 生氣가 되고
震은 下連이요 兌는 上絶이니 中爻를 除外하고 上下로 配하면 上陰下陽에
陰陽이 相交하여 化生萬物하므로 丁庚을 納하여 旺氣가 되는 것이다.
故로 乾坤坎離는 淨陽의 殺局이요 艮巽震兌는 淨陰의 吉局이라고 한다.
이것이 陰陽의 交道이니 森羅萬象이 此理에 緣由되어 있다.

人命은 누구나 生涯를 富貴榮華로 享樂을 願하는 欲望은 一般이다.
그러나 個性人間은 그 欲望과 같이 每事가 不順하므로 富貴와 貧賤이
千差萬別로 各樣各色이니 此而皆於陰陽의 交道로서 先天的 運命인 것이다.
故로 分數適應者 君子이니 生을 開拓하고 虛榮妄動者 禽獸이니 生을 敗하니라.
個性人間 其中에는 自己分數는 妄覺하고 虛荒하여 富貴榮華를 不勞所得으로
欺人詐行 强盜殺人 等을 敢行하다가 廢人이 되며 子孫들까지 前路杜絶한다.
書에 曰 知足者는 貧賤도 亦樂이요 不知足者는 富貴도 亦憂라 하니
自己의 分數에 忠實하면 雖之貧賤者라도 家率而和合한즉 其中有足하니라.
大蓋 陰陽相交로 先天的인 運命이란 不可不動이나 人倫之道德을 實行한즉
作事順調요 至處喜事라. 雖小意志라도 足함이 있나니
故로 雖不命富貴라도 是爲靈長之道이니 時貧을 莫恨하라 傳後功德子孫이니라.

大蓋 人命이 假令 木身인데 雜木而茂盛則 不仁하여 背反親戚하고 獨自的으로
孤立된다. 火身이 冲天하면 眼疾多苦하며 無禮하여 心思가 毒蛇와 같다.
土身이 崩頹되면 人信人戚으로 損財多敗하며 胃病으로 多苦한다.
金身이 强刃하면 性格酷毒하여 未免官厄이요 肺病으로 呻吟한다.
是謂 分數이니 不足하여 愁苦함을 莫恨하며 貧寒하여 富貴함을 虛榮하지 말라
五行이 周流通氣하고 身旺하면 富貴榮華가 永久하지만 太旺 太弱이 不通하여
運逢逆行하면 富貴榮華는 畵中之餠이니 豈望富貴리오 此而運命이니라.
故로 富貴榮華란 虛慾妄動하여 自己 機器 外에는 追加할 수 없는 것이다.

음양 교도

삼라만상이 음양이 상교하여 화생만물하니 시요 불요에 따라 천태만상이 장단과
흥망성쇠의 생사가 있으니 따라서 인명은 천차만별로 부귀빈천이 있는 것이다.
고로 만물지영장인 인명으로부터 하물며 미생물에 이르기까지 음양의 조화에 있다.
화생하고 귀본하는 이치 또한 역연하니 음양의 순환은 곧 하늘의 도요 순리이다.
고로 우주공간에서 야기되는 제반 사항들이 음양을 떠나서 존재할 수 없는 것이다.
그런즉 인사명리의 이치 또한 일반이니 이것이 주역이다.
주역에는 천인지 삼재가 조화하여 빈부귀천과 선불선의 대소와 강약이 정해진다.
만괘는 중효를 제외하고 상하로 음양이 상교하여야 화생만물하므로 길상이 되고
음양이 불배하면 이후 변화가 없으므로 무용지물이라 흉상이 되는 것이다.
그런즉 건곤감이를 살요라 하니. 건은 삼련이요 이는 허중이니 중효를 제외하고
상하로 배하면 공히 양양이라. 남남으로 작배하여 이후 변화가 없으므로
무용지물이라. 양양이 강폭하여 상쟁하니 이것이 고살이며.
감은 중련이요 곤은 삼절이니 중효를 제외하고 상하로 배하면 공히 음음이다.
여가 여로 작배하여 이후 변화가 없으므로 무용지물이라. 음음이 상간질투하니
이것을 살과라고 한다. 그러므로 건곤감이가 갑임무기를 납하여 살요라 하며
간은 상련이요 손은 하절이니 중효를 제외하고 상하로 배하면 상양하음에
음양이 상교하여 화생만물하므로 병신을 납하여 생기가 되고
진은 하련이요 태는 상절이니 중효를 제외하고 상하로 배하면 상음하양에
음양이 상교하여 화생만물하므로 정경을 납하여 왕기가 되는 것이다.
그러므로 건곤감리는 정양의 살국이요 간손진태는 정음의 길국이라고 한다.
이것이 음양의 교도이니 삼라만상이 이 이치에 연유되어 있다.

인명은 누구나 생애를 부귀영화로 향락하기를 원하는 욕망은 일반이다.
그러나 개성인간은 그 욕망과 같이 매사가 순조롭지 못하기에 부귀와 빈천이
천차만별 각양각색이니 이것이 모두 다 음양의 교도로서 선천적인 운명인 것이다.
고로 분수에 적응한 자 군자이니 삶을 개척하고 허영자는 금수이니 삶을 패하니라.
개성인간 그중에는 자신의 분수는 망각하고 허황하여 부귀영화를 불로소득으로
사람을 속이고 강도. 살인 등을 감행하다가 폐인이 되니 자손들의 앞길까지 막는다.
서에 말하기를 지족자는 비천도 역락이요 부지족자는 부귀도 역우라 하니.
자기의 분수에 충실하면 비록 가난할지라도 가족이 화합한즉 족함이 그 가운데에
있느니라. 대개 음양상교로 선천적인 운명이란 불가부동이라고 하나 인륜지도덕을
실행한즉 작사에 순하며 가는 곳마다 기쁨이요 비록 작은 뜻이라도 족함이 있나니
그런고로 비록 부귀의 명은 아닐지라도 이것이 영장지도이니 한때의 빈한함을
한탄하지 말라. 그의 공덕은 뒷날의 자손에게 전해지느니라.

대개 인명이 목신인데 잡목이 무성하면 불인하여 친척을 배반하고 독자적으로
고립된다. 화신이 충천하면 안질에 다고하며 무례하여 심사가 독사와 같다.
토신이 붕퇴되면 사람을 믿다가 인척으로 인하여 손재다패하고 위병으로 다고한다.
금신이 강인하면 성격이 혹독하니 관액을 면치 못하며 폐병으로 신음한다.
이것이 분수이니 부족하여 수고함을 한탄치 말며 빈한하여 부귀함을 허황하지 말라.
오행이 주류통기하고 신왕하면 부귀영화가 영구하지만 태왕 태약이 불통되어
운봉역행하면 부귀영화는 화중지병이니 어찌 부귀를 바라리오 이것이 운명이니라.
고로 부귀영화란 허욕망동하여 자기의 기틀 그릇 외에는 추가할 수 없는 것이다.

太極과 三才

千態萬象의 源理는 陰陽의 相交로 因하여 始生하는 것이니 그 變化함은
深意無窮하다. 韓國民의 國家를 表視하는 太極旗에도 陰陽이 相交토록 하였으며
國民의 本然의 傳統과 天下의 온 누리의 平和와 太平盛世를 太極旗에 담았으니
이것을 眞實로 得解하고 보면 太極旗의 尊嚴함에 膽腦를 肅然케 할 것이다.
今人이 太極旗에 對하여 或者는 理解하고 或者는 未解하여 混同하므로 簡略한다
太極의 四角으로 된 白色布는 一極이요 即 太極이니 天下는 하나임을 意味한 것이고
또 白色은 平和를 象徵하니 天下의 모두가 平和로움을 象徵하는 것이며
또한 韓國民의 傳通인 白衣民族을 象徵한다. 中央에 圓內의 紅青은 陰陽을 表視하니
太初에 一極이 動하여 生陽하고 靜하여 生陰하였다. 故로 陽은 乾道요 陰은 坤道라
陽은 男道요 陰은 女道이니 紅色은 陽이 되어 上에 在하며 하늘을 表視하고
乾이라 하며 父道가 되고 陽이니 男子를 象徵하였다. 青色은 陰이 되어 下에 在하니
땅을 表視하고 坤이라 하며 母道가 되고 陰이니 女子를 象徵하였다.
故로 紅乾 青坤이 相交하여 即 陽이 動하고 陰이 合하여 四象을 生하므로
東西南北이요 春夏秋冬이다. 乾南 坤北 坎西 離東으로 四象이 固定되어
天地가 定位하니 雷風은 相傳하고 山澤은 通氣하며 水火는 不相謝의 義를 담아
太極旗의 四角에 定位하였다 乾은 太陽이므로 上右에 定位하고 坤은 太陰이라
下左에 定位하여 乾坤이 配하고 坎은 少陽이니 上左에 居坐하고 離는 少陰이라
下右에 居坐하여 坎離가 配하니 이것이 夫婦의 交道이다.
陰이 靜하여 陽과 合하고 陽이 動하여 陰과 配하니 永遠不滅의 循環으로
森羅萬象을 孕化生出 所長하므로 千態萬象은 此理를 離치 못한다.
中央의 S字 形象은 陰陽의 始終과 盛衰를 表視하였으니 陽은 冬至로부터 始生하여
夏至에 이르고 陰은 夏至로부터 始生하여 冬至에 이른다. 陰中에도 陽在하고
陽中에도 陰在하여 回轉하며 陽衰하면 陰盛하고 陰衰하면 陽盛하니
圓內의 紅色尾는 陽이 衰함을 表視하고 青色尾는 陰이 衰함을 表視하였다.
故로 陽極하면 陰生하고 陰極하면 陽生하니 永久不滅의 陰陽交道를 反復한다.
이와 같은 無窮한 循環으로 韓國民의 存續을 永遠히 바라는 深意이다.
故로 始初에 聖君과 聖賢들이 國泰民安으로 萬百姓의 富貴榮華와 天下의 온 누리에
太平盛世를 要望하는 深意를 太極旗에 담았으니 其意가 雄大하고 無窮하지 않느냐.
或者는 太極의 眞意를 不知하고 誤解하니 哀惜하고 羞恥스러운 일이다.
또한 巷間에서 三太極을 欣히 볼 수 있는데 그 眞意를 誤解하면 큰 矛盾이 된다.
大蓋 三太極은 手扇이나 古家의 大門 또는 國樂의 樂器 等에서 많이 볼 수 있다.
三太極이란 天人地 三才를 말한 것이니 前記에서 言及한 바와 같이
上天 中人 下地의 三才이니 原來에 三才가 宇宙空間에 主가 되므로 陽이 所照하고
陰이 藏하므로 中才가 存在할 수 있으니 中才는 自然의 理致에서 順應하는 것이다.
故로 三才가 合하여 夫婦의 交道는 없으니 그러므로 當然히 中人은 除外하고
天과 地가 相交하여 夫婦의 道를 成함으로써 中人才는 自然에서 化生하는 것이다.
然則 天地立而人道備中하니 天人地 三才라 하며 그 妙理는 易書에서 主應하니
全易에서 一起一伏의 千變萬化가 摠爲皆於三才이니 周易에서 全用한다.
敷衍하면 乾三連 坎中連 艮上連 震下連 巽下絕 離虛中 坤三絕 兌上絕이다.
然則 上爻는 天이요 中爻는 人이며 下爻는 地이니 이것을 三才라고 한다.
萬卦는 中人을 除外하고 上天 下地로 陰陽이 相交하여야 冲化作用이 있으며
陰陽이 不配하면 冲化가 없으므로 殺氣가 되는 것이다. (別冊 易理學大全을 보라)
故로 太極과 三才는 判異하므로 그 眞意를 誤解하면 大矛盾이다.

태극과 삼재

천태만상의 원리는 음양의 상교로 인하여 비로소 시생하는 것이니 그 변화함은
심히 무궁하다. 한국의 국가를 표시하는 태극기에도 음양이 상교토록 하였으며
국민 본연의 전통과 천하의 온 누리의 평화와 태평성세를 태극에 담았으니
이것을 진실로 이해하고 보면 태극기의 존엄함에 가슴과 머리가 숙연해질 것이다.
태극의 사각으로 된 백색포는 일극이요 즉 태극이니 천하는 하나임을 의미한 것이고
또한 백색은 평화의 상징이니 천하의 모두가 평화로움을 상징하는 것이며
또 한국민의 전통인 백의민족을 상징한다. 중앙의 원 내의 홍청은 음양을 표시하니
태초에 일극이 동하여 생양하고 정하여 생음하였다. 고로 양은 건도요 음은 곤도라
양은 남도요 음은 여도이니 홍색은 양이 되어 위에 있으며 하늘을 표시하니 건이라
하며 부도가 되고 양이니 남자를 상징하였다. 청색은 음이 되어 아래에 있으니
땅을 표시하고 곤이라 하며 모도가 되고 음이니 여자를 상징하였다.
고로 홍건 청곤이 상교하여 즉 양이 동하고 음이 합하여 사상을 생하므로
동서남북 춘하추동이다. 건남 곤북 감서 이동으로 사상이 고정되어
천지가 정위하니 뇌풍은 상전하고 산택은 통기하며 수화는 불상사의 의를 담아
태극기의 사각에 정위하였으니 건은 태양이므로 상우에 정위하고 곤은 태음이라
하좌에 정위하여 건곤이 배하며 감은 소양이니 상좌에 거좌하고 이는 음이라
하우에 거좌하여 감리가 배하니 이것이 부부의 교도이다.
음이 정하여 양과 합하고 양이 동하여 음과 배하니 영원 불멸의 순환으로
삼라만상을 잉태하여 생출 소장하므로 천태만상은 그 이치를 떠나지 못한다.
중앙의 S자 형상은 음양의 시종과 성쇠를 표시하니 양은 동지로부터 시생하여
하지에 이르고 음은 하지로부터 시생하여 동지에 이른다. 양 중에도 음이 있고
음 중에도 양이 있어 회전하며 양쇠하면 음성하고 음쇠하면 양성하니
원내의 홍색미는 양이 쇠함을 표시하고 청색미는 음이 쇠함을 표시하였다.
고로 양극하면 음생하고 음극하면 양생하니 영구불멸의 음양교도를 반복한다.
이와 같이 무궁한 순환으로 한국민의 존속을 영원히 바라는 깊은 뜻이다.
고로 처음에 성군과 성현들이 국태민안으로 만백성의 부귀영화와 천하의 온 누리에
태평성세를 바라는 깊은 뜻을 태극기에 담았으니 그 뜻이 웅대하고 무궁하지 않느냐.
혹자는 태극의 진의를 부지하고 오해하니 애석하고 수치스러운 일이다.
또한 항간에서 삼태극을 흔히 볼 수 있는데 그 진의를 오해하면 큰 모순이 된다.
대개 삼태극은 손부채나 고가의 대문 또는 국악의 악기 등에서 많이 볼 수 있다.
삼태극이란 즉 천인지 삼재를 말한 것이니 전기에서 언급한 바와 같이
상천 중인 하지의 삼재라 원래 삼재가 우주공간에 주가 되므로 양이 소조하고
음이 장하므로 중재가 존재할수 있으니 중재는 자연의 이치에서 순응하는 것이다.
고로 삼재가 합하여 부부의 교도는 없으니 그러므로 당연히 중인은 제외하고
천과 지가 상교하여 부부의 도를 성하므로 중인재는 자연에서 화생하는 것이다.
그런즉 천지입이 인도비중하니 천인지 삼재라 하며 그 묘리는 역서에서 주응하므로
전역에서 일기 일복의 천변만화가 총위개어삼재이니 주역에서 전용한다.
부연하자면 건삼련 감중련 간상련 진하련 손하절 이허중 곤삼절 태상절이다.
그런고로 상효는 천이요 중효는 인이며 하효는 지이니 이것을 삼재라 한다.
만괘는 중인을 제외하고 상천 하지로 음양이 상교하여야 충화작용이 있으며
음양이 불배하면 충화가 없으므로 살기가 되는 것이다. (별책 역리학대전을 보라)
고로 태극과 삼재는 판이하므로 그 진의를 오해하면 큰 모순이 된다.

生涯의 運命

天地間 萬物이 人間이나 禽獸나 또한 植物 等 其他 모든 生命體는 同一하나
其萬物中에 人間이 靈物이기에 스스로 靈長이라 自稱하며 存在하고 있다.
他動物보다 사람이 特異함은 頭腦의 想念考察이 優秀하여 其他를 支配用役하며
또한 仁義禮智信을 守行하는 義理가 있으며 智慧로움이 더하므로 靈長이라 한다.
그러나 或者는 靈長이란 自身을 妄覺하고 虛荒하여 禽獸보다 次元 낮은 行動을
敢行하면서 甘言利說로 對人을 欺用하며 自己만을 爲하여 狐狸와 같이
祖上과 父母와 兄弟親戚을 外面하고 隣友를 欺瞞하여 私慾에만 置重하니
如此히 醜惡하고 鄙陋한 者들을 어찌 靈長이라 하리오.
然이나 不具하고 自己分數와 力量은 不知하고 虛慾에 發狂하여 欺人詐行하며
非常한 頭腦로 巧妙하게 隱蔽하며 表面은 聖賢君子요 賢母良妻인 양 하나 奸邪한
作態들이 不少하며 따라서 悖倫의 世習體制로 變해가고 있으니 痛歎할 일이다.

大蓋 人生이란 自己의 古今을 回想感懷할 때에 一場春夢인 生涯의 歲月이다.
地上의 靈長인 尊者로서 一時過夢하고 歸土六尺地下時에는 心餘無窮하나
千態萬象은 陰陽相交로 定命運行하여 時至而歸本하니 이것이 生涯의 運命이다.
比喩컨대 假令 草木의 苗가 發芽盛長함은 太陽所照에 太陰包裹로 長育한다.
分陽分陰에 四象이니 春夏秋冬 四季節로 萬物發芽春節이요 盛長茂葉夏節하고
花開結實秋期하여 肅殺冬節에는 자리에 들어 다음 發芽時를 기다린다.
이것이 陰陽의 交道로서 그 生涯를 循環하는 一生이니 萬物의 理致는 一般이다.

그 生涯의 過程에는 假令 草木의 苗가 發芽土肥한즉 成長함에 茂盛하며 結實 또한
豊盛할 것이요 萬若 發芽薄土石上則 何而成長茂盛하며 豊盛한 結實을 바라리오.
또한 그 種苗가 不實하면 發芽沃土라도 本然의 氣質을 履行하기 어려운 것이다.
故로 箇箇人命도 陰陽相交時의 時要不要에 따라 富貴貧賤이 定命되어 있다.
筆者가 命理學에 有意하여 周邊親姻戚으로 經驗한바 的實하였다.
假令 命柱에 己身의 木이 泄氣가 甚하여 太弱하므로 扶助를 要하는데 行運에서
印比運을 向한다면 發展하는 것이며 萬若 官食傷地로 向한다면 平地風波이다.
또한 食神 火神은 禮를 主導하고 心腸 小腸 眼目 等을 關하니 이에 病苦한다.
또는 無禮하여 羞恥感을 모른다. 萬若 官星이 太過한데 運이 西方을 向한다면
官災訟事로 損財莫甚하다 此에 印星이 不救한즉 殺氣가 衝天하니 作事에 禍根이라.
甚하면 凶惡한 犯法을 하여 監獄에 가는 身世가 되며 不然이면 肺病으로 辛苦한다.

또한 相書에 말하기를 準頭를 財帛宮이라 하니 五岳이 分明한즉 榮華를 누리나
財帛宮에 死色이 不離하면 平生이 貧賤하다.
又曰 相의 均形 不均形으로 吉凶 禍福이 定해지나 萬相이 不如心相이라 하니
大概 心神이 爽快하면 喜色而滿面하여 生色이 오는 것이요 欺人詐行으로 心思가
不良하면 內心이 恒常 不安하므로 死色이 오는 것이다.
또한 男必聲雄壯項大하며 女必聲語柔細라야 貴聲이 되고 萬若 男聲女音하고
女聲男音이면 貧賤하거나 夭死한다. 家庭에서도 恒常騷亂하면 其家貧寒하다.
如上하게 生涯의 運命은 陰陽의 交道時에 定命되어 있으니 이것이 分數이다.
故로 自己의 分數에 맞추어 正義에 充實하면 其中에 足함이 있으며
그 子孫에게 福됨이 오느니 自己의 分數를 터득하라.

생애의 운명

천지간 만물이 인간이나 금수나 또는 식물 등 기타 모든 생명체는 동일하나
그 만물 중에 인간이 영물이기에 스스로 영장이라 자칭하며 존재하고 있다.
타 동물보다 사람이 특이함은 두뇌의 생각함이 우수하고 기타를 용역지배하며
또한 인의예지신을 수행하는 의리가 있으며 지혜로움이 더하므로 영장이라 한다.
그러나 혹자는 영장이란 자신을 망각하고 허황하여 금수보다 차원 낮은 행동을
감행하면서 감언이설로 상대를 속여 이용하며 자기만을 위하여 이리떼와 같이
조상과 부모와 형제 친척을 외면하고 이웃을 기만하여 사욕에만 치중하니
그렇듯이 추악하고 더러운 자들을 어찌 영장이라 하리오.
그러나 불구하고 자기분수와 역량은 알지 못하고 허욕에 발광하여 사람을 속이며
그 비상한 두뇌로 교묘하게 은폐하며 외면은 성현군자요 현모양처인양 하나 간사한
작태들이 적지 않다. 따라서 패륜의 세습체제로 변해가고 있으니 통탄할 일이다.

대개 인생이란 자기의 지난날을 회상하여 느낄 때에 일장춘몽인 생애의 세월이다.
지상의 존자로서 한때의 꿈을 지나 육척지하의 흙으로 갈 때에 남은 마음 무궁하나
만물은 음양상교로 정명운행하여 때가 되면 가는 것이니 이것이 생애의 운명이다.
비유컨대 가령 초목의 묘가 발아 성장함에는 태양이 소조하고 태음이 포과하여
성장한다 분음 분양에 사상이니 춘하추동 사계절로 만물발아춘절이요 성장무엽
하절하고 화개결실추기하여 숙살동절에는 자리에 들어 다음 발아시를 기다린다.
이것이 음양의 교도로서 그 생애를 순환하는 일생이니 만물의 이치는 일반이다.

그 생애의 과정에는 가령 초목의 묘가 발아토비한즉 성장함에 무성하며 결실 또한
풍성할 것이요 만약 발아박토한즉 어찌 무성하게 성장하며 풍성한 결실을 바라리오.
또한 그 종묘가 부실하면 발아옥토라도 본연의 기질을 이행하기 어려운 것이다.
고로 개개 인명도 음양 상교시의 시요 불요에 따라 빈부귀천이 정명되어 있다.
필자가 명리학에 뜻이 있어 주위에 친인척으로 경험한바 적실하였다.
가령 명주에 기신의 목이 설기가 심하여 태약하므로 부조를 요하는데 행운에서
인비운을 향한다면 발전하는 것이며 만약 관식상지로 향한다면 평지에 풍파이다.
또한 식신 화신은 예를 주도하고 심장 소장 안목 등을 관하니 이에 병고한다.
또는 무례하여 수치감을 모른다. 만약 관성이 태과한데 운이 서방을 향한다면
관재송사로 손재가 막심하다. 이때에 인성이 불구한즉 살기가 충천하니 일마다
화근이라. 심하면 흉악한 범법을 하여 감옥에 가는 신세가 된다.
만약 그렇지 않으면 폐병으로 고생한다.

또한 상서에 말하기를 준두를 재백궁이라 하니 오악이 분명한즉 영화를 누리나
재백궁에 사색이 떠나지 않으면 평생이 빈천하다.
또 말하기를 상의 균형 불균형으로 길흉화복이 정해지나 만상이 불여심상이라 하니
대개 심신이 상쾌하면 희색이 만면하여 생색이 오는 것이요 기인 사행으로 심사가
불량하면 속 마음이 항상 불안하므로 사색이 오는 것이다.
또한 남자의 음성은 웅장해야 하며 여자의 음성은 가늘고 부드러워야 귀성이며
만약 남자 음성이 여자 같고 여자 음성이 남자 같으면 빈천하거나 요사한다.
가정에서도 항상 소란하면 그 가정이 빈한하다.
여상하게 생애의 운명은 음양의 교도시에 정명되어 있으니 이것이 분수이다.
그러므로 자기의 분수에 맞추어 정의에 충실하면 그중에 족함이 있으며
그 자손에게 복됨이 오느니 자기의 분수를 터득하라.

人生

靈長의 本源은 곧 天倫이다 世上에는 祖上과 父母가 계셨기에 自己가 있고 兄弟와
親戚이 있으며 一個家庭을 이루니 食口가 繁盛하여 서로가 이웃이 形成되며
마을이 造成되고 나아가 國家가 있게 되니 是爲天倫之道로써 形成되는 것이다.
故로 先祖와 父母로 因하여 自己가 있게 되었으니 祖上과 父母는 곧 自身이다.
先祖는 一生을 循環하여 生을 마치고 地下에 潛宿하시며 自己도 또한 居潛할 날이
未久이다. 實로 人生의 循環하는 生涯는 一場春夢이며 虛無한 것이다.
大槪 老來에 臨하여 稀微하게 感動한 바 있지만 父母는 가시고 이어 自身도 衰退되어
虛無한 人生向路임을 깨달음에야 生涯의 過程에 正誤와 喜悲를 回想한들 무엇하랴.
萬物 中에 人生이 靈長이라 하니 個性人間의 臆腦에는 道德之心이 存在하여
이를 修行하며 祖上을 崇尙하고 子息을 사랑하며 親戚과 和睦하고 이웃과 融和하니
이것이 곧 天倫이요 人倫之道이니 萬物 中에 靈長이다.
然이나 其中에는 自己만을 爲하여 非常한 詐欺로 禽獸와 같이 醜惡한 人生들이
自己의 本分은 妄覺하고 더불어 祖上으로부터 이어받은 血統마저 背反하여
祖上과 父母와 親戚을 外面하며 忌祭祀도 不奉하려 하는 人生들이 있다.
또한 祖上들의 山所伐草도 等閒視하니 墓域은 雜木이 茂盛하여 境內는 狹小해지고
墓所는 草衰崩頹되니 그 形態가 稀微해져 감에도 無觀心하면서 享樂奢侈에는
避署다. 休養이다. 또는 觀光地나 遊園地 等에는 巨額을 浪費하며 狂發者처럼
遊興放蕩하지만 年中의 正 秋日에 祖上의 省墓에는 時間이 없어 못 간다고 하며
山所伐草도 周邊人依託하고 省墓에는 數年 만에 한 번씩 다니는 子孫들이 不少하다.
이와 같이 倫理와 道德은 墮落하고 血通과 倫氣는 稀微해져 가니 痛歎할 일이다.

至今 世上 男女淫亂이 露骨化로 衣裳과 行動이 姦淫放恣하여 禽獸만도 못하다.
此爲皆於 貪色之心에 發狂하는 것이니 世上에는 詐欺 盜賊 殺人 等 凶惡犯들이
日增하는 것은 都在淫蕩心에서 發生한다. 時代의 靑壯年들의 放恣한 衣裳에
夫婦雙雙의 行動擧止는 街道行步에 尊長이 避行해야 한다.
自古以來로 敗亡은 色情에 있으며 悖倫이 또한 淫亂의 醜惡한 貪色에 있느니라.

天下人이 生子養育함에 寒溫飢飽와 尿糞掃除에 睡眠未盡하며 慈愛로써 養育함은
一般이라. 然이나 是而不知하고 自己夫婦와 子息 사랑 뿐이니 哀惜한 일이다.
聖書云 兒曹는 出千言하되 君聽常不厭하고 父母一開口言은 便道多閑關이라 하니
非閑管親掛牽이라. 皓首白頭에 多掩練이니 敬奉老人言하고 莫敎乳口爭短長하라.
又曰 富貴엔 養親易로되 親常有未安하고 貧賤엔 兒不受飢寒이라 一條心兩條路에
爲兒終不如父이니 兩親을 如養兒하라. 汝己養育에 其然이니라.
父母十分慈하되 君不念其恩하고 兒有一分孝에 君就揚其名이라 待親暗待兒明하니
誰識高堂養子心인고. 漫信兒曹孝하라 兒曹親子在君身이니라.
大蓋 幼兒騷亂糞尿는 君心無厭忌로되 父母咳嗽에 反有憎嫌이라. 六尺汝軀何來處뇨.
父情母血成汝體라. 故로 父母는 我身而如同이요 兄弟而手足이며 夫婦而衣服이요
子孫而眼目이며 親戚而揮帳이라. 勸君敬奉雙親하라 壯時爲爾筋骨敞니라.
然則 祖上父母爲事에 如子息慈愛心하고 宗族親戚爲事에 如己妻愛之心하라.
人人何以不孝父母하고 兄弟親戚不顧하며 家門宗族을 外面하랴마는
識見而不足하고 耳聞知識而不正한즉 不孝莫甚하니 熟習識見을 바르게 하라.
孝道하고 友愛하며 和睦하는 것은 非在貧富요 非在貴賤이니라.

인 생

사람의 근본은 곧 천륜이다. 세상에는 조상과 부모가 계셨기에 자기가 있고 형제와
친척이 있으며 일개 가정을 이루게 되니 식구가 번성하여 서로가 이웃이 형성되며
마을이 조성되고 나아가 국가가 있게 되니 이것이 천륜지도로써 형성되는 것이니라.
그런고로 선조와 부모로 인하여 자기가 있게 되었으니 조상과 부모는 곧 자신이다.
선조는 일생을 순환하여 생을 마치고 지하에 잠숙하시며 자기도 또한 지하로 갈 날이
멀지 않다. 실로 인생의 순환하는 생애는 일장춘몽이며 허무한 것이다. 대개 늙음에
이르러 희미하게 감동한 바 있지만 부모는 가시고 이어 자신도 어느덧 쇠퇴하니
허무한 인생의 향로임을 깨달음에야 생애의 과정에 정오와 희비를 회상한들 무엇하랴.
만물 중에 인생이 영장이라 하니 개성인간의 억뇌에는 도덕지심이 존재하여 있으므로
이를 수행하며 조상을 숭상하고 자식을 사랑하며 친척과 화목하고 이웃과 융화하니
이것이 곧 천륜이요 인륜지도이니 만물 중에 영장이다.
그러나 그중에는 자기만을 위하여 비상한 사기로 금수와 같이 추악한 인생들이
자기의 본분은 망각하고 더불어 조상으로부터 이어받은 혈통마저 배반하여
조상과 부모와 친척을 외면하며 기제사도 모시려 하지 않는 인생들이 있다.
또한 조상들의 산소에 벌초도 등한시하니 묘역에는 잡목이 무성하여 경내는 협소해지고
묘소는 초쇠 붕퇴하니 그 형태가 희미해져 감에도 무관심하면서 향락 사치에는 피서다
휴양이다 또는 관광지나 유원지 등에는 많은 돈을 낭비하면서 미친 사람 발광하듯이
유흥방탕하지만 연중 정월이나 추석 명절에 조상의 성묘에는 시간이 없어 못 간다고 하며
산소 벌초도 주변인에게 의탁하고 성묘에는 수년 만에 한 번씩 다니는 자손들이 적지 않다.
이와 같이 윤리와 도덕은 타락하고 혈통과 윤기는 희미해져 가니 통탄할 일이다.

지금 세상에는 남녀 음란이 노골화되어 의상과 행동이 간음방자하여 금수만도 못하다.
이것이 모두 탐색지심에서 발광하는 것이니 세상에는 사기 도적 강도 살인 등 흉악범들이
날로 증가함은 모두가 음탕한 마음에서 발생한다. 시대의 청장년들의 방자한 의상에
부부쌍쌍의 행동거지는 가도 행보에 존장이 피해가야 한다.
옛날로부터 패망함은 색정에 있으니 패륜이 또한 음란의 추악한 탐색에 있느니라.

천하 사람이 자식을 낳아서 기름에 춥고 따뜻하고 배고프고 배부르고 아프고 건강하고
요분 소제에 졸음도 다하지 못하며 자애로써 키우는 것은 일반이다.
그러나 이것을 알지 못하고 자기 부부와 자식 사랑밖에 모르니 슬픈 일이다.
성서에 가로되 여러 자식들이 떠드는 것은 너희는 말하지 않으나 부모가 한마디 하는 말은
잔소리가 많다고 하느니라. 아버지는 부질없이 하는 말이 아니라 늙도록 경험한 바로
너희를 걱정하여 바르게 이끌고자 하는 말이거늘 너희는 들으려 하지 않느니라.
아버지의 말을 존경하여 들은 뒤에 깊이 헤아려라.
가르침을 듣지도 아니하고 아직 젖냄새 나는 입으로 길고 짧다고 다투어 말하지 말라.
또 가로되 부귀한즉 부모 봉양은 쉬우나 부모는 늘 불편함이 있고 빈천한즉 아이가 춥고
배고픔을 받아 주지 않느니라. 한 가지 마음과 두 갈래 길에 아이를 위함이 마침내 어버이
위함과 같지 않으니 어버이 받들기를 아이와 같이하라. 너희도 다 그렇게 키웠느니라.
부모는 지극히 너희를 사랑하되 너희는 그 은혜를 생각하지 아니하고 자식이 한번 잘함에
너희는 그것만을 자랑하느니라. 어버이 대함은 어둡고 아이 대함은 밝으니 어버이가 자식
키웠던 마음을 누가 있어 알 것인고 아이가 한번 잘한 것을 여기 저기 질펀하게 말하지
말라. 너희는 아이의 어버이요 또 부모의 자식이 되느니라.
대개 아이의 오물과 소란한것은 너희는 꺼리지 않으나 부모가 기침하는 것은 미워하느니라.
너의 여섯 자 되는 체구는 어디에서 왔느뇨. 부모가 계셨기에 너의 몸이 생겼느니라.
그런고로 부모는 나의 몸과 같고 형제는 팔과 다리와 같으며 부부는 의복과 같고 자손은
안목과 같으며 친척은 휘장이니 가정과 같으니라. 그대에게 권하노니
양친을 받들어 공경하라. 젊었을 때에 너희를 위하여 살과 뼈가 닳토록 애쓰셨느니라.
그런즉 조상과 부모 받들기를 자식 사랑하는 마음같이 하고 종족과 친척에게 부부가 사랑
하는 마음같이 하라. 사람이 어찌 부모에게 불효하고 형제 친척을 돌아보지 않으며
종족을 외면하겠느냐마는 식견이 부족하고 귀로 들음에 부정한즉 불효 막심하니 보고
익혀 배움을 바르게 하라. 효도하고 우애하며 화목하는 것은 부귀빈천에 있지 않느니라.

天倫과 人倫之道

書에 말하기를 天有四時하니 春夏秋冬이요 地有四方하니 東西南北이며
天有六氣하니 陰陽風雨晦朔이요 地有六氣하니 木火土金水穀이라.
故로 天施하고 地受함에 萬物이 生成하니 其中唯人이 最尊貴者라 指稱한다.
天地의 兩儀가 立하여 天贊地化에 非人(非物)이면 亦幾乎息矣로다.
天體는 周圍包裹하고 一氣運行하여 晝夜不息하니 地在其中하여 賴而不墜니라.
故로 天尊地卑하고 天健地順하여 天은 乾道이니 君道요 父道이며 夫道이고
地는 坤道이니 臣道요 母道이며 婦道也라. 天地立而人道備矣로다.
天之主宰는 上帝이니 神妙不測하여 爲萬化之主하고
人은 萬物 中의 最靈者로 主宰는 虛靈不昧하여 爲一身之主니라.
故로 天道는 善者 報福하고 奸者 報罰하니라. 地道는 養生而成熟하고
人道는 好善而憎惡하니라.
易曰 裁成天地之道하며 輔相天地之宜라 하니 故로 天人地 三才라 하니라.
上有天하고 下有地하니 天爲陽이요 地爲陰이라 陰陽이 交合하여 萬物이 化生하고
日月所照와 雨露所降에 萬物이 咸長하니라.
然則 天地間 萬物이 皆有父母하니 況於人乎랴. 非父면 不生이요 非母면 不長이라.
父母의 陰陽이 配合하여 衆子를 生하니 父母가 胎以懷之하고 乳而飽之하며
飯以食之에 衣以溫之하여 衆子가 咸育하니라.
故로 天地 陰陽에 萬物이 化生함과 父母 陰陽에 衆子가 化生함이 相似而如同하며
日月雨露에 萬物이 成長하고 胎乳飯衣에 衆子가 咸育함이 理相同하고 氣相似니라.
是故로 父猶天하고 母猶地하니 天地는 即 父母요 父母는 또한 天地니라.
上天下地에 人生於其間하여 人爲萬物之靈이니 父母가 生育하신 恩德을 豈敢忘乎아.
故로 人而不知天地者가 無在하며 不知父母者가 無在니라.

(夫婦) 大蓋 夫婦는 人倫之始라. 二姓之合이니 三親 即 夫婦 父子 兄弟之首
요 萬事의 之源이라. 一室同居에 相樂相喜하니 是謂 陰陽의 道요 人倫의 道이니라.
故로 夫和婦順하여 同聲相應하며 先順父母하고 次誠先祀하며 友愛兄弟하고
和睦宗族하며 夫治外事하고 婦修內事니라.
婦有三從之道하니 幼時在家에 從父하고 成長適人에 從夫하며 夫死에 從子니라.
是는 古之制也니 婦人이 知此三從之道 然後에 可謂賢婦人이니라.
또한 婦有七去之惡이니 不順父母에 去요 無子하면 去하고 淫亂하면 去하며
嫉妬하면 去하고 惡疾有면 去하며 多言하면 去요 盜賊질하면 내치느니라.
凡 婦人이 熟讀此書하면 自心自戒하여 不作己罪하고 與夫從世니라.
婦有三不去하니 有所取하여 無所歸어든 不去하며 與更三年喪이어든 不去요
前貧後富어든 내치지 못하니라. 男子 此理解者는 必無薄德之行하리라.
賢婦는 和六親하고 妄婦는 破六親하니 甘言利說로 弄奸其夫하여 以害父母하니
其拙夫는 朝夕聞之에 己妻는 是하고 己親은 非라 하여 子亦不孝하니
此는 非剛腸者也라. 自己子息 또한 見識而忤逆하여 將次 不孝하느니라.
故로 賢夫는 父母를 害談하는 妻를 再三諭之하여 不聽不應則 出妻가 可也니라.
以婦人之奸邪로 在國之興亡과 在家庭之興敗와 一家門中의 成敗가 있으니
武王曰 奸邪한 女人은 千年의 狐狸요 妖邪한 物件이라고 하였다.
故로 禍福은 婦人之善不善에 있느니라.

천륜과 인륜지도

서에 말하기를 하늘에는 사시가 있으니 춘하추동이요 땅에는 사방이 있으니 동서남북이며
또한 하늘에는 육기가 있으니 음양풍우회삭이요 땅에도 육기가 있으니 목화토금수곡이라.
하늘이 베풀고 땅은 받음에 만물이 생성하니 그중에서 사람이 오직 최존귀자라 지칭한다.
하늘과 땅의 양의가 서므로 하늘이 도우고 땅이 화함에 사람과 만물이 아니면 하늘과 땅도
또한 쉴지로다. 하늘은 주위를 포과(안음)하고 한 기운이 행하여 낮과 밤이 쉬지 않으니
땅이 그 가운데에 있어 하늘에 의지하여 떨어지지 않느니라.
그러므로 하늘은 높고 땅은 나직하며 하늘은 건장하고 땅은 순히 하여
하늘은 건이니 임금의 도이며 아버지의 도요 지아비의 도이며 땅은 곤이니 신하의 도요
어머니의 도이며 지어미의 도이니 하늘과 땅이 서므로 사람의 도가 서도다.
하늘의 주재는 가로되 상제이니 신묘함이 측양처 못하여 만화의 주장이 되고 사람은
만물 중에 가장 신령한 자로 주재는 허하고 영하여 어둡지 않으니 일신의 주장이 된지라.
그러므로 하늘의 도는 선한 사람에게는 복을 주고 간사한 사람에게는 벌을 주니라.
땅의 도는 만물을 생하여 기르며 익히고 사람의 도는 선을 사랑하고 악을 미워하니라.
주역에 말하기를 천지의 도를 표본삼아 이루며 천지의 마땅함을 보하니 천인지 삼재니라.
위에는 하늘이 있고 아래에는 땅이 있으니 하늘은 양이 되고 땅은 음이 된지라.
음양이 서로 합하여 만물이 화생하고 해와 달이 비치는 바와 비와 이슬이 내리는 바에
만물이 함께 성장하니라. 그런즉 천지간 만물이 부모가 있으니 하물며 사람뿐이랴.
아비가 아니면 생기지 못하고 어미가 아니면 크지 못하니라. 부모의 정혈이 합하여
여러 자식을 낳으니 모태로부터 화하여 생하니 젖을 먹이고 밥을 먹이며 옷을 입혀
춥고 따뜻함을 보하여 여러 자식을 키웠느니라. 고로 천지음양에 만물이 화생함과
부모음양에 여러 자식이 화생함은 한가지며 일월이 비치고 비와 이슬이 내려 만물이
성장함과 모태에 화하여 젖과 밥과 옷으로 여러 자식을 기르니 이치가 서로 같으니라.
그러므로 아버지는 하늘과 같고 어머니는 땅과 같으니 천지는 부모요 부모는 천지니라.
위에는 하늘이 있고 아래에는 땅이 있으며 사람은 그 가운데 있어 사람이 만물 중에
영장이니 부모가 낳아서 기른 은혜와 음덕을 어찌 감히 잊으랴.
그러므로 천지를 모르는 사람이 없으며 부모를 모르는 사람이 없느니라.
(부부) 대개 부부는 인륜의 시작으로 두 성이 합하여 삼친 즉 부부 자식 형제의
머리이며 만사의 근원이라. 한집에 함께하여 서로 즐기며 평생을 같이하니 이것이
음양의 도요 인륜의 도이니라. 고로 지아비는 화케 하고 지어미는 순히 하여 소리를
같이 하며 서로 응하여 먼저 부모에게 효도하고 다음에는 선영제사에 정성을 다하며
형제에 우애하고 종족이 화목하며 지아비는 외사를 다스리고 지어미는 내사를 다스리니라.
부인에게는 세 가지 도가 있으니 어려서 집에서는 아버지를 따르고 성장하여 출가하면
지아비를 따르며 지아비가 죽은 뒤에는 자식을 따르니라.
이것이 옛 법도이니 부인이 이 세 가지 도를 안 연후에 가히 부인이라고 하는 것이다.
또한 여자로써 칠거지악이 있으니 부모에게 불순하면 버리고 자식이 없으면 버리며
음란하면 버리고 질투하면 버리며 나쁜 병이 있으면 버리고 시비가 잦으면 버리며
도적질하면 버리니라. 모든 부인이 이것을 익히 알면 자기 마음을 자기가 경계하여
자기에게 죄를 짓지 아니하고 지아비와 더불어 세상을 마치느니라.
남자에게 지어미를 버리지 못할 세 가지가 있으니 돌아갈 곳이 없으면 버리지 못하고
부모의 삼년상을 치뤘거든 버리지 못하며 전빈 후부한즉 버리지 못하느니라.
남자가 이 뜻을 이해하여 터득하면 반드시 박덕한 행실이 없을 것이다.
어진 부인은 집안을 화목하게 하고 간사한 여자는 집안 화목을 깨뜨리며 감언이설로
남편을 농간하여 그 부모를 해롭게 하니 지아비가 조석으로 들음에 처의 말이 옳고
그 아버지의 말은 그르다 하여 자식도 또한 불효하니 이는 강장자가 아니니라.
자기가 불효하니 그 자식도 따라서 보고 배우니 오역하여 장차 불효하느니라.
고로 어진 남자는 부모를 해담하는 처를 두번 세번 깨우치다가 듣지 아니하면 출처하니라.
여인의 간사함에 국가의 흥망과 그 가정의 흥패와 일가 문중의 성패가 있으니
무왕이 말하기를 간사한 여자는 천년 묵은 간사한 여우요 요사한 물건이라고 하였다.
그러므로 사람사람의 그 가정의 화와 복은 오직 부인의 어질고 간사함에 있느니라.

（嫁娶） 夫爲乾이요 婦爲坤이라 乾坤化生之道와 夫婦生産之理가 一也라.
子時에 生天하고 丑時에 生地하니 寅時에 生人하여
萬世永遠不變之道가 乾坤相合이요 夫婦配合이라.
大蓋 人生은 嫁娶 然後에 一家始生하여 百事福不福이 都在嫁娶이니 不可不愼
이라. 故로 傳染病惡疾家로 不娶하며 權과 富家라도 不賢則 難娶하고 同姓에
不娶하며 貧賤하여도 只觀婦人有德然後에 可以娶妻니라. 女道의 嫁는 一與之齊면
終身不改하니 이것이 聖人의 訓戒요 靈長으로서의 道理니라.

（婦德） 婦有四德하니 一曰 婦德이요 二曰 婦容이며 三曰 婦言이요
四曰 婦工也니라 婦德은 非才名이요 婦容은 非顔美며 婦言은 非辯論이요
婦工은 非巧妙니라. 婦人의 道는 言必細柔하며 또한 事必靜하고 可得後에 論하며
行可以後에 動하며 不造之詐言하고 不之夜行하며 往頻隣家는 太不可니라.

（婦人操行） 新婦는 每日每事에 必請舅姑하며 執事於舅姑之室하며
就寢於私室이로되 不命適私室인즉 雖夜深之不敢退니라. 舅姑事敬하되 樂嗜其心
하며 不違其志하고 安其寢處하며 供灸甘旨하며 以隨時製衣하여 舅姑를 便安케
할지니라. 또한 舅姑의 所愛를 從하며 所敬을 敬奉하라. 또 長婦는 每事를
行請於舅姑하며 衆婦는 行請於長婦하니라. 與長婦로 不敢並行이요 不敢適耦니라.

（任胎） 婦人이 妊胎에 不側寢宿하며 不邊側坐하고 不側立躍하며 不食邪味
하고 割而不正이면 不食하며 席而不正이면 不坐하니라. 또한 目不視惡色이며 耳不
聽淫聲하고 口不出傲言하니라. 如是하여 生子한즉 形貌端正하고 才藝聰明하니라.

（家內敎子） 子息이 能之飯食이면 敎而右手하고 能言之聲에
男唯莊女喩軟하며 東西南北을 熟習하고 門戶出入에는 長者의 後에 하며
飮食도 長者가 擧匙後에 擧匙케 하니 交之以謙讓이니라.

（兄弟） 兄弟는 同父母生身하니 兄弟之身은 卽 父母之枝也라. 如同木同枝로
喜怒哀樂을 一生의 同之니라. 兄은 弟를 愛友하고 弟는 兄을 敬奉하여
兄弟和怡하니 兄이 有過則 弟가 和顔으로 諫하며 弟가 有過則 兄이 亦和顔으로
諭之하되 答則不可하니라. 兄身은 父母之身이요 弟身도 亦父母之身이라.
若 答弟身則 於其父母에 不敬不恭이니라.
故로 兄弟는 不怒不答하며 勿思而財利하고 若論利財則 漸進不和하니
相離相別하여 禽獸와 같이 終隔되리니. 故로 兄食則 顧弟하고 弟食則 顧兄하라.
兄은 繼先靈奉祀하니 其家門의 主人이요 兄如父似하니 衆弟는 從兄하여
請於每事가 弟者의 道也니라. 爲兄爲弟에 各得其心이면 親心이 安하고
其家가 齊하여 自得壽福之露이니라.
兄弟同行이면 猛獸도 不侵하며 盜惡而不害하니 此는 不已身謀하고 生死를
同之也라. 兄弟가 和合하면 何事而不成하며 何人而侮之리오.

（子職） 子息의 道理는 在孝道라 初鷄鳴而起로 咸盥漱하고 適父母之室하여
下氣怡聲으로 養志養體하고 昏定衾枕하며 晨省氣候하고 衣服居處를 冬溫夏淸
하며 入孝出恭하고 無違父母之命이 是謂子職也이니 至孝之稱은 名傳千秋니라.

(가취) 지아비는 하늘이 되고 지어미는 땅이 된지라 하늘과 땅이 화생하는 도와
부부가 자식을 생하는 이치가 한결같으니라 자시에 하늘이 생하고 축시에 땅이 생하니
인시에 사람이 생긴 이후로 영원히 변치 않는 도가 하늘과 땅이 상교하는 도요
부부배합의 도이니라. 대개 사람은 시집가고 장가간 연후에야 한 가정이 이루어지며
백사에 복과 화가 모두 남녀의 혼인에 있으니 가히 삼가하지 않을 수 없는 것이다.
그러므로 전염병이 있는 여자에게 장가들지 아니하고 권세가 있고 부잣집 규수라도
어질지 못하면 장가들지 아니하며 동성에 불취하고 가난하고 천하여도 부덕이 있는
연후에 가히 장가드니라. 여자의 도는 시집가는 것은 한 번 더불어 재계하면
몸이 마치도록 고치지 못함은 이것이 성현의 훈계요 여자로서 도리니라
(부덕) 부인에게 네 가지 덕이 있으니 하나는 부덕이요 둘은 부용이며 셋은
부언이요 넷은 부공이니라. 부덕이라 하는 것은 재주있고 이름있어 하는 말이 아니요
부용은 얼굴이 예쁘게 잘생겨서 하는 말이 아니며 부언은 말을 잘한다고 하여 하는
말이 아니고 부공은 공교하고 묘함이 있어 하는 말이 아니니라. 부인의 도에 말은
반드시 가늘고 부드러워야 하며 또는 일을 하되 반드시 조용하게 하고
가히 써 얻을 만한 것이 있은 후에 말하며 가히 행할 만한 일이 있은 후에 행동하고
말을 지어 거짓삼지 말며 밤에 다니지 말고 이웃에 자주 가는 여자는 크게 불가하니라.
(부인조행) 부인은 매일 매사를 반드시 부모에게 청하며 부모전에서 꾀하며
잠자리는 사처로되 부모가 취침을 명치 않은즉 비록 밤이 깊었을지라도 감히 물러가지
못하니라. 부모를 섬기되 그 마음을 즐겁게 하고 그 뜻을 어기지 말며 그 잠자리를
편안하게 하고 맛있는 음식을 장만하며 때를 따라 춥고 더움을 가려 옷을 새롭게 지어
써 부모의 몸을 편안하게 할지니라. 또한 부모의 사랑하는 바를 따르고
부모의 공경하는 바를 따르라. 큰 며느리는 매사를 부모에게 청하여 행하니
다음 며느리는 큰 며느리에게 청하여 행하니라. 또 다음 며느리는 큰 자부로 더불어
행치 못하며 감히 아울러 앉지 못하고 감히 적우치 못하니라.
(임태) 부인이 임태에 잠을 잘 때에 기울지 아니하며 앉음에 가에 아니하고
일어섬에 기대지 아니하며 사사로운 음식을 먹지 아니하고 베인 것이 불쾌하거든 먹지
아니하며 자리가 정답지 못하거든 앉지 아니하고 눈으로 악한 것을 보지 않으며 귀로
음탕한 소리를 듣지 않고 입으로 간사한 말을 하지 않느니라. 여차히 행하여 자식을
낳은즉 용모가 단정하고 총명하니라.
(가내교자) 자식이 능히 밥을 먹으면 오른손으로써 가르치며 능히 말하거든
남자는 곧 대답케 하되 씩씩해야 하고 여자는 부드럽게 대답하며 동서남북을 가르치고
문을 출입할 때에는 어른의 뒤에 하게 하며 식사할 때는 어른이 수저를 든 뒤에
수저를 들게 하며 매사에 겸손해하고 사양하는 바를 가르쳐라.
(형제) 형제는 부모를 한가지하여 나왔으니 형제 몸은 곧 부모의 분신이라 나무의
가지와 같으니 즐겁고 슬픔을 평생에 함께하는 동지니라. 형은 아우를 사랑하고 아우는
형을 공경하여 우애하니 형이 허물이 있은즉 아우가 화한 낯으로 간하며 아우가 허물이
있은즉 형도 또한 화한 낯으로 깨우치되 매를 때린즉 불가니라. 형 몸은 부모의 몸이요
아우의 몸도 또한 부모의 몸이니 만약 형이 아우에게 매질하면 부모에게 불효가 되느니라.
그러므로 형제는 성내지 아니하며 다투지 아니하고 매질을 아니하며 재리를 생각지 않느
니라. 만약 재리를 탐한즉 점점 불화하니 서로 이별하여 금수와 같이 종래에는 서로 격이
깊느니라. 그러므로 형이 밥 먹은즉 아우를 돌아보고 아우가 밥 먹은즉 형을 돌아보라.
형은 선령을 계승하여 제사를 받들므로 그 가문의 주인이요 형은 부모와 같으니 아우는
형을 좇아 매사를 청하여 행함이 아우의 도리니라. 형제가 서로 위하여 그 마음을 얻으
면 부모 마음이 편안하며 그 가정이 가지런하므로 스스로 복과 수가 느는 길이 되느니라.
형제가 동행하면 맹수도 침범하지 못하며 도적도 해치지 못하니 이는 자기만을 꾀하지 않고
생사를 같이하는 의리니라. 형제가 화합하면 무슨 일을 못하며 사람이 어찌 업신여기리오.
(자직) 자식의 도리는 효도에 있으니 처음 새벽닭이 울거든 일어나 세수하고 부모의
방에 가 작고 부드러운 소리로 부모의 뜻과 부모의 몸을 물으며 밤에는 금침을 정하며
새벽에는 기후를 살피니 즉 이부자리와 춥고 더움을 살피며 의복과 잠자리를 겨울에는
따뜻하게 하고 여름에는 서늘하게 하니라. 집에 들면 효도하고 밖에서는 공경하여 받들며
부모의 명을 어기지 않음이 자식의 직분이니 그 효도하는 이름이 천추에 전하니라.

（孝行） 唯善事父母에 敬孝也라. 我身이 生長함은 父母恩德이니
其恩惠如天이로다. 父母老하시매 便養之事는 人倫의 道요 子息된 道理니라.
若 不在此心하여 不顧父母之養者는 是何而人이리오 無異禽獸니라.
大蓋 禽獸는 知母而不知有父라가 乳盡하면 又不知爲母하니 故로 人而不知父母者는
非禽獸면 何오. 亦曰 不如禽獸者也니라. 子思曰 夫婦所通한 바와 天地所覆하고
地之所載로 日月所照하고 雨露所降에 萬物이 化生함이 理致는 一이니
凡有血氣者가 莫不尊親이라 하니 爲人子라면 以讀得意則 敢不尊親하리오.
書曰 父兮生我하시고 母兮鞠我하시니 哀哀父母여 生我劬勞셨다 欲報其恩인데
昊天罔極이로다 하니 人者는 仁之爲人者라. 不察此味者는 非人非子니라.
孔子曰 孝子之事親也는 居則 致其敬하고 養則 致其樂하며 病則 致其憂하고
喪則 致其哀하며 祭則 致其嚴이니라 하시니 是爲 孝親之道인즉 人人이 行此道하고
以孝事君忠則 民人이 從之하여 國紀가 正矣니라 又曰 其善에 親하고
其尊에 長하면 人道在近邇라 不在遠이니 易處在요 不在遠難이라.
靈長된 者로서 非難之事를 何而其不行한고 行則 其家庭이 正齊하고 衆人僉視에
自得地位하여 爲人師表가 될지니라.
子思曰 孝行은 天地之大道요 靈長之大本이라 하니 至誠所在에 金石可穿이라.
至誠至處에 百事非難이요 家道繁榮하니 何而事親之誠이 豈爲難이라 하리오.

（敎子） 書云 生子非難이라 養子難이요 養子非難이라 敎子難이라 하니
先敎孝悌하고 次讀詩書하되 父는 嚴以訓之하고 母는 慈以溫之하여 勿失幼學하라.
若失時幼學이면 長益難敎요 衣服奢侈하고 從亂人而賭博하며 惡伴而酒色하고
日遊野店하며 不宿歸家하고 將棋遊弈하면 其子將來何在리오.
大蓋 人之地位는 人皆所欲得也어늘 幼而不學이면 何而地位이며 何有待遇리오.
又 長成 以後에 聖者와 未交하며 學者와 不同席이요 論理에 無識하며
對書에 盲人이니 非人非位에 自恨한들 時過라. 故로 敎以君子之道니라.

（心性） 孔孟도 仁義禮智信이요 衆人도 仁義禮智信이라.
然則 耳目口鼻가 同하고 性亦同하니 比例컨대 車輪而同軌하고 書翰而同文이라.
自是로 心性所同에 賢愚가 初無所異나 心者는 隨見하니 左見則 左去하고 右見則
右去니라. 又 性者 如水하여 東決則 東流하고 西決則 西流하니 盖善은 學不學이며
友之擇不擇에 善不善而有하니 故로 欲知善性知仁인데 學文과 擇友에 留其心하여
復其善性하라. 幼而兩路에 賢路와 惡路가 有藏이니라.
書云 欲知其君인데 先視其臣하며 欲知其父인데 先視其子하고
欲知其人인데 先視其友하라 하였으니 또한 父母가 賢道한즉 其子가 賢明하니
是爲 皆由詩書니라. 故로 學者는 如禾如稻하고 不學者는 如蒿如草라 하였다.

（才能） 幼而學者는 壯而行之하고 老來에 有德君子이니 誓而讀之하여
入則正己하고 出則行道하여 輔國安民하면 生而顯親하고 歿而史餘芳名이니
讀不倦하고 書不厭하랴. 農可貯水는 有水日이요 士可讀書는 無其時니라.

(**효행**) 오직 부모를 섬김에 효도라. 내 몸이 생기고 성장함은 부모의 은덕이니
하늘과 같도다. 부모가 늙으시매 편안히 모시는 것이 사람된 도리요 자식된 자로서의
도리니라. 만약 부모를 돌아보지 아니하고 공경하지 않는다면 어찌 사람이라 하리오.
금수와 다를 바 없느니라. 대개 금수는 어미는 알고 아비 있는 것은 알지 못하다가
성장하면 어미도 또한 알지 못하니 사람으로서 부모를 알지 못한 자는 금수가 아니고
무엇이랴. 또한 말하기를 금수만도 못하다 하느니라. 자사가 말하기를 부부가 통하는
바와 하늘이 포과(안음)하고 땅이 실어 해와 달이 비치며 비와 이슬이 내림으로 만물이
화생하니 이치는 하나니라. 무릇 혈기 있는 자가 어버이를 받들어 공경하지 않는 자
없으리라 하니 사람의 자식으로서 이 글을 읽어 뜻을 얻은즉 감히 효도치 않으랴.
서에 말하기를 아버지여. 나를 낳으시고 어머니여. 나를 기르시니 슬프고 슬프도다.
나를 낳아 기르심에 애쓰시고 수고하셨도다. 그 은혜를 갚고자 할진대 하늘과 같이
다함이 없도다 하니 사람이란 자는 어진지라 사람이니라.
이 글의 깊은 뜻을 살피지 못한 자는 자식이 아니며 또한 사람이 아니니라.
공자가 말씀하시기를 효자는 어버이를 섬김에 생전에는 그 공경을 다하고 봉양한즉
그 즐거움을 다하며 병든즉 그 근심을 다하고 상을 당한즉 그 슬픔을 다하며 제사를
지낸즉 그 엄숙함을 다할지니라. 이것이 어버이에게 효도하는 도리인즉
사람사람이 이와 같이 행하며 충성으로 부모와 임금을 섬긴즉 일국이 편안하나니라
또한 그 선함을 친히 하고 그 존자를 어른으로 모시면 사람의 도리가 가까운데 있고
쉬운 데 있으며 멀리 있고 어려운 데 있지 않으니라. 영장자로서 어렵지 않는 일을
어찌하여 행하지 아니한고. 행한즉 그 집이 바르며 중인첨시에 스스로 지위를 얻어
사람의 사표가 될지니라. 자사가 말하기를 효도는 천지의 대도요 영장으로서의 근본이니
정성이 지극하면 쇠와 돌도 뚫으리라. 또한 정성이 지극한 곳에 백 가지 일도 어렵지
않으므로 가도가 번영하니 어찌 어버이 섬김을 어렵다 하리오.
(**교자**) 서에 말하기를 자식 낳기가 어려운 것이 아니라 기르기가 어렵고
자식 기르기가 어려운 것이 아니라 가르치기가 어려운 것이라 하니
먼저 효도하고 공순함을 가르치고 다음에 시와 글을 가르치며 아버지는 엄하게 하고
어머니는 사랑으로써 온화하게 하여 어려서 가르침을 잃지 말라.
만약 배움의 때를 잃으면 성장하여 배우기 어려우니라. 의복 사치하고 난잡한 벗들과
도박하며 주색으로 날마다 주막에서 잠자고 집에 들지 않으며 장기. 바둑 두고 놀면
그 장래에 무엇을 바라리오. 대개 사람이 지위는 다 얻고자 하거늘 어려서 배우지 않으면
어찌 지위를 얻으며 바랄 것이 무엇이 있으리오. 또한 성장하여 큰 사람과 사귀지 못하며
배운 자와 좌석을 함께하지 못하고 말하는데 무식하며 글을 대하는데 봉사와 같으니
사람도 아니요 지위도 없으니 스스로 한탄한들 때는 지났으니 어찌하랴.
그러므로 배우는 것은 군자의 도이니라.
(**심성**) 공맹도 인의예지신이요 뭇사람도 인의예지신이라. 그런즉 이목구비가
한가지며 성정 또한 한가지니 예컨대 차바퀴가 한가지로 구르듯이 서한이 또한 같으니라.
이로부터 모두가 한가지이니 어질고 어리석은 것은 처음에는 다를 바 없으나 마음이란
보는 데로 따르니 좌를 보면 좌로 행하고 우를 보면 우로 행하며 또한 성정은 물과 같으니
동으로 파헤친즉 동으로 흐르고 서로 파헤친즉 서로 흐르니 대개 선하고 어리석은 것은
배우고 배우지 아니함과 벗을 가리고 가리지 아니함에 있느니라.
그런고로 어짊을 알고자 할진대 글을 배우고 벗을 가리는 데 마음을 머물러
그 성정과 마음을 터득하라. 어진 길과 어리석은 두 길이 어렸을 적에 놓여 있느니라.
서에 말하기를 임금을 보고자 할진대 먼저 그 신하를 보고 어버이를 보고자 할진대
먼저 그 자식을 보며 사람을 보고자 할진대 먼저 그 벗을 보라. 부모가 어질면
그 자식도 어질며 벗이 어질면 그 사람도 어지니라. 이것이 모두 시에 있는 글이니라
고로 배운 자는 벼와 같고 배우지 아니한 자는 쑥 같고 잡초 같으니라.
(**재능**) 어려서 배운 것은 씩씩하며 늙어서 군자의 도를 남길지니 맹세코 배운즉
들어오면 몸을 바르게 하고 나간즉 도를 행하여 나라를 돕고 백성을 편안히 하며 생시에는
부모의 현함을 나타내고 죽은 뒤에는 사기에 꽃다운 이름을 전하리니 읽고 쓰기를 게을리
하라. 농사는 가히 물 있는 날에 저수하고 선비는 가히 글 읽음에 때가 없느니라.

（貪慾）大蓋 貪慾은 非本性之所發也니라. 元亨利貞은 天道地常의 春夏秋冬
이요 仁義禮智信은 人性之綱이니 永遠不易之天道니라. 春夏秋冬은 古今이 如同
하며 人性 또한 古今而何異리오. 舜皇과 我身도 同人이니 惻隱之心은 仁之端也요,
羞惡之心은 義之端이며, 辭讓之心은 禮之端이요, 非是之心은 智之端이니라.
然則 此四端이 隨感而見하라. 又人初無不善이되 生於之私事에 物慾而交蔽하여
成長益私에 尤而貪慾으로 不顧禮廉恥하며 傷倫之敗道者가 在多하니 哀貪이여.
孔子曰 順天者는 存하고 逆天者는 亡이라 하니 宜當去惡하고 爲善宣德하여
以順天命인즉 福生禍遠이라. 所謂 寧爲鷄口언정 爲忌牛後하고 修道而寧爲貧이언정
貪慾而豈隨爲富乎아 大蓋 貪慾은 己身을 亡치는 病根이니 我身을 判訟于心하고
自戒自得하여 不貪不慾하면 乃復天性이니 其家庭에 幸福至來니라.

（修身）修身事에 曰 先須正心其誠意하여 天性之盡美가 卽 修身之本이니라.
天性은 仁義禮智信이니 本性之所由發露者는 孝悌忠臣이라. 故로 孝於父母하고
友愛兄弟하며 忠於君하고 信於人하여 禮義廉恥辱得하여 正靜其德하고 修其行整하니
此推而道其家한즉 또한 其家庭이 知修身하며 致誠으로 先塋奉祀하고 睦族愛衆하여
出言不逆耳하고 事無拂性이면 是爲修身君子니라.

（齊家）齊家는 家族一齊之謂也니 父는 父道로써 行하고 子爲子職하여
至於夫婦兄弟에 家族이 各盡其道하며 一無違逆한즉 이것이 齊家니라.
己身無惡 然後에 以善導한즉 一家가 和合하니라.
又 優先的으로 和合之場은 食事時坐이니 家族總會라 上談下言에 和議行事하니
萬事而無不成이다. 또한 日常出入에 去所를 上告而兒長하고 去後有必方하며
復不過時하니라. 不然則 父母憂心이니 不孝가 되느니라.
道懼則樂生하고 欺公則 憂生하니라. 不關己事에 勿說하고 無益之言을 不出於口하면
이것이 齊家이니 從此實을 行한즉 家安身安하니라.
不從此實者는 家不齊而身不安하니 其家庭이 漸衰하며 事事而違事니라.
治國平天下之法도 齊家之道로써 治政則 綱正하고 忠君 事長 또한 齊家의 道이니
以孝親之心으로 事之則 其家庭에 萬事亨通하느니라.

（出入）出必長告하고 反必長面하며 近處인즉 朝出이라가 不暮而還하고
遠方인즉 復不過時하며 또는 在必有方하라.

（飮食）飮食에 道가 있으니 父母不飮食이거든 我亦不飮食하고 以養父母之體
하되 必求所嗜하며 飮酒한즉 必不至變貌하고 尊長 前의 飮酒는 反席而飮之하며
每食事에는 必後尊者하며 男女異席而飮食하고 與人共食에 手不納於饌하며
無流歠하고 與客對飯에 先匙後匙하며 食於肉中骨은 不投狗하고 食不言笑하라.

（疾病）父母가 病患이면 己身之痛하여 晝不離側하고 夜不解帶하며
藥餌糜粥을 不委於人하고 親自執之하며 與人接語에 先問醫藥하고 寢不安席하니라.

(**탐욕**) 대개 탐욕은 본성 본심에서 나오는 것이 아니니라. 원형이정은 하늘의 도에
떳떳함이니 춘하추동이요 인의예지신은 사람 성정의 벼리이니 영원히 변하지 않는 하늘의
도니라. 춘하추동은 옛날이나 지금이나 한가지니 사람 마음 또한 옛날이나 지금이나 어찌
다르리오. 순임금이나 나도 같은 사람이니 마음은 같으되 측은지심은 어짊의 단이요
악함을 부끄러워하는 마음은 바른 것의 단이요 사양하는 마음은 예의의 단이며 시비와
비방이 없는 것은 아는 것의 단이니라. 그런즉 이 네 가지의 단이 느낌에 따라 나타나니
따르고 생각하여 보라. 또한 사람이 처음에는 착하지 아니함이 없으되 사사로이 생기는
욕심에 가려 커감에 더욱 사사로이 욕심을 내므로 예의와 염치를 돌아보지 아니하고
인륜을 상하며 도를 거스리는 자가 많이 있으니 슬프다. 탐욕이여.
공자의 말씀에 하늘에 순종한 자는 보존함이 있고 하늘의 뜻을 어긴 자는 망하니라 하니
마땅히 악을 버리고 선을 위하며 덕을 베풂이 하늘의 뜻인즉
복은 생기며 재앙은 멀어지니라. 이른바 차라리 닭의 입이 될지언정 소의 항문됨은
마다하며 차라리 도를 닦아 가난 하여도 탐하고 욕심하여 부자로 산들 도리에 맞지 않는
자를 어찌 사람이라 하며 부르리오. 대개 탐욕은 자기를 망치게 하는 병의 뿌리이니
스스로 자기 마음에 그르고 옳음을 판단하며 스스로 경계하고 스스로 얻어 탐하지
아니하고 욕심치 아니하면 이에 본성을 회복함이니 그 가정에 행복이 오느니라.
(**수신**) 수신사에 가로되 사람이 몸을 닦음에 모름지기 먼저 마음을 바르게 하고
그 뜻을 정성스럽게 하여 천성의 아름다움을 다함이 곧 수신의 근본이니라.
하늘의 뜻은 인의예지신이니 본 성정으로 말미암아 실행하고 나타낸즉 효제 충신이라.
그런고로 부모에게 효도하며 형제에 우애하고 임금에게 충성하며 사람에게 믿음으로 하여
예와 의로써 청렴하며 검소하고 또한 살펴서 부끄럽고 욕됨을 터득하여 그 덕을 바르게
하고 그 실행을 닦아 고요히 하여 행함을 단정히 하니 이로 미루어 그 집을 인도한즉
그 집 또한 수신을 알며 지성으로 선영제사를 받들고 일가가 화목하며 뭇사람을 사랑하고
말을 귀에 거슬리게 아니하며 일에 어긋남이 없으면 이것이 수신이니 군자니라.
(**제가**) 제가라 하는 것은 가족이 한결같이 가지런히 하는 것을 이름하여 제가라
하니 아버지는 아버지된 자의 도를 행하고 자식은 자식된 자의 직분을 다하여 부부형제에
이름에 가족이 각자 그 도를 다하며 하나도 어김이 없은즉 이것이 제가니라.
내 마음에 악이 없은 연후에 선으로써 인도한즉 한 집안이 화합하니라.
또는 먼저 화합하는 자리는 식사의 자리이니 가족이 모두 모이므로 웃어른의 말씀과
아랫사람의 말을 들어 의논하여 행하니 만사가 순조로우니라.
또 날로 항상 출입함에 가는 곳과 그 뜻을 어른에게 아뢰고 나간 후에는 반드시 있는 곳을
알리며 돌아옴에 때를 넘기지 말라. 그렇지 아니한즉 부모가 근심하니 불효가 되느니라.
도를 두려워한즉 즐거움이 생기고 공사를 속인즉 근심이 생기니라. 몸에 관계치 않은 일에
말하지 말고 이익이 없는 말을 입에 내지 아니하면 이것이 제가이니 이를 실행한즉 가정이
가지런하며 내 몸 또한 편안하니라. 이 말을 좇지 아니한 자는 그 집이 불화하고 그
자신 또한 편안치 못하니 가정이 점점 쇠하여 일마다 어긋나니라. 나라를 다스리는 법도
제가의 법으로 다스린즉 기강이 바르나니 임금을 받들고 어른을 섬기는 법도 또한 제가의
도이니 어버이에게 효도하는 마음으로써 섬긴즉 그 가정에 만사가 형통하느니라.
(**출입**) 나간즉 필히 어른에게 아뢰며 돌아옴에 반드시 어른에게 배알하며 근처인즉
아침에 나가 저물지 않게 들고 멀리 간즉 돌아옴에 때를 과치 말며 또는 있는 곳을 아뢰라.
(**음식**)음식에 도가 있으니 부모가 마시지 아니하면 나도 또한 마시지 아니하며
부모를 봉양하되 반드시 즐기는 바를 구하며 내가 술을 먹은즉 반드시 얼굴에 변색이
없어야 하고 어른 앞에서 술을 마실 때는 자리를 돌려 마시며 매양 밥 먹음에 어른 뒤에
하며 남녀가 자리를 달리하여 음식하고 사람들과 더불어 한가지 먹음에 손을 반찬에 넣지
말고 흘리지 말며 손님과 더불어 밥상을 대함에 먼저 수저를 들고 뒤에 수저를 놓으며
어육을 먹음에 뼈를 던져 개 주지 말고 밥 먹으며 말하지 말며 웃지 말라.
(**질병**) 부모가 병환이면 내 몸이 아픈것 같이 하여 낮에는 곁을 떠나지 아니하고
밤에는 띠를 풀지 아니하며 약과 미음을 사람에게 의탁지 아니하고 스스로 잡으며 사람과
더불어 말을 함에 먼저 의원과 약을 묻고 잠잠에 자리를 편안히 아니 하느니라.

（操行）　與人相對에　言不撓手하고　語不撓頭하며　稱人儉生에　不橫肱하며
不伸脚하고　體直而坐하며　口直而言하고　夜行無燭則　止하며　他人妻를　勿顧勿視하며
女不請則　勿言하며　若言則　有間隔而坐하여　男女有別을　分明히　할지니라.
若一言而有怪면　便作禍根하여　亡身敗家하니　特別注意가　操行之道니라.

（擇言）　年長而倍인즉　事之如父母하고　十年而長인즉　事之伯兄하며　五年而長
인즉　事之仲兄하라.　一　二年而長인즉　朋友로서　比肩随之하되　公言私言은
互換自信하여　可得　以後에　通言하라.　擇其先後하며　思其順逆하여　言必有信하라.
人言不信이면　千人이　不信하여　不得出身之路也니라.

（擇友）　大蓋　盡朋友는　死生을　同之故로　此는　五倫에　듦이다　朋友란
不計年齒하고　以義相合하여　友其德故로　天子가　友匹夫하니라.　尊者라도　無德하면
雖匹夫라도　不友하니라.　孟子曰　一鄉之善士라야　友一鄉之善士하고　一國之善士라야
友一國之善士하며　天下之善士라야　友天下之善士라　하니
其友觀知한즉　其人地位之知니라.　王良曰　欲知其人인데　先視其友라　하니
此는　擇友之要訣이라　大蓋　身分之左右가　都在從遊하니　左從則　我亦爲左人이요
右從則　我亦爲右人이라.　更言한즉　友善人이면　日常善見故로　我亦爲善人이요
友惡人이면　日常惡見故로　我亦爲惡人이리니　人之一生出身向路가　都在擇友니라.
書曰　小人之交는　甘如蜜하고　君子之交는　淡如水니라　하였으며
易經에　曰　二人同心에　其利銳也而斷金이로다.　同心之言이　其臭如蘭이라　하니
同心所在에　利害를　不論하고　私利許心에　相交하면　知己之友也니라.

（交際）　朋友者는　以義通合者也니　見不善이면　善導誘之하나　不聽인즉
未強要라.　屢言한즉　雖忠告라도　反爲傷情하여　終至自辱이니라.
曾子曰　君子는　文以會友하고　友以輔仁이라　하니　所遊를　必有意常하며　所習을
必有意業하라.　故로　必友擇之하여　交流니라.　然則　識見而日長하여　我亦近於君子
니라.　朱子曰　講學으로　會友한즉　道益明하고　善을　取하고　仁을　輔한즉　德日進이라
하니　論學而不捨하며　輔仁而就事한즉　乃成君子니라.
書云　於我善者라도　我亦善之하고　於我惡者라도　我亦善之니라.
我既於人에　無惡則　人能於我에　遺惡이리오.　故로　言忠信行篤敬하여　揚善憎惡하면
惡者라도　反善하여　於人에　無害하니　眞君子는　惡友를　善導하니라.

（族睦）　一人之子가　乃爲兄弟요　兄弟之身이　分爲族이라.
故로　一樹에　分枝萬葉이요　一水에　分流萬派라.　然則　同祖一孫之義에　患難相求하며
婚葬相問하고　歲正相訪하며　謁善餘情하며　傳人問候하고　先塋同力하며
同譜同編하여　不忘世德하니　此爲族睦이다.

（立身）　好善憎惡은　人之常情으로　本性이다　書曰　見善如渴하고　聞惡如聾하면
自有立身之路니라.　大蓋　人之靈이　莫不有知之處하니　孝悌忠信으로써
立身之首하여　時要에　行하며　後言하면　去惡進善이　自在其中이니　方人도　亦和니라.

（仕官）　宦路가　何在인고.　十年燈下苦라가　三日馬頭榮이라는　古詩가　있으니
專心工夫成功日이　登仕日이니라.　顯親之道　또한　讀書요　出身之路도　讀書이니
多讀熟習하면　不成함이　無在이니　況於讀書뿐이랴.

(조 행) 사람들과 더불어 서로 대하여 말함에 손을 두르지 아니하며 말함에 머리를
흔들지 아니하고 사람이 많은 자리에서 팔뚝을 비끼지 않으며 다리를 펴지 아니하고 몸을 곧게
하여 입을 바르게 하여 말하며 밤길에 등불이 없거든 행치 말고 남의 부인을 돌아보지 말며
여자가 청치 않거든 말하지 말고 청하여 말하거든 사이를 두고 앉아 남녀 유별을 분명히 하라.
만약 한마디 말이 괴이하면 화근을 일으켜 패가망신하므로 특별 주의가 조행의 도이니라.
(택 언) 연장이 갑절인즉 부모와 같이 섬기고 십 년이 수상인즉 장형과 같이 모시며
오년이 수상인즉 중형과 같이 받들라. 일이 년이 수상인즉 벗으로써 형제와 같이 사랑하며
따르되 공사나 사사의 말은 서로 믿은 뒤에 말하며 가히 얻을 만함이 있은 뒤에 통하여 말하라
그 먼저하고 뒤에 함을 가리며 그 순하고 거슬림을 생각하여 말함에 반드시 믿음이 있게 하라.
사람의 말을 믿지 아니하면 천 사람이 믿지 아니하여 출신의 길을 얻지 못하느니라.
(택 우) 대개 친구는 사생을 같이 하는 고로 이는 오륜에 드느니라. 벗이란 연차를
헤아리지 아니하고 의로써 서로 합하여 그 덕을 벗하는 고로 천자가 필부와 벗하니라.
존자라도 덕이 없은즉 비록 필부라도 벗하려 하지 않느니라. 맹자 가로되 한 고향의 선비라야
한 고향의 선비로써 친구가 되는 것이요 한 나라의 선사라야 한 나라의 선사로써 벗하고 천하의
선사라야 천하의 선사로 벗하니라 하니 그 벗을 보면 그 사람의 지위를 알지니라.
왕양이 말하기를 그 사람을 알고자 할진대 먼저 그 벗을 보라 하니 이는 벗을 가리는 중요한
비결이니라. 대개 신분의 좌우가 모두 좇으며 노는데 있으니 좌로 좇은즉 나도 또한 좌인이
될것이요 우로 좇은즉 나도 또한 우인이 되느니라. 다시 말한즉 선한 사람을 벗하면 항상
늘 선함을 보는 고로 나도 또한 선한 사람이 되고 악한 사람을 벗하면 날로 악함을 보는 고로
나도 또한 악한 사람이 될지니 사람의 일생에 출세하는 길이 모두 벗을 가림에 있느니라.
서에 말하기를 소인의 사귐은 달기가 꿀 같으며 군자의 사귐은 맑기가 물 같으니라 하였다.
역경에 말하기를 두 사람이 마음을 같이 함에 그 이롭고 날램이 쇠라도 끊을지로다.
마음을 같이 하는 말에 그 향기가 난초 같을지라 하니 마음을 같이 하는 곳에 이롭고
해로움을 논하지 않으며 사사로운 마음을 비우고 서로 사귀면 몸을 아는 벗이니라.
(교 제) 친구란 사람은 의로써 합한 사이이니 선치 아니함을 보면 선도하다가 듣지
아니한즉 강요할 수 없다. 누차 말한즉 비록 충고라도 우정을 상하니 마침내 욕됨이 자신에게
이르니라. 증자가 말하기를 군자는 글로써 벗을 모으고 벗으로써 어짊을 돕느니라 하니
노는 바를 반드시 뜻을 두어 항상 떳떳이 하며 익히는 바를 반드시 장래를 생각하고 배워라.
그러므로 반드시 벗을 가려 사귀어야 하느니라. 그런즉 배우고 보는 것이 날로 더해 가므로
나 또한 군자니라. 주자가 말하기를 학식으로써 강의하여 벗을 모은즉 도가 더욱 밝고
선을 취하고 어짊을 도운즉 덕이 날로 쌓이니라 하니 배움을 논의 한 것은 버리지 말며
어짊을 도와 일에 나아간즉 이에 군자를 이루느니라.
서에 가로되 사람이 나에게 선하게 하면 나도 또한 선하게 대하고 나에게 악하게 할지라도
내가 또한 선하게 대하라. 내가 남에게 악함이 없으면 어찌 사람이 나에게 악하게 하리오.
그러므로 말은 충성스럽게 하고 미덥게 하며 행실을 두텁게 하고 선을 찬양하며 악을 버리면
악한 사람이 도리어 선하여 내게 해롭게 할 사람이 없을지니 군자는 악한 자를 선도하니라.
(족 목) 한 사람의 자식이 이에 형제가 되고 형제의 몸이 나뉘어 일가가 되느니라.
그러므로 한 나무가 나누어진 가지에 수많은 잎사귀가 있으며 한 물에 나뉘어 흐르는 일천 물
줄기라. 그런즉 한 할아버지 한 자손지의(之義)에 근심과 어려움을 서로 돕고 구원하며
혼사에나 상사에도 서로 물으며 해마다 명절 날에는 서로 찾아보고 선과 정을 남기며
때에는 사람에게 안후를 전하고 선영을 사모하여 힘을 같이 하며
또한 족보를 같이 하여 책을 이루어 대대의 덕을 잊지 않으니 이것이 족목이니라.
(입 신) 선을 좋아하고 악을 미워함은 사람의 본성이니라.
서에 말하기를 착함을 보는 것은 목마름과 같이 하고 악함을 보는 것은 귀먹음과 같이 하면
스스로 몸을 세우는 길이 있을지니라. 대개 사람의 신령함이 앎을 두지 아니함이 없을지니
효도하고 충신함으로써 주를 삼아 몸을 세우고 때에 중요함을 행한 뒤에 말하며
악을 버리고 선으로 나아감이 스스로 그 가운데에 있으니 모든 사람이 또한 화하니라.
(사 관) 벼슬하는 길이 어디에 있는고. 십 년 등잔 아래 글을 배워 삼 일 말머리에
영화라는 옛 사람의 시가 있으니 전심으로 공부하여 성공하는 날이 벼슬에 오르는 날이니라.
어버이를 나타냄도 배움이요 출세하는 길도 배움이니 익히 배웠다면 성공하지 못함이
없으리니 하물며 독서뿐이랴.

（飲酒） 酒者란 興敗를 가름하니 好轉爲美酒요 惡轉爲毒藥이니라.
故로 養親에 供酒하고 公祭私祭에도 非酒면 菲不享이요 婚葬에도 以酒로 爲禮하며
君臣과 朋友間에도 非酒면 菲不和하니 不可無者 酒로다. 然이나 是酒 過飮過醉한즉
伐性之狂藥이라 不省父母하고 不治家事하며 放蕩浪遊하여 入家에 爭妻하고
出家에 人鬪하니 不可愼者 酒也라. 然이나 一獻之禮에 非酒면 賓主百拜가 不義니라.
故로 愼之하고 戒之할 者 酒이니 幼不接口한즉 老而不飮할지니라.

（貪色） 色是 奸氣이니 全氣付心이라. 早年而濫色하면 病入骨髓하여
傷精夭死하고 或者는 姦淫私通하여 洞里逐出하며 官不容恕하니 亡身家敗하니라.

（雜技） 雜技란 虛浪浮心者이니 衣服奢侈하고 時從市街하며 日遊食酒店하여
弄奸女色하며 飮酒弈博이 逐日事務요 雜技從事에 日尋其類하며 時同惡伴하여
不顧親命하고 不知先塋하며 君子之席은 遠斥하고 小人惡輩同遊하며 口不絶雜談하고
面不絶酒氣하며 與人爭鬪와 是非가 任務이니 鄕人宗族이 惡而斥之니라.
酒色雜技란 心在其中이니 擇友人親하여 擇進擇坐하며 仁者를 隨伴하라.
色이란 世上에 唯一好醜이며 亡身家敗가 由色이니라.

（客禮） 上堂에 必聲有之入戶하되 主人이 出外하여 引導한즉 入必視下하여
門開거든 亦開하고 門闔이면 亦闔하되 後有入者이면 半闔이 可하니라.
또한 階有二履면 便外大門하여 有聲하여 主人이 開門하여 迎接한 後에 入戶하며
入房한즉 主人席에 不坐하니라. 主人과 相拜함에 初視顔面하고 次視帶腰하며
斂膝端坐하여 先問 安候하고 次問 諸友聲息하되 視上於面한즉 傲慢이요
視下於帶인즉 微和하며 傾聽한즉 姦이니 正容正色하며
敬聽順辭에 端正體身이 相互之禮니라.
士相見禮에 曰 與君語에 爲民安臣便이요 與聖語에 爲臣忠子孝이며
與老語에 弟和友愛요 幼兒者에 言孝悌之于父兄하니라.

（對客） 來客에 設新席하고 喜顔迎接하여 歡心而對하되 語不聲大하며
怒不叱兒하고 不聲大叱狗하며 酒食以饋之하되 我飯食之어든 客亦飯食之하며
我食粥之거든 客亦粥之니라. 面無忌色하고 其家勢隨之이나 對客은 不可不豊이니라.
書曰 來客을 勿去하고 去賓을 莫挽하되 出門外而遠送하며 其近周圍에 傳安候하고
賓이 不顧어든 廻之하니라 每於賓客에 致其正心하여 必請續後相互相尋하고
加敬盡禮하여 敬賓歡心하라. 賓客不來면 門戶俗이니라.

（尊長） 尊長이 來訪이거든 階下에 迎接하고 設席敬拜 後에 問其寒溫하며
呼我子女하여 獻拜케 하고 問疑答論에 熟廳銘念하며 不離侍側이 接賓之禮也니라.
또한 路逢尊長이어든 恭順敬對하여 先問安節하고 次問 其令胤令抱之安侍하며
尊長은 先行하고 少者는 後行하느니 故로 書曰 徐行後長者를 謂之悌라 하느니라.

（稱老） 侍下不稱老라 하니 在於父母則 下敢稱老하랴. 故로 恒常言不稱老라
하니라. 書曰 老萊子는 孝奉二親할새 行年七十에 五色紋爛之衣하고 弄雛於親側하니
奚暇에 稱老하랴. 以悅親으로 爲事로되 是亦 不稱老之前의 鑑也니라.

（自尊） 善以接下하며 敬以對上하고 以尊에 自卑하며 以貴에 自賤하고
慕聖尊賢을 與人同之하면 里仁爲美士이니 어찌 敢히 自尊하리오.

(음주) 술이란 자는 흥하고 패함을 가름하나니 좋은 흐름은 아름다운 술이요
악하게 흐름은 독약과 같으니라. 그럼으로 어버이를 봉양함에 술을 장만하고 항상 받들어
모시는 제사에나 사사로운 제사에도 술이 아니면 흠향에 향기롭지 못하고 혼례에나
장례에도 술로써 예를 삼고 군신과 친우간에도 술이 아니면 화함에 향기롭지 못하니
가히 없지 못할 자가 술이로다. 그러나 이 술을 과음 과취한즉 내 몸을 발광케 하는 약이라
부모를 살피지 아니하며 가정사를 외면하고 술 마시며 방탕하여 집에 들면 처와 싸우고
나가면 사람과 시비하니 가히 삼가하지 아니할 수 없는 것이 술이니라.
그러나 한번 드리는 예에는 술이 아니면 주인과 빈객이 백 번 절하여도 의롭지 못하니라.
고로 삼가고 경계할 자 술이니 어려서 삼간즉 종신토록 마시지 말지니라.
(탐색) 색이란 간사한 것이니 오로지 혈기와 마음에 있느니라.
젊어서 색을 과설하면 병이 골수에 들어 정신을 상하니 요사하며 혹자는 간음사통하여
마을에서 쫓겨나며 법이 용서치 아니하니 망신하고 패가하니라.
(잡기) 잡기란 허랑한 마음에 들떠 있는 자이니 의복 사치하고 시가지를 방황하며
날마다 주점에서 술 마시고 놀며 여자를 희롱하고 도박하며 장기 바둑 두는 것이 일이요
잡기 종사에 날마다 그들과 어울리며 부모의 명을 거역하고 선영을 돌아보지 아니하며
어진 사람과는 멀리하고 소인 악질과 같이 놀며 잡담에 어울리고 얼굴에는 술기가 떠나지
아니하며 사람과 서로 다투고 시비가 임무이니 고향 사람이나 일가 친척이 미워하니라.
주색잡기란 마음 가운데에 있으니 벗을 가려 사람을 친하게 하여 나아가 자리하며
어진 사람을 따르라. 색이란 좋으면서도 오직 추한 것이며 망신 가패가 달려 있느니라.
(객례) 당에 오름에 반드시 소리를 들치며 당에 들되 주인이 나와 인도한즉 문이
열렸거든 또한 열고 문이 닫혔거든 또한 닫되 뒤에 들어올 자가 있거든 반쯤 닫느니라.
또한 뜰방 아래 신이 두 켤레 있거든 대문 밖에 서 소리하여 주인을 찾으니 주인이 나와
영접한 후에 집에 들며 방에 든즉 주인의 자리에 앉지 않느니라. 주인과 서로 절함에
처음에는 얼굴을 보고 다음에는 배를 보며 무릎을 단정히 하여 여미고 먼저 안부를 물으며
다음에는 모든 친구의 소식을 묻되 봄을 낮에 오르면 오만하고 봄에 허리에 이른즉
아름다움이 적고 몸을 기울여 들은즉 간사할지니 자기 얼굴과 안색을 바르게 하여
공경하여 들으며 순하게 말하고 자기 몸을 단정하게 하는 것이 서로 예이니라.
사상견례에 왈 임금과 더불어 말함에 신하와 백성이 편안함을 위하여 말하고 어진 사람과
말함에 신하는 충성하고 아들은 효도함을 위하여 말하며 어른과 말함에 형제와 화목하고
우애함을 위하여 말하고 어린 자와 말함에 부형에게 효도함을 위하여 말하느니라.
(대객) 손님이 오거든 자리를 새로 하여 베풀고 즐거운 얼굴로 영접하여 대하되
말함에 크게 하지 아니하며 성내어 아이를 꾸짖지 아니하고 개도 크게 꾸짖지 아니하며
술과 밥으로 대접하되 내가 밥 먹으면 손님도 밥 먹고 내가 죽 먹으면 손님도 죽이니
얼굴에 꺼린 빛이 없이 자기 가정의 형세에 따를지니라. 그러나 손님을 대접함은 가히
불가불풍이니라. 서에 말하기를 오는 손님을 막지 말고 가는 손님을 붙잡지 말되 문밖에
나아가 멀리 전송하며 그쪽의 친구들에게 안부를 전하고 손님이 돌아보지 않거든 돌아
올지니라. 매양 손님에게 그 정다운 바른 마음으로 서로 청하여 왕래하며 공경을 더하고
예의를 다하여 서로 덕을 전하라. 손님이 오지 않으면 문호가 허하니라.
(존장) 존장이 방문하여 찾거든 뜰 아래 내려가 영접하여 자리를 베풀고 공순히 절한
뒤에 그 춥고 따뜻함을 물으며 아내와 자식들을 불러 절을 드리게 하고 의심난 점을 물으며
대답하고 의논함에 익히 듣고 마음에 명념하며 모시는 곁을 떠나지 말아야 하느니라.
또한 노변에서 어른을 만나거든 공순하고 존경하여 먼저 편안한 안부와 절후를 묻고
다음에는 그 아들과 손자의 안부와 건강을 물으며 존장을 앞에 모시고 젊은 사람은 뒤에
가나니 고로 서에 말하기를 어른을 앞에 모시고 천천히 행함을 공순이라 이르니라.
(칭로) 시하에 늙음을 자칭하지 못할지라 하니 부모가 계신즉 아래서 감히 늙음을
칭할 수 있으랴. 고로 말하기를 항상 말에(습관적으로) 늙음을 칭할 수 없는 것이다.
서에 가로되 노래자는 양친을 효도로써 봉양할새 행년 칠십에 오색의 비단옷을 지어 입고
병아리를 어버이 앞에서 희롱하니 어느결에 늙음을 일컬으랴 어버이를 즐겁게 함으로써
일을 삼되 또한 늙음을 칭하지 아니하는 앞의 거울이니라.
(자존) 선으로써 아래를 접하고 공경으로써 어른을 대하며 높은즉 낮추며 귀한즉
천히 하고 성현을 사모하여 따르면 아름다운 어진 선비이니 어찌 감히 스스로 높이리오.

（ 老悔 ） 靑春은 易老하고 白髮은 無情이라. 少不學이면 老無知니
欲學而非其日이요 欲習而非其時라 臨老에 悔之한들 奈何뇨. 朝益暮習하여
學而習之를 勿失其時하라. 時乎回想이나 不再來요 靑春은 不回復이라.

（ 老幼 ） 敬老愛幼는 先王之法이요 聖人之道이니 其後王後民이
敢不敬不愛하랴. 老者를 不敬하고 幼者를 不愛하면 非人倫也니라.
孟子曰 老吾老하여 以及人之老하며 幼吾幼하여 以及人之幼라 하니
天下가 知此道而行之면 天下가 安이니라. 人人이 知敬老하고 知愛幼하면
家庭邦安하여 無傷倫悖道者矣리니 爲政者 先擧此道則 文化가 平安하리라.

（ 君師父 ） 父生之요 師敎之에 君食之하니 非父면 不生이요 非食이면
不長이며 非敎면 不知이니 故로 君師父는 事之如一이라.
禮記曰 事親하되 有隱而無犯하고 左右就養而無方하며 服勤至死에 致喪三年이니라.
事君하되 有犯而 無隱하고 左右就養而 有方하며 服勤至死하고 方喪三年하며
事師하되 無犯而 無隱하고 左右就養而 無方하며 服勤至死하고 心喪三年이니라.

（ 座次 ） 男女不同席하며 立不中門하고 坐不中房席하며 坐不隅邊하고
必下見坐하며 男事外堂이요 女事內堂하여 各從其事하되 父母之席을 不坐하며
他人家에는 不奪主人席이니라.

（ 驕怠 ） 書曰 敬勝怠者는 吉하며 怠者는 驕之孼이라 하니 謙則 興하고
驕則 亡하니 富則勿驕하고 貴勿賤人하라. 聖人은 謙以自德承하나니 大蓋 驕者는
人皆疾視니라 疾視之餘에 有何善言하리오. 然則 不驕不怠가 豫防禍門也니라.

（ 生財 ） 天行時하니 春夏秋冬이요 地生財하니 百穀生熟이라 天地相合에
財生하니 有智者 富하고 無智者 貧하니라. 然則 智者는 農不失時하여 晝勤夜不息에
家族精神이 和合하니 財生致富하고 一人耕地에 十人食之로 遊食者多則 豈富하리오.

（ 用財 ） 仁者는 知道而用財하니 以財發身이요 不仁者는 不知道而聚財하니
以財亡身이라. 財有用道하니 君王은 用府庫財하여 得於民安하며
庶人은 先用 兩親奉養하고 次用 子孫敎育이며 先代文獻을 蒐輯刊行하라.
萬若 祖上先歷을 子孫不訓則 先代之罪人이며 子孫之非道理니라.
勢將富하거든 先封先塋位土하고 又 顧旁人貧寒하라. 救貧救寒은 是爲陰德이라.
積德之家에 必有餘慶이니 財亦還來니라.

（ 謀富 ） 厭貧救富는 人之常情이니 以勤儉爲主則 可以爲足食之道이니
又加節用節食이면 是曰 謀富道니라 然이나 其家無十害五盜 然後에야
可以 謀富로되 小人이 富則 自脅而災生하고 또한 自驕而禍出하나니
故로 不羨小人富하고 學君子道하라. 君子修德則 其子孫이 福至榮達하리라.
詩云 節彼南山兮여, 維石岩岩이라 하니 豈獨師尹之家리오.
善則皆如是而 富貴自得이요 爲不先而謀富者는 必天報禍하리니
財如浮雲이라 朝聚暮散하여 禍及子孫이니라.

(노회) 청춘은 쉽게 늙고 백발은 정이 없느니라. 젊어서 배우지 않으면 늙어서 아는
것이 없을지니 배우고자 하되 그날이 아니요 이루고자 하되 그때가 아니니라. 늙은 뒤에
뉘우친들 어찌하리오. 아침에 더 배우고 저물도록 익혀 배우고 익힘의 그때를 잃지 마라.
그때를 부르며 회상하나 때는 두 번 다시 아니 오고 청춘은 다시 회복할 수 없느니라.
(노유) 어른을 공경하고 어린이를 사랑함은 선왕의 법이요 성인의 도이니 그 후의
군민이 감히 공경하고 사랑치 아니하랴. 어른을 공경치 아니하고 어린이를 사랑치 아니하면
인륜이 아니니라. 맹자가 말하기를 내가 늙음으로써 사람이 늙어가며 나의 어린이가 있으니
사람의 어린이가 있느니라 하니 천하가 이 도를 알아 행하면 천하가 편안하리라.
사람사람이 어른 공경함을 알고 어린이를 사랑할 줄 알면 집이 바르고 나라가 편안하여
인륜을 상하고 도를 거스르는 이 없을지니 정치를 하는 자가 먼저 행한즉 문화가 평안하리라.
(군사부) 아버지가 낳으시고 스승이 가르치고 임금이 먹이니 아버지가 아니면 낳지
못하고 먹지 아니하면 성장하지 못하며 가르침이 아니면 알지 못하나니
고로 군사부는 섬기기를 한결같이 할지니라. 예기에 왈 어버이를 섬기되 허물은 숨기고
범하지 않으며 좌우로 취하여 방소 없이 봉양하며 복종하여 부지런히 함이 죽기에 이르고
상을 당함에 삼 년을 치르니라. 임금을 섬기되 범함은 있고 숨김은 없으며 좌우로 취하여
공경하며 복종하되 때와 장소가 없으며 부지런히 함이 죽기에 이르고 상을 당함에 삼 년을
모방하며 스승을 섬기되 범함도 없고 숨김도 없으며 좌우로 취하여 복종함에 때와 장소가
없이 부지런히 함이 죽기에 이르며 상을 당함에 마음으로 삼년상을 치르니라.
(좌차) 남녀가 자리를 같이 아니 하며 섬에 문 가운데에 아니 하고 앉음에 자리
가운데에 아니 하며 앉음에 방귀에 아니 하고 반드시 아래를 보고 않으며 남자는 사처에
소일하고 여자는 내당에 소일하며 각각 그 일을 좇되 부모의 자리에 앉지 아니 하며
다른 사람의 집에서는 주인의 자리에 앉지 아니하느니라.
(교태) 서에 말하기를 공경함이 게으름을 이긴 자는 길하다 하고 게으른 자는 교만한
첩의 자식이라 하니 겸손한즉 흥성하며 교만한즉 망하나니 부자로 산다고 해서 교만하지
말고, 귀하다고 하여 사람을 천히 마라. 성인은 겸손으로써 스스로 덕을 이으나니 대개
교만한 자는 사람마다 모두 밉게 보느니라. 밉게 보는 사람에게 어찌 선한 말을 하며 좋은
일이 있으리오. 그런즉 교만치 아니하고 게으르지 아니함이 화문을 막는 예방이 되느니라.
(생재) 하늘은 때를 행하니 춘하추동이요 땅은 재물을 내니 백곡을 생하여 익히니라.
천지가 상합에 재물을 생하나니 지혜가 있는 자는 부하고 지혜가 없는 자는 가난하니라.
그런즉 지혜 있는 자는 농사에 그때를 잃지 않으며 낮에는 부지런히 하고 밤에는 쉬지
않으므로 가족의 정신이 화합하니 재물이 생기고 부를 이루며
한 사람이 일하여 열 사람이 먹으며 놀고 먹는 사람이 많으면 어찌 부자가 되리오.
(용재) 어진 사람은 도를 알아 재물을 쓰니 몸을 세우고 어질지 못한 사람은 도를
알지 못하여 재물을 모으니 몸을 망치느니라. 재물이란 쓰는 데 도가 있으니 임금은 곳간의
재물을 나라를 위하여 쓰니 백성이 편안함을 얻고 서민은 먼저 양친을 봉양하고 다음에
자손의 교육이며 선영 문헌을 수집하여 발간하라. 만약 조상 선력을 자손에게 가르치지
아니한즉 선조에게 죄인이 되나니 자손으로서 도리가 아니니라. 형세가 장차 부하거든
선영의 묘역을 치장하고 또 사람의 빈한함을 돌아보라. 가난하고 추움을 구하는 것이
음덕이라 덕을 쌓은 집안에 반드시 경사가 있느니라. 재물도 또한 다시 돌아오느니라.
(모부) 가난함을 싫어하고 부함을 구함은 사람의 떳떳한 정이니 근검으로써
주장한즉 가히 써 넉넉함의 도가 될지니 또한 절용 절비를 알아 행한즉 이것이 부를
꾀하는 도이니라. 그러나 그 집에 열 가지 해와 다섯 가지 도적이 없은 연후에야 가히
부를 꾀할지로되 소인이 부자가 된즉 자존심만 강하여 재앙이 생기고 또한 스스로
교만하여 화가 생기니라. 그러므로 소인의 부자를 부러워하지 말고 군자의 도를 배워라.
군자의 덕을 닦은즉 그 자손에 복이 이르며 영화로움이 넉넉하리라.
시에 말하기를 높다란 저 남산이여, 오직 돌이요 바위며 바위로다 하니
어찌 홀로 사륜의 집뿐이리오. 착한즉 다 이와 같이 부하고 귀함을 스스로 얻을 것이요
착하지 못하고 부함을 꾀한 사람은 하늘이 반드시 재앙을 내리나니
재물이 뜬구름같이 아침에 모여 저녁에 흩어지고 화가 자손에게 이르니라.

（救恤）　兄弟飢餓에　分穀而食之는　同氣之親으로　宜當義務이니
何以救恤로　論之리오.　萬若　不顧兄弟之貧難하면　父母分身으로　同枝이니
是而不孝也니라.　또한　見人飢餓거든　勿望厚報하고　或貸或給하라.
例컨대　幼兒入井이거든　不須要譽하고　顚力倒力하여　救如之情하라.

（貸借）　錢穀貸借로　患難相救하되　一般機具라도　相互貸借는　雖夷狄之邦도
有之하거늘　況吾禮義東方乎아.　然이나　機具用而不還하고　終作已物하며
또는　毀損不還者　在則　是不知人道者라.　故로　非人情不知者는　不可近身할지라.
貸借之道는　古例美俗이다.　然이나　先靈奉祀에는　祭器祭錢은　切勿貸借니라.
또한　義端親疏는　皆由錢이니　不可不愼이니라.

（威難）　大蓋　人性有智하니　威難을　何而不注意리오.　不夢之地에　禍生하고
不意之日에　災生하니　故로　君子는　威方에　不入하며　亂方에　不去하고
深山에　不宜獨行하며　水邊에　不宜獨步요　古船에　不可乘焉이며　爭場에　不去하고
酒店에　不去하며　惡伴同而不去니라.

（是非）　吾有善事라도　人皆非曰이면　反求自己하고　吾有非事에　遜言謝過하며
人有非事거든　以善之導하되　過度而言則　或爲傷情이니　可見機知하여　善導하라.
人有善事거든　太擧而贊成하며　口不言非하고　耳不聞非하며　目不見非하면　君子니라.

（懲惡）　自誤不覺이거든　見人之善하여　推己而思之하며　見人之惡이거든
推己而思之하면　善惡而自判하리라.　惡則自棄하고　善則自取하라.　不然則
小人輩니라.　小人이　閒居에　爲不善하되　無所不至하다가　對見君子　以後에
掩其不善하고　以著其善이면　終不可掩也니　故로　君子는　爲善하되　必愼其獨也니라.
曾子曰　十目所視며　十手所指니　其嚴乎저　하고
文獻公　鄭先生　汝昌은　平生에　不下見天處하니　人稱曰　敬天尊長이요
文敬公　金先生　集은　獨行에　不愧於影하고　獨寢에　不愧於衾故로
號를　愼獨齋라　하시니라.

（孝鑑）　大舜은　惟順하시고　曾子는　養志하시고　曾元은　養體하시고
子路는　負米百里하시고　黃香은　扇寢하시고　陸績은　懷橘하시고
王祥은　叩氷得鯉하시고　孟宗은　泣雪求筍하시고　黔婁는　嘗糞하시고
老萊子는　七十에　五色斑衣로　弄雛於親側하시고　郭巨는　埋生子에　得釜하시고
大連小連은　兄弟善居喪하여　泣血三年하시고　樂正子春은　傷足하여　數月不出하시고
我邦（新羅牟梁里）人　孫順은　埋子得石鍾하시고　向德（新羅熊川人）은　吮母腫하시니
皆古時孝子也니라.　以最近世에　鄭士仁（昌鉉）.　鄭仲三（茯鉉）은　兄弟雙孝로
母病에　得非時鯖魚하고　建旌함에　石窟中에서　四石柱가　出하고
洪承俊은　親喪六年侍墓에　虎來衛戶하고　戶前에　飮水가　湧出이라.
自古及今에　人聞其孝하여　世壽芳名하니　乃作後人之鑑이라.
今古孝子를　豈而盡錄하랴.　人有實孝子면　名傳萬世는　古今而相似니라.
人人行此道則　其家가　齊하고　一邦이　安하리라.

(구휼) 형제가 주리고 배고픔에 재물을 나누어 쓰는 것은 동기지친으로서
당연한 도리이니 어찌하여 구제하고 도우는 말로만으로 논하리오.
만약 형제의 가난함을 돌아보지 아니하면 부모의 분신으로서 동지이니 이것이 불효니라.
또한 사람이 주리고 배고픔을 보거든 두텁게 갚기를 바라지 말고 혹은 빌려 주며
혹은 그저 주라. 예컨대 어린아이가 물에 빠졌거든 모름지기 명예를 바라지 말고
그 엎드린 힘과 그 꺼꾸러진 힘을 다하여 구함과 같이 할지니라.
(대차) 돈과 곡식을 꾸어 주고 꿈으로 근심과 어려움을 서로 구원하며
일반 기구라도 서로 빌려 주고 빌려 쓰고 함은 이적의 나라라도 있은즉 하물며 우리
예의지국 동방뿐이랴. 그러나 기구를 빌려 쓰고 돌려보내지 아니하고 마침내 자기
것으로 삼는 자도 있으며 훼손하여 돌려보내지 않는 자도 있은즉 이는 사람의 도리를
알지 못한 자이니라. 그러므로 인정을 알지 못한 자는 가히 몸을 가까이하지 못할지니라.
꾸고 꾸어 줌의 도는 옛날로부터 전해오는 좋은 풍속이다.
그러나 선령을 받들어 모시는 제사에는 제기와 제수 대금은 단연코 빌리지 아니하느니라.
또한 의로움과 친함이 서로 성기는 것은 모두가 빌려 주고 빌려 쓰는데 있으며
돈과 재물에 있으니 이를 가히 삼가지 않을 수 없는 것이다.
(위난) 대개 사람은 지혜가 있으니 위태롭고 어려움을 어찌 주의하지 않으리오.
꿈에도 모르는 땅에 화가 생기고 뜻하지 아니한 날에 재앙이 생기나니.
그런고로 군자는 위험한 곳에 가지 아니하고 어지러운 곳에 가지 아니하며 깊은 산에
홀로감이 마땅치 않고 물가에 홀로 걸어감이 마땅치 않으며 헌 배에 탐이 불가하고
다투는데 가지 않으며 술집에 아니 가고 악한 친구와 동행하지 아니 하느니라.
(시비) 내게 착한 일이 있을지라도 사람이 다 그르다 하면 도리어 내 몸을 구하는
것이 되고 내가 그른 일이 있거든 겸손한 말로 허물을 사과하며 사람이 그른 일이 있거든
선으로써 인도하되 지나친 말은 혹 인정을 상하니 그 사람의 기틀을 보아 알고 선도하라.
사람이 선한 일이 있거든 크게 들어 찬성하며, 입으로 그른 일을 말하지 말며 귀로 그른
일을 듣지 아니하고 눈으로 그른 일을 보지 아니하면 군자니라.
(징악) 자기의 잘못을 스스로 깨닫지 못하거든 저 사람의 착함을 보고 내 몸에
미루어 생각하며 사람의 악함을 보거든 내 몸에 미루어 생각하면 선하고 악함을 스스로
판단하리라. 악한 일인즉 스스로 버리고 선한 일인즉 스스로 따르라. 그렇지 아니한즉
소인배니라. 소인이 한가히 삶에 착하지 아니함을 위하되 보는 곳이 없으며 그 이르는
곳이 없다가 군자를 보고 대한 연후에야 써 착하지 못함을 가리고 그 착한 것만 나타내면
마침내 착함을 가리지 못할지니라. 그런고로 군자는 착함을 위하되 반드시 홀로함을
삼갈지니라. 증자 왈 열 눈으로 보는 바며 열 손가락으로 가리키는 바라 그 엄함이
그러하다 하니 문헌공 정선생 여창은 평생에 하늘 보이는 곳에 눕지 아니하시니
사람이 칭찬하여 가로되, 하늘을 공경하는 존장이라 하였으며
문경공 김선생 집은 홀로 행함에 그림자가 부끄럽지 아니하고 홀로 잠잠에
이불이 부끄럽지 아니한 고로 호를 신독재라 하시니라.
(효감) 대순은 오직 순히 하시고 증자는 뜻을 기르시고 증원은 몸을 기르시고
자로는 쌀을 백리에 지고 황향은 베개에 부채질하고 육적은 귤을 품으시고
왕상은 얼음을 깨서 잉어를 얻고 맹종은 설상에 울어 죽순을 구하시고 검루는 똥을 맛
보고 노래자는 칠십에 오색 비단옷을 지어 입고 병아리를 어버이 곁에서 희롱하시고
곽거는 산 자식을 묻다가 금가마솥을 얻으시고 대련과 소련의 형제는 착하게 살며
상을 당하여 삼 년을 피눈물로 지내고 약정자춘은 발을 상하여 여러 달을 나가지 아니
하고 손순은 자식을 묻다가 석종을 얻고 향덕은 어머니의 종기를 빠니 다 옛날의 효자요
가까운 세상의 효자로는 정사인 정중삼은 형제가 효자로 모친병에 때아닌 청어를 얻으며
표하는 정문을 지음에 석굴 중에서 네 석주가 나오고 홍승준은 친상에 육 년을 묘소에서
상을 치르니 범이 와서 집을 호위하고 집 앞에서 우물이 솟아났느니라.
옛날로부터 이제에 미침에 사람들이 그 효도를 들춰 대대로 꽃다운 이름을 오래도록
전하니 이에 뒷사람의 거울이 되는지라. 옛 효자와 지금 효자를 어찌 다 기록하랴.
사람이 실상으로 효도한 자가 있다면 이름이 만세에 전함은 옛날이나 지금이나 같으니라.
사람사람이 이 도를 행한즉 그 집이 가지런하고 한 나라가 편안하리라.

（道德） 道라 함은 天道는 春夏秋冬이요 地道는 萬物生熟이며 人道는
孝悌忠臣이라. 往古而來今에 春夏秋冬이 何有變하며 萬物生熟이 何有變하고
孝悌忠臣이 何有變하리오. 億千萬世不易之道也니라.
孟子曰 夫道는 若大道焉이라 하니 遠近에 有道하니 天下之人이 通行하며
山野에 無道하니 天下禽獸가 通行이라 然則 有道者는 人也요 無道者는 禽獸니라.
또한 房出入道는 門戶요 飮食의 道는 朝午夕三時라. 然則 農業은 后稷의 道요
政治의 法은 先王의 道며 敎人之術은 先聖의 道이니라.
天下之事가 皆有其道하니 時學敎科書도 漢文과 한글을 混合하여 以孝悌忠臣으로
爲主本하니 敎法이 皆先王의 躬行心得之道요 性分之所固有와 職分之所當爲를
各自知得而勉焉則 其功이 倍於前日이요 夫德者는 人人이 各得於天하여
以具衆理하고 以應萬物하니 道德이 性之本體之明也라. 然則 堯舜도 同也며
我도 同也라. 然이나 氣質所拘와 人慾所蔽에 時有塞昏이되 德之所藏이
本時虛靈不昧하여 有未嘗息者故로 敎則知하나니
學而明其德하여 以復其初故로 先聖이 建立校與師하여 敎之以三綱하니
曰 父爲子綱이요 君爲臣綱하고 夫爲婦綱이니라.
五倫曰 父子有親하고 君臣有義하며 夫婦有別하고 長幼有序하며 朋友有信이니라.
敎我民生이 執政者之先務也라. 此가 古之德敎也니 實行此道則 天下가 安하리라.
天有日月而分陰陽하고 地有山河而分高低하고 人有道德而分興亡하나니
此가 萬世不易之道요 理氣之自然也라. 理之所在와 氣之所具에 湯武는
以道德而 興하고 桀紂는 以暴虐而亡하니
不德이면 非道요 非道면 不德이라. 千古에 有道德而不興者 無며 無道德而不亡者
無니라 孔子曰 苗而不秀者 有며 秀而不實者 有하랴 하니 此는 道를 修하면 德이
立하고 德이 立하면 每事가 成하나니 故로 修道而爲政이니라.

（論楚漢得失平正之善惡） 楚王은 項羽요 漢王은 劉邦이라.
漢之得天下者는 何며 楚之失天下者는 何오. 得失이 都在人之用不用이니라.
漢之張良運籌와 韓信用兵과 簫何運漕와 陳平奇計를 漢王이 知其才而用之故로
得天下也요 楚之江東子弟八千人은 一世之壯士요 居蘇人范增은 天下之英雄이로되
楚王이 不用其計 故로 失天下也니라.
韓信과 陳平도 初歸於楚라가 楚王이 不用하므로 皆歸於漢하니
漢王은 大之知貴賓하고 雖百戰百敗라도 同心合力하여 死生甘苦를 皆如一體하고
義以諭之하니 民心이 咸服에 天이 助之也니라.
楚王은 力拔山氣盖世에 自信自力하고 眼下無人하여 不從賢人計하며 不聽人言하고
自任百度에 一毛不合則殺人을 如仇讐하니 民心이 皆叛하며 軍謀가 不軌함이라.
然則 楚王은 力强性暴하여 廢道以自持하다가
勢窮力盡하니 自謂曰 天之亡我요 非戰之罪라 하니 是何言也요.
漢王은 道德으로 百姓을 順治하니 民心이 卽 天心이라 民歸天助가 皆在漢王하니
項羽一釰萬人敵이 終無所用하여 自刎而死라. 嗚呼라, 韓信 陳平이 初到之日에
隨其才而任其職이면 天下를 可期日而得矣리니 豈至此日之刎고.
以此 觀之컨대 天下의 英雄인 項羽의 武力도 不得天下의 仁義禮智信 卽 道德에
있으니 其知平乎냐. 不得於信民이면 不得於天하여 雖有勢力일지라도
終如楚王不久니라. 故로 國政之今者로 하여금 戒之在心하여 國政治道하고
德以隨人自한즉 天下無敵이리라.

(도 덕) 도라 함은 천도는 춘하추동이요 지도는 만물을 생하여 열매를 맺게 하며
사람의 도는 효 충이라. 옛날로부터 지금에 이르러 춘하추동이 어찌 변하며 만물의 생숙이
어찌 변하고 효제 충신이 어찌 변함이 있으리오. 억천만 년이라도 바뀌지 않는 도이니라.
맹자 왈 장부의 도는 큰길 같다 하니 멀고 가까운데 길이 있으니 천하 사람이 함께 행하며
산과 들에 길이 없으니 천하 금수가 함께 행하니라. 그런즉 길이 있는 자는 사람이요
길이 없는 자는 금수니라. 또 방에 출입하는 도는 문이요 음식하는 도는 조 오 석 세 때라.
그런즉 농업은 후직의 도요 정치의 법은 선왕의 도며 사람을 가르치는 법은 성인의 도니라.
천하의 일이 다 도가 있으니 시학에서도 한문과 한글을 혼합하여 효제 충신으로써 주장하는
근본을 삼으니 가르치는 법이 다 선왕이 몸소 행하고 마음에 느껴 얻은 도요 성정의 진실됨
을 둔 바와 직분의 분수를 마땅히 할 바를 각기 스스로 알아 얻어 힘쓴즉 그 공이 전날보다
배나 되리라. 장부의 덕자는 사람사람이 각기 하늘에서 이치를 얻어 그 가운데에 갖추고
만물에 응하나니 도덕이 본체의 성정에 밝음이니라. 그런즉 요순도 한가지며 나도 한가지라
그러나 기질의 바탕에 얽매인 바와 사람 욕심을 가리우고 때로 막혀 어두움이 있으되 덕의
감춘 바가 근본이 허하고 영하며 어둡지 아니하여 쉬지 못할 자인 고로 가르친즉 아나니
배워 그 덕을 밝혀 처음을 회복하는 고로, 선왕이 스승과 더불어 삼강으로써 가르치니
아버지는 자식의 벼리가 되고 임금은 신하의 벼리가 되며 지아비는 지어미의 벼리가 되니라.
오륜은 가로되 아버지와 자식은 친함이 있으며 임금과 신하는 뜻이 있고 지아비와 지어미는
분별이 있으며 어른과 아이는 순서가 있고 친구 사이에는 믿음이 있느니라.
고로 백성을 다스림에 정사를 하는 사람이 먼저 힘쓸지라. 이것이 옛적에 덕으로 가르침이니
도를 행한즉 천하가 태평하리라. 하늘에는 해와 달이 있어 음양을 나누고 땅에는 산과 물이
있어 높고 낮음을 나누고 사람은 도덕이 있어 흥하고 망함을 나누니 이것이 만세에 바꾸지
못하는 도요 이치의 자연이니 그 이치가 있는 바와 기운이 갖추어진 바에 탕왕과 무왕은
도덕으로써 흥하고 걸주는 포악으로써 망하니 덕이 아니면 도가 아니요 도가 아니면 덕이
아니니라. 천에 도덕이 있고 흥하지 않은 자 없으며 도덕이 없고 망하지 않은 자 없느니라.
공자왈 우수한 싹은 무성하게 성장하며 열매 또한 건실치 않은 게 없느니라.
이는 도덕을 닦아 덕을 세우면 모든 일을 이루나니 그런고로 도덕으로써 정사를 하느니라.

(논초한득실평정지선악) 초나라 왕은 항우요 한나라 왕은 유방이라.
한나라가 천하를 얻음은 어떠함이며 초나라가 망함은 어떠함이뇨. 얻고 잃음이 모두 사람을
가려 씀에 있으니 한나라 장량 운주와 한신의 용병과 소하의 운조와 진평의 기이한 계책을
한왕이 그 재주를 알아 쓴 고로 천하를 얻었고, 초나라의 강동자제 팔천인은 일세의 장사요
거소사람 범증은 천하지영웅이로되 초왕이 그 꾀를 쓰지 아니한 고로 천하를 잃음이니라.
한신과 진평도 처음에는 초나라에 갔으나 초왕이 쓰지 않으니 모두가 한나라에 돌아감에
한왕은 귀빈으로 맞아 비록 백 번 싸워 백 번 패할지라도 마음을 한가지하고 힘을 합하여
생사를 한 몸으로 합하며 의로써 깨우치니 백성의 마음이 또한 다 따름에 하늘이 도움이라.
초왕은 힘이 투발하고 기운이 세상을 덮어 자기 힘을 믿고 안하무인하여 어진 자와 아는
자의 꾀를 쓰지 않으며 자기의 백 가지 법도를 일모라도 불응한즉 원수같이 대하니 백성의
마음이 배반하며 군사의 꾀가 바퀴같이 돌지 못함에 그런고로 초왕은 포악한 힘만 길러
패도로써 다스리다가 형세의 궁함이 다하니 스스로 말하기를 하늘이 나를 망하게 함이요
싸움의 죄가 아니라 하니 이것이 어떠한 말인고 ?
한왕은 도로써 백성을 다스리니 백성의 마음이 곧 하늘의 마음이라 백성이 따르고
하늘의 도움이 모두 한왕에게 있으며, 항우는 만인을 대적할 수 있는 재주를 가졌으나
마침내 쓸 바 없어 스스로 목을 찔러 죽었느니라. 슬프다, 한신과 진평이 처음 왔던 날에
그 재주를 알고 도덕으로 인도하였으면 천하를 가히 얻을 날을 기약할 것을
어찌 이날에 스스로 목 찌름에 이를꼬 ?
이로써 보건대 천하의 영웅인 항우의 계책도 천하를 얻지 못함은 인의예지신으로 즉 도덕
에 있으니 그 평함을 불러 아느냐 모르느냐. 백성에게 믿음을 얻지 못하면 하늘의 뜻을
얻지 못하나니 비록 세력은 있다 할지라도 마침내 초왕과 같이 오래지 못할지니라.
그런고로 나라를 다스리는 자로 하여금 경계함을 마음에 두어 도로써 나라를 다스리고
덕으로써 백성이 스스로 따르게 한즉 천하가 무적이리라.

（治國） 書曰 一家가 仁하면 一國이 興仁하고 一家가 讓하면
一國이 興讓하며 一人이 貪戾하면 一國이 作亂하나니 其機如此하므로
此所謂 一言이 僨事며 一人이 正國이니라 하니
觀聖人之道에 禹는 聞善言則拜하고 周公은 三吐哺하고 三握髮하여
治國者宜爲鑑戒니라.
堯舜이 民天下仁導하니 而民이 從之하고 桀紂는 民天下對暴하니
又民其暴從之라.
故로 其所令이 不中不仁而民不從하나니 是故로 君子는 有道德已後에 求諸人이며
無咎已而後에 非諸人하니 若 有所臟則 乎身不恕요 能喩諸人者未之有也니라 하니
此가 仁導一人에 正國也라.
故로 治國이 在齊其家라 하니 以治家之法으로 治國한다는 說이다.
大蓋 家는 夫婦有後에 家成하여 父子兄弟가 있나니
成家之法이 萬世不易之道요 家族和合은 必以德이 또한 萬世不易之道니라.
非道非德이면 其家가 亡하나니 不知齊家者가 何以知治國乎랴.
不在其位면 不謀其政이라 하니 踐其位하여는 行其道德하며 邦安民福이니
心誠求之면 雖不中이나 不遠이니라.
曾子曰 治國이 必先齊其家者는 其家를 不家敎요 而能敎人者無之니라 하니
然則 立敎之本이 在正其家者는 何也요 孝者는 所以事君也며
敬者는 所以事長也요 慈者는 所以使衆也니라.
故로 捨此齊家之法이면 民無紀하고 國無綱이니라.
子曰 君君 臣臣 父父 子子라 하니 萬若 君不君하며 臣不臣하고 父不父하며
子不子하면 何以爲政乎랴.
大蓋 道는 不在難하니 敬於長者는 幼者道也요 忠於君者는 臣道也며
信言人者는 友道也요 順於夫者는 婦道也며 孝於親者는 子道也니라.
又曰 木從繩則 直하고 人受諫則 君子니라 하니 敎人以道則 民心順이며
國正則 順天心이요 官淸則 民心安이며 妻賢則 夫禍小요 子孝則 父心寬이니라.
朝聞道면 夕死라도 可也라 하니 有道則 國保民安하고 無道則 紀綱而紊亂하여
世道難測에 奸雄作亂하니 民不得太平하고 其國이 危矣리라.
故로 不知道者小人이요 居常存心에 知道行者는 君子라 하니
有國者得君子道而後에 保其民하며 保其國治니라.
大蓋 外補者는 軍官이요 內治者는 儒官이라.
軍官이 馬上術法으로 得天下하여 馬上術法으로 治天下者는 千古에 無之니라.
故로 人之讀聖書하고 行國政이면 立國綱하고 民志正하며
邦治太平에 垂統萬世니라.
邦無道에 富貴가 恥也요 邦有道에 貧賤이 恥也라 하니 無道則 賢人不至하고
有道則 賢人來至하니 故로 治不治가 在賢이니라. 然則 行道由重하니라.
飯蔬食飮水하고 曲肱而枕之라도 樂在其中이니라.
書曰 民維邦本이니 本固라야 邦寧이라 하니 自古로 明王聖主는 皆治政道德하니
民順臣忠함에 其國太平也라.
故로 今亦執政者가 亦得於此而治之則 民安國正하리라.

(치국) 서에 말하기를 한 가정이 어질면 한 나라가 어지니 흥하고 한 집이 사양하면
한 나라가 흥하며 한 사람이 탐하고 거스르면 한 나라가 어지러움을 짓나니 그 기틀이 이와
같으므로 이를 말하기를 한마디한 말이 일을 넘어뜨리며 사람이 나라를 바르게 할지라 하니
성인의 도를 봄에 우왕은 선한 말을 들은즉 절하고 주공은 세 번 깨물어 뱉고 세 번 머리를
빗고 국사를 의논하였으니 나라를 다스리는 자의 거울이 되니라. 요임금과 순임금은 천하를
어짊으로써 인도하니 백성이 따르고 걸과 주는 천하에 난폭으로 백성을 대하니 백성이 또한
그 난폭함을 좇으니라. 고로 그 명령하는 바가 맞지 아니하고 어질지 못하면 백성이 따르지
않느니라. 고로 군자는 내 몸에 덕이 있은 뒤에 사람을 구하며 내 몸에 허물이 없는 후에
사람의 그름을 말하나니 만약 감춘 바가 있다면 그 몸이 불러 용서치 않으며 능히 사람을
깨우쳐 인도할 자 있지 않을지라 하니 이것이 한 사람으로 인하여 나라를 바르게 함이니라.
고로 나라 다스림은 그 집을 가지런히 함에 있느니라 하니 집을 다스리는 법으로 나라를
다스린다는 말이다. 대개 집은 부부가 있은 뒤에 가정을 이루어 부자형제가 있나니
집을 이루는 법은 만세라도 바꾸지 못하는 도요 가정 화합은 반드시 덕으로써 함이 또한
만세라도 바꾸지 못하는 도니라. 도가 아니고 덕이 아니면 그 집이 망하나니 제가 할 줄을
알지 못하는 자가 어찌 써 나라를 다스릴 줄을 알랴. 그 자리에 있지 아니하면 그 정사를
꾀하지 못할지라 하니 그 위에 밟아 그 도덕을 행하면 나라가 평안하고 백성에게는 복이
되느니라. 마음 정성으로 구하면 비록 맞지 아니할지라도 멀지 아니하느니라.
증자왈 나라를 다스림에 반드시 먼저 그 집을 가지런히 하는 자는 그 집을 가르칠 것이
없으며 자기를 가르치려 할 사람이 없을지라 하니 그런즉 가르침을 세우는 근본이 그 집을
바르게 함에 있는 자는 어찌하뇨. 효도란 것은 임금을 섬기는 바요 공손이란 것은 어른을
섬기는 바요 사랑이란 것은 여러 사람을 함께 함이니라. 고로 이 제가의 법으로 베푼즉
백성을 다스리는 벼리의 법이 없지 않으며 나라의 근본의 법이 없지 않으니라.
공자가 말하기를 임금은 임금답게 하고 신하는 신하답게 하며 아버지는 아버지답게 하고
자식은 자식답게 할지니라 하니 만약 임금이 임금답지 못하며 신하가 신하답지 못하고
아버지가 아버지답지 못하며 자식이 자식답지 못하면 어찌 정사를 하랴.
대개 도는 어려운 데 있지 않으니 어른에게 공경하는 것은 어린 자의 도며 임금에게
충성하는 것은 신하의 도요 사람에게 미덥게 하는 것은 벗의 도이며 지아비에게 순히 하는
것은 지어미의 도며 어버이에게 효도하는 것은 자식의 도니라.
또 말하기를 나무가 먹줄을 좇은즉 곧을 것이요 사람이 자기의 허물을 말해줌을 고칠 줄
알면 군자니라 하니 사람을 도로써 가르친즉 백성의 마음이 순하나니 나라가 바르면 하늘의
마음이 순하며 관청이 맑으면 백성의 마음이 편안하고 아내가 어질면 지아비의 화가 적으며
자식이 효도한즉 어버이의 마음이 너그러우니라.
아침에 도를 들으면 저녁에 죽어도 가할지라 하니 도가 있은즉 나라가 안보되어 백성이
편안하고 도가 없은즉 백성의 벼리와 나라의 법도가 문란하여 세상의 도가 측량치 못함에
간웅이 난을 일으키니 백성이 태평한 세상을 얻지 못하여 그 나라가 위태로울지니라.
고로 도를 알지 못한 자는 소인이요 삶에 도를 항상 마음에 두고 알아 행한 자는 군자니라
하니 나라가 있는 자 군자의 도를 얻은 뒤에 그 백성을 안보하며 그 나라를 다스릴지니라.
대개 밖으로 보호하는 자는 군관(국군)이요 안으로 다스리는 자는 유관(선비)이라.
군관이 마상의 술법으로 천하를 얻어 마상의 술법으로 천하를 다스린 자는
천고에 없느니라. 고로 사람이 성서를 익히 읽고 정사를 행한즉 나라의 기강이 서고 백성의
뜻이 바르므로 나라를 다스려 태평함에 그 전통을 만세에 기리니라.
나라가 무도함에 부귀함이 부끄럽고 유도함에 빈천함이 부끄러울지라 하니 도가 없은즉
성현이 이르지 않으며 도가 있은즉 성현이 이를지니 그런즉 행도를 중히 하느니라.
나물 먹고 물 마시고 팔을 베고 누울지라도 즐거움이 그 가운데에 있을지니라.
서에 가로되 백성은 오직 나라의 근본이니 근본이 굳건해야 나라가 편안하다 하니
옛적으로부터 어진 왕은 도와 덕으로써 나라를 다스리니 백성이 따르고 신하가 충성함에
그 나라가 태평을 누림이라. 고로 지금에의 정사하는 사람이 이를 얻어 다스린즉 백성이
편안하고 나라가 또한 바를지니라.

賢婦良妻之道 (현부양처지도) (明心寶鑑)

玉不琢이면 不成器하고.....옥이라도 다듬지 않으면 귀한 보배가 되지 못하고
人不學이면 不知義하며.....사람이 배우지 아니하면 이치를 알지 못하며
人無識하면 如冥冥夜行이요.사람이 무식하면 어두운 밤길을 가는 것과 같고
人不通言則 馬牛而衾衣니라.사람이 앞뒤 말이 통하지 않으면 짐승과 같으니라.
男子失敎면 長必頑愚하고...남자가 배우지 아니하면 성장하여 어리석고
女子失敎면 長必奸疎하며...여자가 배우지 아니하면 성장하여 거칠고 간사하며
賢人同行에 如入中之蘭하고.어진 사람과 행하면 향기로움이 난초에 싸인 것 같고
愚人同行에 如入中魚脯니라.어리석은 사람과 동행하면 추한 냄새만 나느니라.
一生之計는 在於幼하고.....사람의 평생 기교는 어려서 배움에 있고
一年之計는 在於春하며.....일년의 계획은 봄에 있으며
一日之計는 在於寅이라.....하루의 계획은 이른 새벽에 있느니라.
幼而不學이면 老無所傳이요.어려서 배우지 못하면 늙어서 남기는 것이 없고
春若不耕이면 秋無所望이며.봄에 씨앗을 뿌리지 않으면 가을에 거둘 것이 없으며
人若不起면 一日所判이니라.아침에 계획이 없으면 하루의 일이 산란하니라.
讀書는 起家之本이요.....배우는 것은 그 집안을 윤택하게 하는 근본이요
循理는 保家之本이며......순리와 이치를 알면 그 집안 명예를 남기는 근본이다.
勤儉은 治家之本이요.....부지런하고 검소함은 그 집안을 잘 다스리는 근본이요
和順은 齊家之本이라.....화합하고 순종함은 가풍을 바르게 하는 근본이다.
爲事之要는 公與淸이요....일을 다스림에 중요한 것은 공평함에 있고
成家之道는 儉與勤이라....가정을 다스림에 중요함은 검소하고 부지런함에 있다.
花落花開 開又落하고......좋은 꽃도 때가 되면 떨어지고 또 피고 떨어지며
錦衣布衣 更換着이라......비단옷도 떨어지면 바꾸어 입느니라.
豪家도 未必常富貴요......좋은 집에 부자로 넉넉히 살아도 항상 부자가 아니요
貧家도 未必常寂莫이라....가난하여 오두막에 살아도 항상 적적한 것은 아니다.
扶人에 未必常靑昊요......사람의 도움을 받는다 하여 하늘에까지 오를 수 없고
推人에 未必深邱壑이라....미끄러진다고 깊은 구렁에까지 들어가지 않느니라.
白玉은 投於泥塗라도......백옥의 보배는 더러운 오물 속에 넣고 밟아도
不能汚穢 其色이요........그 빛은 더러워지지 않으며
君子는 行於濁地라도......어진 군자는 좋지 못한 곳에 갈지라도
不能 染亂其心이라........그 깊은 마음은 나쁜 물에 젖어들지 않느니라.
長短은 家家有요.........즐겁고 슬픈 것은 집집마다 있는 것이며
炎凉은 處處同이라........좋은 것과 나쁜 것은 곳곳마다 같으니라.
一傾水器는 不可復이요.....한번 기울어진 물은 다시 그릇에 채우기 어렵고
一言出口는 不可復이라.....한번 뱉은 말은 다시 입 속으로 들일 수 없느니라.
喜怒는 在心하고.........기뻐하고 성내는 것은 마음에서 나오고
言出은 於口하니.........좋은 말 나쁜 말은 입에서 나오니
心口는 不可不愼이라......마음과 입은 가히 삼가하지 않을 수 없는 것이다.
言不中理면 不如不言이며...말은 이치에 맞지 않으면 말하지 않은 것만 못하고
一言이 不中理면.........한번 한 말이 이치에 어긋나면
千語가 無用이라.........천 마디를 해보아야 들으려 하지 않느니라.
故로 口舌者는 禍患之門이요...그러므로 입과 혀는 화와 근심을 일으키는 문이니
滅身之物也니라.........몸을 망치게 하는 물건이니라.

然而 耳不聞人之非하고........그러니 귀로 남의 허물을 듣지 말고
目不視人之短하며...........눈으로 남의 그릇됨을 보지 말며
口不言人之過하라...........입으로 남의 잘못을 말하지 말라.
聞人之謗이라도 未嘗怒하며....남의 비방을 들을지라도 금방 성내지 말며
聞人之譽라도 未嘗喜하고.....남의 좋은 소문을 들어도 곧 기뻐하지 말라.
聞人之善이면 就而和之하며....남의 선덕을 들은즉 정답게 취하며
又從而喜之니라.............또 기뻐하며 따르라.
樂見善人하며...............착한 사람을 즐겨 하며
樂道善言하고...............어진 군자의 말을 즐겨 듣고
樂行善意하라...............이치에 맞는 행동과 뜻을 즐겨 배우라.
學者는 如禾如稻하고.........배운 자는 정양의 으뜸가는 벼와 같고
不學者는 如蒿如草하니.......배우지 않은 자는 쑥 같고 잡초 같으니라.
學者는 登天而望四海요.......배운 자는 높은 곳에 올라 사해를 봄과 같고
不學者는 霧中濁觀이라.......배우지 아니 하면 안개 속을 봄과 같으니라.
福生於 淸儉하고............복은 정직하며 깨끗하고 검소한 곳에서 생기고
德生於 卑退하며............덕은 나를 낮추고 사양하는 곳에서 생기며
道生於 安靜하고............의리를 알게 되는 것은 안정된 곳에서 생기고
命生於 和暢하며............삶과 운명은 화합하고 밝은 곳에서 생기며
愚生於 多慾하고............어리석음은 욕심이 많은 곳에서 생기고
禍生於 多貪이요............화와 근심은 허욕이 많은 곳에서 생기며
過生於 輕慢하고............잘못과 실수하는 것은 경솔한 마음에서 생기고
罪生於 不仁이니라..........죄는 착하지 못하고 간사한 곳에서 생기니라.
戒眼하여 莫看他非하고.......눈을 조심하여 남의 허물을 보지 말고
戒口하여 莫談他短하며.......입을 조심하여 남의 길고 짧음을 말하지 말며
戒心하여 莫自貪嗔하고.......마음을 조심하여 탐내고 꾸짖는 것을 삼가하고
戒身하여 莫隨惡伴하며.......몸을 조심하여 좋지 못한 사람을 따르지 말며
無益之言을 莫妄說하고.......나에게 이익이 없는 말은 함부로 말하지 말고
不干己事를 莫妄爲하라.......나에게 상관이 없는 일에 간섭하지 말라.
聰明四海라도 守之以愚하고....총명하고 생각이 맞을지라도 어리석은 체하고
功被天下라도 守之以讓하며....많은 공을 세웠을지라도 사양하여 남에게 돌리며
勇力振世라도 守之以怯하고....용맹스럽고 권세가 있을지라도 항상 약한 체하고
富有四海라도 守之以謙하라....부자라고 소문이 났을지라도 항상 겸손해하라.
小船은 難堪重載요...........작은 배는 무거운 짐을 지탱하기 어렵고
深逕은 不宜獨行이라.........깊은 밤길은 혼자 가는 것이 마땅치 않느니라.
官行私曲 失時悔요...........벼슬아치가 자리를 잃은 뒤에 후회하며
富不儉用 貧時悔며...........넉넉할 때에 헛되게 쓰고 가난한 뒤에 후회하고
藝不少學 過時悔요...........재주를 배우지 아니하고 때가 지나면 후회하며
見事不學 用時悔며...........일을 보고 배우지 않으면 사용할 때에 후회하고
醉中狂言 醒時悔요...........술에 취하여 실수한 것은 술이 깬 뒤에 후회하며
安不將息 病得悔라...........건강할 때에 함부로 한 몸은 병든 뒤에 후회하니
他日面場에 悔之旣老라.......뒷날에 후회한들 때는 이미 늙은 몸이 되었느니라.
愚居市에 無相識人이요.......어리석고 무식하면 시장에 살아도 아는 이 없고
德傳居山 有遠親人이라.......덕을 전하면 깊은 산골에 살아도 친구가 많으니라.

百行之本이 忍之爲上이라 하니...백 가지 근본은 참는 것에 있다고 하니
忍一時之忿이면 免百日之憂라...한때의 분함을 참으면 백 일의 근심을 면하고
得忍且忍하고 得戒且戒하라...참음을 알면 늘 참고 경계함을 알면 늘 경계하라.
不忍不戒면 小事成大니라...참지 아니하고 경계하지 않으면 항상 근심이니라.
兄弟忍之면 家富貴하고...형제가 참으면 그 가정이 화목을 누리며 부귀하고
夫婦忍之면 終其世하며...부부가 참으면 평생을 함께하여 장수하며
朋友忍之면 名不廢하고...친구가 참으면 그 이름이 널리 전해지고
自身忍之면 無禍害니라...내가 참으면 재앙이 없느니라.
行善之人은 如春園芝草하고...어질고 덕 있는 사람은 봄동산의 난초와 같고
行惡之人은 如磨刀之石이라...어리석은 자는 낫을 가는 숫돌과 같으니라.
欲知其君에 先視其臣하고...임금을 알고자 하면 먼저 그 신하를 보고
欲知其父에 先視其子하며...아버지를 알고자 하면 먼저 그 아들을 보며
欲知其人에 先視其友하라...그 사람을 알고자 할진대 먼저 그 벗을 보라.
君聖 臣忠하고...임금이 어질면 그 신하가 충성을 다할 것이요
父慈 子孝하느니라...부모가 어질면 그 자식이 효를 다할 것이다.
人間私語라도 天聽은 若雷하고...사사로운 말도 하늘이 들으심은 우뢰와 같고
暗室欺心이나 神目은 如電이라...사람의 눈을 속일지라도 귀신은 보고 있느니라.
惡鑵이若滿이면 天必誅之하고...나쁜 마음이 가득하면 하늘이 반드시 벌을 내리고
若人作不善하여 得顯名者는...좋지 못한 일을 하고 이름을 얻은 사람은
人雖不害나 天必戮之니라...사람은 용서하되 하늘은 필히 벌을 내리느니라.
觀朝夕 早晩하여...사람이 아침 저녁으로 하는 것을 늘 지켜보면
可以人家知 興敗니라...그 가정의 흥패를 가히 알게 되느니라.
嚴父는 出孝子하고...엄한 아버지는 효자를 내며
嚴母는 出孝女니라...엄한 어머니는 효녀를 내느니라.
子孝 雙親樂이요...부모 마음이 편안한 것은 자식의 효도함에 있고
家和 萬事成이라...가정이 화목하면 일마다 순조로우며
國正 天心順이요...나라가 바르면 백 가지가 순하고
官淸 民自安이라...벼슬아치가 바르면 백성이 편안하며
夫無煩惱는 是妻賢이라...남편이 번거로움이 없는 것은 아내의 어짊에 있다.
貧家에 有三耗라 하니...가난한 집에는 세 가지 소모되는 것이 있다 하니
倉庫漏滿不蓋鼠雀亂食爲一耗요...곳간에 비새며 쥐 새가 어지럽게 하는 것이 일모요
收種失時 爲二耗며...거두고 씨 뿌리는 때를 잃은 것이 두 가지 소모며
抛撒米穀穢賤 爲三耗니라...곡식을 천히 여기는 것이 세번째 소모니라.
貧家에 有十盜라 하니...가난한 집에는 열 가지 도적이 있다 하니
時熟不收 爲一盜요...익은 곡식을 때에 거두지 못함이 하나의 도적이요
收積不了 爲二盜며...곡식을 거두어 소홀히 하는 것이 둘째 도적이며
無事燈寢 爲三盜요...필요치 않은 낭비 이것이 셋째 도적이요
怠慢不耕 爲四盜며...갈고 씨 뿌림을 게을리 하는 것이 넷째 도적이며
不施功力 爲五盜요...간사하여 공덕을 베풀지 않음이 다섯째 도적이요
專行巧害 爲六盜며...잔재주로 사람을 해하는 것이 여섯째 도적이며
養女太多 爲七盜요...계집아이만 위하는 것이 일곱째 도적이요
晝眠怠起 爲八盜며...낮잠 자고 게으름이 여덟째 도적이며
酒色嗜慾 爲九盜요...주색을 즐기는 것이 아홉째 도적이요
强行嫉妬 爲十盜라...남을 질투하고 시기하는 것이 열번째 도적이니라.

貧家에 有十錯이라 하니..... 가난한 집에는 열 가지 오착이 있다 하니
養男不敎訓이 爲一錯이요... 자식을 가르치지 않음이 한 가지의 그르침이요
幼兒不訓이 爲二錯이며...... 어린아이 잘못을 훈계하지 않는 것이 둘째 오착이며
新婦不嚴訓이 爲三錯이요... 신부에게 가정 법도를 가르치지 않음이 셋째 잘못이요
未語先笑 爲四錯이며........ 말하기 전에 웃음부터 웃는 것이 넷째 실수며
不養父母 爲五錯이요........ 부모에게 불효하는 것이 다섯째 거슬림이요
夜起赤身 爲六不祥이며..... 밤에 무례하게 함부로 행동하는 것이 여섯째 불상이며
好挽他弓 爲七錯이요....... 남의 물건을 부러워하는 것이 일곱째 그릇됨이요
愛騎他馬 爲八賤이며....... 남의 물건을 즐겨 이용하는 것이 여덟번째 천격이며
他酒勸人 爲九愚요........ 남의 술을 사람에게 권함이 아홉번째 어리석음이요
他物與人 爲十錯이라....... 남의 물건을 임의로 하는 것이 열번째 뻔뻔함이니라.
天不生 無祿之人하고....... 하늘은 녹 없는 사람을 내지 아니하고
地不長 無名之草라....... 땅은 이름없는 풀을 기르지 않느니라.
知人知面 不知心이요....... 사람의 얼굴은 알아도 그 마음은 알 수 없고
對面恭話하나 心隔千山이라.. 서로 상면하고 이야기하나 그 마음은 멀리 있느니라.
酒食兄弟 千個有나........ 내가 술을 사고 음식을 권할 때에는 모두가 형제이나
急難之朋은 一個無라........ 내가 어려움에 있을 때에는 친구가 하나도 없느니라.
朽木은 不可調也요......... 썩은 나무는 다듬지 못하고
糞土之牆은 不可築이라...... 썩은 흙은 담장을 쌓을 수 없는 것이다.
未香花子는 莫植種이요...... 향기롭지 못한 꽃나무는 심지를 말 것이며
無義之友는 不可交라........ 의리가 없는 사람은 사귀지를 말아야 한다.
器滿即溢 人滿側損이라...... 물이 가득하면 넘치고 사람도 때가 되면 가느니라.
不登高崖면 何以知顚墜之患이며. 높은 언덕에 오르지 않으면 어찌 떨어질 근심을 하고
不臨深泉則 何以知沒溺之患이며. 깊은 물에 가지 않으면 어찌 빠질 근심을 하며
不出大海則 何以知風波之患하랴. 바다에 나가지 않으면 어찌 풍파의 근심을 하겠느냐.
不經一事면 不長一知하며.... 일을 겪어보지 않으면 그 참뜻을 알 수 없는 것이며
經目之事도 恐未皆眞인데.... 내가 경험하고 눈으로 본 것도 참되지 않을까 두려운데
背後之言을 何足深言하리오.. 뒤에서 하는 말을 듣고 어찌 그렇다고 믿겠느냐.
木從墨繩直하고.............. 나무가 먹줄을 맞으면 곧을 것이요
人受諫則賢이라.............. 남이 말해 주는 자기의 잘못을 고칠 줄 알면 군자니라.
一星之火가 能燒萬頃之薪하고... 한 점의 불씨가 만경을 태우고
半句非言이 誤平生之德이라.. 잘못된 말 한마디가 평생의 덕을 그르친다
一貪妬損 終無十載安康하고.. 한번 잘못으로 십 년이나 쌓은 공덕이 무너지고
積善傳仁 必有榮華後裔니라.. 선과 덕을 전하면 반드시 후손에게 영화가 되리라.
池淵春草 未覺夢인데........ 연못가의 풀은 아직 꿈에서 깨어나지도 않았는데
階前梧葉 已秋聲이라........ 섬돌 앞의 오동나무는 벌써 가을의 소리를 내느니라.
天聽함에 寂無音이라........ 하늘이 들으심에 고요하고 조용한지라
蒼蒼何處尋고................ 푸르고 푸른데 어느 곳을 찾을꼬.
非高亦非遠이요.............. 높지도 아니하고 또한 멀지도 아니한지라
都只在人心이니라........... 모두가 다만 사람의 마음에 있느니라.
聖書의 明心寶鑑一節
삼라만상은 오면 가는 것 그 후에는 무엇이 남아있느뇨

三 綱 (삼강)

(1) 君爲臣綱이요............임금은 신하의 벼리가 되고
(2) 父爲子綱이며............아버지는 자식의 벼리가 되며
(3) 夫爲婦綱이니라..........남편은 아내의 벼리가 되느니라.

五 倫 (오륜)

(1) 父子 有親하며..........아버지와 자식간에는 친함이 있고
(2) 君臣 有義하고..........임금과 신하 사이에는 뜻이 있으며
(3) 夫婦 有別하며..........남편과 아내와는 분별이 있고
(4) 長幼 有序하고..........어른과 아이와는 순서가 있으며
(5) 朋友 有信이니라........친구 사이에는 믿음이 있느니라.

五 福 (오복)

(1) 一曰 壽요............사람이 오래 사는 것이 복이요
(2) 二曰 富며............넉넉하게 부자로 사는 것이 복이며
(3) 三曰 康寧이요..........몸이 건강하여 편안해야 복이요
(4) 四曰 攸好德이며........덕이 있어 존경받는 것이 복이며
(5) 五曰 考終命이니라......깨끗하게 살다가 곱게 죽는 것이 복이니라.

婦有 三從之道 (부유 삼종지도)

婦有 三從之道라 하니........부인에게 세 가지 좇음의 도가 있다고 하니
(1) 在家에 從父하고........태어나 자람에는 아버지를 좇고
(2) 適人에 從夫하며........성장하여 출가하면 지아비를 좇으며
(3) 夫死에 從子니라........남편이 죽은 뒤에는 그 자식을 좇느니라.

婦有 七去之惡 (부유 칠거지악)

婦有 七去之惡이라 하니......부인에게 일곱 가지 버림이 있다 하니
(1) 不順父母 爲一去之惡이요...부모에게 불순히 하는 것이 하나의 내침이요
(2) 無子 爲二去之惡이며......자식을 갖지 못한 것이 두번째 버림이며
(3) 淫亂 爲三去之惡이요......음란한 행동을 하는 것이 세번째 버림이고
(4) 嫉妬 爲四去之惡이며......시기하고 질투하는 것이 네번째 버림이며
(5) 惡疾 爲五去之惡이요......나쁜 병을 가진 것이 다섯번째 버림이고
(6) 多言 爲六去之惡이며......말이 많아 시비가 잦은 것이 여섯번째 버림이며
(7) 竊盜 爲七去之惡이니라......불량하여 도적질하는 것이 일곱번째 내침이니라.

賢婦는 和六親하고..........어진 부인은 가정을 화목하게 이끌어 나가고
妄婦는 破六親하며..........어리석은 여자는 가정의 화목을 깨뜨리니라.
賢婦는 令夫貴요............어진 부인은 남편을 받들어 귀히 여기고
妄婦는 令夫賤이라..........어리석은 여자는 남편에게 함부로 하느니라.

婦 德 （부덕）

婦有四德之譽하니..........여자에게 네 가지의 아름다운 덕이 있다 하니

一曰 婦德이요..........일왈 부덕이요
二曰 婦容이며..........이왈 부용이며
三曰 婦言이요..........삼왈 부언이요
四曰 婦工也라..........사왈 부공이니라.

(1) 婦德者는...부덕이라 하는 것은
　　不必才名絶異요...반드시 재주와 이름이 뛰어남을 말한 것이 아니요

清貞廉節하여 守分整齊하고.정조를 곧게 하여 행하고 그침을 분별하며
行止有恥하며 動靜有法하니.법도 있는 행동으로 몸가짐을 바르게 하여 정숙하니
此爲婦德也요..............이것이 부덕이요

(2) 婦容者는...부용이라 하는 것은
　　不必顔色美麗요...반드시 얼굴이 아름답고 어여쁨을 말한 것이 아니며

洗浣塵垢하고 衣服鮮潔하며.가정의 정리를 청결히 하고 의복을 새롭게 하며
沐浴及時하여 一身無穢하니.목욕을 때때로 하여 몸을 청결하게 하므로
此爲婦容也며..............이것이 부용이며

(3) 婦言者는...부언이라 하는 것은
　　不必辯口利詞요...반드시 입담이 좋고 말을 잘하는 것을 말함이 아니요

擇師而設하고 不談非禮하며.어진 사람을 가려 따르며 쓸데 없는 말과 예의에
時然後言하여 不厭其言하니.벗어난 말은 하지 않고 때에 필요한 말만을 하니
此爲婦言也요..............이것이 부언이요

(4)婦工者는...부공이라 하는 것은
　　不必技巧過人이라...반드시 재주가 뛰어남을 말한 것이 아니니라.

專勤紡績하고 勿好量酒하며.오로지 일하는 것을 부지런히 배우고 익혀서
供具甘旨하여 家奉賓客하니.좋고 나쁨을 가릴 줄 알며 음식을 맛있게 만들어
　　　　　　　　　　　　　식구와 손님을 공경하여 봉양하며 접대하니
此爲婦工也니라..........이것이 부공이니라.

(註)此四德者는 是婦人之所不可缺者라. 爲之甚易하고 務之在正하니
依此而行하면 是爲婦節이니라.
이 네 가지 덕이란 것은 부인으로서 가히 잊어서는 아니 되는 절요한 조목이라.
실행하기에 쉽고 힘쓰기가 바름에 있으니 이를 의지하여 행하면
이것이 부인으로서 행하는 절도의 길이니라.

冠 禮 (관례)

古禮에 男子而十五, 二十에 冠하고 女子而十四, 十六에 笄하였으나 時不然故로 省略함.
남자는 15, 20에 관하고 여자는 14, 16에 계하였으나 때에는 불연한 고로 생략함.

男子는 自二十歲로 至二十五歲요 女子는 自十五歲로 至二十歲에 婚이라가
今에는 男子는 自二十五歲로 至三十歲요 女子도 自二十五歲로 至三十歲라.
古例로부터 主婚者는 婚家의 直系最尊長이니 祖父나 父也라 萬若 無則 其近親也니라.
先使媒者로 來往兩家하여 有女氏之許諾 然後에 納采(采는 採也)니
納采則 婚姻이 決定이니라. (註)采는 캘채자이니 채단이 아니니라.
남자는 자 20세로 지 25세요 여자는 자 15세에서 지 20세로 혼인하다가
지금에는 남자는 자 25세로 지 30세요 여자도 자 25세로 지 30세라.
옛날부터 혼주자는 혼가의 직계로 가장 높은 사람이니 조부나 부모이다.
만약에 조부나 부모가 안 계시면 그 가정의 가장 가까운 근친의 존장이니라.
먼저 중매하는 사람으로 하여금 두 집을 내왕하여 여씨의 허락을 얻은 연후에
납채를 할지니 납채를 한즉 혼인이 결정되느니라.

大蓋 婚姻에는 古例가 的實無疑하여 天下에 莫能及이거늘 異端之禮가 流行하여
新郞 新婦는 下段에 立하고 所謂 主禮者는 上段에 立하여 注意文을 朗讀하고
信物交換 後에 新郞 新婦의 無拜 無揖 無酒하고 禮畢한다 하니 果是人禮乎아.
天下之事가 莫不有志며 莫不有理건마는 眞理所在에 是而之可乎아.
大蓋 君臣間에도 有拜有酒가 可禮也요 朋友間에도 有拜有酒가 禮也니
書曰 先王이 作酒禮하니 一獻一禮에 賓主百拜라 하였거늘 況婚姻夫婦親迎之日에
無拜無酒는 野合禽獸之道라. 禽獸가 何知有拜이며 何知有酒하고 何知婚書紙리오.
又曰 人間大事日에 尊位者가 何人인고. 古者에 君王이 以法尊之하니 臣民이
何敢不尊하리오. 直系尊屬인 祖與父라도 後行이라 後配라 稱하니라. 洋風이 來矣라
新婚式에 新郞 新婦가 下段은 太不可하거늘 人可不知하고 人可不戒한고.
西施當年에 無鹽이 效嚬은 千古에 鼻笑니라.
대개 혼인에는 옛날의 예가 적실하여 의심이 없어 천하에 능히 미칠 리 없거늘
이단의 예가 유행하여 신랑 신부는 하단에 서고 소위 주례자는 상단에 서서 주의문을
낭독하고 서로 선물을 교환한 후에 신랑 신부의 절도 없고 읍도 없으며 술도
없이 예 필하니 과연 이것이 예이냐.
천하의 일이 뜻이 없는 것이 있지 아니하며 이치가 있지 아니한 것이 없건마는
참으로 진리에 있는 바에야 지금에 행하는 예가 옳은 것인가.
대개 임금과 신하 사이에도 절이 있고 술이 있음이 예요 친구 사이에도 절이 있고
술이 있음이 예이니라. 서에 말하기를 선왕이 술에 있어 예를 지으니 한번 올리는
술잔의 예의 뜻은 주인이나 손님이나 절 백 자리보다 술 한잔이 예라 하였거늘
하물며 혼례식의 친영하는 날에 절이 없고 술이 없음은 들에서 합하는 금수의
도라. 금수가 어찌 절을 알며 술을 알리오. 또한 인간대사 일에 존위자가 누구일고.
옛적에 임금이 법으로써 높이니 백성과 신하가 어찌 감히 높이지 않으리오.
직계 존속인 조부나 아버지도 후행 후배라 칭하느니라. 서양 바람으로 신혼례식에
신랑 신부가 하단에 섬은 불가하거늘 사람이 어찌 알지 못하고 이것을 경계하여
시정지 아니한고. 서시의 당년에 무염이라는 계집이 찡그리는 것을 본받은 것은
천고에 코웃음 치는 비소가 되느니라.

請婚 許婚 書式 (청혼 허혼 서식)

(1) (請婚 書式)
伏惟 辰下에
尊體 萬護하신지 仰溯區區之至이오며 第家兒 親事는 尙無指合處러니
得聞하온즉 某宅 閨養이 淑哲하다 하오니 此意를 通于 彼宅하시와
敬要하오며 不備 伏惟 尊照 謹拜 上狀　　　　　　年 月 日　金海后人　金 東 煥　白

(2) (許婚 書式)
伏惟 辰下에
尊體 萬安하시니 仰慰區區之至이오며 第親事는 訓導若是하시니 敢不聽從하오리까.
四星을 回示하심이 如何하오리까. 餘는 不備 伏惟
尊照 謹拜 上狀　　　　　　　　　　年 月 日　全州后人　李 太 白　白

(3) (納采 書式)
某姓名 伏承
尊慈 不鄙寒微曲 從媒議許以 令愛貺室佑 僕之次子 吉童 先人之禮 謹傳人 納采 伏惟
尊慈 鑑念 俯賜 不宣　　　　　　　　　年 月 日　金海后人　金 東 煥　白

김동환 엎드려 잇건대 존자가 한미함을 더럽게 아니 여기시고 중매의론을 좇으시사
영애로써 저의 차남 길동에게 실로 주심을 허락하시니 자에 선인의 예가 있어
삼가 사람을 보내어 납채하오며 엎드려 오직
존자가 거울같이 굽어살피심을 생각하고 베풀지 아니하나이다.

(4) (答 納采 書式)
某姓名 伏承
尊慈 不鄙寒陋 過聽媒氏之言擇 僕之 第二女 作配既辱採擇 敢不欣從 伏惟
尊慈 特賜 鑑念 不宣　　　　　　　　年 月 日　全州后人　李 太 白　白

이태백 엎드려 잇건대 존자가 한루함을 더럽게 아니 여기시고 과히 중매씨의 말을
들어 저의 제이녀로 작배함을 가려 이미 채택에 욕되었으니
감히 즐겁지 아니하리까. 엎드려 생각하건대
존자가 특히 감념하심을 주셔서 베풀지 아니하나이다.

(5) 四星 書式
甲子 正月 十六日 子時 (註)四星은 四柱이다. 白紙 五間의 中央에 年月日時를 쓴다.

(6) 請單 書式 (1)
時惟 中冬에
尊體 萬安 第親事 猥蒙不鄙之許 實感且荷 星帖與衣樣書送 若何 伏惟
尊照 謹拜 上狀　　　　　　　　　　年 月 日　金海后人　金 東 煥　白

시유 중동에
존체 만안하십니까 제친사는 외남을 어여삐 여기시는 허락을 무릅쓰니 실로
감사하며 또 감사하나이다. 성첩과 의양을 써 보냄이 어떠하뇨. 엎드려
높이 비추심을 생각하옵고 상장하나이다. (皮封에는 某姓 生員宅 入納이라고 쓴다.)

　　　請單 書式 (2)
伏惟 華翰하오니 感荷難量이로소이다.
伏惟 尊體動止萬重하시니 仰慰區區無任之至이오이다. 第親事는 至於間年之境이오니
寒間之幸이오이다. 柱單을 依敎錄呈하오니 涓吉을 回示하심이 如何하오리까.
餘不備 伏惟 尊照 謹拜 上狀　　　　　　　　　　　年 月 日　金海后人　金 東 煥　謹拜

(7) 答 請單 書式
時惟 中冬
尊體候 萬穆 第親事 旣承盛諾 星帖依敎書呈 衣樣倂錄呈耳 謹不備 伏惟
下察 謹謝 上狀　　　　　　　　　　　　年 月 日　全州后人　李 太 白　謹拜
시유 중동에
존체 만목하십니까. 제친사는 이미 성한 허락을 이으니 성첩을 가르침에 의지하여
바치며 의양도 아울러 기록하여 바칩니다. 갖추지 못하고 엎드려 아래로 살피심을
생각하며 삼가 하례하여 상장하나이다.

(8) 涓吉 書式 (1)
時惟 中冬
尊體 萬康 伏漾 區區無任下誠 第親事 穀朝涓呈 倘無所碍耶 餘在續後 不備 伏惟
尊照 謹拜 上狀　　(註)穀字는 좋을곡　　　　　年 月 日 金海后人　金 東 煥　再拜
시유 중동에
존체 만강하나이까 ? 복소 구구무임 하성이로소이다.
제친사는 좋은 날을 가려 바치오나 어찌 걸리는 게 없으리요마는
나머지는 훗날 이음에 있고 갖추지 아니하고 엎드려
높이 비추심을 생각하고 삼가 상장하나이다.

　　　涓吉 書式 (2)
伏承 華翰하오니 感荷沒量하오이다.
伏惟 尊體 動止萬重하시니 仰慰萬任之至로소이다. 第親事는 旣承柱單하오니
寒門之慶이오이다. 涓吉을 錄呈하오니 章製를 回示하심이 如何하오리까.
餘는 不備 伏惟 尊照 謹拜 上狀　　　　　　　年 月 日　金海后人　金 東 煥　謹拜

(9) 答 涓吉 書式 (1)
靑鳥 呈瑞 朱繩將榮 謹承審春晩
尊體 健重仰慰叶禱 第親事 差得其吉 果無所碍 依敎行之封 餘姑 不備 伏惟
尊照 謹謝 上　　　　　　　　　　　　　年 月 日　全州后人　李 太 白　再拜
푸른 새가 상서를 비침에 붉은 실이 장차 영화스러우리라.
삼가 이어 살피건대 봄이 늦었음에 존체 건중하심을 우러러 위로함을 마처 비노라.
제친사는 가려 그 길일을 얻었으니 과연 걸리는 바 없는지라 가르치심에 의지하여
행하리다. 나머지는 아직 갖추지 못하고 엎드려
높이 비추심을 생각하며 삼가 사례하여 올리나이다.

　　　答 涓吉 書式 (2)
伏承 華翰하오니 感荷無量이오이다
伏審 尊體 動止萬護하시니 仰慰萬任之至로소이다. 第親事는 旣承涓吉하오니
私門之幸이오며 章製는 依敎錄呈하나이다. 餘는 不備 伏惟
尊察 謹拜 上狀　　　　　　　　　　　年 月 日　全州后人　李 太 白　謹拜

(10) 涓吉 記書 書式 (연길 기서 서식) (一名 擇日)
假令 乾 二十三歲 丁丑生과 坤 十六歲 甲申生이 己亥年 十一月 十四日 壬申時에
行禮則 吉凶과 그 書式은 如下하다.

乾 丁丑 澗下水 二十三歲 巽下絶 本宮
坤 甲申 泉中水 十六歲　坎中連 本宮　宮合　乾 丁丑水 坤 甲申澤　水澤節卦
大禮 日字 己亥 十一月 十四日 壬申時
奠雁
納幣　同日 申時
行禮

入門　自 艮方 先入

抵向
置函　宜 甲方 壬方

周堂　姑在 小避

三狼
白虎　併無忌
天賊

　　　于歸日 乙酉日 時

四果

實 時 壬 申	花 日 己 巳	苗 月 丙 子	根 年 己 亥
乾......官	生	死	病
坤......生	絶	旺	官
乾....天宜	歸魂	生氣	禍害
坤....絶命	生氣	歸魂	遊魂

(註)以上과 같이 略記하는데 本擇日은 不好하다.

(11) (婚書式) (혼서식) (一名 婚書紙)
時惟 中冬
尊體 百福 僕之 第次子 吉童 年旣長成 未有伉儷 伏蒙
尊慈 許以 領愛 貺室茲有 先人之禮 謹行納幣之儀 不備 伏惟
尊照 謹拜 上狀

　　　　　　　　　　　年 月 日　金海后人　金 東 煥　拜

시유 중동에
존체 백복하십니까. 저의 둘째아들 길동이가 이미 장성했음에 항려를 두지 못했더니
엎드려 무릅쓰건대
존자가 영애로써 실 주심을 허락하시니 이에 선인의 예가 있어 삼가 납폐의를 행하며
갖추지 못하고 높이 비추심을 엎드려 생각하며 삼가 상장하나이다.

(12) 第 三娶 婚書式
伏承
嘉命 許以 領愛 貺室于 僕之 第次子 吉童 茲有　先人之禮 謹行納幣之儀 不備 伏惟
尊照 謹拜 上狀　　　　　　　年 月 日　金海后人　金 東 煥　謹拜

엎드려 잇건대 아름다운 명이 영애로써 저의 차자에게 실로 주시니 이에 선인의
예가 있어 삼가 납폐의를 행하며 갖추지 못하고 엎드려 높이 비추심을 생각하고
삼가 상장하나이다.

婚姻 請牒 (혼인 청첩)

(1)

時惟 中冬에

尊體萬康 來 四月 十二日(陰 三月 十五日)은 金東煥 氏의 子婦 于歸日이온바
　　　　　　　　　　　　　　(或) 李太白 氏의 女息 結婚式日이온바

尊下를 謹邀하와 仰請大誨하오니 惠賜光臨하심을 伏望하나이다.

　　　　　　　　　　　　年 月 日 (住所) 婚主 金 東 煥
　　　　　　　　　　場所…..婚主 自宅 (或) 某 禮式場
　　　　　　　　　　披露宴…郡 面 里 自宅
　　　　　　　　　　請牒人…朴 日 煥 拜上
　　　　　　　　　　友人代表.鄭 光 鉉

　　　　姓名　貴下

시유 중동에

존체 만강하십니까 오는 4월 12일(음 3월 15일)은 김동환 씨의 자부 우귀일이온바
　　　　　　　　　　　　　　(或) 이태백 씨의 여식 결혼식일이온바

존하를 삼가 모시고 가르치심을 받고자 우러러 청하오니
은혜스럽게 왕림하시기를 엎드려 바라나이다.

(2)

謹啓 時下 初冬之節에

尊堂의 萬福과 尊體錦安하심을 仰賀且祝하나이다 謹拜奠語는
金東煥 氏의 次男 吉童 君과
李太白 氏의 三女 喜淑 孃이 結婚式을 尊下와 親知를 모시고
擧行하게 되었음을 삼가 아뢰나이다.

　　　　　　日時…年 月 日 (陰 月 日) 午前 時 分
　　　　　　場所…禮式場 層 室
　　　　　　婚主…金 東 煥
　　　　　　請牒人.朴 日 煥 拜上

(3)

謹啓 時下 和春之節에

李相燮 氏 長男 吉童 君
金吉煥 氏 次女 恩惠 孃
上記 兩人의 華燭之典을 下記와 如히 擧行하겠기에
茲에 尊賀를 奉邀하오니 幸賜光臨하심을 仰望하나이다.

日時 西紀 年 月 日 午前 十一時 三十分(陰曆 月 日)
　　　　　　禮式場 名(또는 郡 面 里 番地 自宅)
　　　　　　披露宴 場所 名 郡 面 里 番地
　　　　西紀 年 月 日 主禮 許 東 旭
　　　　　　　　請牒人 朴 日 煥
　　　　　　　　友人 宋 春 植

同令婦人 貴下

結婚式 祝辭 （결혼식 축사）

들菊花 香氣롭고 五穀은 익어 天地는 祝福이 가득한데 이 아름다운 時節에
百年의 佳約을 맺은 新郎 金吉童 君과 新婦 李喜淑 孃의 盛大한 盛典을
높이 받들어 祝賀드립니다.
新郎 金吉童 君은 OO學과 OO學을 마치고 實業界에 進出하여 斯界에 이미
頭角을 나타낸 實業家로 그의 늠름하고 씩씩한 氣象은 벗들의 欽慕와 囑望을
一身에 모으고 있으며
新婦 李喜淑 孃은 OO學과 OO學을 優秀한 成績으로 卒業한 才媛입니다.
더욱이 嚴肅하시고 仔詳하신 두 분 父母님의 膝下에서 賢母良妻로 向하는 敎養을
淸修하셨으니 이 두 분이야말로 天生配匹이라 하겠습니다.
金君은 在學 當時의 氣象과 名技를 더욱 發揮하여 幸福한 家庭으로 琴瑟之樂을
누리시며 實業家로서 國家社會에 큰 貢獻하시기 祝願합니다.
李喜淑 孃도 賢明한 技巧之藝로 內助를 다하시여 和睦한 家庭으로 邁進하소서.
끝으로 두 분의 거룩한 華燭을 밝히는 자리에 友人一同이 祝福을 함께 비노니
洋洋한 將來에 富貴多男하시고 幸福이 滿堂하시기를 祝願합니다.

結婚式 來賓 祝辭 （결혼식 내빈 축사）

오늘 이처럼 盛大한 式典에 參席하여 祝賀를 올리는 것은 저의 無限한 榮光으로
生覺하는 바입니다. 新郎 OO 君은 제가 일찍부터 그의 明快한 性格과 壯한 氣像을
늘 마음으로 欽慕하던 바이며 新婦 또한 良順한 性品의 良淑하신 분이고 보매
두 분의 配匹은 하늘이 마련하신 것 같습니다.
옛글에 이르기를 修身齊家 以後에 治國平天하라 하였거니와
健全한 社會를 이룩하는 根本은 健全한 家庭으로써 비롯된다 할 수 있습니다.
健全하고 따뜻한 家庭이야말로 人生의 가장 큰 幸福이며
同時에 올바른 社會의 첫걸음일 것입니다.
오늘 이 두 분의 結婚은 반드시 圓滿한 家庭을 이루시어 兩家門에 榮華와 社會에
큰 貢獻이 있을 것을 믿어 마지않습니다. 바라건대
두분께서 百年 偕老하시고 琴瑟이 和合하여 富貴多男하시기 祝願하나이다.

西紀 年 月 日 洞里 親友一同

披露宴 新郎 親舊 祝辭 （피로연 신랑 친구 축사）

오늘 盛大한 披露宴에 參席한 기쁨을 헤아릴 수 없습니다.
新郎 OO 君은 저와 中學校 同期이며 또한 現在 같은 會社에 勤務하면서
兄弟와 같이 多情한 사이입니다. 新郎 OO 君은 平素에 性品이 너그럽고 明朗하여
同僚間은 勿論 上司들에게도 늘 將來를 囑望받는 그야말로 前途有望한 靑年입니다.
그뿐 아니라 그 自身도 內心에 野心이 滿滿하고 높은 理想에 불타고 있는 바입니다.
이제 OO 君이 賢淑한 配匹을 맞아 理想的 家庭을 이루게 되면 그 野心 滿滿한
鬪志에 한결 迫力이 加해져서 그의 높은 理想을 향하여 바야흐로 邁進할 것입니다.
이제 OO 君은 그 스위트 홈을 向한 첫 출발을 아니, 그 理想의 實現을 向한
첫 出發을 祝福하는 뜻에서 다같이 乾杯를 드시기 바라는 바입니다.

西紀 年 月 日 同期生 姓名 拜

婚禮 六禮

婚禮에 有六禮하니 一曰納采요 二曰問名이고 三曰納吉이요 四曰納徵이며
五曰請期요 六曰親迎이니라. (1) 納采는 採擇의 禮를 女氏에게 納함이니 然則
納采書는 請婚이요 答書는 許婚이며 (2) 問名은 女氏所生母之姓名을 問함이요
(3) 納吉은 家廟前에서 卜而吉凶을 告함이며
(4) 納徵은 納幣하는 禮요 (5) 請期는 成婚期日을 女家에서 男家에 通知함이며
(6) 親迎은 新郎 新婦 交拜니라. (徵은 成也.) (納吉은 宮合觀之也.)
納采. 納吉. 納徵. 請期는 古禮에 皆用昕하고 親迎은 必用昏이라 하니
然則 昕은 日出而明時요 昏은 陽往陰來의 時이니 日入三刻이니라.
納采書는 男家에서 請婚이요 納采答書는 女家에서 許婚이라. 此가 採擇의 禮이니
卽 古禮也요 俗禮에는 四星으로 代用하니 此亦無妨하니라.
禮記에는 四星에 對한 明文이 無한 故로 俗禮가 東方輪行이니라.

人間 大事

夫婚姻이 人間大事라 함은 古禮也라. 然則 大事가 由何오. 有土地면 有人民이요
有人民이면 有君王하여 三合 然後에 國이라 稱하나니 故로 君王은 愛民如子하여
萬世祝福이 人民太平盛世와 人口增産이라. 生民之始가 都在婚姻이니
婚姻을 重要視하는 君王은 特制法令하여 婚姻을 人間大事라 하니
此가 無二之大也 故로 婚日에는 朝冠朝服을 特許하며
當日은 大夫地位로 執鴈執摯하며 婚橋行次도 莫敢不奪하니 若有奪路者 有면
國之重罰이라. 故로 雖卿大夫라도 奪路則 有罷職之罪라. 我東方禮儀之風이
如是而先王이 定六禮故로 非媒不得이요 非納采則 男女不相交하며 不相親이니라.
人間大事인 故로 乃擇吉日하여 告于君王하고 告于家廟하며 以酒食으로
召鄕黨僚友는 重其禮也며 明其別也니라.

聘 禮

夫聘妻가 有禮하니 天先乎地하고 君先乎臣하며 男先乎女가 其義가 一也니라.
天欲雨에 地先濕하고 君聘賢에 必以幣하며 夫聘妻에 必以幣하니
千古適法適禮를 後生未學이 敢不異說也니라.
君王聘賢之禮로 論之則 伊尹이 耕于莘野하니 湯이 三幣而聘之하고
姜太公은 居東海濱하니 文王이 往聘하고 諸葛亮은 居南陽草堂하니 漢昭烈이
往聘하고 龐德公은 居鹿門山中하니 劉景升이 往聘이라도 不出하니라.
然則 君은 以幣聘賢하고 夫는 以幣聘妻가 禮之重也니라.

奠鴈禮

奠鴈이 有義하니 卽 執摯相見也라. 執摯가 有義하니 庶人은 執鶩하고
士는 執雉하며 大夫는 執鴈하고 卿은 執羔하며 諸候는 執圭하고
天子는 執鬯하니 婚禮執鴈은 以大夫之禮로 先王이 制定也니라.
又有一說하니 鴈은 隨陽之鳥也며 不再偶之鳥也라. 故로 用鴈이 取其信義也니라.
鴈之性이 隨海하니 故로 奠鴈床을 黑包袱는 海中泥土形象이요 泥土寄生魚는
其色黑故로 肝一棵을 놓고 隨海生鳥이니 水一器를 놓느니라.

혼례 육례

혼인하는 예에 육례가 있으니 하나는 납채요 둘은 문명이며 셋은 납길이요 넷은 납징이며
다섯은 청기요 여섯은 친영이니라. (1) 납채는 채택의 예를 여자의 집에 드림이니
그런즉 납채서는 청혼이요 답서는 혼인을 허락함이다. (註)채색채자는 캘채자로 보니
혼담문을 열어 받는다는 말이요 비단을 보낸다는 말이 아니니라.
(2) 문명은 여자의 소생모의 성명을 물음이니 여자의 품위와 그 가풍을 알아봄이며
(3) 납길은 가묘전에서 점하여 길흉을 고함이니 집안 존장에게 물어 궁합을 봄이요
(4) 납징은 납폐하는 예이니 양가에서 서로 합당하니 성혼의 뜻을 전함이며
(5) 청기는 혼인하는 날을 말함이니 결혼하는 날을 여자 집에서 남자 집에 보내는 것이요
(6) 친영은 신랑 신부가 서로 절함이니 혼인하는 날의 예식이니라. 납채. 납길. 납징. 청기는
옛 예에는 모두 날이 밝은 때에 행하고 친영은 반드시 어두울 때에 행할지니라 하니 그런즉
흔은 해가 나와서 밝은 때요 혼은 양이 가고 음이 오는 때이니 해 들어갈 때 삼각이니라.
납채서는 남자의 집에서 청혼이요 납채 답서는 여가에서 허혼이라. 이것이 채택하는
옛적의 예이니라. 지금의 풍속에는 사성으로 납채서를 대용하니 이것도 또한 무방하다.
예기에는 사성에 대한 명문이 없는 고로 속례가 우리 동방에서 행하는 예이니라.

인간 대사

혼인이 인간 대사라 함은 옛날의 예라 그런즉 대사가 무엇으로 말미암은 것인고 땅이 있어
사람이 있고 사람이 있으므로 군왕이 있으니 이것이 삼합한 연후에야 나라라 칭하나니
그런고로 국왕은 백성을 사랑하기를 자식같이 하여 만세에 복을 빌며 백성의 태평성세와
성함이라. 이것이 모두가 혼인에 있으니 혼인을 중요시하는 국왕은 특별히 법령을 만들어
혼인을 인간 대사라 하니 이것이 둘도 없이 큰것인 고로 혼인하는 날에는 나라에 조관조복 즉
의관과 도포를 특별히 허락하여 당일에는 대부의 지위로 기러기를 잡아 폐백을 행케 하였으며
혼인하는 가마 행차도 감히 길을 방해치 못하니 만일 길을 방해한 자가 있으면 나라에서
중벌을 내렸다. 그런고로 비록 경관대부라도 길을 방해한즉 파직되는 죄가 있느니라.
우리 동방 예의의 풍속이 이와 같이 선왕이 육례를 정한 고로 중매가 아니면 혼인을
얻지 못하고 납폐를 아니한즉 남녀가 서로 사귀지 못하며 서로 친치 못할지니라.
인간 대사인 고로 이에 길일을 가려 군왕에게 고하며 가묘에 아뢰니 술과 음식으로써
향당과 벗들을 부르는 것은 그 예를 중히 하며 그 예를 밝게 함이니라.

빙 례

지아비가 아내를 맞음에 예가 있으니 하늘이 땅 먼저하고 임금이 신하 먼저하며 남자가 여자
먼저함이 그 의가 같으니라. 하늘이 비 내리고자 함에 땅이 먼저 습하고 임금이 어진 이를
맞음에 반드시 폐백으로써 하며 지아비가 아내를 맞음에 반드시 폐백으로써 하니 천고에
적당한 법과 적당한 예를 뒷사람이 감히 달리 말하지 못할지니라. 군왕이 어진 이 맞는 예로
말하자면 이윤이 약초밭을 갊에 탕왕이 세 번을 폐백하여 맞았고 강태공은 동해 바닷가에
사니 문왕이 왕빙하여 맞았으며 제갈량은 남양 초당에 사니 한나라 소열 황제가 왕빙하여
맞았고 방덕공은 사슴이 드나드는 산중에 사니 유정승이 왕빙이라도 나오지 아니한지라.
그런즉 폐백으로써 어진이를 맞고 지아비는 폐백으로써 아내를 맞음이 예의에 중함이니라.

전안례

전안이 의가 있으니 곧 폐백을 잡아 서로 봄이라. 폐백을 잡음에 예가 있으니
서인은 따오기를 잡고 선비는 꿩을 잡으며 대부는 기러기를 잡고 벼슬아치는 염소를 잡으며
제후는 구슬을 잡고 천자는 행초를 잡으니 혼인하는 예에 기러기를 잡음은 대부의 예로써
선왕이 법으로 정함이니라. 또한 기러기는 태양을 따르는 새며 짝을 두 번 하지 않는 새라.
그런고로 기러기를 씀이 그 신의를 취함이라. 기러기의 성정은 바다를 따르나니 그러므로
전안상을 검은 보로 싸는 것은 바다 가운데 진흙이 검음을 뜻함이요 진흙에 기생하는
고기는 또한 검으므로 간 일 접시를 놓고 물을 따르는 새이니 물 한 그릇을 놓으니라.

親迎禮

親迎은 相親相迎之禮也니 此가 明別而義生也니라. 禮記에 男子는 有摯하고
女子는 無摯하며 男은 以再拜로 爲禮하며 女는 以四拜로 爲禮하니
男女之別이 定矣라. 然이나 婚姻은 交拜故로 二次相拜가 合爲禮拜니라.
夫婦相親 然後에 父子兄弟가 生하니 夫婦가 三親之首라. 禮之重이 在於親迎也니라.
故로 其父가 早朝에 戒其子曰 往迎爾相하여 善嗣宗事라 하며
命其女而送之曰 善事舅姑하며 又敬其夫하여 興旺其家라 하니라.

進酒禮

初盃는 醮酒이니 新郎 新婦가 皆不飮하고 皆祭于地上하니 告天地神明也라.
故로 書에 曰 一與之齊면 終身不改라 하니라.
二盃는 賓主之禮로 相飮也요 三盃는 用瓢盃하니 此는 尊卑貴賤同盟酒라.
自古로 同盟酒는 必用瓢盃니라.
又有一說하니 瓢盃를 月姥拜라 靑紅絲를 月姥繩이라 하니
此는 告天緣이라 함이니 故로 巹盃라고도 하니라.

嫁娶凝禮

嫁娶時에 彼家가 旣無婚主하고 又無同姓强近之親이면 婚書紙에 何以書之오.
新婦外祖則 如何며 其母親則 如何오. 鄭寒崗曰 無同姓遠近之親則 其母親也니라.

于歸禮

于歸는 女子出家를 謂함이라. 父命曰 戒하고 敬하여 舅姑命을 違치 말라 하고
母命曰 敬하고 恭하여 宮事를 違치 말라 하며
衆母命曰 恭敬하여 宿夜에 過失이 無케 하며 尊爾父母는 之言하여 敬身承夫하라.
詩云 桃之夭夭여, 其葉蓁蓁이로다. 之子于歸여, 宜其家人而后에 可以敎國人이니라.
之子는 女子요 于歸는 女子之嫁也니라. 書曰 取婦之家에 三日不擧樂은 思嗣親也라.

舅姑禮

設席 後에 舅는 東坐하고 姑는 西坐하면 男少於舅者는 舅後에 序立하고
女少於姑者는 姑後에 序立한 後에 婦는 北面하고 舅前에 四拜하며 執幣棗栗을
置于卓上하면 舅가 撫之하고 婦一拜하며
婦又北面하고 姑前에 四拜하고 執幣乾魚를 奉盤以呈則 姑가 擧盤하여
置于卓上하면 婦一拜하되 婦는 挾拜가 可也니라. 若非宗子요 兄弟同居하고
弟有此禮則 行其舅姑之室이 可也니라. (註)執摯에 士는 執雉 故로 無雉則
以鷄代用은 非女子之事나 俗用輪例는 我東方準禮니라.
婦見諸尊長者에 同居者 中에 舅姑보다 尊者는 舅姑가 以婦로 見其室하되
如見舅姑禮하고 還拜諸尊長하되 男東女西로 兩序하여 雖多나 一列受拜도
亦可하니 從其簡易요 少郎少姑는 皆相拜가 可也니라.
其宗子及諸尊長이 不同居則 廟見 後에 往見이 可요 卽時에 後宴을 開設하니
酒饌은 設蔬果於卓上하고 舅姑가 就坐하면 婦가 洗盞斟酒하여 置于卓上하면
舅飮畢에 婦가 北面一拜하고 婦于洗盞斟酒하여 置于卓上하면
姑飮畢에 婦又 北面一拜하니라.
于歸 第三日에 主人이 以婦로 見于祠堂하니라.

친영례

친영은 서로 친하고 서로 맞는 예이니 분별을 밝히는 의가 생기느니라. 예기에 남자는
읍이 있고 여자는 읍이 없으며 남자는 재배로써 예를 하며 여자는 사배로써 예를 하니 남녀의
분별이 정해짐이라. 그러나 혼례는 교배인 고로 두 차례로 서로 절함이 합하여 배례가
되나니라. 부부가 서로 친영한 연후에 부자형제가 생기니 부부가 삼친의 머리라. 예의 중함이
친영에 있느니라. 그런고로 그 아버지가 이른 아침에 그 자식에게 일러 가로되
가서 나의 도움을 맞아 잘 종사를 이으라 하며 그 딸에게 명하여 보내며 가로되 잘 구고를
섬기며 또 그 지아비를 공경하여 그 집을 흥왕하게 하라 하니라.

진주례

처음 잔은 초례제의 술이니 신랑 신부가 다 마시지 아니하고 모두 땅 위에 제사하니 천지신명
에게 고함이라. 그런고로 서에 말하기를 한번 더불어 초례하면 몸이 마치도록 고치지 못하니라.
둘째 잔은 손님과 주인된 예로 서로 마시며 셋째 잔은 표주박 술잔을 쓰니 이는 높고 낮고
귀하고 천함을 한가지로 맹세하는 술이라. 옛날로부터 한가지로 맹세하는 술은 반드시 표주박
잔을 쓰느니라. 또 한 말이 있으니 표주박 잔은 월모배라 하니 늙어 할미가 되도록 해로하자는
뜻이요 청홍사를 월모승이라 하니 이는 하늘에 인연을 고함이라. 그런고로 근배라고도 하니라.

가취응례

시집가고 장가갈 때에 저 집이 이미 혼주가 없고 또 집안에도 가까운 근친이 없으면
혼서지에 어떻게 쓸꼬 ? 신부 외조면 어떠하며 모친이면 어떠하뇨.
정한강이 말하기를 집안에 근친이 없으면 그 모친이니라 하였다.

우귀례

우귀는 여자의 시집감을 말함이라. 그의 아버지가 명하여 말하기를 경계하고 공경하여
시아버지.시어머니 말을 어기지 말라 하며 그 어머니가 말하기를 공경하고 공순하여 안집 일을
어기지 말라 하며 여러 어미가 말하기를 공경하고 공순하여 일찍 일어나 밤늦도록 과실이 없게
하며 너희 부모의 말씀을 높이 받들며 지아비 공경함에 이르라 시에 이르기를 복숭아가 곱고
고움이여, 그 잎사귀가 성하고 성하도다. 자식이 돌아감이여, 그 집 사람에 마땅한 후에 가이
써 나라 사람을 가르칠지니라 하니 가는 자는 여자요 우귀는 여자의 시집감이라. 서에 말하기를
며느리를 취하는 집에 삼 일을 풍류를 듣지 아니함은 어버이 이음을 생각함이니라.

구고례

자리를 베푼 뒤에 구는 동으로 앉으며 고는 서편에 앉으면 남자로서 구보다 젊은 사람은
구의 뒤에 서립하고 여자로서 고보다 젊은 사람은 고의 뒤에 서립하니 며느리는 북으로 낮고
구전에 사배하며 폐백으로 대추와 밤을 잡아 탁상에 놓으면 구가 어루만지니 며느리가 또
한번 절을 한다. 며느리가 또 북으로 낮하고 고전에 사배하고 폐백으로 단수(건어)를 잡아
소반에 받들어 올린즉 고가 소반을 들어 탁상 위에 놓으면 며느리가 또 한번 절하되
신부는 부녀의 협배가 가하니라. 만일 장자가 아니고 형제가 동거하며 아우가 이 예를
치른즉 그 구고의 방에서 행함이 가하니라. (註)집지에 사는 꿩을 잡는 고로 꿩이 없은즉
닭으로써 대용은 여자의 도리가 아니나 풍속에 이어 씀은 우리 동방의 법례니라. 며느리가
모든 존장을 봄에 한 가정 내에서 구고보다 높은 자는 구고가 며느리로써 그 방에 가서 보이며
구고를 보는 예와 같이하고 돌아와 모든 존장에게 절을 하되 남자는 동쪽으로 서고 여자는
서쪽으로 서립하여 비록 많으나 한 줄로 절을 받음이 또한 가하니 간단하고 쉬움을 좋음이요
젊은 남자와 젊은 여자는 모두 서로 절함이 가하니라. 그 종자와 존장이 동거치 아니한즉 사
당에 보인 뒤에 가 뵈임이 가하고 즉시에 설상하여 성찬으로 잔치를 베푸니 구고가 나와
앉으면 며느리가 잔을 씻어 술을 부어 상에 놓으면 구가 마신 후에 며느리가 북으로 향하여
절하고 며느리는 또 잔을 씻어 술을 부어 탁상에 놓으면 고가 마신 후에 며느리는 또 북으로
낮하고 절하니라. 우귀일 제삼일에 주인이 며느리로서 사당에 보이니라.

醮禮床　(초례상)　(一名 同牢床)

（內 堂）

下하女녀席석		引인接접席석	新신婦부席석	引인接접席석		下하女녀席석

燭촛불		清청酒주		大대盞잔		燭촛불
			瓢표盃배盞잔			
綿면實실	豆팥	太콩		豆팥	太콩	綿면實실
龍용						龍용
松소나무	棗대추	實실果과　實실果과	玄현水수	實실果과　實실果과	栗밤	竹대나무
雄수鳳봉　무					雌암鳳봉	무
			瓢표盃배盞잔			
燭촛불		大대盞잔		清청酒주		燭촛불

下하女녀席석			新신郎랑席석	贊찬引인席석		笏홀者자席석

奠鴈床　(전안상)

肝간	鴈안	水수

新신郎랑席석	贊찬引인席석	笏홀者자席석

婚禮 笏記 (혼례 홀기)

(1) 新郎下較........신랑하교........신랑이 말이나 가마에서 내려온다.
(2) 新郎昇西向作階..신랑승서향작계..볏짚으로 만든 것이니 태산을 넘는 것으로
　　어두운 곳에서 밝은 곳으로 넘어선다는 뜻이니 신랑은 서에서 동으로 오른다.
(3) 贊人昇東向作階..찬인승동향작계..인접은 동쪽에서 조계에 오르고
(4) 新郎下作階......신랑하작계......신랑이 조계에서 내려선다.
(5) 新郎立贊人左....신랑입찬인좌....신랑은 찬인의 좌편에 서고
(6) 贊人立新郎之右..찬인입신랑지우..인접은 신랑의 오른편에 서며
(7) 贊人揖新郎......찬인읍신랑......인접은 신랑에게 읍을 한다.
(8) 新郎答揖........신랑답읍........신랑이 답으로 읍을 한다(豫行練習이다).
　　　　　　(行 奠鴈禮) (행 전안례)
(9) 新郎揖步取席....신랑읍보취석....신랑이 읍을 하고 전안상 앞으로 선다.
(10) 新郎跪進鴈......신랑궤진안....신랑이 전안상 앞에 꿇어앉아 기러기를 안는다.
(11) 置鴈于地........치안우지........신랑은 기러기를 전안상에 놓는다.
(12) 新郎興..........신랑흥..........신랑이 일어선다.
(13) 新郎再拜........신랑재배........신랑은 전안상에 재배한다.
(14) 新郎小退立......신랑소퇴립......신랑이 조금 뒤로 물러선다.
　　　　　　(行 親迎禮) (행 친영례)
(15) 新郎揖婦取席....신랑읍부취석....신랑이 읍을 하고 초례상 앞으로 나오니
　　　　　　읍은 신부도 나오라 함이다.
(16) 東向立..........동향립..........신랑은 신부 나오라고 동으로 향하여 선다.
(17) 新婦出..........신부출..........신부가 나와서 북으로 향하여 선다.
(18) 新郎盥帨于南....신랑관세우남....신랑은 남쪽에서 세수하고
(19) 新婦盥帨于北....신부관세우북....신부는 북쪽에서 세수하며
(20) 新郎新婦各正面..신랑신부각정면..신랑 신부가 정면으로 선다.
(21) 新婦四拜........신부사배........신부가 신랑에게 사배한다.
(22) 新郎答再拜......신랑답재배......신랑이 신부에게 답으로 재배한다.
(23) 新婦又四拜......신부우사배......신부가 또 신랑에게 사배한다.
(24) 新郎答再拜......신랑답재배......신랑도 신부에게 또 답으로 재배한다.
(25) 新郎揖婦坐......신랑읍부좌......신랑이 신부보고 앉으라고 읍을 하고 앉는다.
(26) 新婦亦坐........신부역좌........신부도 앉는다.
　　　　　　(行 進酒禮) (행 진주례)
(27) 新郎揖擧祭于地上(醮酒盃).......신랑읍거제우지상...신랑은 읍을 하고
　　　　　　초배를 들어 땅에 제사한다.
(28) 新婦亦擧祭于地上...신부역거제우지상...신부도 초배를 들어 땅에 제사한다.
(29) 再行大盃新郎揖婦擧飮.재행대배신랑읍부거음...두번째 큰잔 술은 신부에게
　　　　　　읍을 하고 마신다(읍은 신부도 마시라 함이다).
(30) 新婦亦擧飮......신부역거음......신부도 두번째 큰잔 술은 마신다.
(31) 三行大瓢盃新郎揖婦擧飮...삼행대표배신랑읍부거음...세번째 큰잔 술도
　　　　　　신부에게 읍을 하고 마신다.
(32) 新婦亦擧飮......신부역거음......신부도 세번째 큰잔 술을 마신다.
(33) 新郎新婦興......신랑신부흥......신랑 신부가 일어선다.
(34) 禮畢各歸處所....예필각귀처소....예를 마쳤으니 방으로 들어간다.
(35) 禮畢撤床........예필철상........예가 끝났으니 초례상을 치운다.

男姑禮圖 (구고례도)

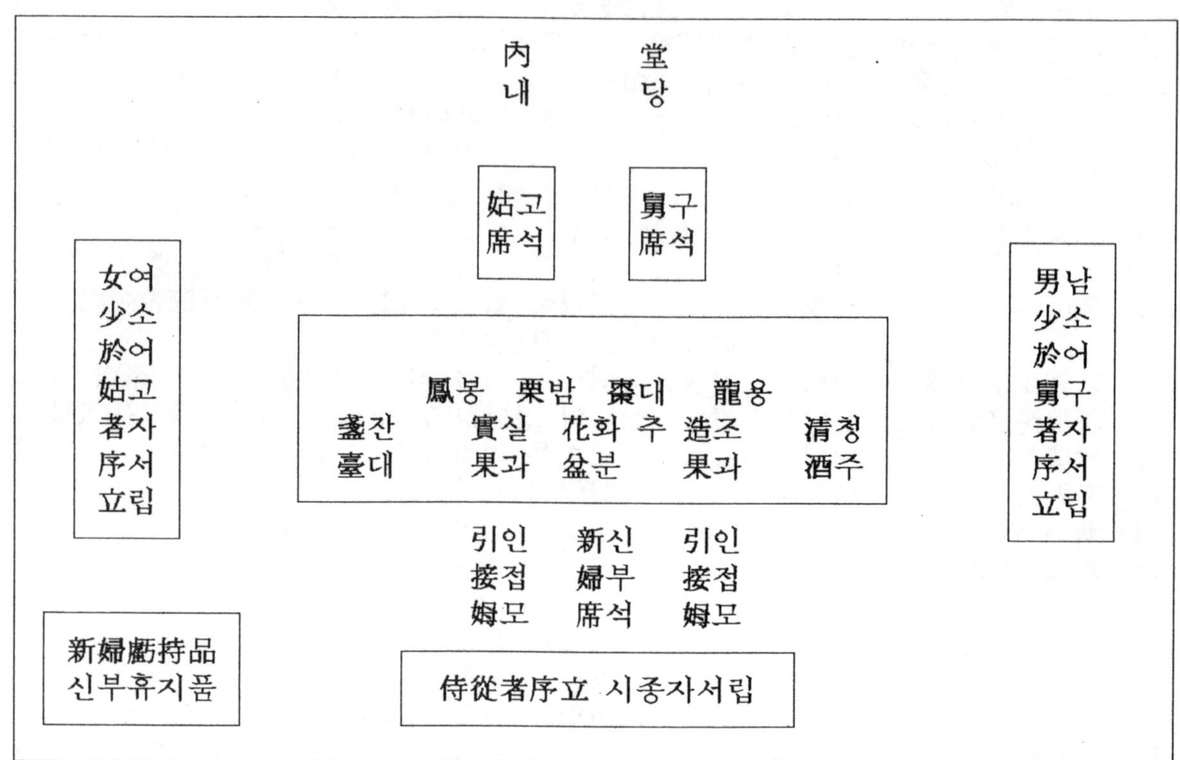

(註)設席(자리)하고 舅(시아비)는 동쪽에 앉으며 姑(시어미)는 서쪽에 앉는다.
舅 이하 남자는 舅의 좌측으로 서고 姑 이하 여자는 姑의 우측으로 서립한다.
신부는 舅 전에 四拜하고 좌측인접이 잔을 내리니 두 손으로 받들면 우측인접이 술을
가득히 한다. 신부는 舅 전에 들라는 뜻으로 잔을 조금 들며 머리를 숙이면
우측인접이 舅에게 올린다. 舅는 술을 마시고 인접에게 돌리니 인접은 술잔을
처음 자리에 놓는다. 신부는 일어나 舅 전에 다시 一拜한다(時에는 不然한다).
신부는 姑 전에 四拜하고 좌측인접이 잔을 내리면 두 손으로 받드니 우측인접이 술을
가득히 한다. 신부는 姑에게 들라는 뜻으로 잔을 조금 들며 머리를 숙이니
좌측인접이 姑에게 올린다. 姑는 술을 마시고 인접에게 돌리니 인접은 술잔을
처음 자리에 놓는다. 신부는 일어나 姑 전에 다시 一拜한다(時에는 不然하다).
舅 이상 존장은 신부가 존전에 가서 예를 행함이 가하며 舅姑 이하 남녀는 순서대로
行禮하되 남녀의 젊은 사람은 합동으로 서로 一拜가 가하다.
신부가 앉으면 姑는 대추와 밤 등을 신부의 치마폭에 던져 주니
그 뜻인즉 대추는 陽果요 밤은 陰果로 대추는 그 열매가 주렁주렁 탐스럽게 열리며
밤은 그 씨앗이 발아하여 생기를 얻을 때까지 열매는 상하지 않는다.
故로 대추는 男이요 밤은 女이니 현명하고 건강한 자녀를 많이 두라는 뜻이다.
(陽果와 陰果의 참뜻은 祭禮法의 陰陽 解意를 參考하라.)

毛 扇 （모선）

옛날에는 **醫學**이 發達되지 못하여 사람이 태어날 때에 언청이 또는 其他의
不規則的인 體質로 出産하면 平生을 그대로 살아야 했다.
또는 紅疫(天然痘) 等으로 容貌가 痣痕 等으로 凶測하게 되는 사람도 있었으니
그러므로 古禮에 나라의 君王이 人間大事를 소홀히 할 수 없으므로
나라의 官士들이 事用하던 毛扇을 내리시어 顔面을 가리고 新行토록 特別히
許諾하였다. 그러나 歲月이 흘러가므로 傳해 오면서 奪扇禮라고 俗禮가 되었으니
마을 學徒들이 新郎의 知識과 言辯을 豫側하고 容貌와 行動과 體格 等을
보기 爲해 新郎의 行轎를 막고 是非調로 文句를 私用하며 甚한 장난을 하였다.
理由인즉 過路行禮라 하니 新郎은 가진 것이 없으므로 結局 毛扇을 學徒들에게
過禮의 標的으로 주고 가야 한다. 新郎은 다음 再行時에 酒案을 準備하여
書堂學徒들에게 찾아가서 禮를 갖추고 毛扇을 찾아 가지고 와야 한다.
그러므로 新郎과 마을 靑年들과의 親近感이 始作되는 것이다.
그러기에 奪扇은 失禮가 되나 나라에서도 罰을 내리지 않았다.
俗設에는 奪扇禮라고 하나 奪扇은 禮가 아니다.

同床禮 （동상례） （一名 東床禮）

同床禮란 靈長으로 태어나 異性에서 親交로 初對接見하는 同床禮이다.
大槪 新行하여 婚禮式을 마치고 新婦側의 男妹들이 장난을 하기 爲하여
갖은 文句를 私用하며 語感을 是非調로 해 가면서 婚姻을 祝賀해 주는 것을 말한다.
特히 婚書式(納幣文)에 尊體 百福 僕之 第其子 某 年旣長成의 文句에 종복자 僕자는
新郎의 父親을 말함이니 종놈의 자식에게 어찌 婚事를 하겠느냐 하며 밖으로 내치려
한다. 紙筆墨을 備置케 하고 詩 한 수를 잘 지으면 내쫓지는 않겠다고 하며
新郎의 智識과 筆記 頭腦 聰明性 言辯과 大膽性 行實 敎養 等을 弄言으로
新郎의 品位를 豫測하는 것이며 妻族들 모두에게 婚姻을 祝賀받는 자리이다.
이것을 俗稱 同床禮라고 한다. 然이나 이것은 禮가 아니다.

(傳設에는)
옛날에 어느 正丞이 無男獨女를 두어 年旣長成하였기에 사윗감을 擇하기 爲하여
선비의 行色으로 全國 方方 谷谷을 두루 다니며 書堂 學徒들의 詩와 藪로 擇하던 中
어느 村落에 當到하여 書堂을 찾으니 東便 平床 위에 쓸쓸히 홀로 앉아 있는
學徒가 있었다. 書堂 學徒들과 詩藪로 繭紬어 보았으나 亦時 虛事였다. 돌아오는데
처음 學生은 그때까지 거기에 있었다. 正丞은 怪히 여겨 그 少年을 有心히 살펴보니
非凡한 人物이기에 詩 한 수를 지어 읊게 하였다. 과연 그 學徒의 詩筆은
誇示 明詩요 明筆이었다. 正丞은 內心 기뻐하며 쓸쓸해하는 사연을 물으니
家勢貧하여 不能三食이라 하였다. 正丞은 그 少年을 사윗감으로 定하였다.
그러므로 家勢貧寒한 少年이 東便 平床에 앉아 있어 正丞의 사위가 되니
마을 學徒들은 그 少年에게 東便의 平床 위에 앉아 있어 出世하였으니
東床禮가 있어야 한다고 하는 嫉妬의 장난이
即 東床禮로 常禮가 되어 傳해온다는 傳設이 있다.
그러나 이것은 傳說에 不過하다.

回甲宴 請牒 (회갑연 청첩)

ㅇ回甲宴

(1)

伏惟 春和에
尊體 百福하십니까 ?
就 三月 十七日은 小生의 家親花甲日이온바 雖無愛日之誠이나
謹以獻壽之私로 略設菲酌하옵고 伏請尊賀하여 欲聽指南하오니
惠賜往臨하심을 伏望하오며 留此 謹狀하나이다.

年　月　日　住所　　小生　金吉童　再拜
次子　　　　吉重
孫　　　光日
壻　吳京珍

　　　　貴下

엎드려 생각컨대 봄날이 화함에 존체 백복하십니까 ?　오는 3월 17일은 소생의
가친 화갑일이온바 비록 날을 사랑하는 정성은 적으나 삼가 헌수하는 사사로써
약설 비작하옵고(약간 향기로운 술잔을 베풀고) 엎드려 존하를 청하여
지남의 말씀을 듣고자 하오니 은혜스럽게 왕림하여 주심을 엎드려 바라오며
아뢰올 말씀을 이만 멈추고 삼가 글월 올리나이다.

(2)

謹啓
時下 菊秋之節에
尊體度以時 錦安하심을 仰賀且祝하나이다. 就白 10月 13日(陰曆 9月 12日)은 小生의
家親 回甲日이온 바 略設菲酌하옵고 茲敢奉邀 尊賀하오니
幸賜光臨之榮하옵기 專此 敬望하나이다.

年　月　日　郡面里洞　　小生　　金吉童　謹上
次子　　　　吉重
長孫　　　光日
壻　吳京珍

　　　　貴下

삼가 아뢰나이다.
때는 국추지절에 존체 금안하심을 우러러 경하하오며 또 비나이다.
오는 10월 13일(음력 9월 12일)은 소생의 가친 회갑일이온바 약설 비작하옵고
이렇게 감히 존하를 모시고자 하오니 왕림하시어 좋은 자리를
더욱 빛나게 해주시면 영광스럽겠아와 공경하여 바라나이다.

(3)

謹啓 時惟
菊秋之節에
尊體萬重하시기를 頌祝하오며 就悚 來 某月 某日은 家嚴의 晬辰이옵기로
喜懼之餘에 略設菲酌하옵고 尊賀를 奉邀하오니 掃萬旺臨하시옵기를
敬要하나이다.

年 月 日　郡 面 里 洞　　小生 金吉童

54

回甲宴 獻壽禮圖 (회갑연 헌수례도)

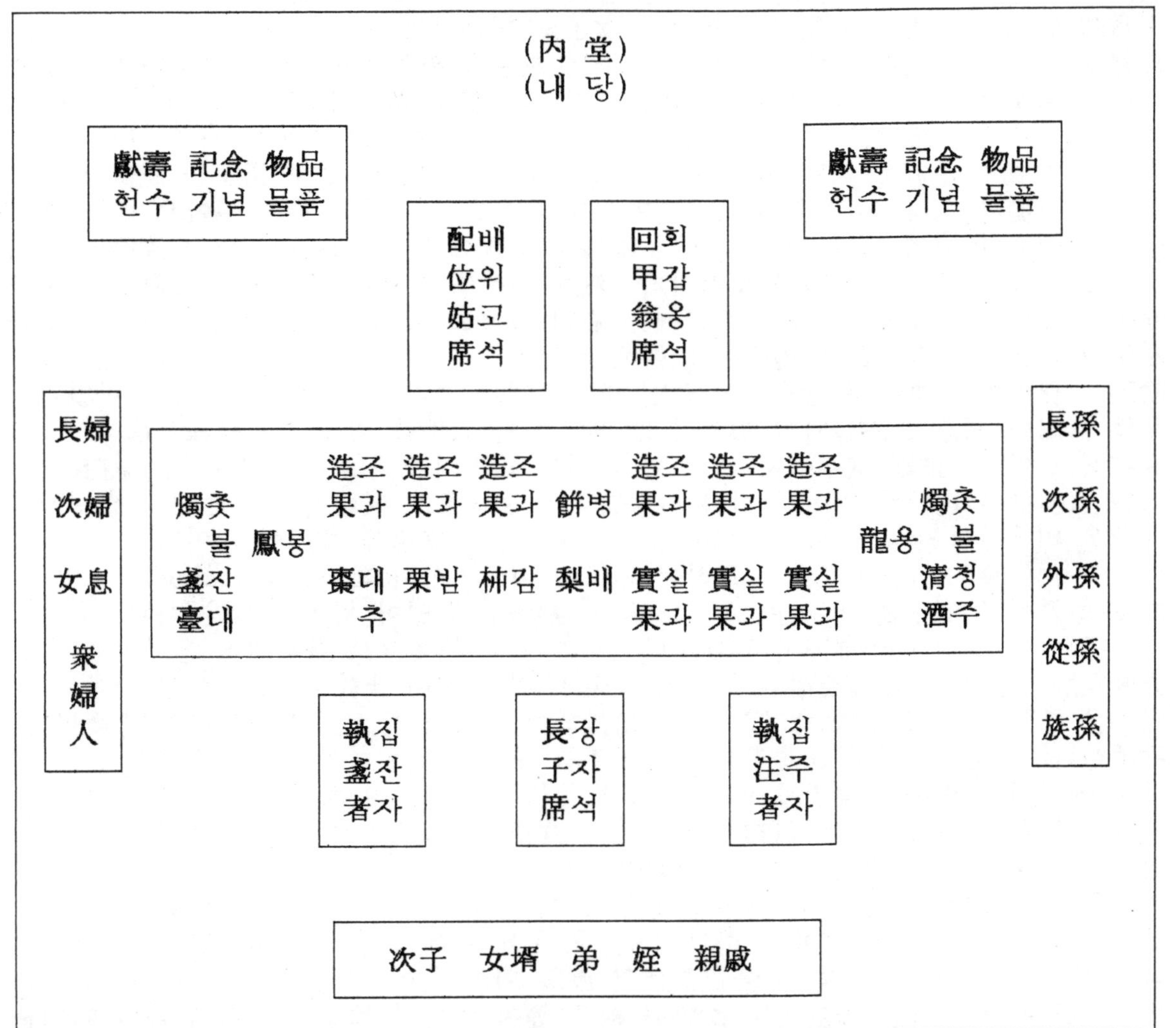

內堂을 中心하여 場中에 설석하고 酒晏床을 排設한 후 卑幼 남자는 좌편에 서립하고
여자는 우측에 서립하니 집주와 봉작을 양편에 서게 하여 장자가 나와 재배하고
꿇어앉으면 좌측 집잔자가 잔을 내린다. 장자가 두 손으로 받들어 좌수로 잔대를
잡고 우수로 잔을 잡으면 우측 집주자가 술을 잔에 가득히 하면 좌측 봉작에게 주니
봉작은 두 손으로 받들어 回甲翁에게 올린다. 장자는 일어나 또 일배하면
이때에 양편에 서립한 비유자는 노래와 춤으로 樂喜케 하니 산둥성이 줄기와 같고
소나무 잦나무의 무성함과 같으며 시냇물이 바야흐로 흐름과 같으라고 그 壽를 빌며
장부 차자 차부 여식 서랑 손 제 질 등 순서대로 헌수한다.
비유자는 남녀 분별하여 합동으로 헌수함도 가하다. 사우간(社友間)의 하시(賀詩)와
헌수사(獻壽辭) 등도 낭독한다. 그 외는 자손들의 정성에 있다.
(註)古禮에 回甲에는 桑弧蓬矢로 射於四方하고 婦人 回甲에는 白布 兩端을 門에서
掛하여 一端은 婦人의 左膝에 一端은 右膝에 覆하는 禮가 있으나 不用한다.

拜禮法

拜禮法에 男子는 有揖이니 一揖이 一拜라. 男子는 再拜이며 女子는 無揖이니 四拜이다.
故로 婚禮 回甲 喪 葬 祭禮時에 男子는 有揖에 再拜요 女子는 無揖이니 四拜한다.
平常時에 人事는 男子는 無揖에 單拜요 女子도 單拜이다.
拜禮時에 男女가 拱手의 禮가 있으니 男子는 左手를 위로 하여 잡고 拜禮하며 女子는
右手를 위로 하여 잡고 拜禮한다. 其意는 男子는 左를 爲主하고 女子는 右를 爲主하니
故로 生前時에는 儀禮式場에서 坐正할 때에 男子는 左側이요 女子는 右側이다. 또
男子의 衣服은 左側을 위로 하고 女子는 右側을 위로 한다. 故로 男子는 左側이 크고
女子는 右側이 크다. 이것을 敷衍하자면 左而東이요 右而西며 東은 陽이요 西는 陰이다.
陽은 天이요 男이며 陰은 地요 女이니 陰陽의 順理에 따른 것이다. 또는 萬物이 生前은
陽이요 死後는 陰이니 生時와 反對이다. 然則 人生이 死後에는 男子는 右側을 爲主하고
女子는 左側을 爲主한다. 故로 死後에는 右가 크므로 墳墓에 考位는 右側이요 妣位는
左側이다. 故로 喪葬祭禮에 神位는 紙榜에 考位는 右側이요 妣位는 左側이다.
陰陽이 循環하는 理致를 考察하여 보면 上下 前後左右가 모두 陰陽으로 分別하였다.
是爲 無窮한 深意가 內包되어 있으니 卽 世上에는 天地를 비롯하여 森羅萬象이
存在하고 있다. 然則 其中에서 어느 한 가지도 陰陽의 不配로는 存在할 수 없다.
이는 太極에서 비롯된 것이니 古例에 聖賢들이 顯理致로 儀禮와 人事命理에 應用하니
人間을 비롯하여 宇宙內에서 惹起하는 百萬事가 陰陽交道에 基因한 것이다.
人生이 化生時로부터 生涯를 一週하여 地下에 이르기까지 陰陽原理에 緣由되어 있다.
故로 婚禮에나 回甲宴 또는 喪 葬 祭禮時에 拜禮함에 있어 男子가 揖을 하되
左手를 위로 잡고 兩手前挨하여 地閣의 若 二,三寸 假量으로 鄭重하게 올리어 내리면서
先動左股에 跪하니 兩膝合하고 脽腿腑를 若干 뒤로 하여 上體를 바르게 한 다음
兩手를 股膝에서 若 七,八寸 假量으로 俯伏하여 拜禮하되 大腿腑가 들리면 失禮이다.
拜禮한 後 先動左股하니 起體半腰하여 兩手를 胸臍에 附着하였다가 놓으며
다시 跪하여 鄭重하게 兩手를 앞으로 짚고 俯伏하여 일어나 처음 자리로 돌아간다.
平常時에 尊長에게 人事는 無揖에 單拜이니 拜禮 後 鄭重하게 일어나 옮겨 坐正한다.
男子의 姿勢는 泰山 같아야 하며 嚴肅해야 한다. 또한 尊長 앞에서는 跪坐가 宜當하나
中下尊長則 大槪 坐橫減하되 兩手를 眼跗 上에 놓고 靜肅하며 尊語에 敬聽하느니라.
萬若 尊長 앞에서 높은 橫減을 하고 또는 두 무릎 위에 손을 올려놓으면 失禮이다.
높은 橫減이란 어느 한 쪽 발을 反對便의 股膝 위로 올려놓은 것을 말한다.
또는 改革된 今世에는 家庭마다 소파나 椅子 等이 있는데 尊長이 자리에 계실 때에는
소파나 椅子에 앉는 것은 失禮이다. 然이나 不拘하고 今世에는 不然하니 哀惜한 일이다.
房內에서는 房下가 尊位이고 房 위쪽은 下位이니 尊長이 계실 때에는 房 위로 앉으며
房外에서는 尊長이 坐正한 以上의 上層에 앉는 것은 失禮이다. 女子가 婚禮에나 回甲宴
또는 喪 葬 祭禮에 拜禮함에 있어 無揖이니 四拜하므로 右手를 위로 잡고 拜禮하되
鄭重하게 擧手하여 頂面에서 若 一,二寸 假量으로 하여 先動右股하여 坐跪하니
兩股를 橫減하듯이 고쳐 앉으며 腰胎을 바르게 한 다음 兩手를 地面에서 若 五,六寸
假量으로 하여 鄭重하고 또 鄭重하게 拜禮한다. 萬若 兩手가 地面에 着手하거나
脽腿府가 들리면 失禮이다. 拜禮 後 先動右股하니 起體半腰하여 兩手를 胸部에 附着한
後에 놓으며 다시 俯伏하였다가 兩手를 앞으로 짚고 先動右股하여 일어나 降復位한다.
平常時에 尊長에게 人事는 單拜이니 拜禮 後 鄭重하게 兩手前跪起身하여 옮겨 坐正한다.
女坐의 姿勢는 柔軟하고 庭園 같아야 한다. 女子가 尊長 앞에서 坐勢는 中婦人 以下는
兩股를 跪坐가 宜當하나 橫減하되 右股를 세워 兩手를 膝上이나 肢跗에 놓는 것이
婦人의 禮이다. 男女의 行動은 恒常 端正하게 하되 不必動作과 語中搖手는 失禮이다.

배례법

절하는 법에 남자는 읍이 있으니 일 읍이 일배라 그러므로 남자는 재배하고
여자는 읍이 없으니 절을 네 번 한다. 그런고로 결혼식에나 회갑 잔치에 또는 상례에나
장례식과 제례식에 남자는 읍이 있으니 재배하고 여자는 읍이 없으니 4배이다.
평상시에 인사는 남자도 읍이 없으며 절이 또한 단배요 여자도 무읍에 단배이다.
절하는 법에 남녀가 손을 잡는 예가 있으니 남자는 왼손을 위로 하여 잡고 절하며
여자는 오른손을 위로 하여 잡고 절한다. 그 뜻인즉 남자는 좌측을 위주하고 여자는 우측을
위주한다. 그런고로 생전시에는 의례식장에서 좌정할 때에 남자는 좌측에 앉으며 여자는
우측에 앉는다. 또 남자의 의복은 좌측을 위로 하고 여자의 의복은 우측을 위로 한다.
그러므로 남자는 좌측이 크고 여자는 우측이 크다.
이것을 부연하자면 좌측은 동이요 우측은 서이며 동은 양이요 서는 음이다. 양은 하늘이요
남이며 음은 땅이요 여이니 음양의 순리에 따른 것이다. 또는 만물이 생전에는 양이요
사후에는 음이니 생전시와 반대이다. 그런즉 사람이 죽은 뒤에는 남자는 우측을 위주하고
여자는 좌측을 위주한다. 고로 죽은 뒤에는 우가 크므로 분묘에 고위는 우측이요 비위는
좌측이다. 고로 상 장 제례에 신위는 지방에도 고위는 우측이요 비위는 좌측에 기서한다.
음양의 순환하는 이치를 고찰하여 보면 상하와 전후좌우로 모두가 음양으로 분별하였다.
이것이 무궁한 깊은 뜻이 내포되어 있으니 즉 세상에는 하늘과 땅을 비롯하여 삼라만상이
존재하고 있다 그런즉 그중에서 어느 한 가지도 음양의 배합이 없이는 존재할 수 없는
것이다. 그러므로 우주 공간에서 야기되는 백만 사가 음양의 원리에 기인한 것이다.
이는 태극에서 비롯된 것이니 옛날에 성현들이 높은 이치로 의례와 인사 명리에 응용하니
인생이 화생시로부터 생애를 일주하여 땅 속에 들기까지 음양의 원리에 연유되어 있다.
그런고로 혼례식에나 회갑연 또는 상장제례시에 배례함에 있어 남자가 읍을 하되
왼손을 위로 잡고 두 손을 앞으로 밀어내어 턱밑에 약 2,3촌 가량으로 정중하게 올렸다가
내리면서 먼저 왼발을 움직여 무릎을 꿇으니 양쪽 무릎을 합하고 수퇴부(궁등이)를 약간
뒤로 하여 상체를 바르고 무겁게 한 다음 두 손을 무릎에서 약 7,8촌 가량 떨어지게 부복
하여 절을 하되 대퇴부(궁등이)가 들리면 실례이다. 절을 한 뒤에는 먼저 좌측 발을
움직여 몸을 반쯤 일으키다가 두 손을 잡은 채 가슴에 부착시켰다가 놓으며 다시 꿇어
앉아 정중하게 손을 앞으로 짚고 부복하여 일어나 처음 자리로 돌아간다.
평상시에 존장에게 인사는 무읍에 단배이니 절을 한 다음 정중하게 일어나 옮겨 자리한다.
남자의 앉는 자세는 태산 같으며 엄숙해야 한다. 또한 존장 앞에서는 꿇고 앉는 것이
당연하며 중하 존장이라면 대개 횡감으로 앉되 두손을 발목에 올려놓고 정숙하며 말씀을
경청하느니라. 만약 어른 앞에서 높은 횡감을 하고 또는 두 무릎 위에 손을 올려 놓으면
실례이다. 높은 횡감이란 어느 한 쪽 발을 반대편의 무릎 위에 올려놓은 것을 말한다.
또는 개혁된 지금에는 가정마다 소파나 의자 등이 있는데 어른이 자리에 계실 때에는
소파나 의자에 앉는 것은 실례이다. 연이나 지금 젊은이들은 그러지 않으니 애석한 일이다.
방 내에서는 방 아래가 어른의 자리이고 방 위쪽은 젊은이의 자리이니 어른이 계실 때에는
방 위로 앉는 것이며 방 외에서는 어른이 앉는 자리보다 높이 앉는 것은 실례이다.
여자가 혼례에나 회갑연 또는 상장제례에 절함에 있어 무읍이니 사배하므로
오른손을 위로 하여 잡고 절을 하되 정중하게 들어올려 이마에서 약 1,2촌 가량으로 하여
먼저 오른발을 움직여 앉으니 두 발을 횡감치듯이 고쳐 앉으며 상체를 바르게 한 다음
이마의 두 손을 지면에서 약 5,6촌 가량 떨어지게 하여 정중하고 무겁게 절을 한다.
만약 두 손이 지면에 닿거나 수퇴부가 들리면 실례이다. 절을 한 뒤에 먼저 우측 발을
움직여 몸을 반쯤 일으키다가 두 손을 가슴에 부착하여 놓으며 다시 부복하였다가 먼저
오른발을 움직여 두 손을 앞으로 짚고 부복하여 일어나 처음 자리로 돌아간다 평상시에
존장에게 인사는 단배이니 절을 한 다음 정중하게 두 손을 역시 앞으로 짚고 일어나 옮겨
자리한다. 여자의 앉는 자세는 유연하고 정원 같아야 한다. 여자가 존장 앞에 앉는 자세는
중부인 이하는 두 다리를 꿇어앉는 것이 원칙이나 횡감으로 앉되 우측 무릎을 세워
두 손을 무릎 위에 올려놓는 것이 부인으로서 예이다. 남녀의 행동은 항상 단정하게 하되
몸동작이 불안하고 말하면서 손짓하는 것은 모두가 실례이다.

大概 禮法이란 行動하는 態度에 따라 人事에 禮가 되고 失禮를 犯하는 것이니
第一 重要한 것은 箇箇人의 行動에 있고 또는 言動에 있으며 다음으로 衣裳에 있다.
예컨대 自己가 賓客으로 出他時에는 먼저 衣裳을 整齊하고 行動을 靜肅하여야 하며
言動에 主意하여 語感을 恒常 恭順히 하여 崇尙하는 것이 箇箇人의 先禮이다.
家庭의 禮는 大體的으로 假令 家長이 用務로 出他한다면 內者는 庭階 下에서 人事하고
以下 家率은 大門 밖에 나아가 배웅하며 適子는 洞口 밖에 나아가 배웅한다.
家長이 還家時에 適子가 먼저 나아가 迎接하되 家率은 모두 庭階 下에 내려가 恭順히
人事하여 迎接하며 行裝을 받들어 尊長을 앞으로 모시니 坐正 後 人事하고 期間의
家庭事를 告한다. 家兒가 自賓出他하면 必히 尊長에게 訓戒를 받고 用務의 許諾 後에
去動을 人事하고 門을 나서는 것이며 歸家하여서는 尊長에게 還家를 아뢰고 拜謁하여
그쪽의 安否를 細細히 올리며 行先地에서 惹起한 줄거리를 仔細하게 告하니 이것이
아들의 道이다. 平常時에 尊長에게 人事하는 禮는 于先的으로 行動을 端正히 하며
恭敬하는 語感으로 恭順히 人事하니 하루에 열 번을 보아도 때마다 恒常 恭敬하여
人事하는 것이 禮이다. 사람이 相互의 주고받은 人事가 虛無한 것이지만 倫理上으로
가장 尊重되는 것이니 서로 融和하고 和睦하는 基本이 되는 것이요 그 사람의 尊卑가
拜禮法에 있느니라. 靈長인 尊者로서 拜禮法은 必히 熟習하여 其家庭의 禮義凡節을
子孫에게 敦篤後傳하여 家庭과 나아가서는 門中을 莫不汚染하라.
假令 自己가 賓客이 되어 出他時에 行先地에 到着하여 主人을 찾을 때에 主人의
尊啣을 鄭重하게 부른 뒤 出主人하면 반겨 人事한 후 案內되어 들어가면서 履靴는
閑寂한 곳에 脫靴하여 놓고 鄭重한 行步로 案內를 받아 拜禮로써 健康의 安否로
人事하며 主人의 家率에게도 人事한 後 動靜을 恒常 端正히 하여 正坐하고
自己 兩親의 安否를 올린 뒤에 그 家庭과 門庭 安否를 살핀 後 主人과 對話하되
必히 言動을 恭順히 하며 對話途中에 輕率한 動作은 失禮이다. 體身을 端正히 하여
對話에 敬聽하느니라. 또는 말은 充分히 意解하여 答하되 多言則 在其中失言이니라.
萬若 案內時에 遲延하면서 內室을 여기저기 기웃거리며 쓸데없는 雜談은 失禮이다.
또 宿泊時에는 主人이 引導한 寢所에 들어 適當히 對話한 後 就寢하는 것이 禮이다.
特히 化粧室 來往과 就寢時에 코고는 소리와 잠꼬대 等은 各別히 注意해야 한다.
朝期에 主人 먼저 起床하여 衣裳을 整齊한다. 所期의 用務를 마치고 떠나올 때에는
迎接事에 感謝함을 盡心으로 謝禮하고 尊長으로부터 家率에게 두루 人事한 後
行裝을 갖추어 門을 나서는 것이 賓客의 禮이다.
自己가 主人이면 訪問客이 두 번 以上 呼名 後에 鄭重하게 對答하여 賓客을 接하되
恭順히 人事 後에 案內하여 尊長則 房下에 設席하여 모시고 年下則 房 위로 案內하여
拜禮 後 家率을 人事紹介한 뒤에 鄭重하게 坐正하여 安否의 人事를 하는 것이다.
萬若 賓客이 有行裝則 雖卑物件이라도 所重히 하여 賓客이 보는 곳에 保管하며
不錯禮義則 亦客嚴肅禮니라. 宿泊時에는 適當한 寢所로 引導하여 旅路에 疲勞하니
適當한 對話 後 就寢을 勸하는 것이 禮이다. 食事時에는 先主人擧匙에 後末主人한다.
朝起床은 客後이다. 離賓時에는 家率人事後 自己는 賓客行裝을 들어 適當한 場所에서
배웅하되 安否 傳함을 告하고 遠去賓不顧하면 還家하는 것이 主人의 禮이다.
巷間에 人事말을 들어보면 感謝의 말을 고맙습니다 라고 하는데 이것은 失禮이다.
感謝의 말은 尊長에게 恭敬하여 하는 人事말이고 고맙다는 말은 手下人에게 하는
인사의 말이다. 卽 고맙다, 고마워라, 고맙구나, 고맙네, 고마우이 등 하는 말이다.
卽 어린아이의 하는 것이 귀엽고 기특하여 머리를 쓰다듬어 주면서 아이, 고마워라
또는 등을 어루만져 주며 아이구, 고맙구나 하는 말이다, 卽 귀엽다는 뜻이다.
그럼에도 不拘하고 할아버지나 尊長에게 고맙습니다 라고 하니 痛歎할 일이다.
이는 其父母들이 無識하여 子息들의 敎育함에 있음이니라.

대개 예법이란 행동하는 태도에 따라 인사에 옳은 예가 되고 실례를 범하는 것이니
제일 중요한 것은 개개인의 행동에 있고 또는 말하는 어감에 있으며 다음에는 의상이다.
예컨대 자기가 빈객이 되어 출타하면 먼저 의상을 정제하고 행동을 정숙하여야 하며
말하는 것을 주의하여 어감을 항상 공순히 하여 숭상하는 것이 개개인의 먼저 예이다.
가정의 예는 대체적으로 가령 가장이 용무로 출타하면 아내된 자는 뜰앞에 내려가서
인사하고 가솔은 대문 밖에 나아가 배웅하며 장자는 동구 밖에 나아가 배웅한다.
또 가장이 돌아오면 장자가 먼저 나아가 영접하되 가솔은 모두 뜰앞에 내려가 공순히
인사하여 영접하며 행장을 받들어 앞으로 모시니 좌정한 후 인사하고 그간 가정사를
소상히 아뢴다. 아들이 손님이 되어 집을 떠날 때에는 반드시 어른에게 가르침을 받고
떠나는 용무에 허락을 받은 뒤에 다녀오겠음을 인사하고 문을 나서며 귀가하여서는
어른에게 다녀왔음을 고하고 배알하여 인사한 후 그쪽의 안부를 세세히 올리며 행선지에서
있었던 일의 줄거리를 하나하나 아뢰니 이것이 아들의 예도이다.
평상시에 어른에게 인사하는 예의는 먼저 행동을 단정히 하여 공순히 인사하니 하루에
열 번을 보아도 때마다 항상 공경하여 인사하는 것이 예이다.
사람이 서로 주고받은 인사가 허무한 것이지만 윤리상으로 가장 존중되는 것이니 서로
융화하고 화목하는 기본이 되는 것이요 그 사람의 높고 낮음이 배례법에 있느니라.
영장인 존자로서 배례법은 반드시 익히 배워 그 집안의 예의범절을 자손에게 돈독히
전하여 가정과 나아가서는 그 가문을 더럽히지 말아야 한다.
가령 자기가 손님이 되어 출타시에 행선지에 도착하여 주인을 찾을 때에 주인의 존함을
정중하게 부른뒤 주인이 나오면 반겨 인사한 후 안내되어 들어가면서 신발은 한적한 곳에
벗어놓고 정중하고 무거운 걸음으로 안내를 받아 배례로써 인사하고 건강의 안부를 물은
뒤에 주인의 가솔에게도 인사한 뒤에 자리에 바르게 앉아 몸 움직임을 항상 단정히 하여
자기 양친의 안부를 올린 뒤에 그 가정의 안부와 문정의 안부를 살핀 후 주인과
대화하되 반드시 어감을 공순히 하며 행동은 무겁게 해야 하니 대화 도중에 손짓과 몸짓은
실례이니 항상 단정히 하여 대화에 경청하니라. 또한 말을 충분히 이해한 뒤에 적당한
답변을 하며 적실치 않은 말로 말이 많으면 그중에 실언이 나오니라.
만약 안내시에 지연하면서 내실을 여기저기 기웃거리며 쓸데없는 잡담은 실례이다.
또 숙박시에는 주인이 인도한 침소에 들어 적당히 대화한 후 취침하는 것이 예이다.
특히 화장실 내왕과 코고는 소리와 잠꼬대 등은 각별히 주의하며 아침에 일어나는 것은
주인보다 먼저 일어나 의상을 정제하고 용무를 마치고 떠나올 때에는 영접사에 감사함을
진심으로 사례하고 어른으로부터 가솔에게 모두 인사한 후 행장을 갖추어
문을 나서는 것이 손님으로서 예이다.
자기가 주인이라면 방문객이 두 번 이상 부르는 소리에 정중하게 대답하여 문을 열고
나아가 손님을 접하되 공순히 인사한 후 손님을 안내하여 어른이면 방 아래로 자리하여
모시고 연하이면 방 위로 자리하여 서로 배례한 뒤에 가솔에게도 모두 인사를 드리게
한 다음 정중하게 자리하여 서로 안부의 인사를 하는 것이다. 만약 손님이 행장이 있다면
비록 값없는 행장이라도 소중하게 받들어 손님이 보는 곳에 보관하며 예의에 어긋남이
없은즉 손님도 따라서 엄숙하니라. 숙박시에는 적당한 침소로 인도하여 여로에 피로하니
적당한 대화 후에 취침을 권하는 것이 예이다. 아침에 기상시에는 손님 다음에 일어나야
하며 식사시에는 주인이 먼저 수저를 들고 손님에게 식사를 권하며 식사가 끝남에는
손님 뒤에 수저를 놓느니라. 손님이 떠날 때에는 가솔에게 인사를 하게 하고 자기는
손님의 행장을 들어 동구 밖에까지 나아가 배웅하되 안부 전함을 고하고 멀리까지
떠남을 본 다음에 손님이 돌아보지 아니하면 돌아오는 것이다.
항간에 인사하는 것을 보면 감사의 인사를 고맙습니다 라고 하는데 이것은 큰 실례이다.
감사하다는 말은 존장에게 공경하여 하는 인사말이고 고맙다는 인사말은 수하 사람에게
하는 말이니 즉 고맙다, 고맙구나, 고마워라, 고맙네, 고마우이 등 하는 말이다.
예컨대 어린아이의 하는 것이 귀엽고 기특하여 머리를 쓰다듬어 주면서 아이구, 고맙구나
하는 말이며 또는 등을 어루만져 주며 아이구, 고마워라 하는 말이니 즉 귀엽다는 말이다.
그럼에도 불구하고 할아버지나 어른에게 고맙습니다 라고 하니 통탄할 일이다.
이는 그 부모들이 무식하여 자식들의 교육함에 있음이니라.

堂內 至親 直系圖表

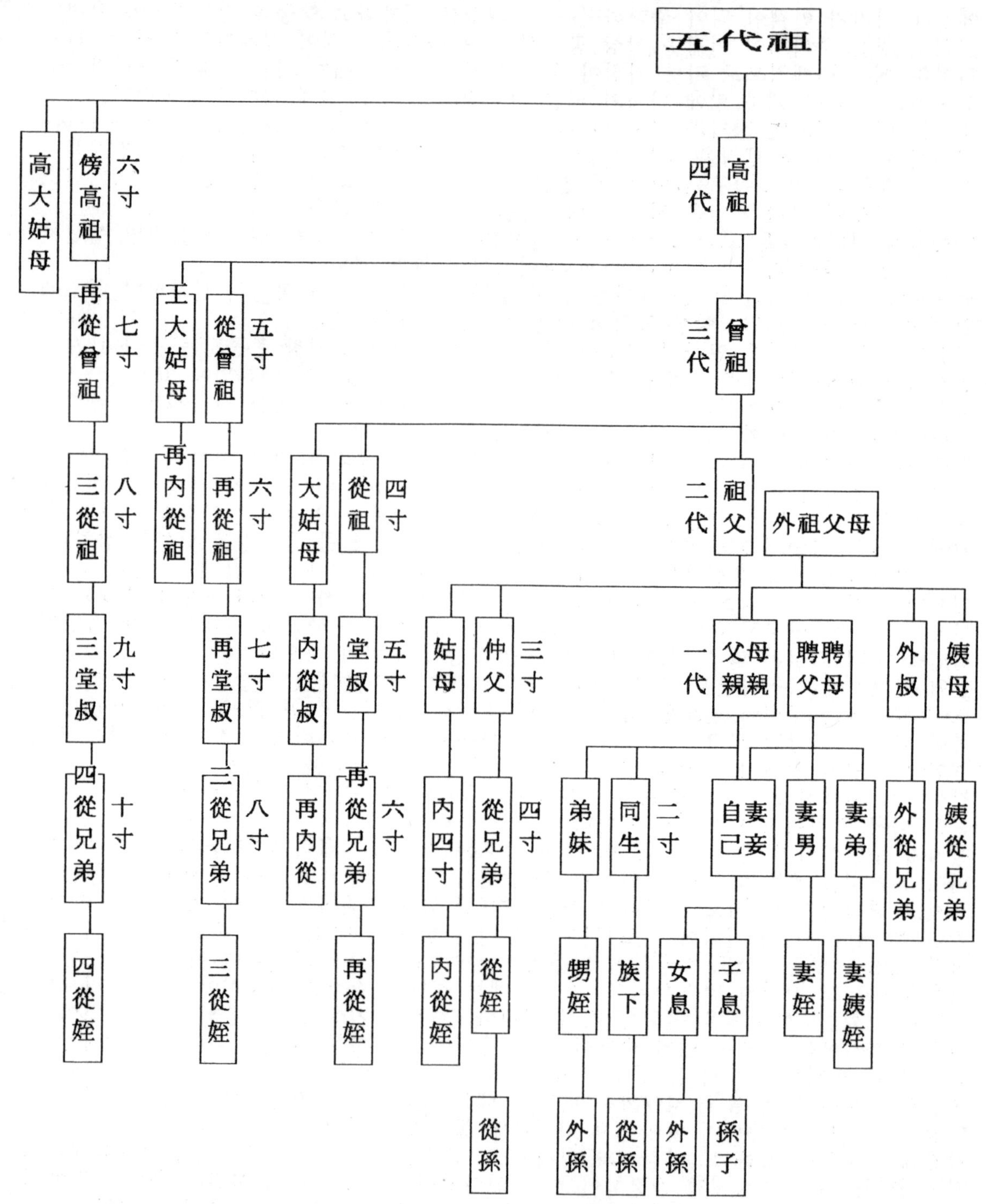

(註) 五代가 넘으면 無寸이 되니 高祖 以上은 傍祖 또는 大父라고 하며 高孫 以下는 傍后孫 또는 族孫이라고 하며 大槪 宗親이라고 한다.
또 年高 行下에는 族長이라고 한다.

당내 지친 직계도표

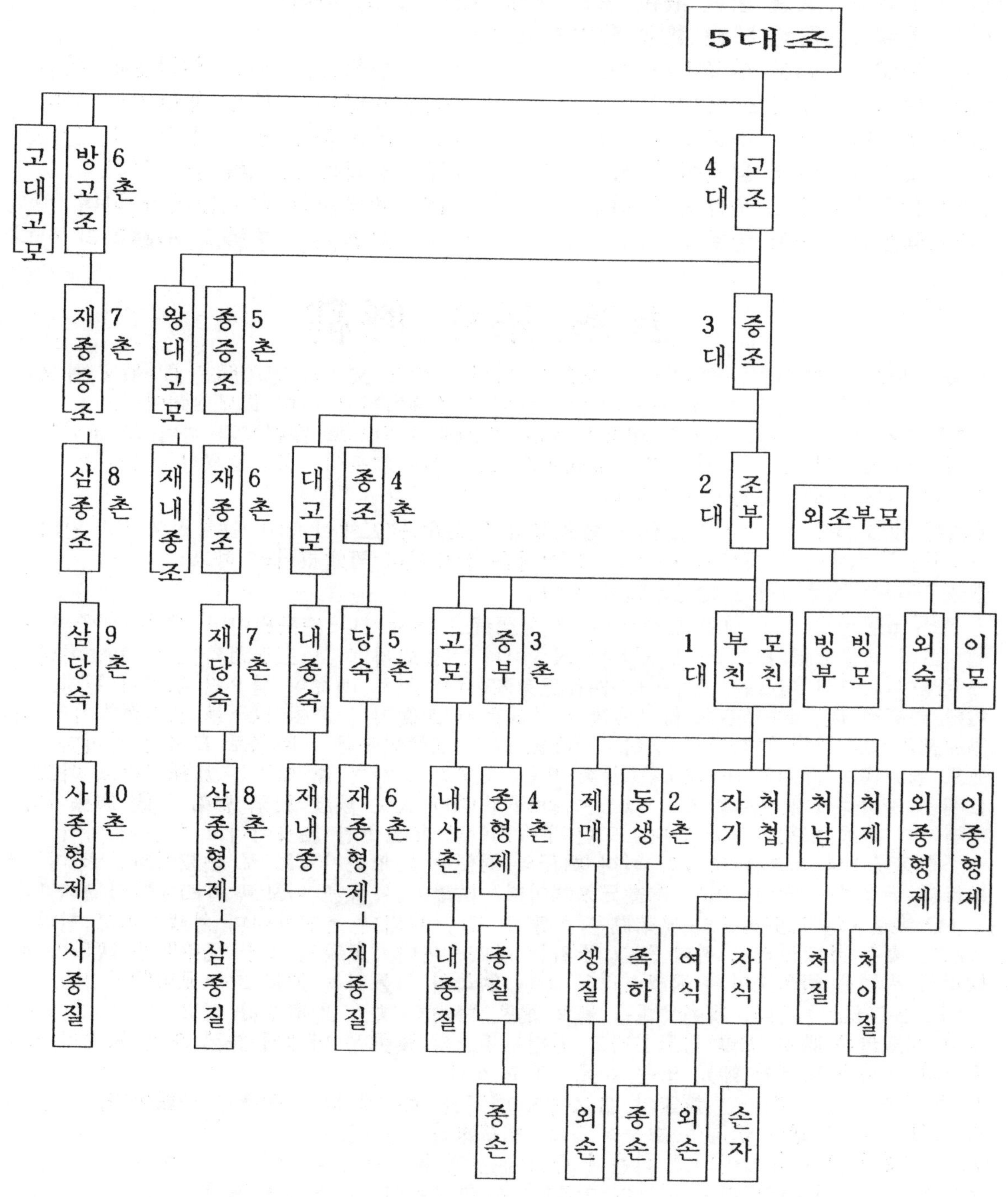

(주)5대가 넘으면 촌수가 없게 되니 고조이상은 방조 또는 대부라고 하며
고손 이하는 방후손 또는 족손이라고 하며 대개 종친이라고 한다.
또한 연상이나 항렬(行列)이 낮으면 족장이라고 한다.

堂內 至親 의 呼稱

(1)　父親을..父親 家親 嚴親 家君 老親 家嚴이라고 하며
(2)　母親을..母親 慈親 慈堂 慈主라고 한다.
(3)　伯父를..伯父 伯父主라 하고
(4)　伯母를...伯母 伯母主라 하며
(5)　仲父를..仲父 仲父主라 하고
(6)　仲母를...仲母 仲母主라 하며
(7)　季父를..季父 季父主라 하고
(8)　季母를...季母 季母主라 한다.
(9)　長兄을..伯兄 舍兄이라 하고
(10)　兄妻를...兄嫂氏라 하며
(11)　仲兄을..仲兄 舍仲이라 하고
(12)　仲兄妻를.仲兄嫂氏라 하며
(13)　同生을..舍弟 舍季라 하고
(14)　弟妻를...弟嫂氏 季嫂氏라 한다.

直系 系寸 呼稱

（伯父 仲父 季父）父親은 나와 一代요 父親의 兄弟間은 卽 伯父 仲父
季父는 三寸이 되고 三寸 子와는 四寸이 되니 四寸間이라고 하며 從兄弟間이다.
（祖父）는 나와 二代이며 祖父의 兄弟는 四寸이 되므로 從祖父라 하며 그 子와는
父親과 從兄弟間이다. 나와는 從叔姪間이요 五寸이니 堂叔이 되고 堂叔의 아들과는
六寸이 되며 再從兄弟間이라고 한다.
（曾祖父）는 나와 三代요 曾祖父의 兄弟間은 五寸이 되며 從曾祖父라고 한다.
그 아들은 六寸이며 再從祖가 되고 그 아들은 七寸이니 再堂叔이라 하고
堂叔 子와는 八寸이며 三從兄弟間이 된다.
（高祖父）는 나와 四代이며 그 兄弟間은 六寸이니 傍高祖이다. 傍祖의 子와는
七寸이니 再從曾祖가 되고 그 子와는 八寸이며 三從祖라 하고 三從祖의 子는 九寸이니
三堂叔이다 그의 아들은 十寸이니 四從兄弟間이다. 故로 四從이 넘으면 無寸이 된다.
然則 同高祖 後 八寸兄弟요 傍高祖後 十寸兄弟라 四從이니 高祖 以下를 堂內至親이라 하며
高祖父母 祭祀까지 忌祭祀로 모시고, 高祖 以上 五代祖부터는 時祭로 모시는 것이다.
故로 過五代則 行列로 祖 以上은 傍祖 또는 大父라고 하며 孫 以下는 族孫이라고 하고
自稱은 傍後孫이다. 然則 五代 以上은 行列에 따라 大父 族叔 族兄 族弟 族姪 族孫이라고
呼稱하며 大蓋 宗親이라고 한다. 또한 下行列인데 年上이면 族長이라고 하는 것이다.
（父親）의 姉妹를 姑母라 하니 姑母의 男便은 姑母夫가 되므로 姑叔이라고 하며
姑母의 子女와는 內四寸이니 內從兄弟間이다. 姑母의 아들은 나보고 外四寸이라고 한다.
（母親）의 親庭男子의 兄弟間은 外家로 三寸이 되니 外三寸이며 外叔이라고 한다.
外叔의 妻를 外叔母라고 하며 外叔 子와는 外四寸이다. 母親의 女子 兄弟間은 姨母라 하고
姨母의 男便은 姨母夫이니 姨叔이라고 한다 姨母의 아들과는 姨從四寸 兄弟間이다.
（妻父母）妻의 親庭父親을 聘父 聘丈 聘翁丈 丈人 外舅主라 하고
妻의 親庭母를 聘母 丈母 岳母主라고 한다. 手上의 妻男은 나에게 妹弟 또는 妹夫라 하고
手下의 妻男은 나에게 姉兄 또는 妹兄이라고 한다.
（女子）는 出嫁하면 媤家의 諸位에게 媤字를 붙이게 되니 呼稱은 一般이다.
故로 媤父 媤母 媤叔 媤同生 媤누이 또는 媤姉妹라고 한다.
大蓋 男便의 兄을 媤叔이라고 하는데 今世에는 普通 시아주버님이라고 하며
兄嫂氏에게도 아주머니라고 하는데 이것은 大 失禮이다. 一言하여 無禮하다.
아주버님이란 媤家의 遠戚으로 男便 兄뻘에게 하는 平稱이다. 媤叔이나 아제나 其意는
同하나 媤叔은 尊稱이요 아주버님은 平稱이고 아제는 手下에게 하는 呼稱이다.
故로 他人에게 아저씨라 하고 他婦人에게 아주머니라고 하는 것이다.
然則 男便의 兄에게는 必히 媤叔이라고 하여야 尊稱이요
兄의 妻에게는 아주머니가 아니라 兄嫂氏라고 呼稱하여야 尊稱이 된다.

당내 지친의 호칭

(1) 아버지를...부친 가친 엄친 가군 노친 가엄이라고 하며
(2) 어머니를...모친 자친 자당 자주라고 한다.
(3) 큰아버지를.백부 백부주라고 하며　　(4) 큰어머니를.백모 백모주라고 한다.
(5) 중부를.....중부 중부주라고 하며　　(6) 중모를.....중모 중모주라고 한다.
(7) 계부를....계부 계부주라고 하며　　(8) 계모를.....계모 계모주라고 한다.
(9) 장형을.....백형 사백이라고 하며　　(10) 형의처를...형수씨라고 한다.
(11) 중형을.....중형 사중이라고 하며　　(12) 중형처를...중형수씨라고 한다.
(13) 동생을.....사제 사계라고 하며　　(14) 제처를.....제수씨 계수씨라고 한다.

직계 계촌 호칭

(백부 중부 계부) 부친은 나와 1대요 아버지의 형제간은 즉 백부 중부
계부는 3촌이 되고 삼촌의 아들과는 서로 4촌간이 되니 사촌형제요 종형제간이라고 한다.
(조부) 는 나와 2대가 되고 조부의 형제는 4촌이 되므로 종조부라 하며 그 아들과
아버지와는 종형제간이다. 나와는 종숙질간이요 5촌이 되니 당숙이 되고
당숙의 아들과는 6촌이 되므로 재종형제간이라고 한다.
(증조부) 는 나와 3대요 증조부의 형제간은 5촌이 되며 종증조부라고 한다.
그 아들은 6촌이며 재종조가 되고 그 아들은 7촌이니 재당숙이라고 하며
재당숙의 아들과는 8촌이며 삼종형제간이 된다.
(고조부) 는 나와 4대이며 그 형제간은 6촌이 되고 방고조이다. 방조의 아들과는
7촌이니 재종증조가 되고 그의 아들은 8촌이며 삼종조라 하고 삼종조의 아들은
9촌이니 삼당숙이다. 그의 아들은 10촌이니 사종형제간이다. 4종이 넘으면 무촌이 된다.
그런고로 동고조 후 8촌형제요 방고조 후 10촌형제이니 4종이 되므로 고조 이하를 당내
지친이라 하니 고조부모 제사까지를 기제사로 모시고 고조 이상 5대조부터는 묘전에서
시제로 모시는 것이다. 고로 5대가 넘으면 항렬로 할아버지 이상은 방조 또는 대부라고 한다.
항렬로 손자 이하에게는 족손이라고 하며 자칭은 방후손이라고 한다.
그런즉 5대가 넘으면 항렬에 따라 대부 족숙 족형 족제 족질 족손이라 호칭하며
대개 종친이라고 한다. 또한 항렬은 낮은데 연상이면 족장이라고 하는 것이다.
(부친) 의 자매를 고모라 하니 고모의 남편은 고모부가 되므로 고숙이라고 하며
고모의 자녀들은 내 4촌이니 내종형제간이다. 고모의 아들은 나보고 외사촌이라고 한다.
(모친) 어머니의 친정 남자 형제간은 외가로 3촌이 되니 외삼촌이며 외숙이라고 한다.
외숙의 처를 외숙모라 하며 외숙의 아들과는 외사촌이다. 어머니의 여자 형제간은 이모라
하고 이모의 남편은 이모부이니 이숙이라고 한다. 이모의 아들과는 이종사촌 형제간이다.
(처부모) 처의 친정 부친을 빙부 빙장 장인 빙옹장 외구주라고 하며
처의 친정 모친을 빙모 장모 악모주라고 한다. 수상의 처남은 나에게 매제 또는 매부라 하고
수하의 처남은 나에게 자형 또는 매형이라고 한다.
(여자) 는 출가하면 시가의 모든 분에게 시자를 붙이게 되니 그 호칭은 일반이다.
그러므로 시아버지 시어머니 시숙님 시동생 시누이 또는 시자매라고 한다.
대개 남편의 형님을 시숙님이라고 하는데 금세에는 보통 시아주버님이라고 하며
형수씨에게 아주머니라고 하는데 이것은 큰 실례이다. 한마디로 무례하다.
아주버님이란 시가의 원척으로 남편의 형이 되는 분에게 평칭하여 부르는 호칭이다.
시숙이나 아제나 뜻은 같으나 시숙님은 존칭이 되고 아주버님은 평칭이고 아제는 수하에게
하는 호칭이다. 그러므로 남의 남자에게 아저씨라 하고 남의 부인에게 아주머니라고 하는
것이다. 그런즉 남편의 형에게는 반드시 시숙님이라고 하여야 존칭이요
형의 처에게는 아주머니가 아니라 형수씨라고 호칭하여야 존칭이 된다.

生存時와 亡後 呼稱

(父)	父親 家親 家君 家嚴 嚴親 老親 大庭	(母)	母親 慈親 慈堂 慈主 慈庭

(父)　父親 家親 家君 家嚴 嚴親 老親 大庭　　(母)　母親 慈親 慈堂 慈主 慈庭
(亡後)　先考 先親 先人　　(亡後)　先母 先妣
(祖父)　王父 王大人 祖父　　(祖母)　祖母 王母 祖母主
(亡後)　先祖父 先王考丈 先祖考丈　　(亡後)　先祖母 先祖妣
(伯父)　伯父任 伯父主 舍伯父　　(伯母)　伯母 伯母任 伯母主 舍伯母
(亡後)　先伯父　　(亡後)　先伯母 先叔母
(仲父)　仲父 仲父任 仲父主　　(仲母)　仲母 仲母任 仲母主
(亡後)　先仲父　　(亡後)　先仲母 先叔母
(季父)　季父 季父任 季父主　　(季母)　季母 季母主 叔母主
(亡後)　先季父 先叔父　　(亡後)　先季母 先叔母
(堂叔)　堂叔 堂叔主 從叔主　　(叔母)　堂叔母 叔母主
(亡後)　先堂叔 先從叔　　(亡後)　先堂叔母 先叔母
(長兄)　伯兄 伯兄主　　(兄嫂)　兄嫂氏
(亡後)　先伯兄 先舍伯　　(亡後)　丘嫂 先兄嫂
(仲兄)　仲兄 舍仲　　(仲嫂)　仲嫂氏
(亡後)　先兄 先仲兄 先舍仲　　(亡後)　先仲嫂
(弟)　舍弟 舍季　　(弟嫂)　弟嫂氏 季嫂氏
(亡後)　亡弟 亡季　　(亡後)　先弟嫂 先季嫂
(妻)　家人 內子 荊妻　　(子)　家兒 家豚 豚兒
(亡後)　亡妻 故室　　(自身)　小弟 小子 小姪 不肖孫
(姉妹)　(年上) 姉主, (年下) 阿妹　　(他人에게 自稱)　小生 小人
(出家)　(年上) 姉兄, (年下) 某室

他人의 生存時와 亡後 呼稱

(父)　椿父丈 椿丈 椿堂　　(母)　大夫人 尊慈堂 令慈堂 萱堂
(亡後)　先考丈 先丈 先大人　　(亡後)　先大夫人 先慈堂
(祖父)　祖父丈 王尊丈 王府丈　　(祖母)　王大夫人 尊祖母
(亡後)　先祖考 先王考丈 先王大人丈　　(亡後)　先王大夫人
(諸父)　阮丈 伯阮丈 仲阮丈 季阮丈　　(諸母)　尊叔母 尊伯母夫人
(亡後)　先阮丈 先伯阮丈 先仲阮丈 先季阮丈　　(亡後)　先尊叔母 先伯母夫人
(堂叔)　堂阮丈 堂叔丈 從叔丈　　(叔母)　尊堂叔母
(亡後)　先堂阮丈 先堂叔丈　　(亡後)　先叔母夫人
(兄弟)　伯氏 仲氏 季氏　　(嫂)　尊嫂氏 令嫂氏
(亡後)　先伯氏 先仲氏 先季氏　　(亡後)　先尊嫂氏夫人 先令嫂氏夫人
(妻)　賢閤 內相 尊閤　　(子)　允君, (女息) 令愛
(亡後)　先賢婦人 先閤夫人　　(孫)　令孫 令抱 賢抱 麟抱

(侍重語) 祖父母가 生存해 계시면 重侍下라 하며
父母兩親이 계시면 俱慶下라 하고
父親만 生存해 계시면 嚴侍下라 하고 母親만 生存해 계시면 慈侍下라 하며
父母가 俱歿이면 永憾下라고 한다.
(查戚間 呼稱) (尊長) 查丈 查兄 查夫人　(手下) 查頓 查弟

생존시와 망후 호칭

(부) 부친 가친 가군 가엄 엄친 노친 대정	(모) 모친 자친 자당 자주 자정
(망후) 선고 선친 선인	(망후) 선모 선비
(조부) 왕부 왕대인 조부	(조모) 조모 왕모 조모주
(망후) 선조부 선왕고장 선조고장	(망후) 선조모 선조비
(백부) 백부 백부주 사백부	(백모) 백모 백모님 백모주 사백모
(망후) 선백부	(망후) 선백모 선숙모
(중부) 중부 중부님 중부주	(중모) 중모 중모님 중모주
(망후) 선중부	(망후) 선중모 선숙모
(계부) 계부 계부님 계부주	(계모) 계모 계모주 숙모주
(망후) 선계부 선숙부	(망후) 선계모 선숙모
(당숙) 당숙 당숙주 종숙주	(숙모) 당숙모 숙모주
(망후) 선당숙 선종숙	(망후) 선당숙모 선숙모
(장형) 백형 백형주	(형수) 형수씨
(망후) 선백형 선사백	(망후) 구수 선형수
(중형) 중형 사중	(중수) 중수씨
(망후) 선형 선중형 선사중	(망후) 선중수
(아우) 사제 사계	(제수) 제수씨 계수씨
(망후) 망제 망계	(망후) 선제수 선계수
(처) 가인 내차 형처	(자) 가아 가돈 돈아
(망후) 망처 고실	(자신) 소제 소자 소질 불초손
(자매) (연상) 자주, (연하) 아매	(타인에게 자칭) 소생 소인
(출가) (연상) 자형, (연하) 모실	

타인의 생존시와 망후 호칭

(부) 춘부장 춘장 춘당	(모) 대부인 존자당 영자당 훤당
(망후) 선고장 선장 선대인	(망후) 선대부인 선자당
(조부) 조부장 왕존장 왕부장	(조모) 왕대부인 존조모
(망후) 선조고 선왕고장 선왕대인장	(망후) 선왕대부인
(제부) 완장 백완장 중완장 계완장	(제모) 존숙모 존백모부인
(망후) 선완장 선백완장 선중완장 선계완장	(망후) 선존숙모 선백모부인
(당숙) 당완장 당숙장 종숙장	(숙모) 존당숙모
(망후) 선당완장 선당숙장	(망후) 선숙모부인
(형제) 백씨 중씨 계씨	(수) 존수씨 영수씨
(망후) 선백씨 선중씨 선계씨	(망후) 선존수씨부인 선영수씨부인
(처) 현합 내상 존합	(자) 윤군, (여식) 영애
(망후) 선현부인 선합부인	(손) 영손 영포 현포 인포

(시중어) 조부모가 생존해 계시면 중시하라고 하며 부모 양친이 생존해 계시면 구경하라 하고 부친만 생존해 계시면 엄시하라고 하며 모친만 계시면 자시하라 하고 부모가 구몰이면 영감하라고 한다.

(사척간 호칭) (존장) 사장 사형 사부인   (수하) 사돈 사제

儀禮 書式 用語

(婚禮式)　祝華婚　祝華燭　祝成婚　祝儀　祝成典　醮儀
(回甲宴)　祝壽宴　祝晬宴　祝晬筵　賀儀　慶儀　壽儀
(弔喪時)　賻儀　奠儀　弔儀　謹弔　錢儀　楮儀
(小大祥)　菲儀　香奠　香燭代　錢儀　菲品　略禮　薄儀
(送別時)　餞儀　惜別　贐儀　菲儀　菲品　情領
(歲時)　　歲儀　送舊迎新　薄禮　情領　菲品　歲饌　略禮
(謝禮)　　薄謝　薄禮　微衷　略禮　情領　菲品　菲儀　禮情
(慶賀)　　恭賀新禧　恭賀新正　謹賀新年　恭賀迓新萬福

(註)裏面..某貫后人　姓名　白
　　　　　(文段)
(回甲時)喜懼之慶　斑彩之慶
(得孫)　弄璋之慶　孫女.弄瓦之慶
(妻喪)　慰.叩盆之痛　答.上奉下率
(夫喪)　慰.天崩之痛　答.夢中之事
(問病)　患候差度　答.賤骨累念
(註)後面　對話의　人事篇을　보라.

書式 槪要

(未審類)尊長..伏未審　伏不審　伏問　伏請
　　　　平交..伏惟　恭惟　謹請　謹詢　謹惟
　　　　手下..恪詢　卽請　卽惟　卽問　未認
　(答)　尊長..伏未審　伏拜審
　　　　平交..拜承　謹審　承審　仰審
　　　　手下..籍審　憑審　仍審　第審　乃審　備審
　　　　　　　備認　備諸
(氣體類)尊長..氣體候　一向萬安　連亨萬安
　　　　平交..連護萬旺　以侍珍重　不瑕有損
　　　　手下..以侍晏勝　連衛珍勝
(慕仰類)尊長..伏慕區區之至　伏慕無任下誠
　　　　平交..仰頌且祝　仰溯區區　擎頌頂祝　仰賀且祝
　　　　手下..溯念不已　懸念殊深　馳念不已
　(答)　尊長..伏慰區區　伏慰無任　伏喜萬萬
　　　　平交..仰慰且賀　慰叶仰禱
　　　　手下..慰喜沒量　欣幸曷勝
(不備類)尊長..不備白　不備達　不備上書　不備上候書
　　　　平交..不備上　不備謹　候禮　不備候上　不備禮
　　　　手下..不宣　不具　不繼　不旣　不磬　不多及
(榜書類)尊長..上平書　上白是　上書　上候書
　　　　平交..謹函　謹候　謹啓　敬啓　肅啓
　　　　手下..無函　書函　書束
　(答)　尊長..上答書　上謝書　上謝候
　　　　平交..謹謝書　謹謝上　謹覆　敬覆
　　　　手下..答函　答束
(接信類)尊長..敎示　下示　敎下　下書　訓喩
　　　　平交..示意　示事　戒意　喩示　華函
　　　　　　　雲箋　朶雲　惠書　惠函　華翰
　　　　手下..手滋　手墨　來書　寄緘　手札　手書
(奉信類)尊長..伏白　伏告　稟告　稟白
　　　　平交..仰請　仰懇　仰告　仰悚
　　　　手下..是囑　至懇　至囑

(送舊迎新)尊長..過歲安寧
　　　　　平交..過歲安寧
　　　　　手下..過歲平安
(新年人事)尊長..新年氣運安寧
　　　　　平交..換歲平安
　　　　　手下..換歲一安
(社交呼稱)先生..先生　函丈　函席
　　　　　尊長..尊丈　先生
　　　　　老兄..老兄　尊兄
　　　　　平交..大兄　學兄　仁兄
　　　　　自稱..門生　侍生　小生
　　　　　人子..允君　令允　令愛

(時令類)

(正月)元正　新年　春孟　三元　孟陽
(二月)峭寒　春殷　仲春　餘寒　桃花
(三月)春和　花辰　春暄　春暮　春暖
　　　花雨　花朝　春晴　花旭　春天
(四月)槐夏　張綠　麥凉　麥秋　維夏
(五月)榴夏　榴熱　夏正　仲夏　端陽
(六月)蒸暑　苦熱　伏熱　盛炎　燎炎
　　　炎熱　烈炎　炎天　亢熱　爀炎
(七月)老炎　晚炎　梧秋　中元　孟秋
(八月)秋陽　秋晴　秋殷　季陽　秋陽
(九月)菊秋　重陽　重九　霜令　秋季
(十月)春暄　初寒　初雪　寒冱　孟冬
(至月)至寒　雪寒　酷寒　氷冱　新陽
(臘月)臘寒　歲暮　烈寒　窮冱　栗寒

(時辰類)此時　此辰　比天　此際
　　　　茲辰　際茲　比項　伊來
(註)多閱書籍하면　自然　窮通한다.

의례 서식 용어

(혼례식) 축화혼 축화촉 축성혼 축의 축성전 초의
(회갑연) 축수연 축수연 축수연 하의 경의 수의
(조상시) 부의 전의 조의 근조 전의 저의
(소대상) 비의 향전 향촉대 전의 비품 약례 박의
(송별시) 전의 석별 신의 비의 비품 정령
(세시)　　세의 송구영신 박례 정령 비품 세찬 약례
(사례)　　박사 박례 미충 약례 정령 비품 비의 례정
(경하)　　공하신희 공하신정 근하신년 공하아신만복

(註)이면..모관후인 성명 백
　　　　　　(문단)
(회갑시) 희구지경 반채지경
(득손) 농장지경　손녀. 농와지경
(처상) 위. 고분지통　답. 상봉하솔
(부상) 위. 천붕지통　답. 몽중지사
(문병) 환후차도　답. 천골누넘
(주)후면 대화의 인사편을 보라.

서식 개요

(미심류)존장..복미심 복불심 복문 복청
　　　　평교..복유 공유 근청 근순 근유
　　　　수하..각순 즉청 즉유 즉문 미인
　　(답)존장..복미심 복배심
　　　　평교..배송 근심 숭심 앙심
　　　　수하..적심 빙심 잉심 제심 내심 비심
　　　　　　　비인 비제
(기체류)존장..기체후 일향만안 연형만안
　　　　평교..연호만왕 이시진중 불하유손
　　　　수하..이시안승 연위진승
(모앙류)존장..복모구구지지 복모무임하성
　　　　평교..앙송차축 앙소구구 경송정축 앙하차축
　　　　수하..소념불이 현념수심 치념불이
　　(답)존장..복위구구 복위무임 복희만만
　　　　편교..앙위차하 위협앙도
　　　　수하..위희몰량 흔행갈승
(불비류)존장..불비백 불비달 불비상서 불비상후서
　　　　평교..불비상 불비근 후례 불비후상 불비례
　　　　수하..불선 불구 불계 불기 불경 불다급
(방서류)존장..상평서 상백시 상서 상후서
　　　　평교..근함 근후 근계 경계 숙계
　　　　수하..무함 서함 서간
　　(답)존장..상답서 상사서 상사후
　　　　평교..근사서 근사상 근복 경복
　　　　수하..답함 답간
(접신류)존장..경시 하시 교하 하서 훈유
　　　　평교..시의 시사 계의 유시 화함
　　　　　　　운전 타운 헤서 혜함 화한
　　　　수하..수자 수묵 내서 기함 수찰 수서
(봉신류)존장..복백 복고 품고 품백
　　　　평교..앙청 앙간 앙고 앙송
　　　　수하..시촉 지간 지촉

(송구영신)존장..과세안녕
　　　　　평교..과세안녕
　　　　　수하..과세평안
(신년인사)존장..신년기운안녕
　　　　　평교..환세평안
　　　　　수하..환세일안
(사교호핑)선생..선생 함장 함석
　　　　　존장..존장 선생님
　　　　　노형..노형 존형
　　　　　평교..대형 학형 인형
　　　　　자칭..문생 시생 소생
　　　　　인자..윤균 영윤 영애

(시 령 류)

(1월) 원정 신년 맹춘 삼원 맹양
(2월) 초한 춘은 중춘 여한 도화
(3월) 춘화 화진 춘원 춘모 춘난
　　　화우 화조 춘청 화욱 춘천
(4월) 괴하 장록 맥량 맥추 유하
(5월) 유하 유열 하정 중하 단양
(6월) 중서 고열 복열 성염 요염
　　　염열 열염 염천 항열 혁염
(7월) 노염 만염 오추 중원 맹추
(8월) 추양 추청 추은 계양 추양
(9월) 국추 중양 중구 상령 추계
(10월)춘훤 초한 초설 한호 맹동
(11월)지한 설한 혹한 빙호 신양
(12월)납한 세모 열한 궁호 율한

(시진류)차시 차진 비천 차제
　　　　자진 제자 비항 이래
(註)다열서적하면 자연 궁통한다.

o對話의 人事　　　# 祝賀 人事 (축하 인사)

(子息 婚姻 祝賀) (자식 혼인 축하)

(祝) 자부(子婦) 잘 얻으시고 일기(日氣)조차 쾌청(快晴)하니 더욱 경사(慶事)스럽습니다.
(答) 첫째 날씨가 좋아서 손님들에게 미안(未安)하기가 덜합니다.
(祝) 선덕(宣德)하셨습니다 (註)덕을 베풂에 그 덕으로 현부(賢婦)를 얻었다는 말이다.
(答) 제현지덕(諸賢之德)으로 감사(感謝)합니다.

(女息 婚姻 祝賀) (여식 혼인의 축하)

(祝) 서랑(婿郞) 잘 얻으시고 날씨조차 쾌청(快晴)하니 더욱 경사(慶事)스럽습니다.
(答) 아무것도 가르치지 못한 여식(女息)에게 낭자(郞者)가 과(過)한 듯합니다.
(祝) 선덕(宣德)하셨습니다 (註)여식을 잘 가르쳐 훌륭한 사위를 봄을 말한다.
(答) 미숙(未熟)한 여식(女息)을 떠나 보내니 걱정이 앞섭니다.
　　　(註)손자 손녀의 혼인 축하는 자녀의 예에 의하며 그때의 적당한 축하가 가하다.

(兄弟 婚姻 祝賀) (형제 혼인 축하)

(祝1) 형수씨 잘 들어오시니 얼마나 반갑습니까 ?
(祝2) 현수씨(賢嫂氏) 맞으시니 경사(慶事)에 경사이겠습니다.
(答)　참으로 가문(家門)의 영광(榮光)인가 합니다.
　　　(註)계수씨 운운(季嫂氏云云)도 전례(前例)와 같다.

(姉妹 婚事 祝賀) (자매 혼사 축하)

(祝) 훌륭한 매부(妹夫) 얻으시니 얼마나 반갑습니까 ?
(答) 과연(果然) 반갑습니다.
　　　(註)일반적(一般的)으로 경사(慶事)에 공경어감축하(恭敬語感祝賀)가 먼저 예이다.

(新郞 新婦 人事) (신랑 신부에게 인사)

(祝1) 천생배필(天生配匹)을 만나시니 얼마나 기쁘십니까 ?
(祝2) 연분배필(緣分配匹) 맞으시고 내심(內心) 즐거우시겠습니다.
　　　(註)천생배필이란 전해 오는 전설에 의하면 달 속에는 큰 계수나무가 있고
　　　계수나무 밑에는 한 노구(老嫗)가 있어 그 노구가 인간 남녀의 짝을 지정하는데
　　　인간의 눈으로 보이지 않는 푸른실로 매어 놓는다는 말이 있으므로 쓰기도 하고
　　　하느님이 지정(指定)하였다는 의미(意味)로도 쓰기도 하는 것이라고 한다.
　　　과연(果然)이란 말은 평일(平日)에 갈망(渴望)하던 욕망(慾望)을 달성(達成)
　　　하였다는 의미(意味)로 하는 인사이다.
　　　결혼(結婚)은 인생(人生)의 제이(第二)의 탄생(誕生)이라 하니 인간대사인 것이다.
　　　그러므로 혼인(婚姻)하는 날[日]에는 받들어 상쾌(爽快)한 축어(祝語)가 예이다.

(出産 祝賀) (출산 축하)

(祝1) 그새 득남(得男)하셨다니 경사(慶事)스럽습니다.
(答)　감사(感謝)합니다. 덕택(德澤)인가 합니다.
(問)　산모(産母)에게 산후증(産後症) 없으시고 유도(乳道)도 충분(充分)하십니까 ?
(答)　사실(事實)대로 대답(對答)할 것이다.
(祝2) 농장지경(弄璋之慶)이 어떠하십니까 ?
　　　(註)득남한 경사를 농장지경이라 하는데 이것은 시전(詩傳)에 있는 고어(古語)이며
　　　옛날에는 아들을 낳으면 구슬을 가지고 희롱하였다고 하여 나온 말이다.

(答) 우선(于先) 조상(祖上)에게 득죄(得罪)를 면(免)한 것이 다행(多幸)입니다.
　　(註)조상에게 득죄를 면한다는 말은 자식이 없으면 조상의 제사가 끊기게 되니
　　불효삼천(不孝三千)에 무후막대(無後莫大)라 하였으니 자식이 없어 조상의 제사를
　　끊기게 되는 것이 가장 큰 불효가 되는 것이라 하였다.
　　고로 여자에게는 칠거지악(七去之惡)이 있으니 하나는 자식을 못 낳으면
　　그 여자는 쫓아 버려도 좋다는 말이다.
　　그런고로 자식을 낳으면 조상의 죄를 면했다고 하는 것이다.

(生女 祝賀) (생녀 축하)

(祝1) 그동안 따님을 보시고 얼마나 반가우십니까 ?
(答)　산모(産母)가 건강(健康)하여서 다행(多幸)입니다.
(祝2) 농와지경(弄瓦之慶)이 어떠하십니까 ?
(答)　자식(子息)은 남녀(男女)가 일반(一般)으로 생각(生覺)합니다.
　　(註)딸을 낳은 축하를 농와지경이라 하니 역시 서전의 고사로 농장지경과 같이
　　옛적에는 딸을 낳으면 기와를 희롱한다는 말이다.

(孫子 出生 祝賀) (손자 출생 축하)

(祝) 영포(令抱)를 보셨다니 경사(慶事)스럽습니다.
(答) 아닌게아니라 기다리던 중 반갑습니다.
　　(註)남의 손자를 영포(令抱)라 하는데 영은 높이는 말이요 포는 손자라는 말인데
　　손자를 영포라 하는 것은 옛날에는 장가를 일찍 들므로 젊은 사람이 부모 앞에서
　　자식을 낳은 것은 부끄럽기도 하려니와 제 자식을 귀여워서 안고 다니기 시작하면
　　부모를 잊게 된다 하여 절대로 자식을 안아 주지 않지만 손자는 안아 주는 것이
　　당연(當然)하다는 뜻으로 남의 손자를 영포니 현포(賢抱)니 하는 것이다.

(姪我 出生 祝賀) (질아 출생 축하)

(祝) 함씨(咸氏)를 보셨다니 얼마나 반가우십니까 ?
(答) 첫째 사백(舍伯) 뵈옵기가 즐겁습니다.
　　(註)자기(自己) 형(兄)님을 남에게 말할 때에는 사백(舍伯)이라고 한다.

(外孫 出生 祝賀) (외손 출생 축하)

(祝) 그동안 외손(外孫)을 보셨다니 얼마나 반가우십니까 ?
(答) 첫째 사돈(査頓) 보기가 덜 부끄러워 다행(多幸)입니다.
　　(註)모든 축하의 인사는 상호 어감을 공순히 하여 존경하여 하는 인사말이라야
　　서로 호감이 가는 것이니 무엇보다도 자기의 행동과 언어(言語)에 있으니
　　존장(尊長)이면 더욱 엄숙(嚴肅)히 공경하여 대화하여야 한다.
　　주고받은 인사가 허무(虛無)한 것이지만 그 사람의 기틀을 나타내므로 인사에는
　　반드시 행동을 단정히 하고 언어를 공경하여 예에서 벗어나지 말아야 한다.

晬宴 祝賀 (수연 축하)

(回甲 老人 晬宴) (회갑 노인 수연)

(祝) 헌수(獻壽) 잘 받으시고 기운강녕(氣運康寧)하십니까 ?

(答) 다망(多忙)하신데 이처럼 왕림(枉臨)해 주시니 감사(感謝)합니다.

(그 가족에게)

(賀1) 헌수평안(獻壽平安)히 하시고 얼마나 반가우십니까 ?

(答) 초간(超間)한 길에 이처럼 왕림(枉臨)해 주시니 감사(感謝)합니다.

(賀2) 희구지경(喜懼之慶)이 어떠하십니까 ?

(答) 진실(眞實)로 일희(一喜) 일구(一懼)입니다

　(註)부모의 회갑연(回甲宴)을 喜懼之慶이니 斑彩之慶이니 하는데
　희구지경(喜懼之慶)이라 함은 부모(父母)의 수(壽)하시는 것이 자손(子孫)의
　무한(無限)한 기쁨이지만 일방(一方)으로 생각(生覺)하면 인생(人生)의 수명(壽命)
　이란 것이 한(限)이 있기로 한편으로는 별세(別世)하실 날이 가까워질까 염려
　(念慮)되어 송구지심(悚懼之心)이 생긴다는 뜻이며 반채지경(斑彩之慶)이라 함은
　채의반무(彩衣斑舞)라는 말이 있는데 이것은 옛적에 중국의 노애자(老愛子)라는
　사람이 부모의 수(壽)하심을 기뻐하며 한편으로 언제든지 부모가 자식이 늙어가는
　것을 아시지 못하게 하기 위하여 자기 아버지 회갑일에 색동저고리를 입고
　알록달록한 장난감을 갖고 부모 앞에서 춤을 추며 즐겁게 놀았다는 고사(古事)로
　인(因)하여 나온 말이다(前初篇 參考).

弔問과 慰問 (조문과 위문)

(父母喪과 承重喪) (부모상과 승중상)

조객(弔客)은 먼저 궤연(几筵)에 곡(哭)하고 (註)궤연이란 염하기 전 칠성판 위를 말한다.
재배(再拜)한 후(後) 상주(喪主)에게 꿇어앉아 정중(鄭重)한 말로
상사(喪事) 말씀 무슨 말씀 여쭈오리까 라고 위안의 인사말을 한다.
상주(喪主)는 고개를 숙이고 아이고 하며 지극(至極)히 슬픈 표정(表情)을 하고 흐느끼며
망극(罔極)합니다 한다. (註)대개 상주는 애통(哀痛)하므로 말이 없다.

(以外 人事)

(弔客) 병환(病患)이 침중(沈重)하시더니 상사를 당하시여 오죽이나 망극하오리까.

(喪主) 망극(罔極)하기 한(限)이 없습니다.

(弔客) 친환(親患)으로 그처럼 초민(焦悶)하시더니 상(喪)을 당(當)하시어
　　　망극(罔極)하겠나이다.

(喪主) 회춘(回春)하시지 못하시고 영영 가시니 참으로 망극(罔極)하오이다.

(弔客) 춘추(春秋)는 높으셔도 항상 강녕(恒常康寧)하시더니 졸연 상사(猝然喪事)를
　　　당(當)하시니 오죽이나 망극(罔極)하오리까 ?

(喪主) 사오일 간(四, 五日間) 조금 신상(身上)이 불편(不便)하시다고 하셨으나
　　　식사(食事)도 여전(如前)하시고 출입(出入)도 여전(如前)하시더니 o일 저녁에는
　　　제가 모시고 자는데 잘 주무시고 새벽 oo시(時)쯤에 별안간 식구(食口)를 부르라
　　　하시더니 자세(仔細)한 유언(遺言)을 하시고 첫새벽에 하세(下世)하셔서
　　　시탕(侍湯) 한번 못하여 드린 것이 더욱 망극(罔極)하오이다.

(弔客) 항상 객지(客地)에만 계시다가 뜻밖에 상사를 당하시니 더욱 망극하시겠습니다.

(喪主) 직무(職務)에 얽매여 슬하(膝下)에서 봉양(奉養) 못한 것이 원한(怨恨)이 됩니다.
　　　(註)승중상(承重喪)은 아버지가 일찍 하세(下世)하셔서 손자(孫子)가 아버지 대신
　　　조부모의 복(服)을 입는 것이 승중상인데 모든 것이 부모상과 동일(同一)하다.
　　　또 조객이 장례 후(葬禮後)에 하는 대화는 장지(葬地) 소처(所處)를 물어
　　　인사하고 어느 지관(地官)의 택좌(擇坐)냐든지 졸연(猝然)에 당하신
　　　거역(巨役)을 감내(堪耐)하심에 얼마나 고충(苦衷)이 컸냐는 등의 인사를 하며
　　　상주는 사실대로 대답한다.

（妻喪 慰問）（처상에 위문）

(慰1) 상사인사(喪事人事)에 여쭐 말씀없습니다.
(慰2) 얼마나 섭섭하십니까 ?
(慰3) 고분지통(叩盆之痛)이 오죽하오리까 ?
(答1) 상봉하솔(上奉下率)에 앞이 캄캄합니다.
　　　(註)상봉(上奉)은 부모를 모신다는 말이요 하솔(下率)은 어린것을 기른다는 말이다.
(答2) 제일(第一) 젖먹이가 있어 그것이 불쌍합니다.
(答3) 신세(身世) 한탄(恨歎)이 간절(懇切)합니다.
　　　(註)고분지통(叩盆之痛)이란 고사(古事)의 속언(俗言)으로 옛적에 중국(中國)에
　　　장자(莊子)라는 사람이 어느 산길을 가는데 어느 분묘(墳墓) 앞에서 젊은 부인(婦人)이
　　　부채로 풀을 부치고 있기로 그 이유(理由)를 물은즉 그 부인의 말이 이 무덤은 남편의
　　　무덤인데 남편 죽은 뒤에 혼자 살 수가 없어서 개가(改嫁)를 할 터인데 남편이 생시
　　　(生時)에 하는 말이 내가 죽거든 무덤에 풀이나 죽거든 개가(改嫁)하라 하였기로 풀이
　　　속히 마르게 부채질을 한다고 하였다. 장자가 그 말을 듣고 부채를 달라고 청하여
　　　힘있게 몇 번을 부치니 별안간에 무덤의 풀이 바싹 말라 버렸다. 부인은 크게 감사하며
　　　백배(百拜) 사례하였다. 장자가 용무를 마치고 집에 돌아와서 자기 부인에게 그 사실을
　　　말한즉 그 부인이 무덤에서 부채질해 준 장자를 무한(無限)히 욕(辱)하였다.
　　　그 후 얼마 아니 하여 장자가 우연(偶然)히 병을 얻어 수일(數日)만에 죽었다.
　　　장자의 부인은 한없이 슬퍼하였으나 어찌할 도리가 없어 필경(畢竟)에는 시체(屍體)를
　　　관(棺)에 넣었으나 차마 곧 묻지 못하고 대청(大廳)에 모시고 조석(朝夕)으로 슬퍼하던
　　　중 하루는 귀공자(貴公子)의 행차(行次)가 들어와서 선생님을 찾은즉 부인이 장자의
　　　하세하셨음을 고하니 그 귀공자가 한없이 슬퍼하며 나중에는 장자의 영전에 조상하기를
　　　청(請)한지라 부인이 쾌(快)히 승낙(承諾)하여 대청 관 앞에서 조상을 마친즉 해가
　　　이미 저물어 할 수 없이 객실(客室)로 가서 유(留)하였다. 귀공자가 수일을 유하는 중에
　　　장자의 미망인과 귀공자의 정(情)은 점점(漸漸) 가까워 필경에는 한 방에서 거처하게
　　　된바 귀공자는 별안간에 급병(急病)이 돌발(突發)하여 백약(百藥)이 무효(無效)한지라
　　　부인이 지극히 심려(心慮)하여 데리고 온 하인(下人)에게 물은즉 우리 귀공자께서는
　　　종종 그러한 병이 발생되는바 죄수(罪囚)들의 산 골(骨)을 먹여 구제(救濟)하였으나
　　　이 자리에서는 어찌할 도리가 없으니 귀공자는 영영 불귀객이 되리라 하며 무한히
　　　한탄한지라 미망인(未亡人)이 생각한 나머지 산사람의 골은 구하지 못하나 죽은 사람의
　　　골은 구할 수가 있으니 어떠냐고 물은즉 죽은 지 한 달이 지나지 않았으면 산사람이나
　　　다름이 없다고 하니 미망인이 크게 기뻐하며 곧 안으로 들어가 도끼를 가지고 나와
　　　널을 깨트리고 골을 꺼내려 하는 순간(瞬間) 시체(屍體)는 간 곳이 없고 죽었던 장자는
　　　부인 뒤에서 웃으면서 부인은 어찌하여 그러한 수고를 하느냐 하며 냉소(冷笑)한지라
　　　부인은 어이가 없어 그 자리에서 자살(自殺)하니 장자는 동이를 두드리며 노래를
　　　불렀다는 고사로 인하여 상처 위문에 고분지통이라고 하는 것이다.

（夫喪 弔問）（부상 위문）

(弔問1) 상사(喪事) 말씀 무슨 말씀 여쭈오리까 ?
(弔問2) 천붕지통(天崩之痛)이 오죽하오리까 ?
(答1)　　몽매(夢寐)인가 하나이다.
(答2)　　저의 박복이니 유감(遺憾)입니다.
　　　(註)남편(男便)이 죽음에 천붕지통(天崩之痛)이란 여자는 남자만 믿고 사는데
　　　남자가 죽으니 하늘이 무너지는 것과 같으므로 믿을 곳이 없으니 하는 말이다.

（子喪 慰問）（자상 위문）

(弔問) 참척(慘慽)을 보시니 오죽이나 비감(悲感)하오리까 ?
(答1)　　인사(人事)받기가 부끄럽습니다.
(答2)　　가운(家運)이 불길(不吉)하여 이 지경을 당(當)하니 비참(悲慘)할 뿐입니다.

(兄弟喪 慰問) (형제상 위문)
(慰1) 백씨상(伯氏喪 或 季氏喪)을 당(當)하시니 오죽이나 비참(悲慘)하시겠습니까 ?
(答1) 평소(平素)에 수한(壽限)이 이렇게 될 줄을 어찌 알았겠습니까 ?
(慰2) 중씨상(仲氏喪 或 季氏喪)을 당(當)하시니 오죽이나 비감(悲感)하오리까 ?
(答2) 부모전(父母前)에 득죄(得罪)하여 불효(不孝)가 막급(莫及)합니다.
(慰3) 할반지통(割半之痛)이 오죽하오리까 ?
(答3) 수한(壽限)이겠지만 비감(悲感)하기 한(限)이 없나이다.
　　　(註)남의 아우가 죽은 데는 할반지통이라 하는데 형제간은 동기(同期) 일신
　　　(一身)인 고(故)로 반몸이 떨어졌다는 의미(意味)에서 하는 말이다.

(祖父母 伯叔父母喪 慰問) (조부모 백숙부모상 위문)
(慰問) 복제(服制) 말씀 무슨 말씀 여쭈오리까 ?
(答)　여쭐 말씀 없습니다. (註)그때의 여건과 상황에 따라 위문의 인사를 한다.

(小祥 大祥 慰問) (소상 대상 위문)
(慰問) 소상(小祥 或 大祥)을 당(當)하여 오죽 망극(罔極)하오리까 ?
(答)　망극(罔極)하오이다.

問 病 (문병)

(父母 問病) (부모의 문병)
(問病1) 친환(親患)이 계시다니 얼마나 초민(焦悶)하시겠습니까 ?
(問病2) 시탕중(侍湯中 或 湯節)이라 하시더니 요사이는 어떠 하십니까 ?
(答1)　송구(悚懼)하기 그지 없나이다.
(問病1) 진찰병명(診察病名)은 어떠하더이까 ?
(答)　사실(事實)대로 대답한다.
　　　(註)시탕이나 탕절이라고 하는 말은 부모의 병환 치료를 의미하는 말이다.

(人妻 問病) (인처의 문병)
(問病) 내환(內患)이 계시다니 얼마나 걱정 되십니까 ?
(答)　요새는 조금 차도(差度)가 있습니다.
　　　(註)친환의 문병을 참고하여 적당히 할 것이며 대답은 사실대로 한다.

(子女 問病) (자녀의 문병)
(問病) 아환(兒患)이 계시다니 얼마나 걱정되십니까 ? (註)兒患을 兒故라고도 한다.
(答)　아이들의 병(病)이니 곧 낫겠지요.

(尊長 問病) (존장의 문병)
(問病) 요새는 환후(患候)가 어떠하십니까 ?
(答)　천골(賤骨)이 나잇살이나 먹으니 편한 날이 적습니다.
　　　(註)병명 의사 약명 식사 취침 등에 관한 것으로 문병에 대해 인사한다.

(友人 問病) (우인의 문병)
(問病) 요새는 병식(病息)이 어떠하신가 ?
(答)　덕택(德澤)으로 차차 차도(差度)가 있네.
　　　(註)병자(病者)의 건강상태(健康狀態)를 살펴 염증(厭症)이 나지 않도록 하여
　　　병세와 병명과 의사와 기타(其他) 여러 가지 이야기와
　　　또는 세상 돌아가는 이야기 등으로 병자의 위안이 되도록 하여야 하며
　　　병자에게 자극(刺戟)을 주는 이야기는 절대(絶對)로 삼가해야 한다.

家庭 親族間 人事 (가정 친족간 인사)

(出他時 尊長에게 人事) (자손이 출타시에 존장에게 하는 인사)

(孫子) 할아버지, 저는 다녀오겠습니다. 그동안 안녕(安寧)히 계십시오.
(答)　오냐, 부디 몸조심하고 잘 있다 오너라.
(子女) 아버님, 어머님, 저는 지금(只今) 떠나겠습니다. 안녕(安寧)히 계십시오.
(答)　오냐, 객지(客地)에 몸조심하고 잘 있다 오너라. 가 있는 동안 할아버지께서
　　　궁금해하실 터이니 자주 상서(上書)하여라.
　　　(註) 개개인(個個人)이 가문에서 인사하는 것은 어른에게 익히 들으면 된다.

(子女 歸家 人事) (자녀 귀가 인사)

(子女) 아버님, 어머님, 그동안 기운(氣運) 안녕(安寧)하십니까 ?
(答)　오냐, 그 사이 잘 있다 왔느냐.
　　　(註)조부모 외(祖父母 外) 존장(尊長)에게도 역연(亦然)히 인사(人事)하며
　　　돌아와서는 반드시 존장에게 배알하여 큰절로써 인사한 뒤에 안후(安候)를 살핀다.

(親戚間 人事) (친척간 인사)

(外叔에게) 외숙님(外叔任), 그동안 안녕(安寧)하셨습니까 ?
(答) 오냐, 그동안 부모님 모시고 잘 있었나 ?
(問) 외조부(外祖父)께서도 기운(氣運) 강녕(康寧)하시고
　　　외종남매(外從男妹)들도 무고(無故)합니까 ?
(答) 외(外)할아버지께서도 안녕(安寧)하시고 아이들도 잘 있단다.

(聘丈에게 人事) (빙장에게 인사)

(婿) 그동안 기운(氣運) 안녕(安寧)하시고 빙모(聘母)님께서도 기운 안녕하십니까 ?
(答) 나는 잘 있었다만 너희들도 다 무고(無故)하였느냐.
(婿) 처남(妻男) 남매(男妹)들도 모두 잘있습니까 ? (註)수상 수하로 문후할 것이다.
(答) 날마다 학교(學校)에 잘 다니고 있단다. (註)사실대로 답할 것이다.

(妹兄에게 人事) (매형에게 인사)

(妻男) 매형(妹兄), 그동안 안녕(安寧)하십니까 ?
(妹兄) 나는 잘 있었네만 장인 장모(丈人丈母)께서도 기운 안녕(氣運安寧)하신가.
(妻男) 부모(父母)님 양친(兩親)이 다 안녕(安寧)하십니다.
　　　사장(査長)어른께서도 안녕하시고 생질 남매(甥姪男妹)들도 공부(工夫) 잘 합니까 ?
(妹兄) 사실대로 대답할 것이다.
　　　(註)처남이 매형에게 인사할 때에 자기 누나의 안부는 끝으로 문후하는 것이다.

他人과 人事 (타인과 인사)

(尊長에게 人事) (존장에게 인사)

(靑年) 날새 기운(氣運) 안녕(安寧)하십니까 ?
(老人) 모시고 평안(平安)하신가 ?
(靑年) 자제(子弟)들도 무고(無故)하시고 댁내(宅內)에 별고(別故) 없으십니까 ?
(老人) 집안이 두루 무고하니 다행(多幸)일세. 춘부장(春府丈) 기력(氣力)
　　　안녕(安寧)하시고 귀댁제절(貴宅諸節)이 고루 무고(無故)하신가 ?
　　　(註)각자(各自) 위치(位置)와 여건(與件)에 따라 인사한다.
　　　모시고 란 말은 가솔과 가정사가 모두 평안하며 의 말이다.

(初面 人事) (초면 인사)

(青年) 저, 어른께 말씀 못 여쭈었습니다. (공순히 절을 한다)

(老人) 피차일반(彼此一般)이요. 귀공(貴公)은 누구시오 ?

(青年) 예, 저는 oo에 사는 ooo(성명)올습니다.

(老人) 그러시오. 나는 oo에 사는 ooo(성명)이오. 시하(侍下)시오 ?

(青年) 예 중시하(重侍下)에 구경하(俱慶下)입니다

(老人) 복 있는 귀공(貴公)이요, 중시봉(重侍奉) 평안(平安)하시오 ?
　　　　나도 자시하(慈侍下)요.
　　　(註)시하(侍下)이시오 하는 말은 부모(父母)가 계시냐는 말이고 중시하(重侍下)는
　　　　조부모(祖父母)가 계시다는 말이며 구경하(俱慶下)는 부모(父母)가 다 계시다는
　　　　말이고 자시하(慈侍下)는 어머니만 생존(生存)해 계신다는 말이다.
　　　　아버지만 생존(生存)해 계시면 엄시하(嚴侍下)라고 하며 부모(父母)가 구몰(俱沒)
　　　　양친이 다 안 계시면 영감하(永憾下)라고 한다.

(青年) 참, 수문(壽門)이십니다. 죄송(罪悚)합니다만 금년에 춘추(春秋)가 얼마이십니까 ?
　　　(註)수문(壽門)이라 함은 수하는 집안이란 말이요 춘추(春秋)는 어른 나이가
　　　　얼마냐는 말이다.

(老人) 천골(賤骨)이 나잇살이나 먹어서 금년(今年)에 팔십이세(八十二歲)요
　　　(註)천골(賤骨)이라 하는 말은 노인이 자기 몸을 낮추어 하는 말이다.

(青年) 참, 기운(氣運) 강녕(康寧)하십니다. 자제(子弟)는 몇 형제(兄弟)나 두셨습니까 ?

(老人) 자식(子息)이 삼형제(三兄弟)요. 귀공(貴公)은 안행(雁行)이 몇 분이오 ?
　　　(註)안행(雁行)은 형제(兄弟)를 말함인데 기러기는 동물(動物)이라도
　　　　어데를 가더라도 조금도 다투지 아니하고 차례대로 의(誼)좋게 다니므로
　　　　형제를 물어 지칭(指稱)하기를 안행(雁行)이라고 한다.

(青年) 말씀 낮추어 하십시오. 저도 삼형제(三兄弟)인데 제가 셋째입니다.

(老人) 백중씨(伯仲氏)도 모두 안녕(安寧)하시오 ?
　　　　귀댁 근처(貴宅近處)에 ooo(성명)이라는 분이 계시지 않습니까 ?

(青年) 예, 그 어른이 바로 저의 가친(家親)이십니다.
　　　(註)나의 아버지를 남에게 말함에 가친(家親)이라고 하며 노령(老齡)하시면
　　　　노친(老親)이라고도 하나 대개(大蓋) 가친(家親) 가군(家君) 가엄(家嚴) 엄친(嚴親)
　　　　부친(父親) 가정(家庭)이라고 하며 나의 어머니를 남에게 말할 때에는 자친(慈親)
　　　　이라고 하며 또는 자정(慈庭) 모친(母親)이라고 한다.
　　　　남의 부친을 춘부장(春府丈) 춘장(春丈)이라고 하는데 춘장(春丈)이란 말은
　　　　천년(千年)으로 한 봄을 삼고 천년으로 한 가을을 삼는다 하여 수(壽)하라는 의미
　　　　(意味)로 춘부장이라고 하며 남의 어머니 보고는 존자당님(尊慈堂任)이라고 한다.

(老人) 아아, 그러시오. 참, 반갑소. 내가 소시(少時) 적에 춘부장하고는 무여형제(無如兄弟)
　　　　처럼 지냈는데 근래(近來)에 적조(積阻)하여 궁금하던 차(次)에 의외(意外)로
　　　　귀공(貴公)을 만나니 참, 반갑소. 그러면 ooo(성명)가 바로 백씨(伯氏)되시겠소그려.

(青年) 예. 저의 사백(舍伯)이십니다.
　　　(註)남의 큰형은 백씨(伯氏)라 하고 중형은 중씨(仲氏), 아우는 계씨(季氏)라 하며
　　　　자기 큰형은 사백(舍伯)이라 하고 중형은 사중(舍仲), 아우는 사계(舍季)라 한다.

(老人) 완장씨(阮丈氏)도 귀댁 근처(貴宅近處)에 사시지요.

(青年) 예, 바로 이웃에서 사십니다.
　　　(註)남의 삼촌(三寸)을 완장씨(阮丈氏)라고 하며 나의 삼촌(三寸)은 사숙(舍叔)이라
　　　　하며 큰 아버지는 백부(伯父)라 하고 남의 조카는 함씨(咸氏)라 하며
　　　　나의 조카는 사질(舍姪)이라 하는데 완장(阮丈)이니 함씨(咸氏)라 함은
　　　　옛적 중국 진(晋)나라에 죽림칠현(竹林七賢)이라 하여 당시 세상(當時世上)에 고명
　　　　(高名)한 성현(聖賢) 칠명(七名)이 있어 국가(國家)의 정치부패(政治腐敗)하고
　　　　윤리(倫理)가 타락(墮落)됨을 분개(憤慨)하여 서로 인간세속(人間世俗)을 끊고
　　　　죽림(竹林) 속에서 풍월(風月)을 완상(玩賞)하며 예의(禮儀)와 도덕(道德)을

강구(講究)하다가 일생(一生)을 마치었다는데 그중에 완적(阮籍)과 완함(阮咸)의
두 숙질(叔姪)이 의(誼)가 가장 두터워 다른 사람의 모범(模範)이 될 뿐 아니라
칠현 중(七賢中)에 숙질(叔姪)이 두 자리를 점령(占領)하였기로 후세(後世) 사람들이
그 숙질간(叔姪間)의 의(誼) 좋은 것과 그 현명(賢明)함을 흠모(欽慕)하여
남의 삼촌(三寸)을 완장(阮丈)이라 하고 남의 조카를 함씨(咸氏)라고 한다.
(老人) 종씨(從氏)는 안행(雁行)이 몇 분이오 ?
(靑年) 저의 사종(舍從)도 삼형제(三兄弟)입니다.
　　　(註)남의 사촌(四寸)을 종씨(從氏)라 하고 자기(自己)의 사촌(四寸)은 사종(舍從).
　　　종형(從兄).종제(從弟)라 하니 사촌(四寸)은 종형제간(從兄弟間)이다.
(老人) 참 성운(盛運)하신 문호(門戶)시오.
　　　종씨(從氏)들도 모두 시봉(侍奉) 평안(平安)하시오 ?
(靑年) 예, 다 잘 지내고 있습니다.
(老人) 의외(意外)에 귀공(貴公)을 만나 정다운 이야기 잘 들었소. 나는 갈 길이 바쁘니
　　　이만 작별(作別)하겠소 가시거든 춘부장(春府丈)과 완장씨(阮丈氏)에게
　　　나의 안부(安否)나 전(傳)하시오 ?
(靑年) 아, 그러십니까. 잠깐 동안이라도 좋은 교훈(敎訓)을 많이 받아서
　　　감사(感謝)합니다. 안녕(安寧)히 행차(行次)하십시오. (공순히 절을 한다)

（ 恩師　拜謁 ）(은사 배알)

(弟子) 선생님(先生任), 그동안 기력(氣力) 안녕(安寧)하셨습니까 ?
(師)　ㅇㅇㅇ군(君) 아니던가. 참, 오랜만일세. 그동안 평안(平安)하셨나.
(弟子) 노사모(老師母)님이나 사모(師母)님께서도 안녕(安寧)하십니까 ?
　　　(註)선생님의 아버지는 노선생(老先生)님이라고 하며 선생님의 어머니는
　　　노사모(老師母)님이라 한다
(師)　나는 성절(省節)이 일안(一安)하였네만 자네도 대부인(大夫人)께서 기운(氣運)
　　　안녕(安寧)하시고 내상(內相)께서도 평안(平安)하신가
　　　(註)성절(省節)이란 말은 부모(父母) 모시는 형편(形便)이란 말이요 ?
　　　남의 어머니를 대부인(大夫人) 존자당(尊慈堂) 또는 훤당(萱堂)이라 하며
　　　내상(內相)이란 말은 남의 처(妻)를 내상(內相)이라 하며 또는 현합(賢閤)이나
　　　실내부인(室內夫人)이라 하고
　　　나의 처(妻)를 내자(內子) 실인(室人) 또는 형처(荊妻) 졸처(拙妻)라 한다.
(弟子) 자친(慈親)께서도 안녕(安寧)하시고 집안이 모두 건강(健康)하여
　　　다행(多幸)으로 생각(生覺)합니다.
(師)　좋은 말일세. 집안 편(便)한 것이 사가(私家)의 제일 행복(第一幸福)이지.
(弟子) 자제(子弟)는 지금(只今) 어디에 계시고 언제 귀관(歸觀)하셨습니까 ?
　　　(註)귀관(歸觀)이란, 객지(客地)에 있는 자손(子孫)이 언제 왔다 갔느냐는 말이다.
(師)　ㅇㅇ개월 전에 ㅇㅇㅇ회사(會社)에 취직(就職)하였는데 일전(日前)에 다녀갔다네
(弟子) 인제 자부(子婦) 곧 얻으셔야죠, 준비(準備)는 다 되어 있으십니까 ?
(師)　어디 좋은 곳 있으면 중신 한 곳 하소.
(弟子) 나이 어린 제가 글쎄요, 좋은 자부(子婦) 얻으셔야 하실 터인데요.
(師)　욕심(慾心)이야 그렇지만 자식 자격(子息資格)과 생활 여건(生活與件)이 그럴는지
　　　웬만하면 결정(決定)하겠네.
(弟子) 선생(先生)님께서야 자부(子婦)님 구(求)하시기는 어려우시겠습니까 ?
　　　당돌(唐突)합니다만 좋은 곳 있으면 선생(先生)님께 여쭙겠습니다.
(師)　그렇게 하소. 자네는 자녀(子女)를 몇 남매(男妹)나 두셨나.
(弟子) 부끄럽게도 오남매(五男妹)에 삼형제(三兄弟)입니다.
(師)　오오, 참 일전(日前)에 거리에서 학생(學生)들이 놀고 있는데 용모(容貌)가 자네
　　　닮았기에 아버지가 누구냐고 물으니 우리 아버지 함자(銜字)는 ㅇ字 ㅇ字이시고
　　　ㅇㅇ에 다니신다고 하는데 하도 깜찍하여서 놀랐네. 가정교육(家庭敎育)도 가정교육

이려니와 어쩌면 그렇게 똑똑한 영윤(令胤)을 두셨나. 영윤(令胤)이야말로 승어부
(勝於父)하겠던걸. 자네도 그렇지만 현합(賢閤)께서 원체 현철(賢哲)하시니까.
(弟子) 선생(先生)님, 너무 과찬(過讚)의 말씀이십니다. 미련한 자식(子息)이
　　　무얼 그렇게 싹이 있겠습니까 ?
　　　(註)영윤(令胤)은 영윤(令允)이라고도 쓰나니 남의 아들을 말함이요
　　　자기(自己) 아들은 자식(子息) 우식(愚息) 가아(家兒) 가돈(家豚) 비식(鄙息)이라
　　　하는 것이다. 승어부(勝於父)라는 말은 아들이 아버지보다 낫겠다는 말이다.
(師)　 적덕여경(積德餘慶)이라더니 자네 선장(先丈)께서 원체 자선사업(慈善事業)을 많이
　　　하셔서 그 음덕(陰德)일세.
　　　(註)적덕여경(積德餘慶)이란 말은 조상(祖上)이 좋은 일을 많이 하시면 자손이
　　　잘 된다는 뜻이요 선장(先丈)이란 말은 남의 죽은 아버지를 선장(先丈)이니
　　　선대인(先大人)이니 선고장(先考丈)이라 하고 남의 죽은 어머니보고는
　　　선대부인(先大夫人)이라고 한다.
(弟子) 천만(千萬)의 말씀이십니다. 죄송(罪悚)한 말씀입니다만 저의 선친(先親)께서는
　　　남에게 억울한 일은 아니 하신 것 같습니다.
　　　(註)자기(自己) 아버지가 돌아가신 뒤에는 선친(先親) 선고(先考)라 하며
　　　자기(自己) 어머니가 돌아가신 뒤에는 선자친(先慈親) 선비(先妣)라고 한다.
(師)　 담배나 하나 피우며 정담(情談)을 나누세. 자 피우게나.
(弟子) 선생(先生)님도 망녕(忘念)이십니다. 선생님 앞에서 감(敢)히 피우겠습니까 ?
(師)　 이 사람 별소리. 이것도 하나의 음식(飮食)일세. 하. 하. 하 —— 자. 피우게.
　　　(註)이럴 경우(境遇)에 담배는 말씀 대접으로 공손(恭遜)히 받아 드나 피울 수는
　　　없다. 시대변천(時代變遷)으로 지금(至今)에는 불연(不然)하니 애석(哀惜)하다.
　　　또한 존장(尊長) 앞에서 술을 마실 때에는 옆으로 돌아앉아 마시고
　　　잔(盞)은 상(床) 아래로 내려놓아야 하며 잔을 권(勸)할 때에는 두 손으로
　　　공손(恭遜)히 받들어 경의(敬意)를 잊지 말아야 한다.
(弟子) 오래간만에 선생(先生)님 모시고 좋은 교훈(敎訓) 많이 받사와 감사(感謝)합니다.
　　　오늘은 마침 ooo씨(氏) 친구(親舊)와 oo사(事)로 시간(時間) 약속(約束)이 있어서
　　　다음에 다시 모시고 좋은 교훈(敎訓) 받겠습니다. 그만 물러가겠습니다.
(師)　 참으로 오래간만에 만나 한담(閑談)만 하고 대접사에 미안(未安)하네.
　　　잠시(暫時) 기다렸다가 점심(點心)이나 하고 가게나.
(弟子) 죄송(罪悚)합니다. 이번 시간(時間)을 어기면 이해관계(利害關係)가 있아오니
　　　곧 물러가겠습니다. 안녕(安寧)히 계십시오.
(師)　 그러면 구태여 말리지는 아니하네.
(弟子) 선생(先生)님, 안녕(安寧)히 계십시오.
(師)　 멀리 나가지 아니하네. 하시는 일마다 성공하시고 계제(階梯)가 있거든 종종 찾아
　　　주시게나. 자 평안(平安)히 가시게.

新年 人事 (신년 인사)

(除夕 人事) (섣달 그믐날의 인사)
(尊長에게) (1) 과세 안녕(過歲安寧) 하십시오. (2) 새해에 또 뵙겠습니다.
(平交에게) (1) 과세 평안(過歲平安) 하시게. 　(2) 새해에 다시 만나세.
(手下에게) (1) 과세 평안(過歲平安) 하소. 　　　(2) 모시고 과세 평안 하소

(新年 人事) (신년 인사)
(尊長에게) 새해에 기운(氣運) 안녕(安寧)하십니까 ?
(平交에게) (1) 환세(換歲)에 평안(平安)하시오 ? (2) 과세(過歲) 평안(平安)하셨습니까 ?
(手下에게) (1) 모시고 과세 평안(過歲平安)하신가? (2) 환세 평안(換歲平安)하신가 ?
　　　　　 (3) 새해에 좋은 꿈이나 꾸셨는가 ? 　(4) 신구세 일안(新舊歲一安)하신가 ?

系寸 呼稱 (계촌 호칭)

아버지 형(兄)님은 백부(伯父)이며 아버지 아우는 숙부(叔父)인데 촌수(寸數)로 말하면
삼촌(三寸)이요 말로 부르기는 큰아버지 작은아버지라 하고 편지(便紙)에는
백부주전 상서(伯父主前上書), 중부주전 상서(仲父主前上書), 계부주전 상서(季父主前上書)
혹(或)은 숙부주전 상서(叔父主前上書)라 하며 자기(自己)를 말함에는 사질(舍姪) 유자
(猶子) 또는 소질(小姪)이라 한다. 백숙부(伯叔父)의 아들은 자기(自己)하고 종형제간
(從兄弟間)인데 보통(普通) 사촌형제(四寸兄弟)라 하고 편지(便紙)에는 종형주전 상서
(從兄主前上書)라 하며 종제(從弟)에게는 현종제전(賢從弟前)이라 하며 나를 말함에는
종형(從兄). 종제(從弟)이니 사종(舍從)이라고 한다.
또 조부(祖父)의 형(兄)님은 백종조부(伯從祖父)라 하고 조부(祖父)의 아우는 종조부
(從祖父)라 하며 그의 아들은 아버지하고 종형제간(從兄弟間)이요 자기(自己)하고는
종숙질간(從叔姪間)인데 종숙(從叔)이니 당숙(堂叔)이니 오촌(五寸)이라 하고
당숙(堂叔)의 아들은 자기(自己)하고는 재종형제(再從兄弟) 즉 육촌형제간(六寸兄弟間)이
된다. 증조부(曾祖父)의 형제(兄弟)는 종증조부(從曾祖父)요 그의 아들은 재종숙(再從叔)
이며 재당숙(再堂叔)이라 하고 재당숙의 아들은 삼종형제(三從兄弟)이니 즉 팔촌형제간
(八寸兄弟間)이 된다. 속담(俗談)에 동고조 팔촌(同高祖 八寸)이라 하는데 고조부(高祖父
에서 아들 형제(兄弟)분이 계셨다면 자기(自己)의 대(代)에 와서는 삼종간(三從間)이니
팔촌(八寸)이 된다. 또 한 말이 있으니 옛적에는 장가를 일찍 들므로 아들을 이십세
미만(未滿)에 낳으니 장수(長壽)하면 고손(高孫)까지 보므로 동고조 팔촌(同高祖 八寸)
이라고 하는 것이며 그런고로 고조부모(高祖父母) 제사(祭祀)까지는 기제(忌祭)로 모시며
고조부모(高祖父母) 이상(以上) 오대조(五代祖)부터는 시제(時祭)로 모시는 것이다.
또한 고조부 형제분을 방조라 하니 방조의 후손과는 十寸이 되므로 十寸 이상은 無寸이다.
고로 十寸이 지나면 종족(宗族)이니 종친(宗親)이라 한다.

相互 呼稱 (상호 호칭)

(祖父) (조부)

(1) 내가 부르기는 할아버지 조부(祖父)님　　(2) 편지(便紙)에는 조부주전(祖父主前)
(3) 타인과 말할 때엔 자기 할아버지를 조부(祖父) 왕부(王父)
(4) 조부 앞에서 자기를 말할 때에는 소손(小孫) 불초손(不肖孫) 손자(孫子)
(5) 할아버지가 사망 후에 말하기는 조고(祖考) 선조고(先祖考) 선왕부(先王父)
(6) 제사(祭祀) 때에 축문(祝文)에는 현조고(顯祖考)
(7) 남의 조부의 존칭은 왕대인(王大人) 왕존장(王尊丈) 왕부장(王父丈) 조부장(祖父丈)
(8) 남의 조부 망후에는 선왕대인(先王大人) 선왕고장(先王考丈) 선조부장(先祖父丈)

(祖母) (조모)

(1) 내가 부르기를 할머니 할머님 조모(祖母)님　　(2) 편지(便紙)에는 조모주전(祖母主前)
(3) 남에게 자기 할머니를 말할 때에는 조모(祖母) 왕모(王母)
(4) 할머니 앞에서 자기를 말할 때에는 소손(小孫) 불초손(不肖孫) 손자(孫子)
(5) 사망 후에는 조비(祖妣) 선조비(先祖妣)　　(6) 축문(祝文)에는 현조비(顯祖妣)
(7) 타인의 조모 존칭은 왕대부인(王大夫人) 존조모(尊祖母)
(8) 타인의 조모 사망 후에는 선왕대부인(先王大夫人) 선조모(先祖母)

(從祖父) (종조부)

(1) 내가 부르기는 종조할아버지 종조부(從祖父)님
(2) 타인에게 말할 때는 종조(從祖) 종조부(從祖父)
(3) 종조 앞에서 자기를 말할 때는 종손(從孫)　(4) 종조부가 사망 후에는 선종조(先從祖)
(5) 타인의 종조부 존칭은 귀종조(貴從祖)　　(6) 망후에는 선종조부장(先從祖父丈)
　(註)종조모의 호칭도 같으며 다만 모자(母字)만 다를 뿐이다.

(父) (부)

(1) 내가 부르기는 아버지 아버님　　　(2) 편지(便紙)에는 부주전(父主前)
(3) 남에게 말할 때에는 가친(家親) 노친(老親) 가엄(家嚴) 가군(家君) 부친(父親)
(4) 아버지 앞에서 자기를 말할 때에는 소자(小子) 불초자(不肖子)
(5) 망후에는 선고(先考) 선친(先親)　　(6) 축문에는 현고(顯考)
(7) 축문에 자기를 말하기는 고자(孤子), 부모구몰(父母俱沒)이면 고애자(孤哀子)
　　졸곡제 후(卒哭祭 後)부터는 효자(孝子)
(8) 타인의 부친의 존칭은 춘부장(春府丈) 춘장(春丈) 춘당(春堂) 대정(大庭)
(9) 타인의 아버지 망후에는 선고장(先考丈) 선대인(先大人) 선장(先丈) 선부군(先府君)

(母) (모)

(1) 내가 부르기는 어머니 어머님　　　(2) 편지(便紙)에는 자주전(慈主前)
(3) 남에게 말할 때에는 모친(母親) 자친(慈親) 노모(老母) 자정(慈庭) 자당(慈堂)
(4) 어머니 앞에서 자기를 말할 때에는 소자(小子) 불초자(不肖子)
(5) 망후에는 선모(先母) 선비(先妣)　　(6) 축문(祝文)에는 현비(顯妣)
(7) 축문에 자기를 말하기는 애자(哀子), 부모구몰(父母俱沒)이면 고애자(孤哀子)
　　졸곡제 후(卒哭祭 後)부터는 효자(孝子)
(8) 타인의 어머니를 존칭하여 말할 때에는 대부인(大夫人) 존자당(尊慈堂) 훤당(萱堂)
(9) 타인의 어머니 망후에는 선대부인(先大夫人) 선자당(先慈堂)

(伯父) (백부)

(1) 내가 부르기는 큰아버지 백부(伯父)님　　(2) 편지(便紙)에는 백부주전(伯父主前)
(3) 남에게 말할 때에는 백부(伯父) 사백부(舍伯父)
(4) 백부 앞에서 자기를 말할 때에는 소질(小姪) 종자(從子) 사질(舍姪) 유자(猶子)
(5) 망후에는 선백부(先伯父)
(6) 타인의 백부 존칭은 백부장(伯父丈) 백완장(伯阮丈)
(7) 타인의 백부 망후에는 선백부장(先伯父丈) 선완장(先阮丈)
　　(註)중부(仲父) 계부(季父)는 백부 호칭과 같으니 중부 계부만 다르다.
　　즉 선중완장(先仲阮丈) 선계완장(先季阮丈)

(伯母) (백모)

(1) 내가 부르기는 큰어머니 백모(伯母)님　　(2) 편지(便紙)에는 백모주전(伯母主前)
(3) 타인과 말할 때에는 사백모(舍伯母)
(4) 백모 앞에서 자기를 말할 때에는 소질(小姪) 종자(從子) 사질(舍姪) 유자(猶子)
(5) 망후에는 선백모(先伯母) 선숙모(先叔母)
(6) 타인의 백모 존칭은 존백모부인(尊伯母夫人) 존숙모부인(尊叔母夫人)
(7) 타인의 백모 망후에는 선백모부인(先伯母夫人) 선숙모부인(先叔母夫人)
　　(註)중숙모(仲叔母) 계숙모(季叔母)도 같은 예(例)이다.

(堂叔) (당숙)

(1) 내가 부르기는 당숙(堂叔) 종숙(從叔)　　(2) 편지(便紙)에는 당숙주전(堂叔主前)
(3) 타인과 말할 때에는 비당숙(鄙堂叔) 비종숙(鄙從叔)
(4) 당숙 앞에서 자기를 말할 때에는 당질(堂姪) 종질(從姪)
(5) 망후에는 선당숙(先堂叔) 선종숙(先從叔)
(6) 타인의 당숙 존칭은 당숙장(堂叔丈) 당완장(堂阮丈) 종숙장(從叔丈) 종완장(從阮丈)
(7) 타인의 당숙 망후에는 선당숙장(先堂叔丈) 선당완장(先堂阮丈) 선종숙장(先從叔丈)
　　(註)당숙모(堂叔母) 等도 같은 예이다.

（ 兄 ）（형）

(1) 내가 부르기는 형(兄)님 백형(伯兄) 중형(仲兄) (2) 편지에는 백형주전(伯兄主前)
(3) 타인과 말할 때에는 사백(舍伯) 사형(舍兄) 사중형(舍仲兄)
(4) 형 앞에서 자기를 말할 때는 사제(舍弟) 아제(阿弟) 사계(舍季) 가제(家弟) 소제(小弟)
(5) 망후에는 선형(先兄) 선사백(先舍伯) 선사중(先舍仲)
(6) 타인의 형 존칭은 백씨(伯氏) 영백씨(令伯氏) 중씨(仲氏) 계씨(季氏)
(7) 타인의 형 망후에는 선백씨(先伯氏) 선중씨(先仲氏) 선계씨(先季氏)

（ 從兄 ）（종형）

(1) 내가 부르기는 종형(從兄) 사촌형(四寸兄)님 (2) 편지(便紙)에는 종형주전(從兄主前)
(3) 타인과 말할 때에는 종형(從兄) 종백(從伯) 비종형(鄙從兄)
(4) 종형 앞에서 자기를 말할 때에는 종제(從弟)
(5) 망후에는 선종형(先從兄) 선당백(先堂伯)
(6) 타인의 종형 존칭은 영종씨(令從氏) 영종백씨(令從伯氏)
(7) 타인의 종형 망후에는 선종씨(先從氏)

（ 弟 ）（제）

(1) 내가 부르기는 아우 동생(同生) 사제(舍弟) (2) 편지(便紙)에는 현제전(賢弟前)
(3) 타인과 말할 때에는 사제(舍弟) 사계(舍季) 비제(鄙弟) 아제(阿弟)
(4) 동생 앞에서 자기를 말할 때에는 사형(舍兄) 가형(家兄) 사백(舍伯) 사중(舍仲)
(5) 망후에는 망제(亡弟) 망계(亡季)
(6) 타인의 제 존칭은 영계씨(令季氏) 영제씨(令弟氏) 현계씨(賢季氏)
(7) 타인의 제 망후에는 선제씨(先弟氏) 선계씨(先季氏)

（ 從弟 ）（종제）

(1) 내가 부르기는 사촌동생(四寸同生) 종제(從弟)
(2) 타인과 말할 때에는 비종제(鄙從弟) 종아제(從阿弟)
(3) 종제 앞에서 자기를 말할 때에는 종형(從兄)　　(4) 종제 망후에는 망종제(亡從弟)
(5) 타인의 종제 존칭은 영종씨(令從氏) 현종씨(賢從氏) (6)사후에는 고종씨(故從氏)

（ 姉 ）（자. 누나）

(1) 내가 부르기는 누님 자씨(姉氏)　　(2) 편지(便紙)에는 자주(姉主)
(3) 타인과 말할 때에는 자씨(姉氏)
(4) 누님 앞에서 나를 말할 때에는 아우 동생(同生) 가제(家弟)
(5) 타인 누나의 존칭은 영자씨(令姉氏)

（ 妹 ）（매. 여동생）

(1) 내가 부르기는 여동생 제매(弟妹) 아매(阿妹) (2) 타인과 말할 때에도 여동(如同)
(3) 타인 여동생의 존칭은 현매씨(賢妹氏)

（ 兄嫂 ）（형수）

(1) 내가 부르기는 형수(兄嫂) 형수씨(兄嫂氏)　　(2) 타인과 말할 때에도 여동(如同)
　　(註)항간에는 형수씨에게 아주머니라고 하는 말을 흔히 들을 수가 있는데
　　이는 예의에 크게 벗어난 말이며 오만방자한 말이다.
(3) 형수씨 앞에서 나를 말할 때에는 시제(媤弟) (4) 망후에는 구수씨(丘嫂氏)
(5) 타인의 형수 존칭은 존수씨부인(尊嫂氏夫人) 영수씨부인(令嫂氏夫人)
　　(註)以上 詳細한 것은 前面 直系 系寸 呼稱 面과 生存時와 亡後 呼稱을 보라.

家庭 便紙 書式 （가정 편지 서식）

o家庭 便紙 書式

（父主前 上白是） 부주전 상백시(아들이 객지에서 아버지에게 하는 편지)
슬하(膝下)를 배퇴(拜退)하와 정성(定省)을 구궐(久闕)하오니 하회(下懷)가
복울(伏鬱)이오며 복미심(伏未審)이로소이다.
일래(日來)에 기체후(氣體候) 만강(萬康)하옵시고 자주(慈主)께서도 기력(氣力)이
강녕(康寧)하시며 제매(弟妹)들도 과공(果工)이 여일(如一)하온지 복모구구(伏慕區區)
무임하성(無任下誠)이옵나이다. 자(子)는 객중(客中)에 면식(眠食)이 무양(無恙)하오며
금반(今般) 추진사(推進事)는 여의순조(如意順調)하오니 만무하념(萬無下念)하시옵기
천만복망(千萬伏望)하옵고 약차(略此) 불비상서(不備上書)하옵나이다.
                 年 月 日　　소자(小子)　명(名)　상백시(上白是)

(註)(膝下)는 부모의 앞이라는 뜻이고 (定省)은 부모의 숙소를 밤과 새벽에 춥고 더움을
살핀다는 뜻이며 (久闕)은 오래 받들지 못한다는 뜻이고 (下懷)는 나의 마음이란 뜻이며
(伏鬱)은 궁금하다는 뜻이고 (伏未審)은 알지 못한다는 뜻이며 (日來)는 날마다의 뜻이고
(慈主)는 어머니를 말하며 (伏慕區區)는 답답하다는 뜻이고 (無任下誠)은 한이 없다는
뜻이며 (眠食)은 잠자고 먹는다는 뜻이고 (萬無下念)은 조금도 염려하지 말라는 뜻이며
(千萬伏望)은 간절히 바란다는 뜻이고 (略此)는 간단하게의 뜻이며 (不備)는 할말을
다하지 못한다는 뜻이고 (上白)은 어른에게 올리는 글월을 다하지 못한다는 뜻이다.
이상은 부모에게 편지할 때에 쓰는 글의 구절이다. 또한 존장에게 쓰는 글이다.

（答家兒） 답가아(아버지가 객지에 있는 아들에게 하는 답장 편지)
이가 이후(離家 以後)로 수일(數日) 서자(書字)를 통(通)치 못하여 문(門)을 의지(依支)
하고 생각(生覺)함이 잠들기 전(前) 잊지 못하며 이향수토(異鄕水土)와 객지풍상
(客地風霜)에 고황(孤慌)이 없는지 심(深)히 궁금하던 차(次) 수묵(手墨)을 접(接)하니
희불자승(喜不自勝)이며 비인(備認) 간래(間來)에 여리(旅履)가 안승(安勝)하고
소간(所幹)이 여의(如意)하니 위희몰량(慰喜沒量)이라 부(父)는 고여작상(故如昨狀)하고
권속(眷屬)이 무경(無驚)하니 위행(爲幸)이며 불구답(不具答)한다.
                 年 月 日　　부(父)　답(答)

(註)(離家)는 집 떠난 뜻이고 (依支)는 기대는 뜻이며 (離鄕水土)는 객지라는 뜻이고
(孤慌)은 외롭고 불편한 뜻이며 (手墨)은 편지를 말하는데 手書.手筆이라고도 한다.
(喜不自勝)은 기쁨을 이기지 못한다는 뜻이고 (備認間來)는 그동안이라는 뜻인데
수하 사람에게 하는 편지 답장에 쓰는 글이다. (旅履)는 객지에 있는 수하 사람에게 칭하는
뜻이며 (所幹)은 글을 보니 뜻이고 (慰喜沒量)은 기뻐서 위안된다는 뜻이며
(故如昨狀)은 전과 같다는 뜻이고 (眷屬)은 집안 식구를 말함이며 (無驚)은 놀람이
없다는 말이고 (爲幸)은 다행하다는 뜻이며 (不具答)은 말을 다하지 못 한다는 뜻이다.
이상은 손아랫사람에게 편지할 때에 쓰는 글의 구절이다.

（祖父主前 上書） 조부주전 상서(손자가 객지에서 조부에게 하는 편지)
사퇴 이후(舍退 以後)로 전편(傳便)에 종종안후(種種安候)는 복승(伏承)하였아오나
일차상서(一次上書)치 못하와 하정(下情)에 복창죄송(伏悵罪悚)하오며 복미심(伏未審)
비래(比來)에 기체후 일향만안(氣體候一向萬安)하시고 조모주기력(祖母主氣力)이
안강(安康)하시오며 부모구안(父母俱安)하시온지 복모구구무임(伏慕區區無任)이로소이다.
소손(小孫)은 객지(客地)에서 면식(眠食)이 무탈(無頉)하옵고 소위(所謂) 공과(公課)는
낭도(浪度)하옴을 면(免)치 못하오니 하정(下情)에 복민(伏悶)이오며
여(餘) 불비상달(不備上達)하나이다.
(註)(舍退)어른 앞을 물러남 (安候)어른의 안부 (俱安)모두 편함 (無頉)탈이 없다는 뜻
(公課)공부 (浪度)허송 세월 (伏悶)민망함 (上達)올린다는 말로 어른에게 쓰는 글이다.
                 年 月 日　　손(孫)　성명(姓名)　상서(上書)

(**答孫兒**) 답손아(조부가 객지에 있는 손자에게 하는 답장 편지)
송여경세(**送汝經歲**)하여 울도(**鬱陶**) 사여(**思汝**)터니 수서(**手書**)를 접득(**接得**)하니
흔희갈승(**欣喜曷勝**)이라. 빙심차신(**憑審此辰**)에 여황(**旅況**)이 안호(**安好**)하니
치념불이(**馳念不已**)라. 조부(**祖父**)는 노증(**老症**)이 점점패손(**漸漸敗損**)하니
공도(**公道**)를 어찌하리오.
여지부모(**汝之父母**)도 역안(**亦安**)하고 혼솔(**渾率**)이 안과(**安過**)하니 다행(**多幸**)이다.
네가 원외(**遠外**)에 객거(**客居**)함은 도시(**都是**) 공부(**工夫**)를 위(**爲**)함이니 촌음(**寸陰**)을
아끼어 독실(**篤實**)히 공부(**工夫**)하여 장래(**將來**) 할아버지의 바라는 바를 저버리지
말지며 여불급(**餘不及**)한다.
(**註**)(**經歲**)해를 지냄 (**鬱陶**)궁금함 (**欣喜曷勝**)반갑다는 말인데 수하 사람에게 쓰는 글임
(**老症**)늙은 증세 (**公道**)순리와 자연 (**渾率**)식구 모두 (**寸陰**)귀중한 시간 (**篤實**)착실하게
　　　　　　　　年　月　日　　　　조부(**祖父**) 답(**答**)

(**慈主前　上書**) 자주전 상서(아들이 객지에서 어머니에게 하는 편지)
춘간(**春間**)에 배사(**拜辭**)하온 지가 여작(**如昨**)하온데 벌써 엄동(**嚴冬**)이 되어 백설(**白雪**)이
만건곤(**滿乾坤**)하오매 복불심(**伏不審**) 지한(**至寒**)에
기체후 만강(**氣體候 萬康**)하시고 부주(**父主**) 기력(**氣力**)이 강녕(**康寧**)하시오며 제매(**弟妹**)도
선장(**善長**)한지 복모구구지지(**伏慕區區之至**)로소이다. 소자 객지(**客地**)에 면식(**眠食**)이
무고(**無故**)하오니 복행하달(**伏幸下達**)이리까. 취복백(**就伏白**) 학업(**學業**)은 조익(**朝益**)
모습(**暮習**)하와 동기시험(**冬期試驗**)에 우등진급(**優等進級**)이오나 차부족(**此不足**)
위행(**爲幸**)이리오. 등교시(**登校時**)에는 정복(**正服**)을 입사오나 퇴교 후(**退校後**)에는
평복(**平服**)을 입사온데 타의(**他衣**)는 안정(**案물**)하오니 혹(**或**) 의복(**衣服**)이 준비(**準備**)
되어 있으면 하송(**下送**)하심을 복망(**伏望**)하오며 여불비(**餘不備**) 상서(**上書**)하나이다.
(**註**)(**乾坤**)우주 천지의 뜻 (**善長**)잘 큰다는 뜻 (**朝益暮習**)아침 저녁으로 열심(**熱心**)히
공부(**工夫**)한다는 뜻 (**正服**)교복의 뜻 (**案물**)옷이 해어졌다는 뜻
　　　　　　　年　月　日　　　자(**子**) 성명(**姓名**)　상서(**上書**)

(**家兒答**) 가아답(어머니가 객지에 있는 아들에게 하는 답장 편지)
이가 유월(**離家有月**)에 일심현념(**日深懸念**)터니 행도서신(**幸到書信**)하여 희출망외
(**喜出望外**)라. 비인지호(**備認至冱**)에 여황(**旅況**)이 안길(**安吉**)하고 소공(**所工**)이
일취월장(**日就月將**)이니 위희만만(**慰喜萬萬**)이라. 모(**母**)는 의석(**依昔**)하고 여지부친
(**汝之父親**)께서도 역득(**亦得**) 안강(**安康**)하시며 아배(**兒輩**)도 선유(**善遊**)하니
다행(**多幸**)이며 보낸 의복(**衣服**)은 편지(**便紙**)와 같이 도착(**到着**)하였으며
또한 의복(**衣服**)을 보내니 사수(**查受**)하고 명춘휴가(**明春休暇**)에는 돌아와 의문이대
(**依門而待**)하는 어미의 마음을 위로(**慰勞**)하여 주기 바라며 여불선(**餘不宣**)한다.
(**註**)(**有月**)달이 지남의 뜻 (**懸念**)생각하는 뜻 (**依昔**)여전하다는 뜻 (**兒輩**)아이들의 뜻
(**查受**)살펴 받으라는 뜻 (**依門而待**)문에 의지하여 자식을 생각하며 기다린다는 뜻
　　　　　　　年　月　日　　　모(**母**) 답(**答**)

(**尊長前　上書**) 존장전 상서(시생이 존장에게 하는 편지)
알후 유여(**謁後 有餘**)하오니 하회복울(**下懷伏鬱**)이오며 복미심(**伏未審**) 일래(**日來**)에
기체후 일향만안(**氣體候 一向萬安**)하옵시고 영윤 곤계(**令允昆季**)도 구득안시(**俱得安侍**)하오며
합절(**閤節**)이 연호균경(**連護均慶**)하옵신지 복모무임하성(**伏慕無任下誠**)이옵나이다.
시생(**侍生**)은 성절(**省節**)이 고보(**姑保**)하오니 시위복행(**是謂伏幸**)이오며 취복백(**就伏白**)
모사(**某事**)는 기간(**期間**)에 여의(**如意**)히 순조(**順調**)되와 불일간(**不日間**)에 완결(**完結**)되올
예정(**豫定**)이옵기로 종근(**從近**)하여 진배(**進拜**)하옵고 상달(**上達**) 복계(**伏計**)하오니 이차
(**以此**) 하량(**下量**)하시기 복망(**伏望**)하오며 약차불비(**略此不備**) 상후서(**上候書**)하나이다.
(**註**)(**謁後有餘**)뵈온 뒤로 시간이 있었다는 뜻(**平交間**에는 **相阻有餘**라 한다.)
　　　　　　　年　月　日　　　시생(**侍生**) 성명(**姓名**)　상서(**上書**)

(答書) 답서(존장이 수하 사람에게 하는 답장 편지)
일자(一自) 별후(別後)로 회서(懷緖)를 난금(難禁)이러니 승차운천(承此雲牋)하여
잉심이래(仍審伊來)에 시후(侍候)가 호중(護重)하고 춘당제절(春堂諸節)이 균안(均安)
하시니 위소차려(慰溯且慮)라. 제(弟)는 영일(寧日)이 항소(恒少)하나 혼권(渾眷)이
무손(無損)하니 시행(是幸)이라. 취(就) 시의(示意)는 상실(詳悉)이며
종근면오(從近面晤)를 갈망(渴望)하며 유불비복(留不備覆)하노라.
(註)(懷緖)회포라는 뜻 (雲牋)남의 편지를 칭함 (椿堂)남의 아버지 (恒少)항상 적다는 뜻
(示意)저 사람의 말이란 뜻 (渴望)심히 바란다는 뜻 (詳悉)자세히 알았다는 뜻이다.
　　　　　　年 月 日　　제(弟)　호(號)　돈(頓)

(祖父主前 上書)조부주전 상서(조부가 객지에 계실 때에 하는 편지)
행차(行次)하옵신 후(後) 안후(安候)를 미승(未承)하와 하회복창(下懷伏悵)이오며
복불심(伏不審) 춘한(春寒)이 상초(尙峭)하온데
여중(旅中) 기체후 만안(氣體候 萬安)하옵시고 소관사(所管事)는 여의(如意)하온지
복모구구(伏慕區區) 무임하성(無任下誠)이로소이다. 孫은 성사(省事)가 무탈(無頉)하옵고
부모(父母)께서도 구안(俱安)하오시니 복행(伏幸)이옵나이다. 여(餘)는
기체후 만강(氣體候 萬康)하옵시기를 복축(伏祝)하오며 불비상백(不備上白)하나이다.
(註)(行次)어른이 출타할 때에 쓰는 말 (未承)어른의 안후를 살피지 못하였다는 뜻
(春寒尙峭)봄추위가 아직 춥다는 뜻 (所管事)보는 일의 뜻 (俱安)다 평안하다는 뜻
　　　　　　年 月 日　　손(孫)　명(名)　상서(上書)

(寄孫兒) 기손아(조부가 객지에서 집에 있는 손자에게 하는 답장 편지)
편래(便來)에 수서(手書)를 득견(得見)하여 내심춘한(乃審春寒)에
시리(侍履)가 평길(平吉)하고 가내(家內)가 무고(無故)하니 소념불이(溯念不已)라.
차신(此申)에 객미(客味)는 신산(辛酸)하나 소관사(所管事)가 일익번망(日益繁忙)하여
집필(執筆) 무가(無暇)이기로 상미부서(尙未付書)라가 금견래서(今見來書)하고
회답부서(回答付書)한다.
(註)(便來)인편을 말함 (辛酸)재미없다는 뜻 (日益繁忙)날로 바쁘다는 뜻
　　　　　　年 月 日　　조(祖)　서(書)

(父主前 上白是) 부주전 상백시(아버지가 객지에 계실 때에 하는 편지)
행차 이후(行次 以後)로 일삭(一朔)이 지나도록 안후(安候)를 복승(伏承)치 못하와
하정(下情)에 복울(伏鬱)이오며 연일 임우(連日霖雨)가 지리(支離)하온 차시(此時)에
여중(旅中) 기체후 일향만안(氣體候 一向萬安)하옵시고 운송(運送)하신 화물(貨物)을
무손방매(無損放賣)하시온지 원외복려(遠外伏慮)이옵나이다. 소자(小子)는
면식(眠食)이 무탈(無頉)하옵고 자주 기력(慈主氣力)이 만강(萬康)하시며 유제(幼弟)도
충실(充實)하오니 복행(伏幸)이옵나이다. 여(餘)는
기체후 만강(氣體候 萬康)하시옵기를 복축(伏祝)하오며 불비상서(不備上書)하나이다.
(註)(霖雨)장마라는 뜻 (支離)길다는 뜻 (無損放賣)물건을 손해 없이 판다는 뜻이다.
　　　　　　年 月 日　　자(子)　명(名)　상서(上書)

(寄家兒) 기가아(아버지가 객지에서 집에 있는 아들에게 하는 답장 편지)
작일우편(昨日郵便)에 수자(手滋)를 득견(得見)하니 위흔몰량(慰欣沒量)이라.
부(父)는 객황(客況)이 여의(如意)하여 운송(運送)한 화물(貨物)은 수일 전(數日前)에
몰수(沒數)히 방매(放賣)하여 약간(若干)의 이득(利得)을 하였으니 행심(幸心)이다.
대금(代金)을 상미(尙未) 추심(推尋)하여 환가(還家)치 못하나 이삼일 내(二三日 內)에
전부 수봉(全部收捧)하여 포목(布木) 무역(貿易)차 기차편(汽車便)에 서울로 직왕(直往)
하겠으니 이차지지(以此知之)하라. 여(餘)는 불다급(不多及)한다.
　　　　　　年 月 日　　부(父)　답(答)

（伯父主前　上書）백부주전 상서(조카가 큰아버지에게 하는 편지)
사퇴원유(辭退遠遊)하온 지 순삭(旬朔)을 경과(經過)하오니 모울(慕鬱)한 하회(下懷)를
어찌 지필(紙筆)로써 진달(盡達)하오리까? 복미심하신(伏未審下辰)에
기체후(氣體候) 만강(萬康)하옵시고 백모주(伯母主)께서도 강녕(康寧)하시오며
종형제(從兄弟)들도 역득(亦得) 안시(安侍)하온지 복모구구(伏慕區區) 무임하침(無任下忱)
이로소이다. 유자(猶子)는 객리(客裡)에 신건(身健)하와 주소(晝宵)로 근과(勤課)하오니
하념(下念)치 마시기 복망(伏望)하오며 여(餘)는 불비상서(不備上書)하나이다.
(註)(遠遊)멀리 가 있다는 말 (盡達)아뢰옵는다는 뜻 (猶子)큰아버지에게 드리는 자칭
(身健)몸이 건강하다는 뜻 (晝宵)밤과 낮이라는 뜻 (勤課)부지런히 공부한다는 뜻
　　　　　　　　年 月 日　유자(猶子) 성명(姓名) 상서(上書)

（答　賢姪）답 현질(큰아버지가 조카에게 하는 답장 편지)
죽림일별(竹林一別)이 홀경수삭(忽經數朔)하니 골육지정(骨肉之情)을 난금(難禁)하러니
수서(手書)를 접견(接見)하여 잉심춘난(仍審春暖)에 여고(旅苦)가 불심위뇌(不甚爲惱)하고
과공(課工)도 연일근면(連日勤勉)하니 희불자승(喜不自勝)이라 백부(伯父)는 권솔(眷率)이
일의(一依)하니 행(幸)이며 여(餘)는 유불선(留不宣)한다.
(註)(骨肉之情)일가간의 정리 (不審爲惱)고통됨이 없다는 뜻 (勤勉)부지런히 힘쓴다는 뜻
　　　　　　　　年 月 日　백부(伯父) 답(答)

（兄主前　上書）형주전 상서(아우가 밖에 있어 형에게 하는 편지)
작일(昨日) 자주(慈主)의 下書를 봉승(奉承)하와 저간(這間) 형주(兄主)의 미령(靡寧)
하신 말씀을 듣사오니 재원지(在遠地)에서 민울(悶鬱)하온 하정(下情)을 일시(一時)도 이석
(弛釋)치 못하겠나이다. 舍弟는 객미(客味)가 고보(姑保)하오며 소관모사(所管某事)는
전진희망(前進喜望)이 초유(稍有)하오니 원념(遠念)치 마시옵소서. 근일천후(近日天候)가
풍렬(風烈)하온데 감모(感冒)가 유행(流行)하오니 난방섭양(煖房攝養)하사 촉감(觸感)되지
않도록 자중(自重)하옵소서. 강용 일대(江茸 一對)와 인삼 이근(人蔘 二斤)을 복정(伏呈)
하오니 보제(補劑)에 가입복용(加入服用)하시옵기 바라나이다. 여(餘)는 환후불일(患候不日)
복원(復元)하심을 봉도(奉禱)하오며 불비상달(不備上達)하나이다.
(註)(慈主)어머니란 뜻 (下書)수하 사람이 어른이 보내 주신 편지를 말할 때에 하는 말이다.
(這間)그동안이란 뜻 (靡寧)어른이 병으로 편안치 못하다는 뜻 (弛釋)한가하다는 뜻
(稍有)적게 있다는 뜻 (江茸)강원도 산(産)의 녹용 (補劑)보약 (患候)어른의 병환
(復元)절대로 회복된다는 뜻 (奉禱)빌어 올린다는 뜻
　　　　　　　　年 月 日　　사제(舍弟) 명(名) 상서(上書)

（賢弟　答書）현제 답서(병환중인 형이 객지에 있는 아우에게 하는 답장 편지)
수서(手書)를 접견(接見)한 이래(伊來) 여리(旅履)의 평길(平吉)한 희보(喜報)를 득령
(得聆)하니 위희(慰喜)함이 한량(限量)없다. 사형(舍兄)은 당상양위(堂上兩位)를 모시고
무사(無事)히 경과(經過)하니 사행(私幸)이다. 십여일 전(十餘日前)에 우연(偶然)한 감기
(感氣)로 일주일 간(一週日間)이나 병상(病床)에서 신음(呻吟)하다가 양의(良醫)를 만나
이첩(二貼)의 양약(良藥)으로 완치(完治)되어 삼사일 전(三四日前)부터 기상(起床)하였으니
과무우려(過無憂慮)하라. 부송(付送)한 이종(二種) 영약(靈藥)은 시하(侍下)의 사형(舍兄)
으로 자공(自供)키 송민(悚悶)하여 당상양위(堂上兩位)께 보제 일제(補劑一劑)씩을 조제
(調劑) 복정(伏呈)하여 쇠년(衰年)이옵신 원기(元氣)를 부호(扶護)하시도록 품고(稟告)
하였으니 이차양지(以此諒之)하라. 여(餘)는 불비서(不備書)하노라.
(註)(手書)너의 글이라는 뜻 (接見)받아 보았다는 뜻 (旅履)객지에 있는 몸의 뜻
(喜服)기쁜 소식 (得聆)들었다는 말 (自供)자기가 먹는다는 뜻 (悚悶)죄송하다는 뜻
(衰年)늙어 말년이란 뜻 (扶護)몸을 보호한다는 뜻 (稟告)어른에게 아뢴다는 뜻
　　　　　　　　年 月 日　사형(舍兄) 답(答)

(**寄 賢弟**) 기 현제(형이 객지에 있는 아우에게 하는 편지)
광음(光陰)이 여실(如失)하여 오지형제(吾之兄弟) 분몌(分袂)가 어언간(於焉間)에 수삭
(數朔)을 경과(經過)하니 회억(懷憶)을 난억(難抑)함은 피차(彼此)가 여일(如一)일까 한다.
그동안 신양(新涼)이 입교(入郊)한데 여리(旅履)가 길상(吉祥)하고 과공(課工)은
근실(勤實)히 하는지 주소(晝宵)로 현념(縣念)이다. 사백(舍伯)은 양당(兩堂) 제절(諸節)이
만강(萬康)하시고 아조(兒曹)도 무양(無恙)하니 시행(是幸)이다.
지금(至今) 너의 객중신산(客中辛酸)은 불언가도(不言可度)이나 부모(父母)와 형제(兄弟)와
떨어져 천리타향(千里他鄉)에 신고(辛苦)하는 본의(本意)는 전(全)혀 면강(勉强)
이자(二字)에 재(在)하니 각별(恪別) 면려(勉勵)하여 후일(後日)의 대성(大成)의 기필지성
(期必之誠)으로 우면계지(尤勉戒之)하기 바라며 여(餘)는 불비(不備)한다.
(註)(光陰)세월 (分袂)양편 소매와 같이 나누어진다는 뜻 (懷憶)회포의 뜻
(難抑)억제하기 어려운 뜻 (新涼)새로 시원하다는 뜻 (入郊)들어온다는 뜻
年 月 日　　　　형(兄) 서(書)

(**兄主前上 答書**) 형주전상 답서(아우가 밖에 있어 형에게 하는 답장 편지)
금조(今朝) 형주(兄主) 하서(下書)를 복승(伏承)하와 이래(伊來)에
시중(侍中) 기체후(氣體候) 만안(萬安)하시고 당상양위(堂上兩位)분 기력(氣力)이 강녕
(康寧)하시며 아조(兒曹)의 충실(充實)한 희보(喜報)를 복승(伏承)하오니 복위만만
(伏慰萬萬)이로소이다. 사제(舍弟)는 객리(客裡)에 신건(身健)하옵고 과공(課工)을
불태(不怠)하옵던 중(中) 간곡(懇曲)하신 면계(勉戒)에 이자(二字)는 명패불망(銘佩不忘)
하겠아오니 하촉(下燭)하시기 복망(伏望)하옵고 여(餘)는 불비상답(不備上答)하나이다.
(註)(今朝)오늘 아침의 뜻 (下書)어른의 편지를 답장에 쓸 때에는 하서라 한다.
(不怠)게으르지 않다는 뜻 (銘佩不忘)마음에 새겨 잊지 않겠다는 뜻
年 月 日　　　　사제(舍弟) 상답(上答)

(**家人 前**) 가인 전(남편이 친가에 간 처에게 하는 편지)
격면(隔面)은 순여(旬餘)에 불과(不過)하건마는 첨모(瞻慕)는 삼추(三秋)와 같습니다.
그동안 추절(秋節) 기심(己深)하온데 시봉체도(侍奉體度) 보중(保重)하시며
빙부주(聘父主) 내외(內外)분도 만안(萬安)하시고 댁내(宅內) 제절(諸節)이 균녕(均寧)
하시온지 두루 궁금하오며 졸부(拙夫)는 성절(省節)이 일의(一依)하오니 사행(私幸)이오나
노쇠(老衰)하신 자친(慈親)께옵서 식사(食事)를 친집(親執)하심이 송구(悚懼)하옵고
가엄(家嚴)께옵서도 주소(晝宵)로 궁금해하시니 만일(萬一) 부득이(不得已)한 사정(私情)
이 유(有)하더라도 차후(此後) 갱위(更爲) 귀근(歸覲)하기로 하고
금반(今般) 환정(還庭)하시기 학수고대(鶴首苦待)하옵고 약차(略此) 불비(不備)하나이다.
(註)(隔面)보지 못했다는 뜻 (瞻慕)생각하는 뜻 (親執)친히 일한다는 뜻 (旬餘)약 15일의
뜻 (歸覲)친가에 가 있다는 뜻 (己深)몸으로 느낀다는 뜻 (拙夫)남편이 자기를 말하는 뜻
年 月 日　　　　졸부(拙夫) 성명(姓名) 상장(上狀)

(**答 上狀**) 답 상장(친가에 간 아내가 시가의 남편에게 하는 답장 편지)
운산(雲山)이 묘격(渺隔)하여 어안(魚雁)이 절영(絶影)하니 모울(慕鬱)한 심회(心懷)를
난억(難抑)이옵던 차에 존함(尊函)을 받자오니 송감(悚感)하옵기 한(限)이 없나이다.
그동안 풍상(風霜)이 소슬(蕭瑟)하온데 시중(侍中) 귀체(貴體) 만중(萬重)하시며
당상제절(堂上諸節)이 강녕(康寧)하시오니 듣자옵기 반갑사오며 졸처(拙妻)는
친가(親家) 부모(父母) 양위(兩位)께서도 일안(一安)하시오니 사행(私幸)이옵나이다.
수일 후(數日後)에 회정(回程)코저 하옵던바 귀명(貴命)을 받자오니 양명일(兩明日)에
발정환가(發程還家)하겠압기 이만 불비(不備) 상장(上狀)하나이다.
(註)(渺隔)소식이 막연하다는 뜻 (魚雁)소식 전하는 편 (回程)돌아간다는 뜻
(堂上諸節)웃어른들 모두의 뜻 (拙妻)여자가 자기를 낮추어 하는 말
年 月 日　　　　졸처(拙妻) 상답서(上答書)

(寄賢姪) 기현질(밖에 있는 숙부가 집에 있는 조카에게 하는 편지)
이가(離家)한 지 수삭(數朔)이 지나도록 가신(家信)이 구조(久阻)하니 울회난감(鬱懷難堪)
이며 미인이래(未認伊來)에 상풍(霜風)은 만수(滿樹)하고 항국(黃菊)은 요리(繞籬)한데
시리(侍履)가 안길(安吉)하고 조부주전(祖父主前)과 너희 부친(父親)께서도 안녕(安寧)
하시며 동생(同生)들도 다 무고(無故)하며 공부(工夫)는 일취월장(日就月將)하는지
치념불이(馳念不已)라. 숙부(叔父)는 객미신산(客味辛酸)이나 소영사(所營事)가 여의(如意)
순조(順調)하니 심행(甚幸)이다. 조부전(祖父前)과 너의 부친(父親)에게 그러한 사연상달
(事緣上達)하여라. 수일 후(數日後)에는 환가(還家)하겠기로 수자기송(數字記送)한다.
(註)(離家)집을 떠났다는 뜻 (家信)집에 편지한다는 뜻 (事緣上達)어른들에게 알림
(日就月將)날로 달로 발전한다는 뜻 (記送)몇자 적어 보낸다는 뜻
　　　　　　　　年 月 日　　　숙부(叔父)　서(書)

(叔父前 上答書) 숙부전 상답서(조카가 밖에계신 숙부에게 하는 답장 편지)
북관천리(北關千里)에 수월(數月)이 지나도록 일차(一次) 문안(問安)치 못하와 하회복창
(下懷伏悵)이옵던 차 하서를 받자오니 복위만만(伏慰萬萬)이오며 복심(伏審) 국추(菊秋)에
여중(旅中) 기체후(氣體候) 만안(萬安)하시고 소영사(所營事)가 여의(如意)하오니
복위무임(伏慰無任)이옵니다. 사질(舍姪)은 중성(重省)이 조안(粗安)하옵고
조부주(祖父主) 기력(氣力)이 강녕(康寧)하시며 양당기후(兩堂氣候)도 안강(安康)하시니
복행(伏幸)이옵나이다. 숙부주(叔父主)께서 경영(經營)하시는 사업(事業)이 취서(就緒)
되는 말씀 들으시고 조부모주(祖父母主) 양위분 이하(兩位分 以下) 부주(父主)께서도
크게 희열(喜悅)하시나이다. 아무쪼록 속(速)히 성공(成功)하시와 일일(一日)이라도
속환차(速還次)하시옵기 바라오며 약차(略此) 불비상답(不備上答)하나이다.
(註)(下懷伏悵)수하 사람의 마음이 섭섭하고 궁금하다는 뜻으로 어른에게 문안의 뜻
(重省)조부모와 부모를 모신다는 뜻 (就緒)잘 되어간다는 뜻 (喜悅)반가운 뜻
　　　　　　　年 月 日　　　사질(舍姪) 명(名)　상답서(上答書)

(外祖父前 上書) 외조부전 상서(외손이 외조부에게 하는 편지)
사퇴(辭退)하온 지 삼사삭(三四朔)이 지나오니 복모(伏慕)하옵는 하회(下懷)는 이루
복달(伏達)할 수 없나이다. 복미심(伏未審) 신춘(新春)에
기체후(氣體候) 연호만안(連護萬安)하시옵고 외조모(外祖母)께옵서도 기력(氣力)이
만강(萬康)하옵시며 외숙(外叔)도 안시(安侍)하시며 외종형제(外從兄弟)들도 근과(勤課)
하옵는지 복모간절(伏慕懇切)이옵나이다 외손(外孫)은 중성(重省)에 무탈(無頉)하옵고
과공(課工)이 낭유(浪遊)를 행면(幸免)하오니 하념(下念)치 마소서. 하계휴가(夏季休暇)가
가깝기로 종근(從近)하여 진알(進謁)하겠압기 우선 수자(于先數字)로 안후(安候)를
복심(伏深)하옵고 약차(略此) 불비상후(不備上候)하나이다.
(註)(辭退)대면하여 말을 듣고 떠나옴 (伏慕)엎드려 생각하건대 (下懷)아랫사람 마음
(進謁)어른을 가서 뵈옵는다는 뜻 (伏深)수하 사람이 어른의 안후를 물을 때 쓴다.
　　　　　　　年 月 日　　　외손(外孫) 성명(姓名)　상서(上書)

(內舅主前 上書) 내구주전 상서(생질이 외숙에게 하는 편지)
춘간(春間)에 진알(進謁)하옵고 수월(數月)이 지나도록 안후(安候)를 미승(未承)하오니
하회복창(下懷伏悵)이오며 복미심(伏未審) 요염(潦炎)에 기체후(氣體候) 만강(萬康)
하시옵고 내종곤계(內從昆季)도 안시선과(安侍善過)하옵는지 복모구구(伏慕區區) 하침
(下忱)이오며 생질(甥姪)은 성사(省事)가 조안(粗安)하옵고 과공(課工)이 여일(如一)
하오니 하념(下念)치 마소서. 생량 후(生凉 後) 진알복계(進謁伏計)이옵기로
선차승후(先此承候)이옵고 약차(略此) 불비(不備) 근후(謹候)하나이다.
(註)(進謁)나아가 뵈옵는다는 뜻 (伏未審)엎드려 살피지 못하였음 (潦炎)덥다는 뜻
(善過)잘 있냐는 뜻 (下忱)아랫사람 정성의 뜻 (省事)웃어른 모시는 일
(先此承候)먼저 안후를 드린다는 뜻
　　　　　　　年 月 日　　　생질(甥姪) 성명(姓名)　상서(上書)

(外舅主前 上書) 외구주전 상서 (사위가 장인에게 하는 편지)
향일인항(向日仁港)에서 사퇴(辭退)하온 후(後) 수삭(數朔)을 경과(經過)하옵도록
안후(安候)를 복승(伏承)치 못하와 창모심절(悵慕深切)이오며 복미심(伏未審) 녹음방초
(綠陰芳草)에 기체후(氣體候) 만안(萬安)하시옵고 빙모주(聘母主) 기력(氣力)이
만강(萬康)하옵시며 금윤(今允) 곤계(昆季)도 안시선과(安侍先過)이옵는지 복모무임
(伏慕無任) 하침지지(下忱之至)이옵나이다. 외생(外甥)은 성사(省事)가 조안(粗安)하옵고
실인(室人)도 무탈(無頉)이오니 하념(下念)치 마시기 바라오며 상추배알(詳推拜謁)
하옵겠아와 선차승후(先此承候)하오니 하감(下鑑)하시옵기 복망(伏望)하오며 여(餘)는
불비상달(不備上達)하나이다.
(註)(悵慕深切)섭섭하고 슬픈 마음으로 깊이 사모하는 마음 간절하다는 뜻
(綠陰芳草)초여름이란 말 (詳推拜謁)가서 뵈옵고 자세한 이야기를 드린다는 말
　　　　　　　　年 月 日　　　외생(外甥) 성명(姓名) (上書)

(姑叔主前 上書) 고숙주전 상서 (외질이 고숙에게 하는 편지)
배퇴(拜退)하온 지 수순(數旬)을 경과(經過)하오니 하회복울(下懷伏鬱)이오며 복불심
(伏不審) 중추(中秋)에 시중(侍中) 기체후(氣體候) 만강(萬康)하시옵고 고모주(姑母主)
근절(近節)에 안녕(安寧)하시며 비하제절(庇下諸節)이 균녕(均寧)하옵신지 복모구구
(伏慕區區)이옵나이다. 부질(婦姪)은 친후(親候)가 조안(粗安)하시고 전가(全家)가 무고
(無故)하오니 복행(伏幸)이옵나이다. 취복백(就伏白) 내월초(來月初)에 서울 모학교
(某學校)에 입학시험(入學試驗)이 있아와 부질(婦姪)도 응시(應試)코저 하옵던바 외종제
(外從弟)도 전일(前日)에 동반(同伴)하자는 언약(言約)이 있기로 자이복달(玆以伏達)
하오니 즉위명송(卽爲明送)하시와 실기지기탄(失期之其歎)이 없도록 복망(伏望)하옵고
여(餘)는 총요(悤擾)하와 약차(略此) 불비상(不備上)하나이다.
(註)(下懷伏鬱)아랫사람의 마음이 우울하다는 뜻 (粗安)별로 탈없이 편안하다는 뜻
(應試)시험 치른다는 말 (同伴)함께 동행한다는 말 (言約)말로 약속했다는 말
　　　　　　　　年 月 日　　부질(婦姪) 성명(姓名)　(上書)

(外從侍 前) 외종시 전 (내종형이 외종제에게 하는 편지)
시리(侍履)가 수왕(綏旺)하고 숙주(叔主) 기후(氣候)가 만안(萬安)하시며 고모주(姑母主)
께서도 역득(亦得) 안녕(安寧)하신지? 소앙(溯仰)이오며 내종(內從)은 성사(省事)가
의안(依安)하고 혼권(渾眷)이 무위(無違)하오니 사행(私幸)일세. 취내종(就內從)이 이 년
간(二年間) 고심(苦心)한 척독(尺牘)이 인쇄성책(印刷成冊)되어 일권(一卷)을 부송(付送)
하니 수람 후(垂覽後)에 미비(未備)한 점(點)을 산말비평(刪末批評)하여 타인(他人)의
이소(貽笑)를 면(免)케 하여 주기 바라고 여(餘)는 시기(侍祺) 대안(大安)을 기(祈)하노라.
(註)(侍履)어른 모시는 자리의 뜻 (綏旺)편안하며 건강하다는 뜻 (亦得)또한 그렇게의 뜻
(刪末批評)잘못된 곳을 지적하여 표시함 (貽笑)남에게 웃음거리를 준 것
　　　　　　　　年 月 日　　　내종(內從) 성명(姓名)　배돈(拜頓)

(內從兄主前 上答書) 내종형주전 상답서 (내종형에게 하는 답장 편지)
작일모편(昨日某便)에 하서(下書)를 봉승(奉承)하와 이래(伊來) 경염(庚炎)에
시중(侍中) 기체후(氣體候) 만안(萬安)하시고 내구주(內舅主) 양위(兩位)분 기력(氣力)이
만강(萬康)하시고 혼가(渾家)가 태평(泰平)하오니 사행(私幸)이옵나이다.
취백(就白) 하송(下送)하신 척독(尺牘)은 형주(兄主)의 심혈(心血)을 경주(傾注)하옵신
역작(力作)이시니 어찌 졸렬(拙劣)한 종제(從弟)로서 감(敢)히 산말(刪末)할 바이오리까?
근(謹)히 봉영(奉領)하여 상두(床頭)에 비치(備置)하고 지남(指南)으로 하고자 하오니
양촉(諒燭)하시기 복망(伏望)하옵고 여(餘)는 불비달(不備達)하나이다.
(註)(下書)어른의 서한을 받아 보고 답장할 때에 하는 말 (庚炎)무더운 날씨의 뜻
(心血)정력을 다한다는 뜻 (力作)힘들여 지었다는 뜻 (指南)표본을 삼는다는 뜻
　　　　　　　　年 月 日　　　외종(外從) 성명(姓名) 재배(再拜)

（姉兄主前 上書） 자형주전 상서(처남이 매형에게 하는 편지)

춘일(春日)이 재양(載暘)하온데

시체후(侍體候) 만안(萬安)하시고 자주 기력(姉主氣力)이 일안(一安)하시며 보담(寶覃)이
균녕(均寧)하시옵고 질아배(姪兒輩)도 선장(善長)하옵는지 복모구구(伏慕區區)이오며
부제(婦弟)는 성사(省事)가 의안(依安)하옵고 혼권(渾眷)이 무고(無故)하오니 사행(私幸)
이옵나이다. 취송(就悚) 부제(婦弟)는 전일(前日)에 앙달(仰達)한 바와 여(如)히 지리산
(智異山)을 탐승(探勝)코저 관광단(觀光團)을 조직(組織)하여 내월 삼일(來月 三日)부터
약(若) 이주일(二週日)을 예정(豫定)으로 출발(出發)코저 하오니 자형주(姉兄主)께서도
반행(伴行)하기 위(爲)하여 선차앙달(先此仰達)하오니 즉위회시(卽爲回示)를 바라오며
여(餘) 불비상(不備上)하나이다.
(註)(載暘)화창하다는 뜻 (侍體候)어른을 모시는 몸으로 안후의 뜻 (寶覃)온 가정이의 뜻
(渾眷)집안 식구의 뜻 (觀光團)구경가는 단체 (伴行)함께 동행하는 뜻
　　　　　　　年 月 日　　　부제(婦弟)　성명(姓名)　재배(再拜)

（婦弟 答書） 부제 답서(매형이 처남에게 하는 답장 편지)

격조(隔阻)가 이구(已久)하여 창결(悵結)이 자심(滋甚)이러니 제승혜함(際承惠函)하니
위희만만(慰喜萬萬)이며 갱심자제(更審滋際)에
중시여(重侍餘) 연체상만왕(連體上萬旺)하시고 합담(閤覃)이 균태(均泰)하시니
앙위두축(仰慰斗祝)이며 인제(姻弟)는 성안권태(省安眷泰)하니 사행(私幸)이라.
제(弟) 지리산(智異山) 탐승(探勝)에 동반(同伴)을 권유(勸誘)함은 불감청(不敢請)이언정
고소원(固所願)이나 가엄(家嚴)의 환후(患候)가 고미복상(姑未復常)하와 청교(淸敎)를
봉행(奉行)치 못함을 세야내하(勢也奈何)오. 서량(恕諒)을 절앙(切仰)하며
여(餘)는 불비(不備) 사상(謝狀)하노라.
(註)(隔阻)소식이 오래도록 막힘 (已久)이미 오래 되었다는 뜻 (悵結)궁금함이 응어리짐
(惠函)남의 편지의 존칭 (勸誘)권고하는 뜻 (復常)회복이란 말 (淸敎)저 사람의 가르침
　　　　　　　年 月 日　　　인제(姻弟)　성명(姓名)　배사(拜謝)

（餞春의 請邀） 전춘의 청요(친구에게 휴식을 초대하는 편지)

시기모춘(時已暮春)이라 남산화발(南山花發)이 정여작일(正如作日)이러니 어언간(於焉間)
에 동풍(東風)이 숙과(倏過)하니 극기(隙驥) 광음(光陰)에 희비교착 (喜悲交錯)키로
이십사번풍(二十四番風)의 사거(謝去)를 전송(餞送)하는 의미(意味)로 내 삼월 십 오일
(來 三月 十五日) 오전 구시(午前九時)에 박작휴대(薄酌携帶)하고 모모제익(某某諸益)과
더불어 남산(南山) 산록(山麓)에서 회합(會合)하여 일일(一日)의 청유(請遊)를 설도(設圖)
하오니 형역(兄亦) 계기분림(屆期賁臨)하시기를 학수고대(鶴首苦待)하오며
여(餘)는 불비례(不備禮)하나이다.
　　　　　　　年 月 日　　　제(弟)　성명(姓名)　재배(再拜)

（答書） 청요에 답서

춘사(春事)는 기진(已盡)하게 혜서(惠書)는 신지(新至)하니 일송일영(一送一迎)에
비희교지(悲喜交摯)로이다. 혜교사(惠敎事)는 감불유명(敢不唯命)이리오.
혜시(惠示)하신 정각(正刻)에 무위추진(無違趨進)하오리니 적구진수(適口珍羞)를
허다(許多) 준비(準備)하시기만 절망(切望)이옵나이다.
　　　　　　　年 月 日　　　제(弟)　성명(姓名)　재배(再拜)

生活 主要 書式 (생활 주요 서식)

(借用金 證書) (차용금증서)

(1) 元金 ooo원整
　　上記 金額을 本日 貴下로부터 確實히 借用 領受하였음에 關하여
　　그 債務를 下記와 如히 履行할 것을 約定함.
(2) 元金의 返濟 期限은 西紀 年 月 日까지로 定함.
(3) 利子는 每月 oo分으로 定하되 每月 oo日까지 그 달 치를 支拂키로 함.
(4) 元利金은 債權者 住所에 持參支拂키로 함.
(5) 下의 境遇에는 約定期日을 喪失하고 元利金을 一時에 請求當하여도
　　이에 異議가 없기로 함.
(6) 他債務로 因하여 假差押 또는 强制執行을 當하였을 때
(7) 利子의 支拂을 遲延하였을 때
(8) 上記의 約定을 後日에 證하기 爲하여 保證連署로써 이에 證書作成하여
　　各己 捺印하고 一通씩 保管키로 함.
　　　　西紀 年 月 日

　　　　　　　住所 市 洞 番地　　債務者 金 吉 童 印
　　　　　　　　　　　　　　　　保證人 金 東 煥 印
債權者 李 太 白 氏貴下

(連帶 借用金 證書) (연대 차용금 증서)

(1) 元金 ooo원整
(2) 利子 一個月 oo分으로 定함.
(3) 上記金額을 本人과 外 兩人의 連帶로써 이를 借用함에 있어
　　利子는 每月末日限으로 貴下에게 持參支拂키로 하고
　　元金은 西紀 年 月 日限으로 返濟키로 함.
(4) 萬若 返濟期日이 經過時는 何時라도 債務者의 家庭에 侵入하여
　　對價의 動産 또는 不動産을 差押하여도 異議가 없기로 함.
(5) 利子 oo月分 以上을 延滯할 境遇에는 約定期日을 不拘하고
　　何時라도 全額을 請求當하여도 無違하며
　　本人과 連帶로써 負擔함에 있어서는 三人 中의 何一人을 對하여
　　全部를 請求하거나 三人同時에 請求하고
　　或은 順次的으로 請求하여도 異議가 없을 것을 連帶로써 約定함.
　　後日을 證하기 爲하여 本證書를 作成하고 各其 捺印하여
　　各自 一通씩 保管키로 함.
　　　　西紀 年 月 日
　　　　　　　(1) 債務者　　　住所 郡 面 里 番地　　姓名 印
　　　　　　　(2) 連帶債務者　住所 郡 面 里 番地　　姓名 印
　　　　　　　(3) 連帶債務者　住所 郡 面 里 番地　　姓名 印
債權者 姓名 貴下

（抵當附 借用金 證書）（저당부 차용금 증서）

(1) 元金 ㅇㅇㅇ원整
(2) 利子 月 ㅇㅇ分으로 定함
(3) 元金의 返濟期日은 西紀 年 月 日까지로 定함.
　　（抵當物件）
(4) 市 洞 番地 (姓名)의 所有인 市 洞 番地 (所在의 抵當 物件名)
　　住宅(建物) 構造 ㅇㅇ葺 ㅇㅇ層 ㅇㅇ棟 建坪 ㅇㅇㅇ坪
(5) 上記 物件(또는 建物)을 抵當으로 上記의 金額을 借用함에 있어
　　利子는 每月末日까지 貴下에게 持參支拂하기로 함.
(6) 萬若 利子 ㅇㅇ個月分을 延滯하거나 元金의 返濟期日이 經過時에는 何時라도
　　上記의 抵當物에 對하여 抵當權 實行을 하여도 何等의 異議가 없기로 하며
　　此를 後日에 證明하기 爲하여 建物(또는 物件) 抵當借用證을 作成하고
　　下에 各自 署名 捺印하여 各其 一通씩 保管키로 함.
　　　　　西紀 年 月 日
　　　　　　　　　　　　　　借用者 住所 郡 面 里 番地 姓名 印
抵當權者 住所 郡 面 里 番地 姓名 貴下

（家屋 賃貸借 契約書）（가옥 임대차 계약서）

(1) 家屋所在地 道 市郡 邑面洞 里 番地
(2) 構造 시멘트 슬래브(또는 木造瓦楫) 層 坪 棟
(3) 契約目的 內容 (生活住居 또는 店鋪用)
賃貸人 住所 道 市郡 邑面洞 里 番地 （甲）金吉童
賃借人 住所 道 市郡 邑面洞 里 番地 （乙）李太白
上記 當事者間에 賃貸人 金吉童 氏를 甲이라 稱하며 賃借人 李太白 氏를 乙이라
指稱하여 甲乙 兩人間에 上記 家屋의 賃貸借 契約을 締結함.
第一條 甲은 自己 所有인 上記 表示의 家屋을 乙에게 賃貸하고 乙은 이를 賃借함.
第二條 甲乙 兩人은 賃貸借 期間을 西紀 年 月 日부터 年 月 日까지로 함.
第三條 乙은 甲에게 保證金으로 ㅇㅇㅇㅇ萬원整을 約定日까지 無利子로 預置하되
　　　　乙이 本契約을 解約하고 家屋을 明渡할 때에는 甲은 이를 返濟키로 함.
第四條 賃借料는 每月 ㅇㅇ원整으로 定하고 每月末日에 그 달 치를
　　　　乙이 甲에게 持參支拂키로 함.
第五條 乙이 月賃貸料를 三個月 以上 滯納할 境遇에는 甲은 언제라도
　　　　本契約을 解約하고 家屋을 明渡할 수 있음.
第六條 乙은 甲의 承諾없이 本家屋을 變更하여 使用할 수 없으며
　　　　轉貸 또는 賃借權을 他人에게 讓渡할 수 없다.
第七條 本家屋에 대하여 乙이 故意 또는 過失로 因하여 損失하거나 破損時에는
　　　　乙은 이를 卽時 回復하거나 損害 賠償을 하여야 함.
第八條 甲은 賃貸借 契約 期間內에 本家屋을 他에 賣渡 또는 讓渡하여
　　　　乙에게 損害가 될 時에는 甲은 乙의 請求에 따라 損害 保償을 해야 함.
第九條 本契約을 確實히 尊守하기 爲하여 本契約書를 二通 作成하여
　　　　甲과 乙이 各自 確認하고 捺印하여 一通씩 保管키로 함.
　　　　　　　　西紀 年 月 日
　　　　　賃貸人 住所 道 市郡 邑面 洞 里 番地 金吉童 印
　　　　　賃借人 住所 道 市郡 邑面 洞 里 番地 李太白 印

（土地 賃貸借 契約書）（토지 임대차 계약서）

賃貸人 住所 郡 面 里 番地 姓名 甲
賃借人 住所 郡 面 里 番地 姓名 乙
(1) 不動産 表示
    郡 面 里 番地（垈地 田 畓 山 林野）坪
上記의 當事者間에 契約便宜上 賃貸人（姓名）을 甲이라 指稱하고
賃借人（姓名）을 乙이라 指稱하여 下記와 如히 契約을 締結함.
第一條 甲은 自己의 所有인 上記表示의 土地를 乙의 所有인 物資의 積置를
    目的으로 此를 貸與키로 하고 乙은 下記의 條件下에 此를 借受함.
第二條 借賃은 一個月分（또는 一年分）을 一金 ooo원으로 定하고 每月末日限
    其月分을 甲의 住所에 乙이 持參支拂키로 함.
第三條 賃借期間은 本契約日로부터 起算하여 滿 oo年（또는 個月）으로 함.
第四條 乙은 甲의 承諾 없이 他人에게 轉貸 또는 賃借權의 讓渡를 못하기로 함.
第五條 乙이 月賃借料를 oo個月 以上 延滯時에는 甲은 何等의 催告를 要치 않고
    何時를 不拘하고 明渡를 請求하여도 此에 對하여 異議 없기로 約定함.
第六條 土地를 返濟할 時에는 乙은 自費로써 原狀대로 回復하여 返還키로 함.
第七條 萬若의 境遇 後日을 證하기 爲하여 本契約書 二通을 作成하여
    各自 署名 捺印하고 甲乙 雙方이 各其 一通씩 保管키로 함.
    西紀 年 月 日

        賃貸人 住所 郡 面 里 番地 姓名 印
        賃借人 住所 郡 面 里 番地 姓名 印

（動産 賃貸借 契約書）（동산 임대차 계약서）

賃貸借 動産의 表示
(1) 品名...數量 以上
賃貸人 住所 郡 面 里 番地 姓名 甲
賃借人 住所 郡 面 里 番地 姓名 乙
上記의 當事者間에 契約便宜上 賃貸人 ooo（姓名）을 甲이라 指稱하고
賃借人 ooo（姓名）을 乙이라 指稱하여 下記와 如히 契約을 締結함.
第一條 甲은 自己 所有인 上記 表示의 動産을 乙에게 賃貸하여 그 使用과
    收益을 取得케 함을 約定하고 乙은 下記 條件으로써 此를 賃借함.
第二條 賃借料는 壹個月分을 一金 ooo원整으로 定하고 每月末日까지
    甲의 住所로 乙이 持參支拂키로 함.
第三條 乙이 月賃借料를 遲延하거나 賃貸物을 任意로 他人에게 轉貸 또는
    讓渡하거나 用處 外에 使用하는 境遇에는 甲은 本契約을 卽時 解約하고
    賃貸物의 返還을 請求하여도 乙은 異議 없이 甲의 意思에 順應키로 함.
第四條 乙이 賃貸物에 對하여 毁損 또는 滅失할 境遇에는
    其損害賠償의 責任을 乙이 負擔키로 함.
第五條 賃貸期間은 西紀 年 月 日까지로 約定하고 乙은 賃貸期間이
    滿了時에는 卽時 賃貸物을 甲에게 返還키로 함.
第六條 萬若의 境遇 後日을 證하기 爲하여 本契約書 二通을 作成하여
    甲乙 雙方이 各自 一通씩 保管키로 함.
    西紀 年 月 日   上記 甲 姓名 印
                     乙 姓名 印

（不動産　賣買　契約書）（부동산 매매 계약서）

(1) 不動産의　表示
(2) 所在地　郡　面　里　番地　垈地(또는　林野　田　沓)　oo坪　oo合整
(3) 地上物　레미콘　슬래브(木造瓦楫)　層　(住宅　또는店鋪)　棟.坪.合　整
賣渡人　住所　郡　面　里　番地　　　甲　金吉童
買受人　住所　郡　面　里　番地　　　乙　李太白
上記　當事者間에　賣渡人　金吉童　氏를　甲이라　稱하며　買受人　李太白　氏를　乙이라
指稱하여　甲乙　兩人間에　下記와　如히　不動産의　賣買契約을　締結함.
第一條　甲은　自己　所有에　屬하는　上記의　不動産을　代金　oooo원整으로　이를
　　　　乙에게　賣渡하고　乙은　이를　買受키로　함.
第二條　乙은　本契約日에　契約金으로　ooo원整을　甲에게　支拂하고
　　　　甲은　이를　正히　領受함.
第三條　代金　殘額은　西紀　年　月　日까지　所有權　移轉證記　手續의　完備書類와
　　　　相互　交換키로　함.
第四條　本所有權　移轉證記　手續費用은　乙의　負擔으로　함.
第五條　本財産은(不動産은)　代金完拂과　同時에　이를　明渡키로　함.
第六條　本契約을　違反할　時에는　各己　責任下에　依하여　甲은　契約金의　倍額을
　　　　賠償키로　하고　乙은　契約金을　喪失키로　함.
第七條　本契約을　證하기　爲하여　本契約書를　二通　作成하고　甲과　乙이
　　　　各己　署名　捺印하여　一通씩　保存키로　함.
　　　　　　西紀　年　月日　　　　　　　　賣渡人　金吉童　印
　　　　　　　　　　　　　　　　　　　　買受人　李太白　印
　　　　　　　　　　　　　　　　　　　　立會人　朴日煥　印

（動産　賣買　契約書）（동산 매매 계약서）

(1) 物品名（種類　數量）
(2) 賣買價格（單價　oo원）　（總額　oooo원整）
賣渡人　住所　郡　面　里　番地　姓名　甲
買受人　住所　郡　面　里　番地　姓名　乙
第一條　上記　當事者間의　契約便宜上　賣主를　甲이라　하고　買主를　乙이라　하여
　　　　上記　表示의　動産을　下記와　如히　契約을　締結함.
第二條　甲은　自己　所有인　表示의　動産을　上記의　代金으로　乙에게　賣渡하고
　　　　乙은　此를　買受키로　함.
第三條　乙은　本契約日에　契約金으로　oo원整을　甲에게　支拂하고　甲은　此를　領收함.
第四條　代金殘額은　西紀　年　月　日　動産의　明渡와　同時에　相互交換키로　함.
第五條　本動産의　運搬費用과　運搬途中　破損　等은　乙이　責任키로　함.
第六條　本契約을　違反할　時에는　各其　責任下에　依하여　甲은　契約金의　倍額을
　　　　賠償키로　하고　乙은　이를　喪失키로　함.
第七條　萬若의　境遇　後日을　證하기　爲하여　本契約書　二通을　作成하여
　　　　甲乙　雙方間에　各自　一通씩　保管키로　함.
　　　　　　西紀　年　月　日
　　　　　　　　　　　　　　　　　　　　賣主　姓名　印
　　　　　　　　　　　　　　　　　　　　買主　姓名　印

（**不動產　賣渡證書**）（부동산 매도증서）

不動産　表示
(1) 郡　面　里　番地　田.畓　坪　以上
(2) 賣買代金　oooo원整
上記의　不動産은　本人의　所有이던바　今般　上記의　代金으로　이를
貴下에게　賣渡하고　그　代金全額을　正히　受領하였음
萬若　今後에　이　不動産　所有權에　對하여　事故가　發生할　때에는
本人이　一切　責任을　지고　貴下에게　損害를　끼치지　않겠으므로
이에　後日을　證하기　爲하여　本件의　賣渡證書를　作成하고　署名　捺印함.
　　　　西紀　年　月　日
　　　　　　　　　　　　　　　賣渡人　住所　郡　面　里　番地　　姓名　印
買受人　住所　郡　面　里　番地　姓名　貴下

（**動産　賣渡證書**）（동산 매도증서）

物品　表示
(1)·物品名（種類　數量）
(2) 賣買代金（單價　oo원）（總額　oooo원整）
賣渡人　住所　郡　面　里　番地　　姓名
買受人　住所　郡　面　里　番地　　姓名
上記의　物品은　本人의　所有이던바　今般　貴下에게　賣渡하고　上記의　代金을
確實히　受領하였으며　今後　該當物件에　對한　事故가　發生하여　買主에게　損害가
미칠　때에는　賣主와　保證人　連帶로써　그　損害　賠償의　責任을　負擔하기로　하며
이에　對한　後日을　確證키　爲하여　本證書에　連署　捺印함.
　　　　西紀　年　月　日　　　　　　　　　　　　　賣主　　姓名　　印
　　　　　　　　　　　　　　　　　　　　　　　保證人　姓名　　印
買主　　姓名　貴下

（**領收證**）（영수증）

(1) 一金　oooo원整
　　上記金額을　oo代金으로　正히　領受함.
　　　　西紀　年　月　日　　　　　　　領受人　　金　吉　童　印

李　太　白　氏　　　貴下

（**委任狀**）（위임장）

本人이　市　洞　番地（姓名）을　代理人으로　定하고　下記의　行爲및　權利를　委任함
(1) 市　洞　番地　ooo人에게서　ooo代金으로　oooo원을　受領하는　일.
(2) 上記　代理人의　事情에　依하여　復代理人은　選定할　수　없음(또는　있음).
　　　　西紀　年　月　日
　　　　　　　　　　　　住所　郡　面　里　番地　委任人　姓名　印
被委任者　住所　郡　面　里　番地　　姓名　貴下

（ 委任狀 ）（위임장）

委任의 品目과 目的 不動産 賣買의 件
不動産의 表示
郡 面 里 番地 田（또는 畓 建物）ooo坪
本人이 道 郡 面 里 番地 姓名을 代理人으로 定하고 下記의 權利行爲를 委任함.
但 復代理人은 選定할 수 없음（또는 있음）.
(1)上記의 不動産을 代金 oooo원整으로 賣却하는 일을 委任함.
　　　　　西紀 年 月 日

　　　　　　　　　　　　　　　　　委任人 住所 郡 面 里 番地　　姓名　印
被委任者 住所 郡 面 里 番地　姓名 貴下

（ 債權 讓渡 承諾書 ）（채권 양도 승낙서）

(1) 元金 ooooo원整
(2) 利子 月 oo分
(3) 返濟期日 西紀 年 月 日
上記 金額에 關係되는 西紀 oo年 oo月 oo日에 締結한 契約에 따라
貴下가 本人에게 對해서 貸借한 債權을 이번에 郡 面 里 番地 （姓名）에게
讓渡하심에 있어서 本人은 異議 없으므로 承諾을 드리는 바입니다.
　　　　　西紀 年 月 日

　　　　　　　　　　　　　　　　　債權者　姓名　印
債務者 住所 郡 面 里 番地　姓名　貴下

（ 債權 讓渡 證書 ）（채권 양도 증서）

(1) 元金 ooooo원整
(2) 受領內容 利子 oo個月分 oo원（o月 o日부터 o月 o日까지） oooo원整
(3) 貸借契約日 西紀 年 月 日 本人이 上記의 債權을 貴下에게 讓渡하고
　　　그 受領金을 上記와 같이 領收하였으므로
　　　債權者의 承諾書를 添附하여 讓渡書를 差入함.
　　　　　西紀 年 月 日

　　　　　　　　　　　　　　　　　讓渡人　姓名　印
債務者 住所 郡 面 里 番地　姓名　貴下

（ 契約 履行 催告書 ）（계약 이행 최고서）

西紀 年 月 日 貴下와 本人間에 締結한 （品目）契約에 對하여서는
西紀 年 月 日 內로 그를 履行하여야 됨에도 不拘하고 아직까지 履行치
아니하고 있으니 오는 月 日까지 반드시 履行하기를 바라며
萬若에 上記日까지 履行치 않을 境遇에는 이 契約을 解除코저 이에 催告함.
　　　　　西紀 年 月 日

　　　　　　　　　　　　　　催告人 住所 郡 面 里 番地　　姓名　印
債務者 住所 郡 面 里 番地 姓名 貴下

（債務 履行 催告書）(채무 이행 최고서)

貴下와 本人間에 締結한 西紀 年 月 日字의 貸借金 契約에 따른 債務履行에
對하여 그 返濟期日인 西紀 年 月 日이 經過하여도 아직 履行치 않고 있으니
延滯利子 oo月分 oo원과 元金 oo원 合計金 oo원을 오는 oo月 oo日 까지
返濟하여 주시기 바라며 萬一 그를 履行치 않을 境遇에는 不得已 最後의
法的手續을 取하겠음을 豫時 通知하오며 이에 催告하나이다.
　　　　西紀 年 月 日　　　　　　　　催告人 住所 郡 面 里 番地　姓名 印
債務者 住所 郡 面 里 番地　姓名 貴下

（契約 解除 通知書）(계약 해제 통지서)

貴下와 本人間에 締結한 西紀 年 月 日字의 貸借契約에 關하여는
그 義務履行에 있어서 貸借料 oo月分이 延滯되고 있는바 오는 oo月 oo日 까지
完全淸算을 바라며 萬一 그날까지 履行치 않을 境遇에는 解約通知를 再發送치
않고 自動的으로 解約될 것임에 豫히 通知하오니 諒知하시기 바라나이다.
　　　　西紀 年 月 日　　　　　　　通知人 住所　郡 面 里 番地　姓名　印
債務者 住所 郡 面 里 番地　　姓名　貴下

（契約 無效 通知書）(계약 무효 통지서)

貴下와 本人間에 締結한 西紀 年 月 日字의 oo賣買契約에 對하여서는
그 約定된 條項 第oo條를 貴下가 履行하지 않음으로써 本契約은 自動的으로
無效가 되옵기에 이를 通知하나이다.
　　　　西紀 年 月 日　　　　　　通知人 住所 郡 面 里 番地　　姓名　印
住所 郡 面 里 番地　　姓名　貴下

（遺言書）(유언서)

遺言內容 不動産 贈與
不動産 表示 郡 面 里 番地　田(또는 畓 垈地 林野 其他）坪
(1) 遺言者 ooo氏가 自己 所有의 上記不動産을 郡 面 里 番地 ooo에게 贈與함.
(2) 郡 面 里 番地 (姓名)을 遺言 執行者로 指定함.
上記의 遺言을 正確히 하기 爲하여 遺言者 自身이 證書의 全文을 記載하고
이의 日字및 姓名을 自書 捺印함.
　　　　西紀 年 月 日　　　　　　　　遺言者 住所 郡 面 里 番地　姓名　印

（遺言書）(유언서)

遺言者 住所 郡 面 里 番地 姓名 年 月 日 生
本人으로써 그 姓名을 알며 또 面識 있는 遺言者 (姓名)은 西紀 年 月 日 그의
自宅에서 下記의 兩人 立證下에 다음과 같이 遺言의 趣旨를 口授遺言함.
遺言者 (姓名)은 自己所有인 下記의 不動産을 下記人에게 贈與함.
郡 面 里 番地 田 (또는 畓 垈) 坪
贈與引受者 住所 郡 面 里 番地 姓名 年 月 日 生
遺言者는 下記人을 遺言執行人으로 指定함에 本證書를 正確히 하기 爲하여
遺言者및 證人이 各自 署名 捺印함.
　　　　西紀 年 月 日　　　　　遺言者 姓名 印
　　　　　　　　　　　　　　　證人 住所 姓名 印 證人 住所 姓名 印

（ 身元 保證書 ）（신원 보증서）

住所 郡 面 里 番地 姓名
上記者는 身體健康하고 思想이 穩健着實하며 素行이 端正함을 信賴하므로
그가 貴社에 就務中 萬若의 過失로 또는 不法 行爲로 因한 民事 또는 形事上의
責任이 있을 境遇에는 그 責任의 一切를 本人 等이 負擔하겠으므로
身元을 保證합니다.
　　　　　　西紀 年 月 日　　　　　　　　住所 郡 面 里 番地　　保證人 姓名 印
　　　　　　　　　　　　　　　　　　　　　　　　　　　　　　　　保證人 姓名 印

姓名 氏 貴下

（ 推薦書 ）（추천서）

本籍 郡 面 里 番地
住所 郡 面 里 番地　　姓名　　西紀 年 月 日 生
上記者는 下記各項에 비추어 ㅇㅇㅇ에 適合한 資格 있는 者로 認定되옵기에
이를 推薦하나이다.
(1) ㅇㅇㅇ專門 知識을 가졌음.　　　　　(2) ㅇㅇㅇ經歷이 있음.
(3) 信義가 있고 勤勉함.
　　　　　　西紀 年 月 日
上記 推薦者 住所 郡 面 里 番地 職業　　　　　　　姓名　　印

（ 履歷書 ）（이력서）

本籍 道 郡 面 里 番地
住所 道 郡 面 里 番地　　　姓名　　西紀 年 月 日 生
(1) 學歷
西紀 年 月 日 ㅇㅇ中學校 入學..........西紀 年 月 日 本校 卒業
西紀 年 月 日 ㅇㅇ高等學校 入學........西紀 年 月 日 本校 卒業
西紀 年 月 日 ㅇㅇ大學校 ㅇㅇ學科 入學....西紀 年 月 日 本校 卒業
(2) 經歷
西紀 年 月 日 出版社 入社...........西紀 年 月 日 本社 退社
(3) 賞罰
(4) 受賞 ㅇㅇ部分에 受賞함.
以上과 如히 相違 없음.
　　　　　　西紀 年 月 日　　　　　　　　　　　　姓名　　印

（ 紛失 申告 ）（분실 신고）

所有者 住所 郡 面 里 番地　　姓名
(1) 紛失物品 (名稱 數量)
此 物品은 西紀 年 月 日 上記 所有者 住所에 놓아두었던바 同日 ㅇ時頃에
紛失한 것을 알고 百方으로 찾아보았으나 찾을 길이 없어
이에 紛失 申告하나이다.
　　　　　　西紀 年 月 日　　　　申告人 姓名　　印
ㅇㅇ警察署長 貴下

（遺失物 拾得 申告）(유실물 습득 신고)

拾得者 住所郡 面 里 番地　姓名
(1) 品目 數量
上記 品目을 西紀 年 月 日 時頃 oo地 道路에서 拾得하였기에
이를 申告하나이다.
　　　　　西紀 年 月 日　　　　　　　　申告者　姓名　印
oo警察署長 貴下

（盜難 申告）(도난 신고)

被害者 住所 郡 面 里 番地　姓名
(1) 被害 品目, 品質模樣의 損所特徵 數量 推算價格
(2) 盜難 年 月 日
(3) 盜難 場所
(4) 被害 狀況
以上과 같이 盜難當하였기에 이에 申告하나이다.
　　　　　西紀 年 月 日　　　　　上記 申告人 姓名 印
oo警察署長 貴下

（捜索願）(수색원)

本籍 郡 面 里 番地
住所 郡 面 里 番地
(1) 戶主와의 關係（戶主의 妻）　　姓名　西紀 年 月 日 生
上記者는 搜索人의 妻로서 西紀 年 月 日 午前 oo時頃 家族 等이 不在中에
突然 無斷出家한 後 行方不明으로 그 行方을 細細히 捜索하였으나
探知할 道理가 없으므로 不得이 本願에 이르렀아오니
捜索하여 주시기를 別紙人相書(或은 寫眞) 添附하여 茲以仰願하나이다.
　　　　　西紀 年 月 日
　　　　　　　　上記 願人 西紀 年 月 日 生　姓名　印
oo警察署長 貴下
(別紙人相書)
(1) 身長 五尺三寸假量 (2) 頭髪 丸型으로 微白色 (3) 耳目口鼻 普通
(4) 齒 下齒前面에 金齒 一個 있음 (5) 衣服 純韓國式
(6) 靴 韓國式 白色고무신 (7) 携帶品 손가방 黑色 (8) 現金 ooo원 以上

（始末書）(시말서)

本籍 郡 面 里 番地
住所 郡 面 里 番地
職業 姓名 住民登錄番號 當oo歲　生年月日
小生이 西紀 年 月 日 oo場所에서 發生한 事故는 本人이 無識하여
(또는 不注意로 犯한 過誤이옵기로) 以後로는 法規를 特히 注意하여
이러한 事故를 일으키지 않을 것을 盟誓하고 이에 始末書를 提出하나이다.
　　　　　西紀 年 月 日
　　　　　　　　　上記人 姓名 印
oo警察署長 貴下

（留置人 面會申請書）(유치인 면회 신청서)

留置人 姓名
上記人에 對하여 ㅇㅇ用件으로 面會하고저 하오니 許可하여 주시기 바라나이다.
　　　西紀 年 月 日
　　　　　　　　　　　　　　　　留置人과의 關係 ㅇㅇ　　姓名 印

ㅇㅇ警察署長 貴下

（留置人物品差入 許可申請書）(유치인물품차입 허가신청서)

留置人 住所 姓名
上記人은 現今(司法事件)으로 貴署의 取調를 爲하여 拘留 中에 있아온데
下記의 物品을 差入하고저 하오니 許可하여 주시기를 이에 申請하나이다.
(記)差入物의 品名. 數量
　　　西紀 年 月 日
　　　　　　　　　　　　　申請人과 留置人과의 關係　　　姓名 印

ㅇㅇ警察署長 貴下

（留置人 私食差入 許可願）(유치인 사식차입 허가원)

ㅇㅇ警察署 在檻者　姓名
上記者는 願人의 ㅇㅇ인바 西紀 年 月 日부터 日까지 ㅇㅇ日間 私食을
差入코저 하오니 許可하여 주시기를 바라나이다.
　　　西紀 年 月 日　　　　　　　　　　　上記 願人 姓名　印
ㅇㅇ警察署長 貴下

（告訴狀）(고소장)

告訴人 住所 郡 面 里 番地 姓名 性別 住民登錄番號 生年月日
被告訴人 住所 郡 面 里 番地 姓名 性別
(告訴事項)
西紀 年 月 日 告訴人 ㅇㅇㅇ과 被告訴人 ㅇㅇㅇ과의 사이에 ㅇㅇ의 關係로
紛爭이 일어나 是非 끝에 毆打에까지 이르러 被告訴人 ㅇㅇㅇ의 暴行으로
告訴人 ㅇㅇㅇ은 ㅇㅇ에 負傷을 當하였으므로 約 ㅇㅇ週間의 治療를 要하게 되온즉
醫師의 診斷書를 添附하여 이에 告訴하오니
法으로 處斷하여 주시기를 바라나이다.
　　　西紀 年 月 日
ㅇㅇ警察署長 貴下
(註)告發書 陳情書 歎願書 等도 이 告訴狀의 書式과 같다.

（告訴狀 取下書）(고소장 취하서)

告訴人 住所 郡 面 里 番地 姓名 住民登錄番號　生年月日
被告訴人 住所 郡 面 里 番地 姓名
西紀 年 月 日字로 本件에 對한 告訴狀을 提出하였으나
被告訴人 ㅇㅇㅇ과 私和하였으므로
이에 告訴狀을 取下하여 주시기 바라나이다.
　　　西紀 年 月 日　　　　　　　　　告訴人　姓名 印
ㅇㅇ警察署長 貴下

（貸金請求　訴狀）（대금청구 소장）

住所 郡 面 里 番地 　原告 　姓名 甲
住所 郡 面 里 番地 　被告 　姓名 乙
住所 郡 面 里 番地 　被告 　姓名 丙
訴訟目的의 金額 ㅇㅇ원整
（請求의 趣旨）
(1) 被告 兩人은 連帶로 原告에 對하여 金ㅇㅇ원 및 이에 對한 西紀 年 月 日부터
完濟에 이르기까지 年ㅇㅇ割의 利息을 支拂할 것.
(2) 訴訟費用은 被告 等의 負擔으로 判決을 求함.
（請求의 原因）
原告는 西紀 年 月 日 被告 乙에게 乙의 父親인 丙을 連帶債務로 하여
金ㅇㅇ원을 利子 月ㅇㅇ分 辨濟 西紀 年 月 日의 約束으로 貸與한바
被告 等은 辨濟期를 經過하여도 元利金을 支拂치 않고 丙은 西紀 年 月 日에
死亡하고 被告 乙은 家督相續을 한지라 被告 等에 對하여 上記 金額의 支拂을
求하여도 이에 應하지 않으므로 本訴狀을 請求함.
（立證方法）
(1) 第一號證(原被告間에 本件借用證書)로 本件請求原因을 立證함.
(2) 第一號의 成立에 對하여는 下記의 人物로써 立證함.
住所 郡 面 里 番地 立證人 姓名
（附屬書類）
(1) 第一號證 寫本(借用證書) 一通
(2) 納付書(費用및 送達料) 一通
　　　　　西紀 年 月 日　　　　　　　　　　上記 原告 姓名 印
ㅇㅇ地方法院長 貴下

（訴訟代理　委任狀）（소송대리 위임장）

本人은 住所 郡 面 里 番地 姓名 金吉童을 訴訟代理人으로 定하고
下記事項을 委任함.
(1) 本人으로부터 被告(姓名)에 對한 或 原告(姓名)으로부터 本人에게 對한
貸金請求事件에 關하여 原告(또는 被告)로서 할 一切의 訴訟行爲.
(2) 萬一 上記代理人으로서 支障이 있을 境遇에는 復代理人을 選定할 것.
上記와 如히 代理人을 委任함.
　　　　　西紀 年 月 日
　　　　　　　　　　　郡 面 里 番地 委任者 　姓名 印

（訴訟代理　許可願）（소송대리 허가원）

原告 姓名
被告 姓名
上記 當事者間의 西紀 年 月 日 第ㅇ號 貸金請求 事件에 對하여 辯護士 아닌
下記의 者를 代理人으로서 訴訟行爲를 하는 許可를 連署로써 仰願함.
住所 郡 面 里 番地 　姓名
　　　　　西紀 年 月 日　　　　　原告 (또는 被告) 　姓名 印
　　　　　　　　　　　　　　　　上記 訴訟 代理人 　姓名 印
ㅇㅇ地方法院長 貴下

（外上賣却代金請求　訴狀）（외상매각대금청구 소장）

住所 郡 面 里 番地　原告 姓名
住所 郡 面 里 番地　被告 姓名
訴訟의 目的價金額 oo원整
請求의 趣旨
(1) 被告는 原告에 對하여 金oo원을 支拂할 것.
(2) 訴訟費用은 被告의 負擔으로 한다는 判決을 求함.
請求의 原因
原告는 被告에 對하여 西紀 年 月 日부터 月 日까지 o日間에 oo(品名) oo個를
代金 oo원에 賣却한바 被告는 上記를 賣買時에 代金은 西紀 年 月 日까지
支拂하기로 約束하고서 月 日에 이르러 上記金額 中 oo원을 支拂할 뿐이고
殘金을 지금까지 支拂치 않음으로 이의 支拂을 求하기 爲하여 本訴訟을 請求함.
立證方法
(1) 本件事實을 知悉하는 下記證人의 召喚을 求함.
住所 郡 面 里 番地　姓名
附屬書類
納付書(費用送達料) 一通
　　　　　西紀 年 月 日　　　　　　　　　　　　上記 原告人　姓名　印
oo地方法院長 貴下

（家屋賃貸料　延滯金請求　訴狀）
（가옥임대료 연체금청구 소장）

住所 郡 面 里 番地　原告　姓名
住所 郡 面 里 番地　被告　姓名
請求의 目的價額金 oo원整
請求의 趣旨
(1) 被告는 原告에 對하여 金oo원을 支拂할 것.
(2) 訴訟費用은 被告의 負擔으로 한다는 判決을 求함.
請求의 原因
原告는 西紀 年 月 日 被告에 對하여 原告所有에 關한 市 洞 番地 木造瓦葺
平家建 o棟 o間을 家貸 一個月當 金oo원으로 하여 每月末日까지 當月分의
家貸料를 支拂할 約束을 하였는데 被告는 西紀 年 月 日까지의 家貸料를
支拂할 뿐이고 西紀 年 月 日부터 西紀 年 月 日까지 oo個月分의 合計oo원을
支拂치 아니하므로 이의 支拂을 請求하기 爲하여 本訴狀을 請求함.
立證方法
(1) 甲號證書(家屋貸借契約書)로 本件請求原因을 立證함.
附屬書類
(1) 甲號證寫本 一通
(2) 納付書(費用및 送達料) 一通
　　　　　西紀 年 月 日　　　　　　　　　　　　上記 原告人 姓名　印
oo地方法院長 貴下

（家屋明渡 訴狀）（가옥명도 소장）

住所 郡 面 里 番地 原告 姓名
住所 郡 面 里 番地 被告 姓名
(訴訟의 目的)
請求의 趣旨記載와 如함.
此 訴訟價額金 oo원整
(請求의 趣旨)
(1) 被告는 原告에 對하여 市 洞 番地 同地上建物 레미콘 슬래브
(또는 木造瓦葺) 層 建物 平家 o棟 建坪 oo坪을 明渡할 것.
(2) 訴訟費用은 被告의 負擔으로 하는 判決을 求함.
(請求의 原因)
原告는 西紀 年 月 日 訴外 姓名으로부터 上記家屋을 代金 ooo원整에 買收하고
西紀 年 月 日 oo地方法院 登記接受하여 第oo號로써 所有權移轉登記를 完了하였음.
上記被告는 前所有者로부터 該家屋을 借居하던바로 原告는 當家屋 買收 當時에
對하여 賣買事實을 通知하고 卽時 明渡하기로 交涉하였으나
被告는 不應해 왔으므로 不得已 本訴에 이르게 되었나이다.
(附屬書類)
(1) 登記簿謄本(寫本) 一通
(2) 納付書 一通
　　　　　西紀 年 月 日　　　　　　　　　　　　　原告 姓名 印
oo地方法院長 貴下

（家屋明渡請求 訴狀）（가옥명도청구 소장）

住所 郡 面 里 番地 原告 姓名
住所 郡 面 里 番地 被告 姓名
(訴訟의 目的)
(1) 請求의 趣旨記載와 如함.
(2) 此 訴訟價額金 oo원整
(請求의 趣旨)
(1) 被告는 原告에 對하여 市 洞 番地 垈地 oo坪 同地上建物 木造瓦葺平家建本家
oo棟의 oo家屋內 別紙圖面 中 (가)의 部分 oo坪을 明渡할 것.
(2) 訴訟費用은 被告의 負擔으로 함이라는 判決을 求함.
(請求의 原因)
原告는 西紀 年 月 日 原告所有인 前記不動産家屋內 別紙圖面 中 (가)의 部分
oo坪을 被告에 對하여 月貰 每月 oo원으로 期限은 向後 六個月間 卽 西紀 年 月
日까지로 定하여 貸與하되 萬若 期限內일지라도 原告가 使用할 意思를 要求時에는
被告는 異議 없이 家屋을 明渡키로 約定하였던바 原告는 其後 該家屋이 必要케
되어 同通知를 被告에게 傳達하였으나 被告가 月 日까지 明渡義務를 不履行하므로
不得已 本請求에 이르렀나이다.
(附屬書類)
(1) 賃貸借契約書 寫本 一通
(2) 納付書 一通
　　　　　西紀 年 月 日　　　　　　　　　　　　上記 原告人 姓名 印
oo地方法院長 貴下

（約束어음 請求 訴狀）（약속어음 청구 소장）

（約束어음의 振出人과 裏書人이 滿期日에 어음 金額을 支拂치 아니하므로
振出人과 裏書人을 共同被告로 어음金을 請求하는 訴狀）
住所 郡 面 里 番地　　原告　姓名
住所 郡 面 里 番地　　被告　姓名
住所 郡 面 里 番地　　被告　姓名
住所 郡 面 里 番地　　被告　姓名
約束어음金 請求의 訴
(1) 訴訟目的 價額金 oo원整
（請求의 趣旨）
(1) 被告人 各者는 原告에 對하여 金oo원 및 이에 對한 西紀 年 月 日부터
完濟까지 日步 oo원의 利子를 支拂할 것.
(2) 訴訟費用은 被告 等의 負擔으로 한다는 判決을 求함.
（請求의 原因）
被告 ooo(姓名)은 西紀 年 月 日 被告 ooo(姓名)에게로 額面 金oo원을
支拂期日 西紀 年 月 日 支拂地 振出地 共히 市 支拂場所 oo銀行인
約束어음 一通을 振出하여 月 日 被告 ooo(姓名)은 被告 ooo(姓名)에게
ooo(姓名)은 다시 原告에게 各支拂拒絶證書를 作成 義務免除한 後 順次 이를
裏書讓渡하고 被告 等은 共히 原告에게 對하여 上記 어음 滿期日 經過 後는
日步 oo원의 遲延利息을 支拂한다는 約束을 하였으므로
月 日 ooo(姓名), ooo(姓名)에게 償還請求의 通知를 하고 爾來 被告 等에
上 어음金 支拂의 督促을 하였으나 應하지 아니하므로 本訴를 함.
（立證方法）
(1) 甲一號證(約束어음)으로 本件 請求原因을 立證하고 同上符箋으로
利息의 特約을 立證함.
(2) 約束어음 寫本 一通
(3) 納付書(費用 및 送達料) 一通
　　　　　　西紀 年 月 日

　　　　　　　　　　　　上記 原告人　姓名 印

oo地方法院長 貴下

（休業 申告書）（휴업 신고서）

許可番號
營業場所
營業種類
上記와 如히 休業하겠기로 이에 申告함.
　　　　　　西紀 年 月 日

　　　　　　　　　　　　上記 申告人　姓名 印

(註)廢業 申告, 復業 申告 等도 亦然함.

（約婚不履行　損害賠償請求　訴狀）
（약혼불이행 손해배상청구 소장）

（正式　結婚式을　擧行하였으나　戶籍史에　結婚申告를　提出치　아니하고
同居하다가　排斥하는　男子에게　慰藉料를　請求하는　訴狀）
住所　郡　面　里　番地　　原告　姓名
住所　郡　面　里　番地　上記　法定代理人　姓名
住所　郡　面　里　番地　　被告　姓名
婚姻豫約　不履行으로　因한　被害賠償의　訴訟目的의　價額金　oo원整
（請求의　趣旨）
（1）被告는　原告에　對하여　金oo원　및　이에　對한　本訴狀　送達의　翌日부터
完濟에　이르기까지　年oo分　利息의　金oo원을　支拂할　것.
（2）訴訟費用은　被告의　負擔으로　한다는　判決을　求함.
（訴訟의　原因）
原告는　西紀　年　月　日　訴外　ooo（姓名）의　媒酌에　依하여　親權을　行하는　母　및
戶主　ooo（姓名）의　同意下에　原告房에서　被告와　正式結婚에　依하여　婚姻의
豫約을　하고　翌日부터　事實上의　妻로서　被告家에　入하여　同棲爾來　妻로서의
職責　또한　家政을　다하여　오던바　西紀　年　月　日에　이르러　被告는　原告에　對하여
單純히　家庭上의　形便을　理由로　暫時　親家에　歸去하라　함에　原告가　이에　應하지
아니하자　被告는　거듭　말하기를　一時의　別居는　婚姻의　成否에　조금도　支障
없다는　甘言을　하고　或은　不聽하면　婚姻의　豫約도　取消한다는　威脅을　加하므로
마침내　西紀　年　月　日　被告의　말대로　親家에　復歸하였던바
被告는　不當히도　其後　不過　oo日에　訴外　ooo（姓名）의　女　ooo（姓名）와　結婚하여
同棲하는　事實을　oo日頃에　이르러　聞知하고　卽時　被告를　訪問하여
婚姻豫約履行과　婚姻申告手續履行을　要望하였으나　듣지　않고　도리어　罵言으로써
原告를　逐出하였으니　被告는　當初부터　原告와　將來　結婚할　誠意가　없었던　所意로
卽　原告는　被告로부터　完全히　貞操를　蹂躪當하여　處女性을　喪失하고
適當한　婚期를　失期하였을　뿐만　아니라　또한　今後의　生活不安과　社會上의　地位
名譽에　多大한　毁損을　가져오고　精神的　苦痛은　到底히　金錢으로써　補償될　것이
아니나　現代로써는　原告의　慰藉를　受할　方途도　이외에는　없으므로
이에　以上의　叙說한　事情과　原被告家가　서로　相當히　社會的으로　地位名望이
있을　뿐더러　被告의　資産이　oo원　以上되는　事實　및　被告가　oo年　年齡의
再婚者로서　女子의　貞操觀念에　深慮　없는　非人道的　所爲를　參酌하여
前項請求趣旨의　支拂을　求하고저　本訴　請求함.
（立證方法）
（1）甲號證（別居하는　旨의　書面）으로써　被告가　別居를　强要한　事實을　立證함.
（2）原被告間에　婚姻豫約의　事實을　立證하기　爲하여　下記證人의　喚問을　求함.
　　住所　郡　面　里　番地　姓名
（附屬書類）
（1）戶籍謄本　一通
（2）甲一號證　寫本　一通
（3）納付書（費用　및　送達料）　一通
　　　　西紀　年　月　日　　　　　　　上記　原告　法定代理人　　姓名　印
oo地方法院長　貴下

（夫婦同居請求　訴狀）（부부동거청구 소장）

（男便이 蓄妾하고 本妻를 逐出하므로 妻가 夫를 相對로 同居를 請求하는 訴狀）

住所 郡 面 里 番地　　原告　姓名

住所 郡 面 里 番地　　被告　姓名

夫婦同居請求의　訴

訴訟目的의　價額金　oo원整

（請求의　趣旨）

（1）被告는 原告와 同居할 것.

（2）訴訟費用은 被告의 負擔으로 한다는 判決을 求함.

（請求의　原因）

原告는 西紀 年 月 日 被告와 婚姻하여 爾來 同居하면서 男兒二名을 出産하였을
뿐만 아니라 被告는 元來 無財産한데도 酒色에 眈溺하여 生活도 維持키 어려운
狀態인 것을 原告는 家事를 잘 돌보고 實家의 補助를 받아 數oo원을 蓄財한데도
不拘하고 被告는 西紀 年 月 日 時頃 他女와 關係한 것을 原告는 其現場에서
目擊하고 被告 및 그 女性에 對하여 그 不貞의 品行을 責한바
被告는 是非를 말하지 않고 其場所에서 原告를 毆打한 後 被告家로부터
放逐하고 原告의 衣類 等을 原告의 實家에 送付하고서
爾來 入家를 拒否하므로 本訴를 請求함.

他女住所 郡 面 里 番地　姓名

（附屬書類）

（1）戶籍謄本 一通

（2）納付書(費用 및 送達料) 一通

　　　　　西紀 年 月 日　　　　　　　　　　上記 原告人　姓名　印

oo地方法院長　貴下

（告訴　告發　變更　申立書）（고소 고발 변경 신립서）

告訴(告發)人 本籍 郡 面 里 番地

　　　　　住所 郡 面 里 番地　姓名

被告人 本籍 郡 面 里 番地

　　　　　住所 郡 面 里 番地　姓名

告訴人(告發人)으로부터 上記 被告人에게 對하여 西紀 年 月 日 oo의 告訴
(또는 告發)한바 上記 告訴(또는 告發)狀 中 oo이라고 된 것은 oo의 誤謬이므로
上記 告訴(또는 告發)을 變更하고자 이에 申請하나이다.

　　　　　西紀 年 月 日

oo地方法院長　貴下

（保釋 願書）(보석 원서)

(拘留된 被告人 또는 그 法定代理人 輔佐人 直系尊屬 直系卑屬 配偶者
被告人의 戶主 辯護人이 保釋을 願하는 例)
被告人 本籍 郡 面 里 番地
　　　住所 郡 面 里 番地 （刑務所 在監） 姓名
上記 被告人은 貴院에 oo被告 事件으로 豫審에 回附되어(또는 公判中) 拘留中이
온바 上記 被告人은 元來 身體가 衰弱한데다가 三伏 더위를 맞아 몹시 堪耐키
어려우니 保釋하여 주시오면 何時라도 呼出에 應하여 出廷할 것은 물론 또는
貴院의 要求대로 保證人을 세우겠으며 特히 被告의 事件에 關하여는 一切 秘密을
지키고 다른 말을 하지 않을 뿐더러 證據湮滅 等의 行爲는 절대로 하지 않겠으니
事情 容納하시와 保釋 許可하여 주시기 이에 請願하나이다.
　　　　　西紀 年 月 日
　　　　　　　　　上記 被告人　姓名　印

　　　　　　　　願書人 住所 郡 面 里 番地 （被告人과의 係） 姓名 印
oo地方法院長 貴下

（召喚에 應하지 못하는 申告書）(소환에 응하지 못하는 신고서)

(召喚을 받았으나 被告人의 疾病 其外 正當한 事由로 出頭할 수 없을 때
申告하는 例)
住所 郡 面 里 番地　　姓名
上記者에 對한 被告事件에 있어서 西紀 年 月 日 時 貴院에 出頭하라는 送達을
받았으나 被告人은 oo理由로(또는 別紙 醫師診斷書와 같은 疾病中이니)
召喚에 應할 수 없으므로 이에 申告하나이다.
　　　　　西紀 年 月 日
　　　　　　　　　　　上記 本人　姓名　印

oo地方法院長 貴下
(註)被告人이 不在中에 代理申告도 亦然하다.

（正式裁判請求 申告）(정식재판청구 신고)

(即決裁判의 即決處分에 對하여 不服하고 定式裁判을 申立하는 例)
本籍 郡 面 里 番地
住所 郡 面 里 番地　　姓名
上記 被告人은 西紀 年 月 日 oo被疑行爲로써 即決裁判에 依하여
oo罪로 即決裁判이 있었으나 被告人은 그 行爲가 되지 아니하므로
即決言渡에 不服하고 定式裁判의 請求를 申立하나이다.
　　　　　西紀 年 月 日
　　　　　　　　　　上記 申立人　姓名 印
oo地方法院長 貴下

（支拂命令 申立）(지불명령 신립)

住所 郡 面 里 番地 債權者 姓名
住所 郡 面 里 番地 債務者 姓名
(請求의 趣旨)
(一) 金oo원整 貸付元金
上記 金額에 對하여 西紀 年 月 日부터 本件 支拂完濟至日까지 年oo割의 利息
(二) 金oo원整 督促 手續費用(費用 內譯 下記)
(1) 金oo원整 貼用印紙代　　(2) 金oo원整 同送達料　　(3) 金oo원整 同書記料
(4) 金oo원整 同提出日當　　(5) 合計 金oooo원整
(請求의 原因)
上記 債權者는 債務者에 對하여 西紀 年 月 日 元金oo원을 利息은 月oo分
辨濟期限은 西紀 年 月 日限으로 約束下에 貸付하였는데
債務者는 其後 西紀 年 月 日까지 數回에 分하여 oo月分 利息金oo원만을
支拂하였을 뿐 延滯利息 等의 支拂義務를 履行치 아니하므로 屢屢히 催促을
하여 왔으나 債務者는 故意로 此日彼日 怠慢하여 조금의 誠意가 없으므로
不得已 本申請에 이르게 되었아오니 上記 債務者에 對하여 上記 金額및
督促費用을 添加 支拂하라는 支拂命令을 發付하여 주시옵기 玆以申告하나이다.
(立證方法)(1) 消費한 諸般證據 및 金錢消費件 添附
(附屬書類)(1) 戶籍謄本 一通
　　　　　西紀 年月 日　　　　　　　　　　　　　　上記 申請人　姓名 印
oo地方法院長 貴下

（支拂命令 申立）(지불명령 신립)

住所 郡 面 里 番地　債權者　姓名
住所 郡 面 里 番地　連帶 債務者　姓名
住所 郡 面 里 番地　連帶 債務者　姓名
(請求의 趣旨)
金ooo원整 貸付元金
(一) 上記 金額에 對하여 西紀 年 月 日부터 支拂 完濟至日까지 年oo割 利息
(二) 金ooo원整 督促手續費用(費用 內譯 下記)
(1) 金oo원整 貼用印紙代　　(2) 金oo원整 同送達料　　(3) 金oo원整 同書記料
(4) 金oo원整 同提出日當　　(5) 合計 金ooo원整
(請求의 原因)
債權者는 西紀 年 月 日 上記 債務者 等의 連帶로써 元金oo원整을 利息은
年oo割 元金 辨濟期限은 西紀 年 月 日限으로 約定下에 債務者에게 貸付하였음.
上記 債務者 等은 元金 및 利息 等에 對하여 元金辨濟期限이 經過되도록
支拂義務를 履行치 아니하므로 債權者는 數回에 亘하여 債務의 支拂을
督促하였으나 不當한 口實로써 此日彼日하고 不履行하므로 不得已 本申立에
이르게 되었아오니 上記 債務者에 對하여 上記 請求金額 및 督促手續費用을
添加 支拂하라는 支拂命令을 發付하여 주시옵기 玆以申立하나이다.
(添附書類)
(1) 連帶借用金證書 寫本 一通　　(2) 納付書 一通
　　　　　西紀 年月 日　　　　　　　　　　　　　　上記 債權者　姓名 印
oo地方法院長 貴下

（支拂命令 申立）(지불명령 신립)

住所 郡 面 里 番地　債權者　姓名
住所 郡 面 里 番地　債務者　姓名
（請求의 趣旨）
（一）金○○○원整 外上販賣代 殘金
（二）金○○○원整 督促手續費用(費用 內譯 下記)
(1) 金○○원整 貼用印紙代　　(2) 金○○원整 同送達料　　(3) 金○○원整 同書記料
(4) 金○○원整 同提出日當　　(5) 合計 金○○○○원整
（請求의 原因）
上記 債權者는 西紀 年 月 日 債務者의 請求에 依하여 商品(品名 및 數量 表示)을
賣却하되 그 代金은 ○○○○원으로 하고 代金 支拂期日은 西紀 年 月 日限으로
約束하여 豫以 該商品을 債務者에게 引渡하였음.
其後 債務者는 上記 商品代金 中 金○○원을 西紀 年 月 日 支拂하였을 뿐이며
殘金 ○○원은 上記 辨濟期限이 經過하도록 支拂義務를 履行치 않으므로
再三 督促을 하였으나 不當한 口實과 理由로써 此日彼日하며 支拂할 誠意가
全無하여 不得已 本申立에 이르게 되었아오니 上記 殘金 ○○○원整 및
督促手續費用을 加算 支拂命令을 發付하여 주시옵기 茲以申立하나이다.
（附屬書類）
(1) 物品外上賣出帳 寫本 一通
(2) 內容證明 通知書 一通
(3) 其他
　　　　　　西紀 年 月 日　　　　　　　　　　　　　上記 債權者　姓名 印
○○地方法院長 貴下

（支拂命令에 對한 異議申立）(지불명령에 대한 이의신립)

住所 郡 面 里 番地　債權者　姓名
住所 郡 面 里 番地　債務者　姓名
上記 當事者間의 貴院 西紀 年 月 日督 第○○號 支拂命令申立事件에 對하여
債務者는 西紀 年 月 日字로 그 支拂命令의 送達을 受取하였으나 이에 對한
支拂할 義務가 없으므로 不服하고 本異議申立에 이르게 되었나이다.
　　　　　　西紀 年 月 日　　　　　　　　　　　　　債務者 姓名 印
○○地方法院長 貴下

（保證人 變更 申立）(보증인 변경 신립)

住所 郡 面 里 番地　舊保證人　姓名
住所 郡 面 里 番地　新保證人　姓名
今般 變更에 依하여 上記 保證人을 變更하였기에 別紙의 身元保證書를
添附하여 申告함.
　　　　　　西紀 年 月 日
　　　　　　　　　　　　　　　　　○○課在勤
　　　　　　　　　　　　　　　　　○○(職名)　○○○(姓名)
○○長 貴下

（缺勤 申告）(결근 신고)

小生은 oo으로 因하여 oo日부터 oo日까지 oo日 間을 缺勤하겠기에
別紙(診斷書 또는 證明書)를 添附하여 申告하나이다.
　　　　　西紀 年 月 日　　　　　　　　　　oo課在勤
　　　　　　　　　　　　　　　　　　　　　　oo(職名)　　　　ooo(姓名)　印

ooo長 貴下

（辭職書）(사직서)

小生은 oo으로 因하여 勤務 不可能하므로 辭職코자 하오니 許容하여 주시옵기
바라오며 別紙(醫師診斷書)를 添附하여 이에 願書提出하나이다.
　　　　　西紀 年 月 日　　　　　　　　　　oo課在勤
　　　　　　　　　　　　　　　　　　　　　　oo(職名)　　　　ooo(姓名)　印

oo長 貴下

（名 變更 許可申請書）(명 변경 허가신청서)

本籍 道 郡 面 里 番地
住所 道 郡 面 里 番地(戶主 ooo姓名) 戶主와의 關係(長.次, 男.女)
事件本人 金吉童 西紀 年 月 日 生
上記 申請人 親權者 父　金東煥
(申請趣旨)
事件本人名(吉童)을 名(吉英)으로 變更하는 許可를 請求함.
(申請事由)
事件本人의 名은 過去 倭政時代의 創氏 制度 實施中 申告한 名이어서
姓에 適合치 않으므로(또는 近親間에 複名이 되므로)
變更코자 하오니 許可하여 주기를 申請하나이다.
(添附書類)
(1) 戶籍謄本(또는 寫本) 一通
　　　　　西紀 年 月 日　　　　　　　　上記 申請人 父　金東煥 印
oo地方法院長 貴下

（名 變更 申告）(명 변경 신고)

(名 變更을 本籍地에 申告하는 例)
本籍 道 郡 面 里 番地
住所 道 郡 面 里 番地 金吉童 戶主와의 關係(次男)
上記는 그 名(吉童)을 名(吉英)으로 變更함이 西紀 年 月 日 oo地方法院에서
許可決定되었으므로 上記 名 變更한 別紙 許可의 裁判謄本을 添附하여 申告함.
　　　　　西紀 年 月 日　　　　　　　　　　　　申告者　金東煥
　　　　　　　　　　　　　　　　　　　　　　　西紀 年 月 日 生
上記 金吉童은 未成年者이므로 親權者 父　金東煥 印
　　　　　　　　　　　　　　　　　　　　西紀 年 月 日 生
oo地方法院長 貴下

喪 禮

（ 初終 ） 病이 沈重하면 遷于正寢하여 男子는 不絶於婦人之手하고
婦人은 不絶於男子之手하여 俟氣絶하며 淨潔한 衣服으로 改服하며 新綿을
準備하고 皐服에 用할 上衣를 準備하며 水器와 藥器와 麋器를 病人頭上에 置하고
時時應用함이 可하니라.

（ 旣死絶 ） 命絶에 乃哭하며 新綿으로 耳目口鼻肛門을 掩하여 外風을 防止하고
手足이 不曲하게 正伸하며 擘號擗踊으로 全員이 哭하되 男哭聲이 止하면 女哭聲이
出하여 男女相繼哭聲이 暫時라도 不絶하니라.
一便으로는 親戚이 全部 會合하여 諸般事를 相議하느니라.

（ 皐服 ） 亡者의 上衣로 左手執領하고 右手執腰하여 昇屋上하여 亡者의 姓名
或 生時別號를 呼稱하고 婦人則 某貫某氏 或 宅號 某人服(一說에는 國 道 郡 面
里에 居하는 姓名 某服)이라고 三呼한 後에 卽時에 捲衣하여 尸面에 覆이라가
以後 擘領은 束魄製造에 用하며 上衣는 魂魄箱子에 置하니라.
(註)復之本義가 魂이 復返함을 禱함이니 哭聲이 震動則 魂欲返而似難得이라.
三呼者는 禮成於三也요 呼必北向者는 求於陰之義也니 不必昇屋하고 庭階間招魂도
亦宜는 司馬溫公之語矣라. 俗에 復衣를 小斂 後에 藏于魂魄箱中이라가
魂魄埋時에 並埋하니라. 然이나 大斂時에 入棺함이 可하다.

（ 遷尸床 ） 尸床에 席을 舖하고 屍身을 遷하여 枕으로 頭部를 安케 하며
兩手를 腹上에 安置하고 足은 几에 接하고 麻繩이나 紙繩으로 屍身을 結束하면
屍身이 不動不曲하나니 尸床은 屍身의 臥床인바 竹이나 木板으로 適宜構造한다.

（ 楔齒設幬 ） 楔齒는 角柶로 齒를 楔하니 此는 小斂時를 當하여 飯米를
口에 入하는 便宜를 取한 後에 角柶는 棄한다.
萬若 角이 無하면 木으로 柶를 作하여도 無妨하다.
楔幬는 屏風이나 布帳으로 하니 此는 防風도 되고 閒人勿視니라.

（ 立喪主 ） 父母喪에는 其長子요 長子가 旣歿則 長孫이 承重하고
長子不在中은 次子가 臨時喪主로 立하며 次子가 無則 長孫이 臨時喪主요
孫도 無則 最近卑族이라. 또한 主婦는 亡者의 妻요 妻가 旣歿則 喪主의 妻라.
又曰 妻喪에는 其夫가 喪主로되 飯含은 其子가 爲之니라.

（ 易服不食 ） 亡者의 妻나 子 婦 妾은 皆去華盛之服하며 藁席하고
徒跣하며 被髮하고 三日不食하며 朞年과 大功에는 三時不食하고 小功과 緦麻에는
二時不食이라. 然則 喪家는 三日을 不炊烟하니 親戚과 僚友가 粥을 扶助하여
勸食하며 遠處의 弔客 等을 案內하되 相議分客하여 接待하고
有服之人은 皆去華盛之服하며 出系子와 出系女는 皆不被髮하니
此는 天無二日이요 人無二尊한 故也니라. (註)卽 出養子 出養女를 말함이니라.
또 外艱喪에는 左袒하고 內艱喪에는 右袒하니라.

상 례

(**초종**) 병이 침중한즉 정침에 옮겨 남자는 부인의 손에서 명이 끊기지
아니하고 부인은 남자의 손에서 명이 끊기지 아니하여 써 기운이 끊어짐을 기다리며
정결한 의복으로 옷을 새롭게 하며 새 솜을 준비하고 고복에 쓸 저고리를 준비하며
물그릇과 약그릇 밑그릇을 병인의 머리 위에 두고 때때로 응용함이 가하니라.

(**기절**) 명이 끊어짐에 이에 곡하며 새 솜으로 입과 코 귀 눈 항문 등을 막아
바람을 방지하며 수족이 굽지 아니하게 바르게 펴며 반호벽용(攀號擗踊)으로 망자를
부르며 통곡하니 자기 가슴을 치며 휘어잡고 맨발로 뛰며 전 식구가 곡하되 남곡성이
끊기면 여자의 곡성이 나와 남녀가 서로 이어 곡성이 잠시라도 끊어지지 아니하도록
할지니라 일편에서는 친척이 모두 모여 제반 사항을 의논하느니라.

(**고복**) 죽은 자의 저고리를 왼손으로 동정을 잡고 오른손으로 허리를 잡아
지붕 위에 올라가 성명 혹 생시의 별호를 호칭하고 부인인즉 모관모씨 혹 댁호 모인
복(일설에는 국 도 군 면 리에 사는 모복)이라고 3번 부른 뒤에 즉시 가지고 내려와
죽은 자 안면에 덮었다가 다음에 벽령은 떼어서 속백에 넣고 옷은 혼백상자에 두니라.
(註)복이라고 부르는 본뜻은 반복함을 빎이니 곡성이 진동한즉 혼욕반이 사난득이라.
3번 부르는 것은 예성어삼야요 부름에 반드시 북향하는 것은 구어음지의야니
반드시 지붕 위에 올라가지 아니하고 정계간에서 혼백을 불러도 또한 마땅한 것은
사마온공지어의라. 풍속에 복의를 소렴 후에 장우혼백상자 중이라가 혼백 매안시에
함께 매안하니라. 그러나 대렴시에 입관함이 가하니라.

(**천시상**) 시상에 자리를 펴고 시신을 옮겨 베개로 두부를 편안케 하며
두 손을 배위에 올려 편안하게 하고 발은 궤(칠성판) 위에 접하여 삼 새끼나 종이
새끼로 칠성판과 합하여 묶으면 시신이 움직이지 아니하고 굽지 아니하나니 시상은
시신의 와상인바 대나 나무판자로 적의하게 제조한다. (주)짝을 맞추지 아니하느니라.

(**설치설위**) 설치는 각사(뿔숟가락)으로 이빨을 괴나니 이는 소렴시에
당하여 반미를 입에 넣는 편의를 취한 후에 각사는 버린다. 만약 뿔이 없으면 나무로
윳(숟가락)을 만들어도 무방하다. 설위는 병풍이나 포장으로 치나니 이는 방풍도 되고
사이의 한가한 사람이 보지 못하니라.

(**입상주**) 부모상에는 그 장자요 장자가 이미 죽은즉 장손이 승중하고
장자가 부재중에는 차자가 임시 상주가 되며 차자가 없은즉 장손이 임시 상주가 되니
손도 없은즉 가장 가까운 수하의 일가 사람이니라. 또한 내 상주는 죽은 자의 처요
처가 이미 죽은즉 상주의 처이니라.
또한 처상에는 지아비가 상주로되 반함은 그 자식이 하느니라.

(**이복불식**) 망자의 처나 자식 자부 첩 등은 모두 화려한 옷은 버리고
집으로 자리하고 맨발로 다니며 머리를 풀고 3일을 먹지 아니하며 기년복과 대공복은
3때를 먹지 아니하고 소공복과 시마복은 2때를 먹지 아니하느니라. 상가에는 3일을
밥짓는 연기를 피우지 아니하므로 이웃집이나 근친이 죽을 부조하여 먹기를 권한다.
멀리서 온 조객들은 근친이 서로 의논하여 나누어 대접하며 유복 지친은 다 화성복은
버리며 출계자와 출계녀는 다 머리를 풀지 않느니라. 이는 하늘에는 두 해가 없고
사람에게는 두 높은이가 없는 연고니라. (주)즉 출양자. 출양녀를 말함이니라.
또 외간상에는 좌단하고 내간상에는 우단하니라.

（護喪） 護喪은 喪事中의 執禮者라. 一切事務를 總指揮하나니
喪家의 近親과 相議하여 喪家의 失禮가 無在토록 하는 總責任者이니라.
然則 知禮人으로 定하는데 外艱喪에는 友人이나 遠戚 또는 門生도 可하고
內艱喪에는 親戚이 可하니라.
護喪所를 別設하고 慰弔客 等은 護喪所에 經由가 可하니 弔慰賓客을 明記함이라.

（司書司貨） 司書는 訃告錄과 哀感錄．錢儀錄．賻儀錄 等을 明記하여
葬後에 喪主에게 引導하며
司貨는 金錢出納簿와 物品購入簿를 明記하여 葬後에 喪主에게 引導하느니라.
此는 護喪所의 事務로 司書司貨가 責任하니 親戚도 可也며 外人도 可也니라.

（設奠） 屍身을 尸床에 安侍 後에 設饌獻爵으로 魂魄을 慰安할지니
時에 喪主는 哀痛罔極하여 不能執禮하니 知禮近親이 代理獻爵한다.
虞祭前의 喪中祭는 皆代理하니라.
丘氏曰 初喪에 全奠는 香茶나 濁酒나 果物이니 親厚者가 用牲이 可也니라.

（治棺） 古者에 棺과 槨을 漆하거나 松脂를 作末하여 棺內外에 厚舖하고
以火鐵로 熔之하며 油蠟으로 塗之러니 今則 以白棺으로 用之하니 不可하다.
不得已則 以麻灰로 塗之나 又無麻灰則 糯藁灰로 塗之니라.

（沐浴 堀坎） 沐浴은 香湯水로 侍者가 屍身全體를 沐浴하고
洗面浴髮은 其子가 爲之니라. 巾은 上拭 下拭의 二巾이요 落齒落髮은 各囊에
入하여 棺內에 置하며
坎은 廣二尺에 深二尺 假令을 掘하여 不潔物과 沐浴水를 埋沒하니라.

（襲） 襲은 屍身에게 衣服 입히는 것을 襲이라 한다.
房正中央에서 襲을하니 萬若 妻以下喪則 中央을 小避하니라.
襲侍者는 上에 二人 下에 二人으로 分立하여 襲을 하느니라.
襲具는 如下하다.

(1) 幅巾　　(2) 掩　　(3) 枕　　(4) 深衣　　(5) 大帶　　(6) 履
(7) 袍襖　　(8) 幎目　　(9) 握手　　(10) 汗衫　　(11) 袴　　(12) 囊肚
(13) 勒帛　　(14) 充耳　　(15) 橢腔　　(16) 爪髮囊　　(17) 地衾　　(18) 天衾
(19) 幎巾　　(20) 束袍 麻繩 其外 其他

苧布와 苧繩은 不用하니라.
(註) 衣服은 門外에 設席하고 置하여 襲侍者에게 順次로 준다.
衣服을 포개서 입히는 것이 容易하니라.

（飯含 入珠） 飯含은 飯米三匙를 尸口에 入하며 又는 飯米二升을
食器에 入하여 棺의 北에 置하니라. 入珠는 珠三個를 封紙에 入하여
棺의 南에 置하고 金玉錢貝도 亦入하나 銀은 不入한다.

(호상) 호상은 상사중의 집례자라. 일절 사무를 총지휘하나니
상가의 근친과 서로 의논하여 상가의 실례가 없게 함을 총책임하는 사람이니라.
그런즉 예의를 밝게 아는 사람으로 정하는데 외간상에는 우인이나 먼 친척이나
또는 문생도 가하고 내간상에는 친척이 가하니라.
호상소를 별도로 설치하고 오는 조객 등은 호상소에 경유함이 가하니
이는 조위하는 빈객을 명기함이니라.

(사서사화) 사서는 부고록과 애감록 전의록 부의록 등을 명기하여
장후에 상주에게 인도하며
사화는 금전 출납부와 물품 구입부를 명기하여 장후에 상주에게 인도하니라.
이는 호상소의 사무로 사서사화가 책임하니 친척도 가하며 외인도 가하니라.

(설전) 시신을 시상에 안치한 후에 몇 가지 제수를 진설하고 헌작으로 혼백을
위안하니 이때에 상주는 애통망극하여 능히 예를 잡지 못하니 예를 아는 근친이
대리로 헌작한다. 초우제전의 제사는 모두 대리로 행하니라.
구씨가 말하기를 초상에 모든 제에는 향이나 차와 술과 과실이니
친함이 후한 자가 어육을 씀이 가하니라.

(치관) 옛적에 관과 곽을 옻칠을 하거나 송진을 작말하여 널 안이나 밖을
두껍게 바르고 불에 달군 쇠로 지지며 유납으로 바르니라.
그러나 지금에 와서는 백관으로 쓰니 옳지 아니하다. 부득이한즉 삼대 재로써 바르거나
또 삼대 재가 없은즉 찰볏짚 재로 바를지니라.

(목욕 굴감) 목욕은 향나무 끓인 물로 모시는 사람이 시신 전체를 목욕하고
얼굴을 씻고 머리를 감음은 그 자식이 하느니라.
수건은 위에 씻고 아래 씻는 두 개의 수건이요 빠진 이와 빠진 머리털은 각각 주머니에
넣어 널 안에 두며
목욕한 물을 묻을 구덩이는 넓이가 두 자요 깊이도 두 자 가량을 파서 불결한 것과
목욕한 물을 매몰하니라.

(습) 습은 의복을 입히는 것을 습이라고 한다.
방의 정중앙에서 습을 하는데 만약 처 이하 초상인즉 중앙을 조금 피하니라.
습을 하는 사람은 위에 두 사람이요 아래에 두 사람으로 나누어 서서 습을 하느니라.
습구는 다음과 같다.

(1) 폭건 　(2) 엄 　(3) 침 　(4) 심의 　(5) 대대 　(6) 리
(7) 포오 　(8) 멱목 　(9) 악수 　(10) 한삼 　(11) 고 　(12) 낭두
(13) 늑백 　(14) 충이 　(15) 타공 　(16) 조발낭 　(17) 지금 　(18) 천금
(19) 명건 　(20) 속포 마승 그외 기타

모시 베와 모시 끈은 쓰지 않는다. 의복은 문밖에 자리하여 놓고 습하는 사람에게
순서대로 준다. 의복을 포개서 입히는 것이 용이하다.

(반함 입주) 반함은 반미 3수저를 시신의 입에 넣는 것이며 또는 반미 2되
를 식기에 담아 널 북쪽에 두며 입주는 구슬 3개를 봉투에 넣어 널 남쪽에 둔다.
금옥 보배도 또한 넣으나 은은 넣지 아니한다

（喪家　寢所）喪家에서 葬 前에는 尸側에 藁席하고 寢하나
男女不同席이니라. 大蓋 葬式이 有禮하니 士는 踰月而葬하고
大夫는 三月而葬하며 諸候는 五月而葬하니라. 然則 此가 孝子之心이니
朝哭夕哭으로 孝奉靈坐하며 宿于外寢하고 身不脫衰麻之衣하며 朔望哭墓하고
不離藁席하며 終喪三年하느니라.

（靈坐　魂帛）靈坐는 几位床(椅子)에 褥을 布하고 魂帛奉安함을
謂함이요 魂帛은 明紬나 麻布를 若 七寸 假令에 白紙를 付하여 皐服한 上衣의
領을 入하여 神主 造法에 彷佛하게 製造하여 靑紅絲로 同心結을 맺으니
是曰 束帛이라. 俗에 曰 假主라 한다. 神主造成 前에는 假主에 祭하니라.
靈坐前에 祭床이요 祭床左便에 卓床을 置하고 卓床에 冠巾과 衣服 煙草甲 烟竹
紙筆 墨硯 等 日用品을 置하고 每朝에 掃除하여 一点塵埃가 無在토록 하느니라.
几位床은 借用이 不可하니 萬若 無則 治棺木手로 新造用而可也요
若貸借則 與者와 受者가 皆非니라.
魂帛은 箱에 奉安하니 箱은 明紬나 或 麻布에 白紙를 付하여 魂帛奉安에
適宜하게 製造하니라. 神主는 墳墓가 半成則 墓傍에서 題主하여 魂魄箱 中央에
奉安하여 慰安祭를 行하고 即時에 返魂이라. 此時에 魂帛은 神主後에 奉安하니
然則 題主 前에는 前帛後主하고 題主 後에는 前主後帛하며 三虞日에는 魂帛은
屏處潔地에 埋安한다. 今俗에는 墓階에 埋安하니라.
影貌가 有한 時는 影은 生時의 貌요 主는 死後의 神이니
祭於神 故로 後影前主가 可也니라.
俗에 不造主하고 權奉紙榜者가 多하니 紙榜도 墓傍題書以可也니라.

（小殮）死之 第二日이니 小殮 後에는 設靈坐하고 致奠하니라. 厥明에
細布(絞布用이니 即 殮布라), 衣服(襲時被服을 不曲하게 함) 絞는 縱과 橫과
二者가 有하니 縱은 一幅布에 屍身을 올려놓고 上下兩端을 二便으로 分하여
屍身을 結하고 橫은 三幅을 縫하여 左右兩端을 各五便으로 分하여 結하니라.
縱橫으로 結하되 先掩足하고 次掩首하며 次掩左하고 次掩右하며 先結縱絞하고
次結橫絞나 欲見親面하여 不結面部하고 以俟明日大殮時하여 完結하니라.
小殮畢에 以天衾地衾으로 屍身을 싸서 尸床에 安置하고 俵衾(棺衣)로 覆하니라.
散衣(雜衣入棺時用), 舒絹疊衣(片衣破衣니 棺空缺處에 入함),
上衣(直領及襦) 新綿(棺內空缺處入), 此는 皆入棺時用이나 此時에 準備하여
屍身左右에 置한 後 明日 大殮時에 皆用하니라.

（括髮　撮髻）小殮畢에 男子는 以麻繩으로 括髮하고 婦人은
麻片布로 撮髻하니 子生於藁上故로 藁上坐哭하고 被髮而生故로
被髮而哭하다가 至死 後 三日에야 小殮 後에 撤藁하니
是爲 報本之義也니라.

（設奠）襲한 後에 設蔬果 獻爵하고 小殮 後에 獻爵하며 大殮 後에도
獻爵하니 是爲 魂魄을 慰安하는 享禮이므로 親戚이 代理하여 焚香獻爵하니라.

（상가 침소） 상가에서 장사 전에는 시신 곁에서 짚으로 자리하고
남자나 여자가 자리를 한가지 아니한다.
대개 장식에 예가 있으니 선비는 달이 넘으면 장사하고 대부는 3개월에 장사하며
제후는 5개월에 장사하니라. 그런고로 이것이 효자지심이니 아침에 곡하고
저녁에 곡하므로 효로써 영좌를 받들며 밖에서 자고 몸에는 최마지복을 벗지 아니하며
초하루와 15일(보름)에는 묘전에 가 곡하므로 초상 삼 년을 짚자리로 마치니라.

（영좌 혼백） 영좌는 궤위상에 요를 펴고 혼백(신위)를 봉안함을 말함이요
혼백은 명주나 마포베로 약 7촌 가량으로 하여 백지를 붙여 고복한 옷의 동정을 넣어
신주 만드는 법에 방불하게 제조하여 청홍실로 동심결을 맺으니 이것이 가로되 속백이라.
풍속에 말하기를 가주라고 한다. 신주를 조성하기 전에는 가주에 제사하니라.
영좌 앞에 제상이요 제상 좌편에 탁상을 설치하고 탁상에 관과 수건 의복 연초갑 담뱃대
벼루 붓 먹 등의 일용품을 놓고 매일 아침마다 소제하여 한 점의 먼지도 없도록 하느니라.
궤위상은 빌려 씀이 불가하니 없은즉 관을 짜는 목수에게 새로 만들어 씀이 가하며
만일 꾸거나 빌린즉 주는 자와 받는 자가 다 그르니라.
혼백은 상자에 봉안하니 명주나 혹 마포에 백지를 붙여 혼백 봉안에 적당하게 제조하며
신주는 분묘가 반성하면 묘방에서 신주를 써서 혼백상 중앙에 봉안하여 위안제를 모시고
즉시에 반혼하니라. 이때에 혼백은 신주뒤에 봉안하니
그런즉 신주를 쓰기 전에는 전백 후주하고 신주를 쓴 후에는 전주 후백하며 삼우일에는
혼백은 깨끗한 곳에 묻는다. 지금의 풍속에 묘 옆에 매안하니라. 영모(사진)가 있으면
영모는 생시의 모양이요 신주는 죽은 뒤의 신이니 신에 제사하는 고로
후영 전주가 가하니라. 풍속에 신주를 만들지 아니하고
임의로 지방을 만드는 자가 많으니 지방도 묘방에서 씀이 가하니라.

（소렴） 죽은 지 2일에 소렴하니 소렴 후에는 영좌를 설치하여 잔을 올리니라.
날이 밝거든 가는 베 즉 염베를 쓰니 의복 즉 습 할 때에 입힌 옷을 바르게 펴며 교는
종과 횡으로 두 가지로 하여 종베는 일폭 베에 시신을 올려놓고 상하 양끝은 둘로 나누어
시신을 결하고 횡베는 삼폭을 꿰매서 좌우 양끝을 각 5편으로 나누어 결하니라.
종횡으로 결하되 먼저 발을 걷우고 다음에 머리를 걷으며 다음 좌측이요 다음 우측이니
먼저 종베를 결하며 다음에 횡베이나, 어버이의 낯을 보고자 하여 얼굴은 맺지 아니하고
다음날 대렴시를 기다려 완전히 맺느니라.
소렴이 다함에 천금 지금으로써 시신을 싸서 시상에 안치하고 널 덮는 이불로 덮느니라.
여러 가지 옷은 입관시에 넣으며 상의는 직령과 저고리요 새 솜은 널 공간에 넣으니
이것은 다 입관시에 쓰나 이때에 준비하여 시신 좌우에 두었다가 대렴시에 쓰느니라.

（괄발 활계） 소렴을 다함에 남자 상인은 삼 새끼로써 머리를 묶고
여자 상인은 마포베로 더펄거리는 머리를 묶는 것이니라.
자식을 짚자리 위에서 낳는 고로 짚자리 하여 곡하고 머리를 풀고 낳으니 머리를 풀고
곡하다가 죽은 지 3일에 이르러 소렴 후에 짚자리를 걷으니 이는 근본을 갚은 이치니라.

（설전） 습한 후에 소과를 베풀어 헌작하고 소렴 후에도 또한 헌작하며
대렴 후에도 또한 헌작하니 이것은 혼백을 위안하는 흠향의 예이므로
친척이 다 대리하여 분향하고 헌작하니라.

（大殮） 死之 後 3日이니
細布(俵殮用) 天衾地衾 厚白紙(覆灰用 五六杖), 椺灰(五六斗無則 糯藁灰代用),
七星板(穿七穴), 入棺은 棺內에 五六寸灰上에 白紙요 白紙上에 七星板이며
七星板上에 地衾하고 屍身을 納할새 面部를 完結하고 落齒落髮은 棺의 上角,
散衣 疊衣 新綿은 棺의 空處에 入하여 屍身이 不動케 하며 上衣(深衣)는
覆하고 下釘閉棺하니 設凳(槐木)하며 出棺하여 油紙로 棺을 封하고
俵殮으로 棺을 包하여 小索大索으로 結棺하니라. 七星板은 有七穴이니
沙溪曰 南斗星은 司生하고 北斗星은 司死故로 做其形也니라 하였다.

（銘旌） 禮記曰 用粉白書는 有死者之別이라.
沙溪曰 無官職而 只有資級者 妻는 不稱封하고 只書鄉貫이 可하니라.
銘旌은 赤緞에 白粉으로 書하여 杠縣하여 竿揭하니 靈坐의 左便에 置하니라.
三品官 以上은 九尺이요 五品官 以上은 八尺이며 六品官 以上은 七尺이고
庶人은 規定이 無在하니 七尺이 可也라. 此가 指尺이니 家庭 布尺으로는 三尺
三寸이니라. 有官則 某官 某貫某公之柩라 쓰며, 婦人은 某封 某貫某氏之柩라
쓴다. 無官則 學生 某貫某公之柩라 쓰며 婦人은 孺人 某貫某氏之柩라 쓴다.
假令 男子가 官職이 正三品이고 姓은 金氏요 本貫은 慶州며 號는 昭熏이라면
通政大夫 慶州金公 昭熏之柩라고 쓴다. (註)一說에 號는 不書한다.
婦人則 淑夫人 慶州金氏之柩라 쓴다. 男子無官則 學生 慶州金公之柩라 쓰며
婦人이 無封則 孺人 慶州金氏 之柩라고 쓴다.
또한 男子가 無官則 學生 秀才 秀士 居士 處士라 쓰기도 한다.
杠은 喪轝의 附屬이요 銘旌은 必立于柩東 故로 銘旌을 不書則 不得出棺이니라.

（弔客 慰問） 弔客이 成服 前에는 尸房을 向하여 立哭再拜하고
主人에게는 無拜한다. 此는 主人이 哀痛罔極하여 不能執禮故로 無拜하니라.
成服 後에는 靈坐에 立哭再拜하고 又有慰問哭하니 客은 主人을 向하고
主人은 客을 向하여 相向哭하고 相拜하되 喪事無辭하니라.
內艱喪에는 非親戚이면 不入靈座室하니 几筵에는 無拜無哭이나
喪主와 慰問相向哭은 하느니라. 古禮에 喪家에는 無接賓之禮니라.

（朝奠 夕奠） 朝奠은 厥明에 하며 夕奠은 夕上食 後에 設蔬果하고
焚香獻酌을 如生時所養하고 哭再拜退하느니라.
沙溪曰 夕奠은 厥明에 撤之하니라 하였다.

（遣奠禮） 奠은 卽 祭也라. 此奠은 父母 永訣終天의 送終之禮니
一生에 再不得此禮也니라. 故로 雖曰 貧富不同이라도 各其隨力하여 家家盛奠은
孝子之心에 當行之道理也니라.
此奠은 廣場路邊에서 行한 後에 以祭酒祭饌으로 來弔賓客을 接待함은 俗禮이나
然이나 俗亦久則 難變也니라. 雖然이나 負債盛奠은 不可하니 貧富不同故로
以孟子之聖으로도 後喪(任官時)이 厚於前喪(幼學時)이니라.
遣奠이 畢하면 執事가 撤脯果若干하여 納于苞中하나니
此는 神道가 依於飲食하는 故也라.

(대렴) 대렴은 죽은 후 3일이니
세포(널 싸는 이불) 천금이 하나 지금이 하나이며 두텁게 바를 백지는
재를 덮는 데 쓰는 오류장이요 옥수수 재는 오류말이며 없은즉 찰볏짚 재로 대용한다.
칠성판은 구멍이 7개요 입관이라 함은 시신을 관에 넣는 것이니 널 안에 5,6치 가량
재를 펴고 재 위에 백지요 백지 위에 칠성판이며 칠성판 위에 지금을 깔고 시신을
넣을새 면부를 완전히 결속하고 빠진 이와 빠진 머리털은 널의 상각에 넣으며
여러 가지 옷과 새 솜은 널의 빈 곳에 가득히 넣어 시신이 움직이지 아니하게 하며
심의는 덮고 하정폐관하니(즉 천개를 닫아 못질하니라) 설등(괴목)을 베풀고 출관하여
기름종이로 널을 봉하고 이금(관보)로 널을 싸고 작은 새끼 큰 새끼로 관을 묶느니라.
칠성판은 7개의 구멍이 있으니 이것을 사계왈 남쪽의 두성은 사는 것을 맡음이요
북쪽의 두성은 죽는 것을 맡은 고로 그 얼굴을 모방하는 것이니라 하였다.

(명정) 예기에 말하기를 하얀 백분으로 글을 쓰는 것은 죽은 자가 있어 나누어
감을 뜻함이라. 사계왈 무관직이 지유자급자 처는 불칭봉하고 지서향관이 가하니라.
명정은 붉은 비단에 하얀 분으로 서하여 대에 높이 매고 영좌의 좌편에 세운다.
명정의 장은 삼품관 이상은 9자이고 오품관 이상은 8자이며 육품관 이상은 7자요 서인은
규정이 없으나 7자가 가하다 이것이 지척이니 가정에서 쓰는 폭척으로는 3자 3치니라.
벼슬이 있은즉 모관(某官) 모관(某貫) 모공지구라 쓰며 부인은 모봉 모관모씨지구라 쓴다.
벼슬이 없은즉 학생 모관(某貫)모공지구라 쓰며 부인은 유인 모관모씨지구라 쓴다.
가령 남자가 관직이 정삼품이고 성은 김씨요 본관은 경주이며 호는 소훈이라면
통정대부 경주김공 소훈지구라고 쓴다. (주)일설에 호는 불서한다.
부인인즉 숙부인 경주김씨지구라고 쓴다. 남자가 무관인즉 학생 경주김공지구라고 쓰며
부인이 무봉인즉 유인 경주김씨지구라고 쓴다.
또한 남자가 벼슬이 없으면 학생 수제 수사 거사 처사라고 하기도 한다.
강(깃대)은 상여의 부속이요 명정은 반드시 관 동쪽에 세우는 고로
명정을 쓰지 아니한즉 출관을 못하니라.

(조객 위문) 조객이 성복 전에는 망자의 방을 향하여 곡하고 재배하며
주인에게는 절이 없으니 이는 주인이 애통망극하여 능히 예를 잡지 못하는 고로
절이 없느니라. 성복 후에는 영좌에 입곡 재배하고 또 위문 곡하니 조객은 주인을
향하고 주인은 조객을 향하여 곡하고 서로 절하되 상사에는 말을 하지 않느니라.
내간상에는 친척이 아니면 영좌실에 들지 못하니 궤연에는 무배 무곡이나 상주와는
위문 상향곡은 하느니라. 옛부터 상가에는 접빈하는 예가 없느니라.

(조전 석전) 조전은 궐명(날이 밝은 뒤)에 올리며 석전은 처녁 상식 후에
소과를 베풀고 분향하여 헌작함을 생전시에 모심과 같이하되 곡하고 재배하고
물러가니라. 사계 말하기를 석전은 날이 밝은 뒤에 철지하느니라 하였다.

(견전례) 전은 곧 제사니라. 이 전(들임)은 부모가 영원히 하직하고 하늘나라
에 가시라는 예인데 일생에 두 번 없는 예이니라. 그런고로 비록 가난하고 부자로
삶이 같지 않을지라도 각각 그 힘에 따라 집집마다 성찬을 올리는 것은 효자의 마음에
마땅히 할 도리니라. 이 전(들임)은 노변광장에서 행한 후에 제주 제찬으로 내빈
조객을 접대함은 속 예이나 그러나 풍속도 오래 된즉 변하기 어려우니라.
비록 그러하나 부채로 성전함은 불가하니 빈부가 같이 아니한 고로 맹자의 성언으로도
뒤 초상이 전 초상보다 두터움은 전에는 가난하고 뒤에는 대부벼슬을 함이니라.
견전제를 필하면 집사가 제수 약간을 꾸러미에 싸나니 이것은 신도의 음식 예이니라.

○主要 喪禮法　　　　　　　# 主要 喪禮와 節次

（喪主）는 病者가 殞命하면 亡者의 妻나 子孫과 婦女 모두는 華盛之服除去
하며 藁席하고 徒跣하며 被髮하고 三日不食하며 朞年 大功에는 三時不食이요
小功 緦麻는 二時不食이라. 喪家는 三日 不炊烟하니 親隣戚이 粥을 賻助勸食한다.
出系子와 出系女는 不被不髮하니 一人二尊은 不在故也니라(養子 養女를 말함).

（皐復）은 亡者의 上衣를 左手執領하고 右手執腰하고 昇屋上하여 北向하고
姓名 某貫某公 또는 婦人則 某貫某氏 復이라고 三呼한 後에 卽時 가지고
내려와 亡者의 顔面을 覆하였다가 小斂한 後에 壁領은 떼어 假主와 神主 箱子 等
製造에 用하며 上衣는 魂魄箱子에 두었다가 大斂時에 入棺한다.
上衣로 皐復意則 魂魄은 昇天之意니라.

（左袒）은 父喪이니 道袍의 左側 소매를 팔에 끼우지 않은 것을 말한다.
그 뜻인즉 左而東이요 陽이기에 陽은 乾이고 男이니 外艱喪을 表視하는 뜻이다.

（右袒）은 母喪이니 道袍의 右側 소매를 팔에 끼우지 않은 것을 말함이니
右而西요 陰이기에 陰은 坤이며 女이니 內艱喪을 表視하는 뜻이다.

（收尸）는 亡者의 尸身을 바르게 하는 것을 말한다. 麻로 왼새끼를 꽈
가지고 竹七片을 七結로 엮어 7星板을 造하여 그 위에 尸身을 安置하고 7星板과
함께 7매로 束한 後 藁로 枕 3個를 製造하여 房上에 橫으로 上中下로 置하고
其上에 屍身을 安置하고 淸潔綿으로 耳 目 鼻 肛門 等을 掩塞한 後에 亡者의
寫眞有則 奉安하고 香 燭에 點火하여 魂魄을 慰安하니 時에 喪主는 哀痛罔極하여
不能執禮故로 知禮近親者가 虞祭 前까지는 皆祭 代理한다.

（護喪）은 喪禮에 밝은 他人이나 近親으로 定하여 護喪所를 設置하고
護喪은 喪主와 또는 近親과 議論하여 喪中事의 諸般 事項을 履行하며
管割指揮하니 司書司貨를 두어 訃告와 哀感錄 賻儀錄 金錢出納賻 物品購入賻 等을
準備하여 모든 行事를 明記케 하여 葬後에 喪主에게 引渡한다.

（襲）은 香湯水로 屍身을 沐浴하는 것을 襲이라고 한다. 香木의 香氣로 魂魄은
慰安이 되는 것이라 하니 喪葬祭禮時에 必用 香木하는 것이다.

（小斂）은 屍身에게 수의(襚衣) 입히는 것을 말함이니 襚衣는 다음과 같다.

(1)　充耳　　(2)　幅巾　　(3)　袴　　　(4)　袍襖　　(5)　勒帛　　(6)　汗衫
(7)　大帶　　(8)　囊肚　　(9)　深衣　　(10)　枕　　　(11)　掩　　　(12)　幎目
(13)　握手　　(14)　爪髮囊　　(15)　楕崆　　(16)　履　　(17)　地衾　　(18)　天衾
(19)　幎巾　　(20)　麻繩　　(21)　束袍
以外에도 襚衣는 多在하니 子孫들의 誠意에 있다.
襲侍者는 上二人이요 下二人으로 分立하여 地衾을 깔고 束袍를 7매로 놓은 뒤에
兩衾을 깔고 襚衣를 입힌 후에 屍身을 바르게 7매로 結한 다음 天衾으로 덮는다.

주요 상례와 절차

(상주) 는 병자가 운명하면 망자의 처나 자손과 부녀 모두는 화려한 옷을 버리며
볏짚으로 자리하고 맨발로 다니며 여자는 머리를 풀고 3일을 먹지 아니하니
기년 대공에는 3때를 먹지 않으며 소공 시마에는 2때를 먹지 않느니라. 상가에는
삼일 간을 밥을 짓지 아니하므로 근인척이 죽을 준비하여 상인에게 권한다.
출계자와 출계녀는 일인이 이존은 없으므로 머리를 풀지 않는다(즉 양자 양녀를 말함).

(고복) 은 망자의 상의를 가지고 지붕 위에 올라가 좌수로 동정을 잡고 오른손으로
허리를 잡아 북향하고 성명 모관모공, 부인인즉 모봉모씨 복이라고 3번 부른 뒤에 즉시
가지고 내려와 망자의 얼굴에 덮어 놓았다가 소렴한 후에 동정을 떼어 가주와 신주와
신주상자 등의 제조에 용하며 옷은 혼백 상자에 두었다가 대렴시에 관에 입관한다.
옷을 지붕 위에 올라가 3번 부르는 뜻인즉 혼백은 하늘에 오르라는 뜻이니라.

(좌단) 은 부상이니 도포의 좌측 소매를 팔에 끼우지 않은 것을 말한다.
그 뜻인즉 좌이동이요 양이기에 양은 건이요 남이라 외간상을 표시하는 뜻이다.

(우단) 은 모상이니 도포의 우측 소매를 팔에 끼우지 않은 것을 말함이니
우이서요 음이기에 음은 곤이요 여이니 내간상을 표시하는 뜻이다.

(수시) 는 망자의 시신을 바르게 하는 것을 말한다. 삼으로 왼새끼를 꽈 가지고
대(竹) 7조각을 7매로 엮어 7성판을 조작하여 그 위에 시신을 안치하고 7성판과 함께
7매로 묶은 뒤 볏짚으로 베개 3개를 만들어 방 위에 횡으로 상중하로 놓고 그 위에
시신을 모시고 깨끗한 솜으로 입 코 귀 그리고 항문 등을 막은 후에 망자의 사진이
있으면 모시고 촛불을 켜며 향을 피워 혼백을 위안하니 이때에는 상주가 애통망극하여
불능집례 고로 예의에 밝은 친척이 우제까지는 모든 제사를 대리로 행제한다.

(호상) 은 상례에 밝은 타인이나 가까운 친척으로서 하여 호상소를 설치하고
호상은 상주 또는 근친과 의논하여 상중사의 모든 것을 이행하며 관할 지휘하니
사서사화를 두어 부고와 애감록.부의록.금전출납부.물품구입부 등을 준비하여
모든 행사를 명기케 하여 장후에 상주에게 인도한다.

(습) 은 향나무 끓인 물로 시신을 목욕 시키는 것을 습이라고 한다. 향목의 향기로
혼백은 위안이 되는 것이라 하니 상장제례시에 반드시 향목으로써 향기를 피우니라.

(소렴) 은 시신에게 수의(옷)를 입히는 것을 말함이니 수의는 다음과 같다.

(1) 충이..솜으로 된 귀마개이고
(2) 폭건..모자이며
(3) 고....바지이고
(4) 포오..저고리이며
(5) 늑백..버선이고
(6) 한삼..소매에 다는 것이며
(7) 대대..허리띠이고
(8) 낭두..여자 허리띠이며
(9) 심의..도포이고
(10) 침....베개이며
(11) 엄.....여인의 모자이고
(12) 멱목...눈을 가리는 것이며
(13) 악수...손을 싸는 것이고
(14) 조발랑.손톱 발톱을 깎고 이발도 하여 조발랑에 담아 관에 넣는 것이고
(15) 타공...조끼와 토시이며
(16) 리.....마포에 백지를 부하여 만든 신이며
(17) 지금...까는 이불이고
(18) 천금...덮는 이불이며
(19) 명건...목욕시 얼굴 수건이며
(20) 마승..시신을 묶는 삼 왼새끼이고
(21) 속포...묶는 가는 베다.

그외 기타 수의는 다재하니 자손들의 성의에 있다.
습시자는 상에 2인이요 하에 2인으로 분립하여 지금을 깔고 속포를 7매로 놓은 뒤에
홑이불 겹이불을 깔고 옷을 입힌 후 시신을 바르게 7매로 묶은 뒤에 천금으로 덮는다.

小斂이 끝나면 屍身을 屍床에 安置한 後 屛風을 치고 男子는 麻繩으로 括髮하며
女子는 麻片布로 撮髻하고 設盤하여 魂魄을 慰安하니 兩燭에 點火하고
一果單酌으로 焚香한다. 此時에는 喪主가 哀痛罔極하여 不能執禮故로
近親의 知禮者가 代理獻酌하며 虞祭 前의 祭祀는 皆祭를 代理한다.

(大斂)은 入棺을 말한다 襲과 小斂이 끝나면 用襲한 물을 地埋하고
入棺하되 棺內를 亡人衣服이나 明布로 空間을 滿棺한다. 此時에 子女未到者 有則
其子孫이 到着하여 立哭한 後에 天盖를 덮는다.

(飯含)은 白米 三匙를 屍身口에 入하는 것을 말한다.

(入珠)는 純金이나 木器 土器類는 入棺하나 銀이나 鐵器類는 不入한다.

(設奠)은 大斂畢에 即時 房上에 藁枕三個를 橫置하고 棺槨을 安置하여
屛風을 치고 靈位床을 設置하여 床에 褥布 又白紙하고 屛風 前에 祭床이니
假主로 魂魄을 奉安하여 祭床 左便에 卓床하여 冠 巾 衣服 烟草甲 紙筆 墨硯 等
日用品을 置하고 兩燭에 點火하여 一果單酌으로 近親이 代理焚香한다.

(成服祭)는 大斂畢에 諸喪人 成服하고 立銘旌하여 行祭하니 銘旌은 普通
七尺에 白墨書이니 假令 金氏가 貫은 金海요 無官이면 學生 金海金公之柩라 쓰며
內艱喪이면 孺人 金海金氏之柩라 쓴다. 設置靈位하여 屛風 左側에 銘旌을 置하고
設盤하여 紙榜이나 寫眞亦可하니 奉安하고 祭需陳設하여 喪人은 모두 喪杖을
짚고 焚香單酌으로 立哭하며 行祭한다.
古禮에 天子는 七月而葬하고 諸候는 五月而葬하며 大夫는 三月而葬하고 士는
月踰에 葬하니 亡後 四日에 成服하고 五日에 家殯하여 先擇吉地하니 作家狀으로
行狀을 刻字碣銘하여 葬日에 立碑함이 古禮라 하였다. 然이나 時에는 不可하다.

(喪杖)은 竹杖과 桐杖이 있으니 外艱喪에는 竹杖이요 內艱喪에는 桐杖이다.
其意인즉 男은 乾이요 陽이며 女는 坤이요 陰이다.
故로 見者 陽이요 不見者 陰이며 透出者 陽이요 隱伏者 陰이다.
故로 竹은 外節이니 陽이라 陽은 乾이요 男이니 外艱喪에는 竹杖을 하며
桐은 內節이니 陰이라 陰은 坤이요 女이니 內艱喪에는 桐杖을 한다.
故로 陰陽의 原理에 따라 應用하여 表示하니
過路行客도 左右袒과 喪杖으로 外艱喪과 內艱喪을 分別케 함이니라.

(假主)는 一名 紙榜이니 明紬나 麻布로 若 七寸 假量으로 白紙를 付하여
皐復한 上衣에 壁領을 入하여 如神主造成法하여 紅靑絲로 同心結을 맺어
束하는 것이니 是曰 束帛이라 하며 假主라고 한다. 魂魄은 箱子에 奉安하니
同材料로 魂魄奉安에 適宜하게 製造하여 箱子中央에 安置한다.

(神主)는 魂魄을 奉安함이니 神主와 神主箱子의 製造法은 假主의 製造法과
同一하며 奉安臺는 木造로 椅子 形象하여 上段 中央에 奉安한다 墳墓半成에
墓傍에서 題主하여 慰安祭를 모시고 反魂하니 (平土祭 條目을 參考하라).

(朝奠 夕奠) 朝奠은 厥明이요 夕奠은 夕上食 後에 設蔬果하여
焚香 獻酌함에 如生時所養하고 立哭 再拜한다. 夕奠은 厥明에 撤之한다.

소렴이 끝나면 시신을 시상에 안치한 후에 병풍을 치고 남자는 삼 새끼로 머리띠를 하고
여자는 마포로 머리띠를 하며 설반하여 혼백을 위안하니 양측에 점화하고 일과단작으로
분향한다. 이때에는 상주가 애통망극하여 그 예를 행하지 못하므로 예의에 밝은 근친이
대리 헌작하며 우제 전의 제사는 모든 제사를 대리한다.

(대렴)은 시신을 입관하는 것을 말한다. 습과 소렴이 끝나면 용습한 물을 땅에
묻고 입관하되 관내를 망인의 옷이나 명포로 공간을 가득히 채운다 이때에 혹 도착하지
못한 자손이 있으면 그 자손들이 도착하여 입곡한 후에 천개를 덮는다.

(반함)은 쌀 3숟갈을 시신의 입에 넣는 것을 말한다.

(입주)는 순금이나 목기.토기류는 입관하나 은이나 철기류는 입관하지 않는다.

(설전)은 대렴(입관)이 끝나면 즉시 방 위에 짚베개 3개를 만들어 횡으로 놓고
관곽을 안치하여 병풍을 치고 영위상을 설치하여 상에는 명포나 백지를 깔고 병풍 앞에
제상이니 가주로 혼백을 봉안하여 제상 좌편에 탁상을 놓고 갓과 의복과 연초갑 담뱃대
지필 묵연 등 일용품을 놓고 양편 측에 점화하여 일과단작에 근친이 대리 분향한다.

(성복제)는 대렴필에 상인 모두는 성복하고 명정을 세우고 행제하니 명정은 보통
7척으로 하여 백묵으로 쓰니 가령 김씨가 본관은 김해요 관직은 없다면 학생 김해김공
지구라 쓰며 내간상이면 유인 김해김씨지구라 쓴다.
영위를 설치하여 병풍 좌측에 명정을 놓고 설반하여 지방 또는 사진도 가하니 봉안하고
제수를 진설하여 상인 모두는 상장을 짚고 분향 단작으로 입곡하며 행제한다.
고례에 천자는 7월이장하고 제후는 5월이장하며 대부는 3월이장하고 사는 월유에 장하니
망후 4일에 성복하고 5일에 가빈 후에 선택길지하니 가장을 지어 행장으로 묘갈명을
비면에 각자하여 장일에 입비함이 고례라 하였다. 그러나 시에는 불가하다.

(상장)은 죽장과 동장이 있으니 외간상에는 죽장이요 내간상에는 동장이다.
그 뜻인즉 남은 건이요 양이며 여는 곤이요 음이다.
그러므로 보이는 것은 양이요 안보이는 것은 음이며 투출자는 양이요 은복자는 음이다.
그런즉 대는 외절이니 양이라 양은 건이요 남이니 외간상에는 죽장을 하며
오동 나무는 내절이니 음이라 음은 곤이요 여이니 내간상에는 동장을 한다.
고로 음양의 원리에 따라 응용하여 표시하니
길을 가는 행인이라도 좌우단과 상장으로 내간상과 외간상을 분별케 함이니라.

(가주)는 일명 지방이니 명주나 마포로 약 7촌 가량으로 백지를 부하여
고복한 상의에 벽령을 넣어 신주 조성법과 같이 제조하여 홍청사로 동심결을 맺어
속하는 것이니 시왈 속백이라고 하며 가주라고 한다. 혼백은 상자에 봉안하니 상자는
같은 재료로 혼백봉안에 적의하게 제조하여 상자 중앙에 봉안한다.

(신주)는 혼백을 모시는 것이니 신주와 신주상자 제조법은 가주의 제조법과
여동하며 봉안대는 목조로 의자 형상하여 상단 중앙에 봉안한다.
묘가 반 성분되면 묘 앞에서 신주에 글을 써서 위안제를 모시고 반혼하는 것이니
평토제 조목을 참고하라.

(조전 석전) 조전은 날이 밝은 뒤에 상식하며 석전은 저녁 상식 후에
설소과하고 분향 헌작함에 생전시의 봉양함을 생각하며 입곡 재배한다.
석전은 날이 밝은 뒤에 철지한다.

(祠堂朝祖) 朝는 뵐조, 祖는 사당조, 葬日晡時에 設奠 告辭 後에
祠堂에 奉柩祖한다. 古人이 謂廟曰祖라 하니 雖繼父廟之家라도 亦可謂祖也니라.
(註)朝奠 後에 魂魄을 奉安하여 祠堂에 拜謁한다.

(遷柩祭)는 出喪日이니 棺을 喪輿에 就擧코자 行하는 祭祀이니
房內 屛風 앞에 設盤하여 就擧讀祝으로 立哭하며 焚香單酌으로 代理 再拜한다.

(永訣祭)는 發軔祭이니 最終告別이라. 場中에 靈座를 排設하여 銘旌을
立左便하고 雲亞翣 輓詞 等을 次例立하고 設盤陳需하여 三獻官이 焚香獻酌하며
東向跪讀祝으로 立哭再拜한다. 永訣祭 後 執事가 飯果蔬饌을 若間 撤于하여
洞口 밖에 納于苞中한다. 또는 于藥包中하여 洞口 밖 深木枝에 掛하기도 한다.
此意 一說에 저승 使者의 飮食이라 하며 또는 神道가 依於飮食하는 故也라 한다.
出外時에는 場內를 三回하여 中央에서 止棺하여 內堂을 向하여 三拜하고 出外하니
雲亞翣이 先鋒이 되고 銘旌 輓詞 神主 靈車 大擧 喪人 弔客 順序로 出外한다.
喪人은 接客하되 不笑하며 恒常 哀悼한 表情으로 弔客을 接하니 喪杖을 쥐고 한다.

(遣奠祭)는 俗稱 街祭라고 한다. 古禮에 遣奠祭는 高官人死에 遣奠祭요
庶人은 不可라 하였다. 是意則 高官人死에는 遠地에 官友 弔客들이 晩至함을
接하기 爲하여 遣奠祭요 庶人死에는 不然하는 故로 遣奠祭는 不可라 하였다.
然이나 子孫으로서 哀痛罔極함에 孝子之心으로 行하는 遣奠祭이니 宜當可禮이다.
遣奠祭는 平生을 살았던 터전과 세상 모든 것을 離別하는 마지막 告別이니
村前廣場이나 路邊 廣場에서 靈座를 排設하여 屛風을 치고 魂魄을 奉安한 후
設盤陳需하여 三獻官이 遣奠祭祝文을 讀祝하여 焚香獻酌으로 立哭再拜한다.
遣奠祭畢 後에는 弔客을 接하되 喪主는 靈位前의 左便으로 序立하여 喪人 모두는
立哭하되 弔客이 焚香 獻酌하고 靈前에 立哭 再拜한 後에 弔客과 人事한다.
喪人은 不放喪杖하니 弔客相拜時에 手執喪杖으로 相拜한다. 古一說의 喪禮에는
喪主哀痛罔極故로 弔客은 靈前에는 立哭再拜하나 喪主와는 無拜無辭한다.
內艱喪에는 靈前에도 無哭無拜하며 喪主와는 慰安의 相向哭한다(時 不可也).

(弔客)은 几筵에는 無哭無拜하며 喪主와는 慰安의 相向哭이나
無辭한다 然이나 時에는 喪主와 人事하고 慰安의 말은 簡單하게 하는 것이 禮이다.
小斂 成服 前에는 屍房을 向하여 立哭再拜하며 成服 後에는 靈座에 立哭再拜하고
喪主와 相拜하되 簡單하게 慰安의 人事말을 하고 護喪에게 問議하여 喪事에
協助함이 弔客의 眞意이다. 小大祥祭에 弔問時 亦是 外艱喪이나 內艱喪에도
焚香獻酌하고 外艱喪에는 立哭再拜한 後 喪主에게 慰安의 人事가 時의 可禮이다.

(停喪)은 靈車가 葬地에 到着하여 適當한 場所에 運柩를 停止하고 喪擧에서
棺을 내려 靈座를 設置하고 酒果陳需로 立哭하며 焚香獻酌한 後 喪人이 立哭하며
下棺한다. 萬若 穿壙이 未備則 皆喪人은 待靈柩前한다.

(下棺)은 喪人들이 靈柩를 喪擧에서 내려 掃除柩塵하고 整棺衣 後에
左四人 右四人 兩分하여 喪主 親戚의 被服者들이 運柩하여 下棺하는 것이다.

(灰隔)은 內壙을 白灰로 造成하는 것을 말한다. 必要한 材料는 白灰五叺
細沙五叺 黃土五叺 等을 三合하여 淸酒(淸水)를 뿌려서 混合한 뒤 地盖를 二, 三寸
假量으로 杵搗하여 雲亞翣과 功布로 內壙을 둘러낸 後에 下棺하고 다시 功布와
雲亞翣으로 棺上 掃除塵土하여 棺 위에 銘旌이요 銘旌 위에 白紙요 白紙 위에
上에는 雲翣이며 下에는 亞翣을 置하고 다시 白紙를 布하고 左右 上下로 모두를
若 三, 四寸 假量으로 杵搗하면 成石되니 石槨보다 越等하다.

(사당조조)는 장일 아침에 설전하여 고사 후에 신주를 봉안하여
사당에 배알한다. 비록 부모가 이어오신 가묘라 해도 배알한다.

(천구제)는 출상일이니 관을 상여에 취여코자 행하는 제사이다. 방내의
병풍 앞에 설반하여 취여축을 독축으로 입곡하며 분향단작으로 대리 재배한다.

(영결제)는 발인제이니 최종 고별이라. 마당에 영좌를 배설하여 명정을 좌측에
세우고 운아삽. 만사 등을 차례로 세우고 설반 진수하여 삼헌관이 분향 헌작으로 입곡하며
재배한다. 영결제를 모신 후 집사가 반과소찬을 약간 철우하여 동구 밖에 납우포중한다.
또는 볏짚으로 포중하여 동구 밖 심목지에 괘하기도 한다. 그 뜻인즉 일설에 저승 사자의
음식이라고 하며 또는 신도가 의어음식하는 고야라 한다. 출외시에는 마당을 3회 하여
마당 중앙에서 관을 멈추고 내당을 향하여 3번 절하고 출외하니 운아삽이 선봉이 되고
명정 만사 신주 영차 대여 상인 조객 순서로 출외한다. 상인은 접객하되 웃지 않으며
항상 애도한 표정으로 조객을 접하니 상장을 쥐고 한다.

(견전제)는 속칭 거리제라고 한다. 옛날에 거리제는 고관인사에 견전제이며
서인 사에는 불가라 하였다. 그 뜻인즉 고관인사에는 원지에서 관우 조객들이 만지함을
접하기 위하여 견전제를 행하며 서인사에는 불연하는 고로 견전제는 불가라 하였다.
그러나 자손으로서 애통망극함에 효자지심으로 행하는 견전제이니 의당한 예이다.
견전제는 평생을 살았던 터전과 세상 모든 것을 이별하는 마지막 고별이니 촌전 광장이나
노변 광장에서 영좌를 배설하여 병풍을 치고 혼백을 봉안한 후 설반진수하여 삼헌관이
견전제 축문을 독축하여 분향 헌작으로 입곡 재배한다. 견전제를 모신 후에는
조객을 접하되 상주는 영위전의 좌측으로 서립하여 상인 모두는 입곡하되 조객이 분향
헌작하고 영전에 입곡 재배한 후에 조객과 인사한다. 상인은 상장을 놓지 않으니
조객과 인사 할 때에도 상장을 쥐고 한다. 고례의 상례에는 상주가 애통망극하니 조객은
영전에는 입곡 재배하나 상주와는 무사무배하고 내간상에는 영전에도 무곡 무배하며
상주와는 위안의 상향곡만 한다고 하였다. 연이나 시에는 불가한 논리이다.

(조객)은 염하기 전에는 무곡무배하며 상주와는 위안의 상향곡이나 무사한다.
연이나 시에는 상주와 인사하고 위안의 인사말을 간단하게 하는 것이 지금의 예이다.
소렴 성복전에는 시방을 향하여 입곡 재배하며 성복 후에는 영좌에 입곡 재배하고
상주와 상배하되 간단하게 위안의 인사말을 하고 호상에게 문의하여 상사에 협조함이
조객으로서 참뜻이다. 소대상 제사에도 조문시 역시 외간상이나 내간상에도
분향 헌작하고 외간상에는 입곡 재배한 후 상주에게 위안의 인사가 시의 예이다.

(정상)은 영차가 장지에 도착하여 적당한 장소에 영구를 정지하고 상여에서
관을 내려 영좌를 설치하고 주과진수로 입곡하며 분향 헌작한 후 상인들이 입곡하며
하관한다. 만약 천광이 미비되었으면 상인 모두는 영구전에서 기다린다.

(하관)은 상인들이 영구를 상여에서 내려 소제 구진하고 정관의 후에
좌에 4인. 우에 4인 양분하여 상주의 친척에 피복자들이 운구하여 하관하는 것이다.

(회격)은 내광을 백회로 조성하는 것을 말한다.
필요한 재료는 백회5입 세사5입 황토5입 등을 삼합하여 청주(청수)를 뿌려서
혼합한 뒤에 지개를 2,3촌 가량으로 다구질하여 운아삽과 공포로 내광을 둘러낸 후에
하관하고 다시 공포와 운아삽으로 관상에 소제 진토하여 관 위에 명정이요 명정 위에
백지요 백지 위에 상에는 운삽이며 하에는 아삽을 치하고 다시 백지를 포하고
좌우 상하로 모두를 약 3,4촌 가량으로 다구질하면 성석되니 석곽보다 월등하다.

(玄纁)은 비단 베이니 玄은 黑色繒에 6개요 纁은 三染色繒에 4개이며
各長은 8尺이다. 家貧則 玄1 纁1하여 喪主兄祭가 稽顙(相應)再拜하고 祝에게
주면 祝이 柩東에 入하되 銘旌을 小避한다. 此時에 喪人 모두는 立哭再拜하니라.
尤菴曰 玄纁은 置于棺槨之間이라 하며 沙溪曰 玄上纁下라 하였다.
家禮에 曰 金貨寶物은 不入해도 玄纁은 必入이라 하였다.

(平土祭)는 墓가 半成土되면 慰安祭(反虞祭)를 모신다(成墳 後도 可함).
墳墓半成하면 墓傍에 設席하고 神主題主하여 平土 慰安祭를 모신다.
題主法은 假令 亡人이 正六品官이며 姓은 金氏에 本貫은 金海요 名은 太白이며
號는 昭熏이라면 神主 陷中에는 故 顯考 通訓郎 金海金公 太白 昭熏 神主라 쓰고
神主 粉面에는 故 通訓郎 金海金公 神位라고 쓰며 左下에 細書로 孝子 某 奉祀라
쓴다. 母喪이면 陷中에는 顯妣 宣人 金海金氏 神主라고 쓰며 神主 粉面에는
故 宣人 金海金氏 神位라고 쓰고 下左에 細書로 孝子 某 奉祀라 쓴다.
題主하여 墓의 右便에 靈座를 排設하고 神主 紙榜 寫眞 等으로 魂魄을 奉安하여
酒果蔬饌을 陳設하여 慰安祭祝을 讀祝하며 三獻官이 焚香獻酌으로 立哭 再拜한다.
慰安祭畢 後에 卽時 返魂하니 寫眞이나 魂魄은 神主 뒤로 奉安한다. 題主 前에는
前魄 後主하고 題主 後에는 前主 後魄한다. 喪人 모두는 魂魄을 奉安하고 墓域을
左로 向하여 右便으로 三回하여 갔던 길로 歸家하니 徐行하여 마을이 보이면
哭하며 집앞에 當到하여 哭하니 在家의 喪人男女 親堂 모두가 哭하며 迎接하니라.

(初虞祭)는 一名 返魂祭이니 葬地에서 歸家反魂하여 適當한 場所에
靈位를 設置하여 神主나 紙榜으로 魂魄을 奉安하고 初虞祭(返魂祭)를 모신다.
朱子曰 卜葬時에 奠而不祭하고 但以酺酒陳饌으로 設奠하다가 至初虞하여
始成禮하니 此祭부터는 主人이 獻酌한다. 主人은 室外哭하고 服人은 靈室哭한다.
吉祭에는 主人이 受胙하나 凶祭에는 不受胙하니 三獻官에 焚香獻酌으로 再拜한다.
三虞祭 後에는 神主만 安置하고 魂魄 紙榜은 墓階에 埋安한다.
三年喪에 虞祭 卒哭 小祥 大祥祭까지는 無參神 無辭神으로 行祭한다. 其意則
喪主는 孝子之心에 不脫衰麻之衣하고 常在靈座之側故로 無參神 無辭神之禮
니라. 然이나 至今에는 不履行하는 故로 有參神 有辭神으로 行祭함이 可하다.
祭祀에 初獻官은 喪主요 亞獻은 主婦이나 有故하면 初獻序次가 亞獻이며
終獻은 亞獻序次가 終獻이요 添酌은 初獻官이 行禮하나 今時不可하니
終獻序次가 可以添酌이요 初獻은 侑食과 進茶水에 行禮하니라.

(再虞祭)는 葬日 다음날 아침이 되나 初虞 後 柔日이니 乙丁己辛癸
日이다. 萬若 剛日인 甲丙戊庚壬日이면 一日을 過하여 再虞祭를 모신다.
儀禮는 初虞祭와 如同이나 다만 祝에서 祫事를 虞事라 改할 뿐이다.

(三虞祭)는 葬後 二日이며 再虞翌日이나 剛日인 甲丙戊庚壬日이다.
萬若 柔日인 乙丁己辛癸日이면 一日을 過하여 三虞祭를 모신다.
祭禮儀式은 初再虞禮와 如同하나 但 祝에서 三虞라 하고 虞事를 成事라 한다.
至今而 大蓋 剛柔不問하고 葬後 翌日에 再虞요 再虞翌日에 三虞祭를 行祭한다.
三虞祭日에는 祭畢하고 魂魄을 埋安하니 喪人들은 酒果蔬饌을 準備하여
墓前에 陳需하고 行祭 後 省墓域하여 葬日에 未熟處有則 改修하며 魂魄 紙榜
假主 等은 墓傍에 埋安하고 遷柩祝으로부터 虞祭祝 等을 此時에 同焚祝한다.

(현 훈)은 비단 베이니 현은 흑색 비단에 6개요 훈은 삼염색중에 4개이며
각장은 8척이다. 가정이 넉넉하지 못한즉 현1 훈1하여 상주 형제가 서로 상응하여
재배하고 축에게 주면 축이 관의 동편에 입하되 명정을 소피한다.
이때에 상인 모두는 입곡 재배하니라.
우암이 말하기를 현훈은 치우관곽지간이라 하며 사계는 말하기를 현상 훈하라 하였다.
가례에 말하기를 금화보물은 불입해도 현훈은 필입이라 하였다.

(평 토 제)는 묘가 반 성토되면 위안제(반우제)를 모신다(성분 후도 가함).
분묘가 반성되면 묘방에 설석하고 신주에 기서하여 평토 위안제를 모신다.
기서법은 가령 망인이 관은 정옥품이요 성은 김씨에 본관은 김해요 이름은 태백이며
호는 소훈이라면 신주 함중에는 고 통훈랑 김해김공 태백 소훈 신주라 쓰고
신주 분면에는 고 통훈랑 김해김공 신위라 쓰며 좌하에 세서로 효자 모 봉사라 쓴다.
모상이면 함중에는 현비 선인 김해김씨 신주라고 쓰며
신주 분면에는 고 선인 김해김씨 신위라고 쓰고 하좌에 세서로 효자 모 봉사라 쓴다.
제주하여 묘 우편에 영좌를 배설하고 신주 지방 사진 등으로 혼백을 봉안하여
주과소찬을 진수하여 위안제 축을 독축하며 삼헌관이 분향 헌작으로 입곡 재배한다.
위안제를 봉행한 후 반혼하니 사진이나 혼백은 신주 뒤로 봉안하니 제주 전에는
전백 후주하고 제주 후에는 전주 후백하여 상인 모두는 혼백을 봉안하고 묘역를 좌로
향하여 우편으로 삼회한 후 갔던 길로 귀가하니 서행하여 마을이 보이면 곡하며
집앞에 당도하여 곡하니 재가의 상인남녀 친당 모두가 곡하며 영접하니라.

(초 우 제)는 일명 반혼제이니 장지에서 귀가 반혼하여 적당한 장소에 영위를
설치하여 신주나 지방으로 혼백을 봉안하고 초우제(반혼제)를 모신다.
주자가 말하기를 복장시에 전이부제하고 단이작주진찬으로 설전하다가 지초우하여
시성례하니 차제부터는 주인이 헌작한다. 주인은 실외 곡하고 복인은 영실 곡한다.
길제에는 주인이 음식을 드나 흉제에는 불음복한다. 삼헌관이 분향 헌작으로 재배한다.
삼우제 후에는 신주만 안치하고 혼백 지방은 묘계에 묻는다.
삼년상에 우제 졸곡 소상 대상제까지는 무참신 무사신으로 행제한다 그 뜻인즉
상주는 효자지심에 불탈최마지의하고 상재영좌지측고로 무참신 무사신지례니라.
그러나 지금에는 불이행하는 고로 유참신 유사신으로 행제함이 가하다.
제사에 초헌관은 상주요 아헌은 주부이나 유고이면 초헌 다음가는 사람이 아헌이며
종헌은 아헌 다음가는 사람이 종헌이요 첨작은 초헌관이 행하나 지금에는 불가하니
종헌 다음가는 사람이 첨작함이 가하며 초헌은 유식과 진차수에 행례하니라.

(재 우 제)는 장일 다음날 아침이 되나 초우 후 유일이니 乙丁己辛癸일이다.
만약 강일인 甲丙戊庚壬일이면 하루를 지나서 재우제를 모신다.
의례식은 초우와 같으나 다만 축에서 협사를 우사라 개할 뿐이다.

(삼 우 제)는 장후 2일이며 재우 익일이나 강일인 甲丙戊庚壬일이다.
만약 乙丁己辛癸일이면 하루를 지나서 삼우제를 모신다.
제례 의식은 초재우와 같으나 다만 축에서 삼우라 하고 우사를 성사라 한다.
지금에는 대개 강유를 불문하고 장후 익일에 재우요 재우 익일에 삼우제를 모신다.
삼우제일에는 제필하고 혼백을 매안하니 상인들은 주과소찬을 준비하여
묘전에 진수하고 행제한 후 묘역을 두루 살펴본 뒤에 미숙한 곳이 있으면
개수하며 혼백 지방 가주 등은 묘방에 매안하고 천구축으로부터 우제축 등을
이때에 함께 분축한다.

（剛日 柔日）은 剛日은 甲丙戊庚壬日이니 天干 中 陽干日이요
柔日은 乙丁己辛癸日이니 天干 中 陰干日이다.

（丁日 亥日）은 禫祭와 吉祭에 行祭하니
其意 一說에 丁은 取其 丁寧之意라 하니 神道가 丁寧히 歆饗한다 함이요
亥는 穀星이라 하니 非穀이면 養生而送死에 不得不死함이라 하였다.
然이나 易上에 丁은 天星之帝星이요 南極壽星에 人丁六秀의 魯帝星이며
亥는 天皇星으로 紫微星이며 三吉의 天門星이다. 故로 丁日 亥日에는 百鬼가
和하므로 神寧히 歆饗함이다. 古時에 中國의 宅坐에는 모두가 亥坐로 하였다.

（卒哭祭）는 三虞祭 後 三個月이 되는 날 剛日이 卒哭祭日이다.
卒哭 前에는 凶祭故로 祝幹之獻官右便에 跪讀祝하며 祝文에 父喪則 孤子요
母喪則 哀子라 한다. 卒哭 後에는 成事故로 漸用吉禮이니 祝之獻官左便에
東向跪하여 讀祝하며 또한 孤哀子를 孝子라 한다. 또 卒哭 前에는 每日
朝夕上食에 立哭했으나 卒哭 後에는 朔望에만 朝夕上食하며 立哭한다.

（祔祭）는 卒哭祭 다음날이니 亡者의 神主를 附于祖考로 附祭라 한다.
亡者의 祖考位를 於中에 南向하여 西上하고 亡者 位는 東邊에 西向으로 設置하며
母喪인즉 祔于祖妣하나니 祖妣가 初再娶 二人이면 所生祖妣前에 祔于한다.

（小祥祭）는 自初喪時로 至一年이 小祥祭日이니 不計閏月하고 十三月이다.
前期日에 男女가 沐浴齋戒하고 男子는 祭所內外를 淸潔히 하며 婦人은 祭器 祭床
酒餅米 生菜 熟菜 釜鼎을 淨潔하고 戲嬉的 談笑는 一不出口니라. 父在 母喪에는
11月 丁亥日로 小祥祭요 13月 丁亥日에 大祥祭이며 15月 丁亥日로 禫祭이다.
小祥에는 減服이니 喪服을 練하며 負版과 辟領과 衰 等을 皆 除去하고 男子는
去首経하며 女子는 去腰経하니 初喪에는 長裳裙으로 洩地하다가 至是에 短裙한다.
祭禮儀式에는 朝奠을 撤之하고 祭需를 陳設하여 弔客을 接하되 喪人들의 行動은
諸般行事가 初喪時와 如同하니라. 行祭에 있어 禮記에 曰 四方이 寂寞한 時機에
行祭가 可也라 하니 論時則 夜子時에 行祭함이 可하다.
一說에는 晝子時에 行祭可也라 하나 12時 後부터는 來日이니 不可하다.

（大祥祭）는 初喪時로 至二年이니 不計閏月하고 25月이 大祥이다.
主人以下 皆沐浴齋戒하고 一日前에 陳器具饌을 皆小祥祭之儀하며 質明未明에
行事하고 祭畢에 主人兄弟는 又哭하며 祝而跪神主前告曰 請入于祠堂이라 하고
奉入祠堂하여 祔于祖하니 置東邊西向하니라. 此祭旣祥事故로 靈座는 撤之하나
靈實은 如前存置하여 以待禫祭 後에 撤之한다. 是日은 祥事故로 衰麻之服은
脫하나 孝子之心에 未可全除故로 白笠 白靴 白衣하며 婦人은 素服으로
禫祭 後에라야 如平常時와 如히 行動하느니라.

（禫祭）는 大祥 後 三個月되는 丁日이나 亥日에 祭하니 祠堂門을 開하고
主人은 西向하고 衆主人은 北上하여 焚香 後 出神主 奉安하여 前靈座故處에
奉安하고 祭한다. 祭畢하고 神主는 祔于祖考하며 靈室外 皆撤之하니
平常時와 같다.

（吉祭）는 禫祭 後 丁日이나 亥日에 行祭하니 酒果를 祠堂의 神主 前에
陳設하여 改 題主告辭로 祭한 後 神主粉面을 改書한다.
（改書는 平土祭 條目을 參考하라）

(강일 유일)은 강일은 甲丙戊庚壬일이고 유일은 乙丁己辛癸일이다.
즉 강일은 천간 중 양간일이며 유일은 천간 중 음간일이다.

(정일 해일)은 담제와 길제에 행제하니 그 뜻인즉 정은 취기 정녕지의라 하니
신도가 정녕히 흠향한다 함이요 해는 곡성이라 하니 비곡이면 양생이 송사에 부득불사라
하였다. 그러나 역서에 왈 丁은 천성 중에 제성이요 남극수성에 인정육수의 존제성이며
亥는 천황성으로 자미성이며 삼길의 천문성이다. 그러므로 정일이나 해일에는 백 가지
귀신이 화하므로 신령이 편안히 하여 흠향함이니라.
그런고로 옛날에 중국의 가택 좌향에는 모두가 亥좌로 하였다.

(졸곡제)는 삼우제 후 삼개월이 되는 날 강일이 졸곡제일이다.
졸곡 전에는 흉제이므로 축간이 헌관 우편에 꿇어앉아 독축하며 축문에도 부상에는
고자라 하고 모상에는 애자라 한다. 졸곡 후에는 성사 고로 점용 길례이니 축도 헌관
우편에서 동쪽으로 향하여 꿇어앉아 독축하며 또한 고자 애자를 졸곡 후에는
효자라고 한다. 또 졸곡 전에는 매일 아침 저녁으로 상식에 입곡하였으나
졸곡 후에는 초하루와 보름날에만 아침 저녁으로 상식하며 입곡한다.

(부제)는 졸곡제 다음날이니 망자의 신주를 가묘의 할아버지 곁으로 모시니
부제라 한다. 망자의 조고위를 어중에 남향하여 서상하고 망자 위는 동변에 서향으로
설치하며 모상인즉 부우 조비하나니 조비가 초재취 2인이면 소생 조비전에 부우한다.

(소상제)는 자초상시로 지일년이 소상제이니 불계윤월하고 13월이다.
전기일에 남녀가 목욕재계하고 남자는 제소 내외를 청결히 하며 부인은 제기 제상 주병미
생채 숙채 부정을 정결케 하고 희희적 담소는 일불출구니라 부재 모상에는 11월 되던 달
丁亥일로 소상제요 13월 되던 달 丁亥일로 대상제이며 15월 되던 달 丁亥일로 담제이다.
소상에는 감복이니 상복은 세탁하여 다듬어 입으며 제복 등에 붙인 것과 제복 어깨에
붙인 것 제복 앞섶에 붙인 것 등을 모두 제거하고 남자는 수질을 제거하며
여자는 삼 왼새끼 요질과 허리띠를 제거하며 초상시에는 긴치마를 땅에 끌다가 이때에
이르러 간소복을 한다. 제례 의식에는 아침에 진설한 조전은 걷고 새로이 제수를
진설하여 조객을 접하되 상인들의 행동은 모든 행사가 초상시와 같으니라.
행제에 있어 예기에 말하기를 밤이 깊어 사방이 고요한 시간에 봉행함이 가하다 하니
시간으로 말하자면 오후 11시부터 12시 사이에 행제함이 가하다.
일설에는 밤 12시 이후에 행제함이 가타 하나 12시 후부터는 다음날이니 불가하다.

(대상제)는 초상시로 지2년이니 불계윤월하고 25월 되는 달이 대상이다.
주인 이하가 모두 목욕재계하고 1일 전에 진구구찬을 모두 소상제지의하고 질명미명에
행사하며 제필에 주인 형제는 또 곡하며 축이 꿇어앉아 신주 전에 고하여 청하기를
사당으로 모신다 하고 받들어 모시고 입 사당하여 부우조하니 치동변 서향하니라.
이미 상사이므로 영좌는 철지하나 영실은 여전히 존치하였다가 담제 후에 철지한다.
이날부터는 상사인 고로 최마지의는 탈하나 효자지심에 백립 백화 백의하고
부인은 소의 소복으로 담제 후에라야 여평상시와 같이 행동하니라.

(담제)는 대상후 3개월 되는 달에 정일이나 해일에 담제를 모신다.
사당문을 개하고 주인은 서향하고 중주인은 북상하여 분향 후 출신주 봉안하여
전령좌 고처에 봉안하고 제한다. 제필 후 신주는 부우조고하며 영실 외 다 철지하니
평상시와 같다.

(길제)는 담제 후 정일이나 해일에 행제하니 주과를 사당의 신주 전에 진설하여
제주고사로 제한 후에 신주 분면을 새로이 개서한다(개서는 평토제 조목을 참고하라).

官職 呼稱 _(관직 호칭)

(1)..... 正一品................................大匡輔國崇祿大夫................配...貞敬夫人
　　　　　　　　(議政)..... 上輔國崇祿大夫
　　　　　　　　(從親側)... 顯祿大夫..興祿大夫
　　　　　　　　(儀賓側)... 綏祿大夫..成祿大夫

(2)..... 從一品................................崇祿大夫................配...貞敬夫人
　　　　　　　　(從親側)... 宣祿大夫..嘉德大夫
　　　　　　　　(儀賓側)... 光德大夫..崇德大夫..明德大夫

(3)..... 正二品................................正憲大夫..資憲大夫................配...貞夫人
　　　　　　　　(補)...... 奉憲大夫..通憲大夫

(4)..... 從二品................................嘉善大夫................配...貞夫人
　　　　　　　　(原)...... 嘉靖大夫
　　　　　　　　(續)...... 資義大夫..順義大夫

(5)..... 正三品................................通政大夫................配...淑夫人
　　　　　　　　(補)...... 奉順大夫　　　　　(以上은 堂上官)

(6)..... 從三品................................中直大夫..中訓大夫................配...淑人
　　　　　　　　(補)...... 明信大夫..敦信大夫

(7)..... 正四品................................奉正大夫..奉列大夫................配...令人

(8)..... 從四品................................朝散大夫..朝奉大夫................配...令人

(9)..... 正五品................................通德郞...通善郞................配...恭人
(10)... 從五品................................奉直郞...奉訓郞................配...恭人
(11)... 正六品................................承議郞...承訓郞................配...宣人
(12)... 從六品................................宣敎郞...宣武郞................配...宣人

(13)... 正七品................................武功郞................配...安人
(14)... 從七品................................啓功郞................配...安人
(15)... 正八品................................通仕郞................配...端人
(16)... 從八品................................承仕郞................配...端人
(17)... 正九品................................從仕郞................配...孺人
(18)... 從九品................................將仕郞................配...孺人

(註)亡者가 有官則 以上의 官職呼稱을 假主 神主와 祗榜 祝文 等에 記書한다.
正九品과 從九品은 平常儒林이니 處士 居士 秀士 才士 라고도 한다.

○訃告 書式

訃告 書式 (부고 서식)

(1)
從叔 某官某氏(內艱喪則 某封某氏) 以宿疾로 累月呻吟 不幸於 今月
何日 何時 棄世(或 別世) 傳人 訃告(老則 棄世, 少則 別世也)

年 月 日 護喪 姓名 上

(註)종숙 모관모씨(내간상이면 모봉모씨) 숙질로 여러 달 신음하다가
불행히 금월 하일 하시에 세상을 버리시어(혹 별세) 사람을 보내어 부고함.

(2)
金吉童(喪主 名)氏 大人 學生 金海金公(有官則 某官, 母喪則 大夫人 金海金氏)
以宿患으로 累月呻吟 不幸於 今月 日 時 棄世(高齡則 棄世, 年少則 別世)
傳人 訃告(郵便則 郵書 訃告)

年 月 日 時 護喪 (他人) 朴 日 煥 上

嗣子 某 次子某 孫子某 婿某 姪某

永訣式場 郡 面 里 (場所名)
發靷 年 月 日 時
葬地 郡 面 里 山 番地 (左 右麓)
(註)無官에는 學生을 處士 居士 秀士라고도 한다.

(註)김길동(상주 명)씨 대인 학생 김해김공(유관인즉 모관, 모상인즉 대부인
김해김씨) 노환으로 누월 신음하다가 불행히 금월 oo일 oo시 기세 전인 부고.
(우편 발송한즉 우서 부고라 함.)

년 월 일 호상 성명 상

(註)訃告 發書者는 護喪 名으로 親戚이나 僚友에게 通知함.
父喪에는 大人이라 하고 母喪에는 大夫人이라고 한다.
祖父喪則 王大人이라고 하며 祖妣喪則 王大夫人이라고 한다(前 64面 參考).
病名은 老患 宿患 宿疾 無何之症 事故死 急症 等을 明記하니라.

부고 발서자는 호상 명으로 친척이나 요우에게 통지하니라.
부상에는 대인이라고 하며 모상에는 대부인이라고 한다.
조부상인즉 왕대인이라고 하며 조비상인즉 왕대부인이라고 한다.
병명은 노환 숙환 숙질 무하지중 사고사 급증 등을 명기하니라.

致奠文 (치전문)

維 歲次 干支 幾月 干支朔 幾日 干支 門生(或 族親 友人) 某 敢昭告于
故某官(或 某號 某貫某公) 某 先生 靈柩(或 靈几 靈筵)之下曰 嗚呼哀哉라.
千古永隔 惠我後裔 以道以德 匍匐洩哀 衷情所發 難破泉壤 淚水出血 吾歸何所
世失正脈 人人失色 四隣咸哭 執筆題詞 眼昏語塞 微誠所動 所鑑歆格하소서.

年上友人이면 昭告于라 致祭于라 하며 先生을 某貫某公이라 하고 靈筵之下에 數句는
祭者의 敍情에 有하며 또한 歆格을 尊獻歆納 格此尙饗 歆瑑明鑑 鑑此歆饗 伏惟尙饗이라고
도 하며 執紼은 輓執의 禮이니 友人이나 門生 等이 하느니라.

(註)유 세차 甲子 삼월 乙丑삭 十二日 丙寅 문생 길동(혹 족친우인) 모 감소고우
고 모관(혹 모호 모관 모공) 선생 영구지하왈 오호라, 슬프도다 천고영격이라
혜아후예를 이도 이덕이라 포복설애에 충정소발하여 난파천양하니
누수출혈이라 오귀하처요 세실정맥하니
인인실색하여 사린함곡하며 집필제사에 안혼어색이라 미성소동에 소감흠격하소서.

(註)연상 우인이면 소고우라 치제우라 하며 선생을 모관모공이라 하고
영연지하에 글귀는 제사 모시는 자의 서정에 있으며 흠격을 전헌흠납 격차상향
흠진명감 감차흠향 복유상향 등이라고 한다. 집불은 만집하는 예이니 우인이나
문생 등이 하느니라.

輓詞 書式 (만사 서식)

(1) 生前 人德 惟流水 終天昇雲 燈失吾人 哀淚落

安東后人　金 吉 童　再拜

생전에 계실 때에 어지심과 덕망이 물 흐르듯 하시더니 마침내 구름을 타고 하늘에 오르시니
오인 등은 밤에 등불을 잃음이라.

나는 슬퍼 눈물을 흘리며　안동후인　김 길 동 재배합니다.

(2) 修德人心 終九天 忽然駕鶴 白雲 輓哭我

安東后人　金 吉 童　再拜

덕을 닦으시고 인자하시던 분이 마침내 구천에 가시니 홀연히 구름을 탄 학이로다.

나는 상여를 메고 슬퍼 곡하며 안동후인　김 길 동 재배합니다.

(3) 文藻萬名 世世傳 蒼山落日 淚落我

安東后人　金 吉 童　再拜

문장을 만인에게 훈도하시어 전하시더니 푸른산에 해가 지는 격이라.

나는 슬퍼 눈물을 떨치며　안동후인　김 길 동　재배합니다.

(4) 當年四九 命由天 一幅哀詞 難益意

安東后人　金 吉 童　再拜

당년 연세 사구에 가시니 이는 하늘의 뜻인가 합니다.

한 폭에 슬픈 뜻을 더하기 어려워　안동후인　김 길 동 재배합니다.

紙榜 (지방)

o紙榜 書式

紙榜의 題法은 別無明文이라(愚按). 紙榜은 正寢에서 書하되 雖襁褓幼兒라도
移于他室하고 設新席 後에 開正門하며 正衣冠하고 主人은 東向跪하고 祝은 西向
跪하여 祝이 執筆하되 細書가 可하며 萬若 酒醉則 不可요 顔色不和則 不可하며
必禁家內 喧譁之聲하고 口不出笑談하며 手不接外事하고 必思父母生時容貌니라.
又曰 死則 向右하니 紙榜에 考右妣左에 記書하고 子孫序立은 生則 向左하니
尊丈이 居左하고 卑幼가 居右하면 禮說에 符合이요 上下相應에 神人이 和하니라.

지방을 쓰는 법은 별로 명문이 없으나 그러나 지방은 정침에서 쓰되
비록 어린이가 있을지라도 다른 방으로 옮긴 뒤에 새로이 자리를 베풀어 의관을
바르게 하여 정문을 열어놓고 주인은 동으로 향하여 궤하며
축은 서로 향하여 궤하니 축이 집필하되 세서가 가하니라.
만약 술이 취하면 불가하며 안색이 불화한즉 불가요 집안에서 시끄럽게 떠들거나
웃음 웃는 것을 금하고 말하지 말며 손에는 다른 일을 잡지 않으니
부모 생전시의 용모를 생각할지니라.
또한 죽은즉 오른쪽이 높으니 지방에 고위는 우편이요 비위는 좌편에 기서한다.
자손 서립은 산사람은 왼쪽이 높으니 존장이 좌편에 서고 비유자가 우편에 서면
예의에 합하니 상하 상응에 귀신과 사람이 써 화할지니라.

紙榜 書式 (지방 서식)

父母 紙榜	祖父母 紙榜	曾祖 紙榜	高祖 紙榜	父在母亡 (父爲祭主)	夫祭 紙榜	兄祭 紙榜	丈人 丈母 紙榜
顯考通正大夫府君神位 顯妣淑夫人興德張氏神位	顯祖考嘉善大夫府君神位 顯祖妣正夫人漆原尹氏神位	顯曾祖考奉正大夫府君神位 顯曾祖妣令人密陽朴氏神位	顯高祖考通德郎府君神位 顯高祖妣恭人晋州鄭氏神位	亡室淑人金海金氏神位	顯辟通憲大夫府君神位	顯兄通仕郎府君神位	室顯考武功郎府君神位 室顯妣安人全州李氏神位

(註)男子가 無官則 學生이라 하고 또는 秀士 才士 居士 處士라고도 한다.
女子는 無封則 孺人이라 한다. 官職 呼稱은 前 126面을 參考하라.

成 服 (성복)

○成服

子生 三年 然後에 始免父母之懷故로 三年服이요 負胎根而生故로 袒衣而哭하며
子生 四日에 始着服故로 亡後 四日에 成服이니라.

자식을 낳아 3년이 지난 연후에야 비로소 부모의 품음을 면하는 고로 3년복을 입고
탯줄을 지고 태어난 고로 옷을 매고 곡하며 자식이 나서 4일에야 비로소 옷을 입는 고로
4일에 성복을 하느니라.

(註)陶庵曰 一時間 後라도 母先父後則 以父在母喪으로 成服이 可하니라.
沙溪曰 父喪三年內에 母喪則 朞年服이요
父服除去 後 母喪이라야 乃得伸三年也니라.

도암왈 한 시간 후라도 모선 부후 상이면 부재 모상으로 성복하니라 하고 사계왈 부상
삼년 내에 모상인즉 기년복이요 부복을 제거한 연후라야 삼년복이니라 하였다.

五服 (오복)

一曰 斬衰와 齊衰요 二曰 朞年이며 三曰 大功이요 四曰 小功이며 五曰 緦麻이니
成服日에 五服之人이 皆服이니라.
衰裳은 男裳 女裳이요 孝巾은 喪巾 中衣는 中袒이며 喪杖은 父喪에는 竹六節에
高는 齊心이요 母喪에는 桐이니 高는 齊心이라.
竹은 有外節이요 桐은 有內節이니라. 経은 首経.腰経이요 喪冠은 屈冠이다.

1왈 참최와 제최요 2왈 기년이며 3왈 대공이요 4왈 소공이며 5왈 시마이니
성복일에 오복지인이 다 복입느니라. 최상은 남상과 여상이요 효건은 상건이며
중의는 중단이고 상장은 부상에는 대 육절에 높이는 제심이요 모상에는 오동이니
높이는 또한 제심이니라. 대는 밖으로 마디가 있고 오동은 안으로 마디가 있는 고로
내간과 외간 상장이 분별되니라. 질은 수질과 요질이요 상관은 굴관이다.

喪期 服制 (상기 복제)

斬衰三年은 父喪으로 制服 끝단을 不縫한 것이고 齊衰三年 母喪으로 制服 끝
단을 縫한 것이며 杖朞는 一年服으로 有杖이요 不杖朞는 一年服이나 無杖이다.
故로 杖朞 不杖朞를 統稱 曰 朞年服이라고 한다.
緦麻는 三月이요 小功은 五月이며 大功은 九月이다.
首経은 斬衰에는 細麻繩纓이요 齊衰에는 布纓이며 小功以下에는 無纓이니라.
婦人이 男喪에는 竹簪이요 女喪에는 木簪이니라.

참최 삼년은 부상이니 제복 끝단을 꿰매지 않은 것이요 제최 삼년은 모상이니 제복 끝
단을 꿰맨 것이며 장기는 일년복으로 상장이 있음이요 부장기는 일년복이나 상장이
없음이다. 고로 장기와 부장기를 통칭하기를 기년복이라고 한다.
시마는 삼월이요 소공은 오월이며 대공은 구월이다.
수질은 참최에는 삼 원새끼로 끈을 하고 제최에는 마포베 조각으로 끈을 한다.
소공 이하에는 끈이 없다. 부인이 남상에는 대로 비녀를 하고
여상에는 나무로 비녀를 한다.

（ 男　喪期　服制 ）（남 상기 복제）

高祖父母...齊衰...3月服	從姉妹...大功...9月服	長孫.....不杖朞.1年服
曾祖父母...齊衰...5月服	出嫁...小功...5月服	衆孫.....大功...9月服
從曾祖父母.緦麻...3月服	再從兄弟.小功...5月服	長孫婦...小功...5月服
從曾祖姑母.緦麻...3月服	其妻.....緦麻...3月服	衆孫婦...緦麻...3月服
出嫁...無服	再從姉妹.小功...5月服	孫女.....大功...9月服
祖父母.....不杖朞.1年服	出嫁...緦麻...3月服	出嫁...小功...5月服
從祖父母...小功...5月服	三從兄弟.緦麻...3月服	從孫.....小功...5月服
從祖姑母...緦麻...3月服	其妻.....無服	從孫婦...緦麻...3月服
出嫁...無服	三從姉妹.緦麻...3月服	從孫女...小功...5月服
祖姑母.....小功...5月服	出嫁...無服	出嫁...緦麻...3月服
出嫁...緦麻...3月服	長子.....斬衰...3年服	再從孫...緦麻...3月服
父........斬衰...3年服	衆子.....不杖朞..1年服	再從孫婦.無服
母........齊衰...3年服	長子婦...不杖朞..1年服	再從孫女.緦麻...3月服
伯父母.....不杖朞..1年服	衆子婦...大功...9月服	出嫁...無服
姑母......不杖朞..1年服	女......不杖朞..1年服	長曾孫...不杖朞.1年服
堂叔父母...小功...5月服	出嫁...大功...9月服	衆曾孫...小功...5月服
堂姑母.....小功...5月服	姪......杖朞...1年服	長曾孫婦.小功...5月服
出嫁...緦麻...3月服	姪婦.....大功...9月服	衆曾孫婦.緦麻...3月服
再堂叔父母.緦麻...3月服	姪女.....不杖朞..1年服	從曾孫...緦麻...3月服
再從姑母...緦麻...3月服	出嫁...小功...5月服	從曾孫婦.無服
出嫁...無服	從姪.....小功...5月服	從曾孫女.緦麻...3月服
妻........杖朞...1年服	從姪婦...緦麻...3月服	出嫁...無服
兄弟......不杖朞..1年服	從姪女...小功...5月服	長玄孫...不杖朞.1年服
兄弟妻....小功...5月服	出嫁...緦麻...3月服	衆玄孫...緦麻...3月服
姉妹......不杖朞..1年服	再從姪...緦麻...3月服	長玄孫婦.緦麻...3月服
出嫁...大功...9月服	再從姪婦.無服	衆玄孫婦.無服
從兄弟....大功...9月服	再從姪女.緦麻...3月服	曾玄姑母姉妹適人則無服
從兄弟妻...緦麻...3月服	出嫁...無服	

（ 喪期　服制　註 ）

（斬衰）....참최는...3年服으로...喪服은 갓을 접지 아니하고 꿰매지도 아니하며
붙여서 입는 상복을 말한다.

（齊衰）....제최는...3年服으로...喪服은 갓을 접어서 지어 입은 상복이다.

（杖朞）....장기는...1年服으로...喪服을 지어 입으며 상장을 짚는다.

（不杖朞）.부장기는.1年服으로...喪服은 장기와 같고 상장이 없다.

（大功）....대공은...9月服으로...喪服은 곱게 지어 입은 상복이다.

（小功）....소공은...5月服으로...喪服은 대공과 같다.

（緦麻）....시마는...3月服으로...喪服은 가는 베로 곱게 지어 입은 상복이다.

131

(女 喪期 服制)(여 상기 복제)

高祖父母..緦麻...3月服	姪.......不杖朞.1年服	長曾孫....不杖朞.1年
曾祖父母..小功...5月服	姪婦......大功...9月服	衆曾孫....緦麻...3月服
祖父母....大功...9月服	姪女......不杖朞.1年服	長曾孫婦..大功...9月服
從祖父母..緦麻...3月服	出嫁....大功...9月服	衆曾孫婦..緦麻...3月服
從祖姑母..緦麻...3月服	從姪.....小功...5月服	曾孫女....緦麻...3月服
父......斬衰.3年服	從姪婦....緦麻...3月服	出嫁....無服
母.......齊衰.3年服	從姪女...小功...5月服	長玄孫....不杖朞.1年服
伯父....大功...9月服	出嫁...緦麻...3月服	衆玄孫....緦麻...3月服
姑母.....大功...9月服	再從姪...緦麻...3月服	長玄孫婦..小功...5月服
出嫁...小功...5月服	再從姪婦..無服	衆玄孫婦..緦麻...3月服
堂叔父母..緦麻...3月服	再從姪女..緦麻...3月服	外祖父母..小功...5月服
夫......斬衰.3年服	出嫁...無服	外叔......緦麻...3月服
夫兄弟...小功...5月服	長孫.....不杖朞.1年服	姨母......緦麻...3月服
夫兄弟妻..小功...5月服	衆孫.....大功...9月服	甥姪......緦麻...3月服
姉妹.....小功...5月服	長孫婦...小功...5月服	
出嫁.....緦麻...3月服	衆孫婦...緦麻...3月服	
從兄弟...緦麻...3月服	從孫.....小功...5月服	
從姉妹...緦麻...3月服	從孫女...小功...5月服	
長子.....齊衰...3年服	出嫁...無服	
衆子.....不杖朞.1年服	再從孫...緦麻...3月服	
長子婦...不杖朞.1年服	再從孫女..緦麻...3月服	
衆子婦...大功...9月服	出嫁...無服	

(出子爲 本宗 服制)　　(兩男 各出에 兩男 不在降)

曾祖父母..緦麻...3月服	從祖姑母.緦麻...3月服	再從姉妹.出家無服
祖父母....大功...9月服	出嫁...無服	姪.......小功...5月服
從祖父母..緦麻...3月服	兄弟.....大功...9月服	姪婦.....緦麻...3月服
從祖姑母..緦麻...3月服	姉妹.....大功...9月服	姪女.....小功...5月服
出嫁...無服	出嫁...小功...5月服	出嫁....緦麻...3月服
父母.....不杖朞.1年服	從兄弟...小功...5月服	從姪.....緦麻...3月服
伯父母...大功...9月服	從姉妹...小功...5月服	從姪女...緦麻...3月服
姑母.....大功...9月服	出嫁...緦麻...3月服	出嫁..無服
出嫁...小功...5月服	再從兄弟.緦麻...3月服	從孫.....緦麻...3月服
堂叔父母..緦麻...3月服	再從姉妹.緦麻...3月服	

(服制 註)

(斬衰)..참최에는 首질 腰絰에 細麻 繩纓이요(삼 왼새끼로 끈을 하며)
(齊衰)..제최에는 首질 腰絰에 布纓이며 (삼베 조각으로 끈을 한다)
(大功)..대공 以下에는 無纓이라(대공 이하에는 끈이 없다).
(首絰)..수질은 삼 왼새끼로 男子는 屈冠을 하고 女子는 首絰을 하며
(腰絰)..요질은 삼 왼새끼로 男子는 大帶를 하고 女子는 腰絰이라 한다.
(註)女子는 外艱喪에는 竹簪이요 內艱喪에는 木簪(비녀)을 한다.

（出嫁女 本宗 服制）(출가녀 본종 복제))

高祖父母..齊衰...3月服	兄弟.....大功...9月服	姉妹의 子...小功...5月服
曾祖父母..齊衰...5月服	兄弟妻...大功...9月服	姉妹의 子婦.緦麻...3月服
祖父母....大功...9月服	姉妹.....大功...9月服	從姪.......緦麻...3月服
從祖父母..緦麻...3月服	從兄弟...小功...5月服	從姪女.....緦麻...3月服
從祖姑母..緦麻...3月服	從姉妹...小功...5月服	從孫.......緦麻...3月服
父母.....不杖朞.1年服	再從兄弟.緦麻...3月服	從孫女.....緦麻...3月服
伯父母....大功...9月服	再從姉妹.緦麻...3月服	
堂叔父母..緦麻...3月服	姪......小功...5月服	無夫 無子하고
從姑母....大功...9月服	姪婦.....緦麻...3月服	爲其 兄弟 姉妹 及 姪에
再從姑母..緦麻...3月服	姪女.....小功...5月服	男女가 모두 不杖朞니라.

（外黨 妻黨 服制）

外祖父母..大功...9月服	姨母.....小功...5月服	甥姪.......小功...5月服
養子간 사람이 本家의	外從兄弟.緦麻...3月服	甥姪婦.....緦麻...3月服
外祖父母..小功...5月服	內從兄弟.緦麻...3月服	甥姪女.....小功...5月服
外叔.....小功...5月服	姨從兄弟.緦麻...3月服	出家.....緦麻...3月服
外叔母...緦麻...3月服	姨從姉妹.緦麻...3月服	妻父母.....緦麻...3月服

（三父 八母 服）

同居繼父..不杖朞.1年服	養母.....齊衰...3年服	出母....齊衰杖朞...1年服
不同居繼父.齊衰..3月服	繼母.....齊衰...3年服	庶母....緦麻......3月服
元不同居繼父.無服	滋母.....齊衰...3年服	乳母....緦麻......3月服
適母......齊衰...3年服	嫁母.齊衰杖朞...1年服	

玄孫이 承重이면 承重者의 子孫의 妻 모두는 皆 3年服이다.
祖喪中에 父亡則 皆 3年服이요 父旣殯而祖亡則 3年服이며 未殯則 朞年服이다.
父在 母喪에는 不杖朞 1年服이며 11月 丁 亥日로 小祥이요
13月 丁 亥日로 大祥이며 15月 丁 亥日로 禫祭니라.
父在 妻喪에는 適子라도 不杖 不袒하며
父母 具歿이면 一床에 各設卓하여 中間을 隔將하고 祭禮한다.
喪輿는 先母 後父 出하고 祭禮는 先父 後母 祭禮니라.
父喪 3年內에 母亡則 父在 母喪으로 喪禮하니 朞年服이다.
父喪 3年之後에 母亡해야 3年服이며 出母喪에는 不袒한다.

忌 祭

（忌祭）는 即 父母之祭며 祖曾高는 親盡前祭요 親盡後則 墓祭라 即 時祭이다.
生我者는 父요 育我者는 母이니 慾報其恩인데 昊天罔極故로 生而養之하고
沒而祭之는 萬世之人道也라. 烏有反哺하고 獺知行祭도 猶知報本이온데 況於人乎아.
哀哀父母여, 魂昇魄降하고 體歸六尺土나 尊靈은 常存이라. 大盖 靈은 見而不見이나
洋洋乎知在其上은 古聖之明言也니라. 然則 往古而來今에 行其禮하며 盡其道하나니
爲人子者가 敢不祭乎랴. 孔子曰 吾不與祭면 如不祭也라 하고 又曰 事死如生하며
事亡如存이라 하고 有其誠則 有其神이라 하니 不可不誠也니라.

朱子曰 先王之孝는 色不忘乎目하며 聲不絶乎耳하고 心志嗜欲을 勿忘乎心이라 하니
致愛則 存하고 致誠則 著를 人人이 知而得知則 孝之誠也니라.
噫라 觀今世道가 潰裂하여 不知父母하고 但只下有妻子하며 宗親不顧하니
憂世憂道者가 何人고. 立法者가 以孝悌忠臣으로 發政施仁則 生而養親하고
歿而祭祀를 人人自得於心하여 推其禮而 事長尊賢則 一邦이 安하리라.

（祭日衣服）은 男子는 白布深衣로 白布帶 白靴로 如禪祭服이되 黑笠이요
婦人은 玉色裳으로 雖旁親忌日이라도 皆去華盛之服이니라.

（祭享）은 凡先靈之祭에 家婦는 專供祭需하고 所謂 祭主者는 如平日로
出入無常하며 執事를 如平日이라가 夜臥就寢而至夜半하여 人告鷄鳴時而參拜則
是如不祭也니라. 不孝無識者는 稱事而出하며 稱病而宿하니 如是動則 神道不和하며
人多鼻笑니라. 大蓋 祭祀에는 在於正心이니 正心則 誠意至恭孝라 享祀가 正이니라.
祭祀는 不在豊이요 都在誠이니 安貧樂道者가 負債盛奠은 反爲不敬이니라.
時菜時需로 簡單設備라도 有誠意則其神이 享이요 無誠意則 神不享하니라.

（祭需）는 時菜時需로 淨潔爲主하되 色惡魚를 不用하며 臭惡魚肉을 不用하고
商店難賣로 經歲月之久魚를 不用하며 腐敗魚肉을 不用하고 自斃魚肉을 不用하라.
大蓋 祭需는 稱家之有無나 貸借盛奠은 不可하니 雖酒果脯醢라도 至誠則 可也니라.

（焚香降神）은 凡人死則 魂昇魄降이라. 焚香은 烟上於空하니 求魂於天이요
降神은 酹酒를 灌于茅沙器하니 求魂於地라. 祭者는 焚香降神에 誠心求之니라.

（受胙）는 飮福酒이니 祝이 祭酒盞을 以盤奉盞授初獻하니 初獻은 東跪西向
하고 祝은 西跪東向하여 初獻이 受爵 後에 諸祭官이 辭神再拜하니라.

（參照文） 程伊川家에 謹俟夜氣淸淨하여 五更行祀하니 今亦五更行祀니라.
遜愚曰 添酌 後에 啓飯盖는 先儒가 謂之非라 하니 初獻에 啓飯盖하고 不立匙라가
添酌 後 侑食에 立匙니라. 亞獻은 主婦이나 諸夫 中에서 最尊者가 爲之나
祭官이 不足則 主人이 自爲三獻也니라. 家語에 曰 桃不用이라 하고 黃氏曰 鯉魚도
不用이라 하니 桃果는 神忌하니 不用하고 鯉魚는 龍種이라 不用한다.
然이나 桃果는 淫浴殺果이니 不用하며 鯉魚는 紅色目이니 殺氣魚라 不用한다.
禮經曰 上古에 無酒하니 以水로 行祭故로 後世에 玄酒하여 不忌而用之하니
思其禮之所由起也니라. 玄酒는 村人이 汲水 前의 鷄鳴 後에 初汲水나 然이나
勿以水爲禮하고 必히 酒로 爲禮가 可也니라. 又曰 祭酒奠酒는 祭于茅之東하니
此는 人事가 至於神也니라.

기 제

(기제)는 즉 부모 제사이며 조증고는 친진전제요 친진후즉 묘제이니 즉 시제니라.
나를 낳은 자는 아버지요 나를 기르는 자는 어머니이니 그 은혜를 갚고자 할진대 하늘만큼
하여도 다함이 없는 고로 낳아서 기르심과 죽어서 제사함은 만세에 사람의 도니라.
까마귀도 밥을 물어다 새끼를 키우며 수달도 제사를 알아 근본을 갚으려 하는데
하물며 사람이랴. 슬프다, 부모여 혼은 오르고 넋은 내려가니 체신은 육척 지하로 갔으나
높으신 혼령은 오히려 있을지라. 대개 영은 보아도 아니 보일지나 양양히 그 위에 계시는
것 같음은 옛 성현의 가르치심이니라. 예로부터 지금에 이르러 그 예를 다하고 그 도를
다하나니 사람의 자식된 자가 감히 제사를 행치 아니하랴. 공자왈 제사에 참예치 아니하면
불제니라 하고 또 말하기를 죽은 이 섬기기를 산사람같이 하며 정성이 있은즉 그 신이
있느니라 하니 가히 정성치 않겠느냐. 주자왈 선왕의 효도는 돌아가신 부모의 낯빛을 눈에
잊지 아니하며 말소리를 귀에 끊지 말고 마음과 뜻을 즐기고 하고자 하는 바를 마음에 잊지
말라 하니 사랑을 이룬즉 계시고 정성을 이루면 나타남을 사람사람이 알아 행한즉 제사의
정성이니라. 슬프다, 지금을 봄에 제도가 무너지고 찢어져 부모를 알지 못하고, 처자 있는
것만 알며 종친도 불고하니 세상을 걱정하고 도를 걱정하는 자가 누구일고. 법을 세우는
자가 효제 충신으로서 정사를 발하고 어진 것을 베풀면 살아서는 어버이를 봉양함이 되고
죽어서는 제사함을 사람이 알아 얻어 그 예로 미루어 존장을 섬기니 한 나라가 평안하리라.

(제일의복)은 남자는 백포심의로 백포띠와 흰신으로 담제 의복과 같이하되
검은 갓이요 부인은 옥색 치마로 비록 집안 방친기일이라도 다 화려한 옷은 버리느니라.

(제향)은 모든 제사에 가부는 전력으로 제수를 장만하고 소위 제주란 자는 평일로
더불어 한가지하여 출입과 일하기를 평일같이 하며 밤에는 누워 잠자다가 사람이 깨우면
밤중이 지나 닭이 우는지라 이때서야 참배하니 이러한 제사는 제사가 아니니라. 불효하고
정성이 없는 자는 집에 무슨 일이 있다고 나가며 병 들었다고 한 방에 잠자나니 이와 같이
행동한즉 신도가 불화하며 또한 많은 사람의 비소가 되느니라.
대개 제사인즉 마음을 정답게 함에 있나니 마음을 정답게 한즉 정성스러운 뜻과 받들어
효도함에 이르나니 제사가 바르니라. 제사는 풍성히 장만함에 있지 않으며 모두가 정성에
있으니 편안히 노는 자가 부족하여 빌리거나 꾸어다가 많이 차린 것은 도리어 불효가
되느니라. 그때의 채소와 반찬으로 간단하게 차릴지라도 정성을 다한즉
그 귀신이 흠향할 것이요 정성이 부족한즉 귀신이 흠향하지 아니하느니라.

(제수)는 때의 채소와 반찬으로 정결히 위주하되 악색어를 불용하고 냄새가 고약한
어육을 불용하며 오래된 어육을 불용하고 부패된 어육을 불용하며 스스로 죽은 어육을 불용
하니라 대개 제수는 집에 있는 것도 있고 없는 것도 있으나 빌리거나 꾸어다가 풍성하게
차린 것은 불가하니 비록 주과 포혜라도 지성이면 가하니라.

(분향강신)은 사람이 죽은즉 혼은 오르고 백은 내려가는 고로 분향은 공중에
오르니 혼은 하늘에 오름이요 강신은 술을 모사기에 부으니 넋은 땅에 내림이라.
고로 분향강신에 성심을 가져라.

(수조)는 음복이니 축이 제주잔을 소반에 받들어 초헌에게 주니
초헌은 동궤 서향하고 축은 서궤 동향하여 음복한 뒤에 모든 제관이 사신재배하니라.

(참조문) 정이천 가에서 삼가 밤기운이 맑고 고요함을 기다려 오경에 행사하니
지금도 또한 오경에 제사를 모시느니라. 손우가 말하기를 첨작 후에 계반개는 옛 선비들이
그르다 하니 초헌에 계반개하고 수저는 꽂지 않았다가 첨작 후 유식에 수저를 꽂을지니라.
아헌은 주부이나 지아비 중 최존자가 하나 제관이 부족한즉 주인이 스스로 삼헌을 하느니라.
가어에 말하기를 복숭아와 잉어는 쓰지 않느니 복숭아는 귀신이 꺼리는 것이요 잉어는 용종
이니 쓰지 않는다. 그러나 복숭아는 음욕 살과요 잉어는 홍색 목이니 살기어라 불용한다.
예경에 말하기를 옛날에 술이 없어 물로써 제사를 행하는 고로 뒤에 사람이 현주하여 꺼리
지 않으며 쓰니 그 예의에 일어난 바를 생각할지니라. 현주는 동네 사람이 물을 긷기 전에
닭 운 뒤에 처음 긷는 물이 가하나 그러나 물로써 예를 삼지 말고 반드시 술로써 삼느니라.
또 말하기를 제주전주는 띠의 동쪽에 제사하니 이는 사람의 일이 귀신에게 이름이니라.

祭禮法

(入祭日)은 祭日 一日 前이니 祭主內外는 浴身改衣하고 男子는 白布深衣
로 白布帶며 白靴에 黑笠이요 婦人은 華盛服之除去하고 素服한다. 男子는 靈位와
家庭 內外를 淸潔하게 하고 女子는 點檢祭器 淸潔하며 祭需를 精誠으로 準備하되
先考 生時處思하며 生時樂念하고 生時嗜感하며 生時笑語思로 惟祭祀不關外事하며
不食飮酒하고 想祭極意하며 祭祀에 臨한즉 夫倡婦和하니 神道亦和니라.

(正齊日)은 祭祀 當日이니 祭祀日에는 言聲不大하고 面上不怒하며
男子는 香爐 香盒 燭臺 祝版 茅沙器 等을 淨洗하며 女子는 祭器 祭床 祭需에
精誠을 다하여 祭祀에 陳設할 祭物을 具果需饌하여 炙炙熟饌한다.
衣服을 整齊하여 祭需를 準備하되 他人에게 賃借하여 쓰지 않으며
家勢에 따라 設盤陳需함이 先禮이니 時果 時需라도 精誠意 陳設이면
神道 喜饗이라 하니 子孫들의 精誠에 있느니라.

(茅沙器)는 淸潔沙를 茅沙器에 若 9合쯤 담고 띠잎 한 줌 정도를 若 7寸
假量으로 하니 紅白靑絲로 結하여 立中茅沙器한다. 其意는 靑絲는 靑氣요 紅絲는
紋이며 白絲는 淨이다. 然이나 紅은 陽이요 靑은 陰이며 白은 中人이니 魂魄이라.
天人地 三才를 三合故로 祭祀에 魂魄을 奉安하여 陳需歆饗을 북돋움이다.

(香과 茅沙器)의 其意則 人死而魂魄二分하니 魂은 靈이며 魄은
體骨이다. 靈魂은 上空昇天하고 魄骨은 下降地中이라.
故로 香은 靈魂을 象徵하니 香氣는 上昇하므로 魂은 香氣와 같이 昇天之意요
또 魂魄은 香氣로 慰安이 된다 하니 喪葬祭禮에 必用香木하는 것이다. 茅沙器는
地中에 魄骨의 墳墓를 象徵하니 祭酒를 香爐에 三回하여 三小傾茅沙器하는 것은
魄骨은 地中으로 下降하여 魂과 魄이 永世 是寧之意요 神道의 歆饗을 象徵한다.

(陳設)은 祭主는 香盒 香爐 燭 燭臺 茅沙器 祝 等을 準備하여 位置에 놓고
祭主兄弟는 開祠堂門하여 主人은 西向하고 衆人은 北上하여 焚香 後 出神主하여
靈座에 奉安하고 陳設하니 紙榜으로 모시면 造新題主하여 奉安하고 先而兩燭에
點火하고 香爐에 焚香하며 煙草甲은 匙接에 받들어 煙草에도 點火하여 놓는다.
사람이 生左 死右를 爲主하니 生前에는 左가 크므로 慶事時에 男子가 左便에
앉으며 女子는 右側에 앉으나 死後에는 反對이니 右側이 크므로 考位는 右便이
요 妣位는 左便이다. 故로 紙榜에도 考位는 右便이요 妣位는 左便이다.
祭床의 陳設 또한 右側이 크다. 故로 큰 것은 右便에 놓으니 뫼가 술과 국보다
크므로 神位의 右側 匙箸器 다음으로 뫼를 놓으며 잔은 뫼보다 작으며 국보다
크므로 뫼 다음으로 若干 밖으로 하여 놓으며 국은 술보다 작으니 술잔 다음으로
若干 안으로 뫼와 줄을 같이하여 놓는다. 다음에는 醯인데 食醯와 같은 것으로
神靈의 歆饗을 북돋기 爲함이니 今世에는 청이나 香氣로운 茶 種類도 可하다.
다음 줄은 神位의 右便으로부터 麵 肉 炙 魚 餠이요 다음에 間納줄이고
다음으로 五湯 五菜 五果줄인데 左而東이요 右而西로 魚東肉西 紅東白西에
左脯右醢니 果實順序는 棗栗柿梨의 順序니라. 祭需가 많아서 祭床이 狹小하면
神位의 右便 縱으로 첫째줄은 그대로 두고 其外 줄은 한 줄씩 더하여 놓는다.
間納줄에는 모든 전 種類와 곳(꼬치)에 끼우지 못한 것 等 其他를 놓는다.
(註)後面의 單位陳設圖와 兩位陳設圖를 參考하라.

제 례 법

(입제일)은 제사일 하루 전이니 제주 내외는 목욕재계하여 옷을 새롭게 하고
남자는 흰옷과 흰 두루마기요 힌 허리띠에 검은 갓을 쓰며 부인은 화려한 옷을 제거하고
소복한다. 남자는 영위와 가정내외를 청결하게 하고 여자는 제기를 점검하여 깨끗이
씻으며 제수를 정성으로 준비하되 어버이의 생전시를 생각하며 생시에 즐겨 하심을 생각
하고 생시에 즐겨 잡수시던 것을 생각하며 생시에 옷으시던 말씀을 생각하여 오직 제사
외의 다른 일에는 간섭하지 아니하고 술을 마시지 않으며 제사에 마음을 다하여 행한즉
지아비는 이끌고 지어미는 화하므로 귀신도 따라서 화하니라.

(정제일) 은 제사 당일이니 제삿날에는 말을 크게 하지 않으며 얼굴에 화나는
빛을 금하고 남자는 향로 향합 촉대 축판 모사기 등을 정결하게 하며 여자는 제기 제상
제수에 정성을 다하여 제물을 갖추어 불에 굽고 익힌다. 의복을 정제하여 제수를 준비
하되 남에게 빌리거나 꾸어다 쓰지 않으며 가정 형편에 따라 상을 차려 진수함이 먼저
예이니 그때의 채소와 그때의 과실과 그때의 반찬으로 정성을 다하여 진설한즉
귀신도 즐겁게 흠향한다 하니 자손들의 마음에 있느니라.

(모사기)는 청결한 모래를 모사기에 약 9홉쯤 담고 띠잎 한 줌 정도를 약 7촌
가량으로 하니 홍백청사로 묶어서 모사기 가운데에 세운다. 그 뜻인즉 청사는 푸르름을
더하고자 함이며 홍사는 문채가 있고자 함이고 백사는 깨끗하고자 함이라.
그러나 홍은 양이요 청은 음이며 백은 중인이니 **혼백이라.** 천인지 삼재를 삼합하였으니
그런고로 제사에 혼백을 봉안하여 진설하고 **흠향을** 북돋움이니라.

(향과 모사기)의 뜻은 사람이 죽으면 혼과 백으로 나뉘게 되니 혼은 신령이며
백은 체골이다. 영혼은 허공에 떠올라 하늘에 오르고 백골은 하강하여 지중에 있게 된다.
그런고로 향은 영혼을 상징하니 향기는 위로 올라 하늘에 이르므로 영혼은 향기와 같이
하늘에 오르라는 뜻이요 또 혼백은 향기로 위안이 된다 하니 상장제례에 반드시 향목을
쓰는 것이다. 모사기는 지중에 백골의 분묘를 상징하니 제주를 향로에 3번 돌려 모사기
에 3번 기울이는 것은 백골은 지중으로 하강하여 혼과 백이 영원토록 편안하라는 뜻이요
신도의 흠향을 상징한다.

(진설)은 제주는 향합 향로 촉 촉대 모사기 축 등을 준비하여 위치에 놓고
제주 형제는 사당문을 열고 주인은 서향하고 다음 사람은 북상하여 분향한 뒤에 신주를
출외하여 영좌에 봉안하고 진설하니 지방으로 모시면 지방을 새로 제조하여 글을 써서
봉안하고 먼저 양측에 불을 켜고 향로에 분향하며 연초갑은 시접에 받들어 연초에도
불을 붙여 놓는다. 사람이 생전에는 좌를 위주하고 죽은 뒤에는 우측을 위주하니
살아서는 좌측이 크므로 경사에는 남자가 좌편에 앉으며 여자는 우측에 앉으나
죽은 뒤에는 반대이니 우측이 크므로 고위는 우측이요 비위는 좌측이다.
고로 지방에도 고위는 우편이요 비위는 좌편이다. 제상의 진설함에 또한 우측이 크다.
고로 큰 것은 우편에 놓으니 뫼가 술과 국보다 크므로 신위의 우측 시저기 다음으로
뫼를 놓으며 술은 뫼보다 작으며 국보다 크기에 뫼 다음으로 약간 밖으로 하여 놓으며
국은 술보다 작으니 술잔 다음으로 약간 안으로 하여 뫼와 줄을 같이하여 놓는다.
다음에는 초인데 식초와 같은 것으로 신령의 흠향을 북돋기 위함이라 하니
지금에는 청이나 향기로운 차 종류도 가하다. 다음 줄은 면육적어병인데
신위의 우편으로부터 면육적어병이며 다음에 간납줄이고 다음 오탕 오채 오과 줄인데
좌측이 동이요 우측은 서로 하여 어동육서 홍동백서 좌포우혜니라.
과실의 놓는 순서는 조률시이의 순서니라. 제수가 풍성하여 제상이 협소하면
신위의 우편 종으로 첫째줄은 그대로 두고 그외 모든 줄은 한 줄씩 더하여 놓는다.
간납 줄에는 모든 전 종류와 곳(꼬치)에 끼우지 못한 것 등 기타 모든 것을 놓는다.
(주)후면의 단위 진설도와 양위 진설도를 참고하라.

(魚東肉西)는 肉은 魚보다 크므로 神位의 右便에 놓으며
또 肉獸類는 暗昧喜向하니 頭西尾東이요
魚는 肉보다 작으니 神位의 左便에 놓으며 또 魚類는 明光喜向하니 頭東尾西니라.
一設에는 魚肉兩頭를 相應케 한다고 하였으나 不可하다.
易書云 兩頭合則 忤逆亂動이요 尾尾合則 順和이니 魚肉兩尾를 相應케 한다.
肉魚類는 外腹內背하니 不如同神位한다. 또한 肉魚類에 곳(꼬치)을 끼우되
外는 陽이니 위로 하고 內는 陰이니 밑으로 하여 끼우는 것이다.

(紅東白西)란 紅色은 陽을 象徵하니 紅色類는 東便에 놓으며
白色은 陰을 象徵하므로 祭需에 白色類는 西便에 놓느니라.

(左脯右醢)는 祭需의 陳設 法禮가 五湯줄을 中心으로 하여
內로는 神位를 爲主하고 外로는 執事者 位를 爲主하여 左而東이요 右而西이다.
그 뜻인즉 五湯줄 內로는 陰盤이 되고 五湯줄 外로는 陽盤이다.
故로 祭需의 陳設에 縱으로나 橫으로 또는 五湯줄을 中心하여 前後 左右로
陰과 陽으로 分別하였다. 然則 左脯 右醢는 執事者의 左右이다.
其意는 左脯右醢가 五湯줄 外이기 때문에 그러하다. 脯는 生物을 象徵하여
놓으니 武官에는 龍을 象徵하여 놓으며 文官에는 鳳을 象徵하여 놓으니라.
或者는 禮法을 混同하여 頭緖가 없이 陳設하며 自己 家庭의 禮法이라 하니
痛歎하며 可笑로운 일이다.

(五湯)은 (1)肉類에 湯이고 (2)魚湯이며 (3)菜蔬類의 湯이고
(4)邊湯인데 邊湯은 根實 等의 湯이고 (5)其他 湯이니 미역이나 其他의 湯이다.

(五菜)에 紅靑菜는 陽이라 執事의 左便에 놓으나 陽 中에도 紅은 陽이요
靑은 陰이니 靑菜는 紅菜 다음에 놓으며 白黑菜는 陰이니 執事의 右便에 놓으나
陰 中에도 白은 陽이요 黑은 陰이니 黑菜는 白菜의 다음으로 놓는다.

(五果)는 棗栗柿梨의 順序에 各種 實果와 造果이다. 棗는 陽이니 執事의
左便 첫번째요 栗은 陰이니 次이며 實果는 陽이요 造果는 陰이다. 故로 陽果는
東이요 陰果는 西에 놓는다. 栗은 6,8隅요 곳감은 除去種子하고 접어서 놓으니라.

(陰陽) 이란 三羅萬象의 根源이니 萬事萬物이 陰陽을 離치 못한다.
祭需의 陳設에 또한 陰陽으로 分別하였으니 混同을 막기 爲해 此에 簡略한다.
陰陽은 年中에도 陰과 陽이 相交하여 回轉하면서 萬物을 孕胎하여 生育한다.
陽은 冬至로부터 始生하여 夏至에 이르고 陰은 夏至에 始生하여 冬至에 이른다.
陰陽이 春夏秋冬 四季節로 陽中에도 陰在하고 陰中에도 陽在하여 循環回轉하며
相交함에 萬物이 化生하여 成長 後 歸本하니 萬事萬物이 此理에 緣由되어 있다.
假令 草木의 苗가 春節에 發芽함은 冬至로부터 陽氣가 漸旺하니 天氣는 下降하고
地氣는 上昇하므로 萬物이 生氣를 얻어 發芽하여 여름에 成長하니 낮에는 太陽이
所照하고 밤에는 太陰이 授濕하며 또 太陽이 雨降하며 太陰이 包裹하므로
成長하니 夏至로부터 陰氣가 漸旺하기에 天氣는 上昇하고 地氣는 下降함에
自立의 時氣가 되어 秋節에 開花結實하니 肅殺冬節에는 基地에 隱伏하여
다음 發芽時를 期待한다. 是爲 陰陽의 原理요 萬象의 順理이다.

(어동육서)는 육류는 해찬보다 크므로 신위의 우편에 놓으며 또 짐승류는
어두운 곳을 좋아하니 머리는 서쪽으로 향하게 하고 꼬리는 동으로 한다.
어는 육류보다 작으므로 신위의 좌편에 놓으며 또 어류는 밝은 곳을 좋아하니 머리는
동쪽으로 향하게 하며 꼬리는 서로 하여 놓는다.
일설에는 어육이 양두를 상응케 한다 하나 이는 불가한 논리이다.
역서에 말하기를 양두가 합한즉 오역난동하고 미미합즉 화순이라 하였으니 어육은
양미를 상응케 한다. 육류나 어류는 배를 밖으로 하며 등은 안으로 하여 놓으니 신위와
같이하지 않기 위함이다 또한 육류에나 어류에 곳(꼬치)을 끼우되 겉은 양이니 위로
하고 안쪽은 음이니 밑으로 하여 끼우는 것이다.

(홍동백서)란 홍색은 양을 상징하니 홍색류는 동쪽에 놓으며
백색은 음을 상징하므로 제수에 백색류는 서편에 놓으니라.

(좌포우혜)란 제수의 진설하는 예법이 오탕줄을 중심으로 하여 안으로는
신위를 위주하고 밖으로는 집사자를 위주하여 좌측이 동이요 우측이 서이다.
그 뜻인즉 오탕줄 안으로는 음반이 되고 밖으로는 양반이 되기에 그러하다.
그런고로 제수의 진설에 세로나 가로로 또는 오탕줄을 중심하여 전후 좌우로 모두가
음과 양으로 분별하였다. 그런즉 좌에는 건포요 우에는 식혜이니 이것은 집사자의
좌우이다. 그것은 좌포우혜가 오탕줄 밖이기 때문이다. 포는 생물을 상징하여 놓으니
무관에는 용을 상징하여 놓으며 문관에는 봉을 상징하여 놓으니라.
혹자는 예법을 혼동하여 두서와 순서가 없이 진설하며 자기 가정의 예법이라 하니
통탄하며 가소로운 일이다.

(오탕)은 (1) 육류의 탕이고 (2) 어탕이며 (3) 채소류의 탕이요 (4) 준탕이니
근실 등의 탕이며 (5) 미역이나 기타의 탕이다.

(오채)는 홍채와 청채는 양이라 집사의 좌편에 놓으나 양중에도 홍채는 양이요
청채는 음이니 홍채의 다음으로 놓으며 백흑채는 음이니 집사자의 우편에 놓으나
음중에도 백채는 양이요 흑채는 음으니 흑채는 백채의 다음으로 놓으니라.

(오과)는 대추 밤 감 배 순서로 각종 과실과 조과이다 대추는 양이니 집사의
좌편의 첫번째에 놓고 밤은 음이니 다음으로 놓는다. 실과는 양이요 조과는 음이니
고로 양과는 동에놓고 음과는 서에 놓는다.
밤은 6,8모요 곳감은 종자를 제거하고 접어서 놓으니라.

(음양)이란 삼라만상의 근원이니 만사만물이 음양을 떠나서는 있을 수 없다.
제수의 진설에 또한 음양으로 분별하였으니 혼동을 막기 위해 간략히 설명한다.
음양은 연중에도 음과 양이 서로 상교하여 회전하면서 만물을 잉태하여 생육한다.
양은 동지로부터 시생하여 하지에 이르고 음은 하지에 시생하여 동지에 이른다.
음과 양이 춘하추동 사계절로 양중에도 음이 있고 음중에도 양이 있어 순환 회전
하며 상교하므로 만물이 화생하여 성장 후 본지로 돌아간다.
만사만물이 이러한 이치에 연유되어 있는 것이다.
가령 초목의 묘가 춘절에 화생함은 동지로부터 양기가 점점 왕성해지니 천기는
내려오고 지기는 올라오므로 만물이 생기를 얻어 발아하여 여름에 성장하니
낮에는 태양이 따뜻하게 비추어 주고 밤에는 태음이 습기를 주며
또 태양이 비를 주고 태음이 포과함에 성장하여
하지로부터 음기가 점점 왕성해지므로 천기는 상승하고 지기는 하강함에
자립의 시기가 되어 가을에 꽃이 피고 열매를 맺으니 겨울에는 기지에 자리잡고
은복하여 다음 발아시를 기다린다. 이것이 음양의 원리요 만상의 순리이다.

人命의 先天的인 四柱八字에도 陰陽의 通變에 따라 富貴와 貧賤이 定命運行하며
相에서도 男左 女右로 不具와 吉凶禍福이 昭昭하니 이것이 陰陽의 理致이다.
또한 人命이 生出함에 太陽人 小陽人 太陰人 小陰人으로 五運 六氣에 生出하므로
無病健康하고 得病衰弱하며 長壽富貴하고 短命貧賤함은 모두가 陰陽이 相交함에
始要 不要의 根源에서 分別되어 있으니 이것이 陰陽의 循環하는 原理이다.
故로 千態萬象은 陰陽이 不配함이 없으니 此를 떠나서는 形體가 있을 수 없다.
陰陽이란 大者 陽이요 小者 陰이며 長者 陽이요 短者 陰이며 高者 陽이요 低者
陰이며 光者 陽이요 暗者 陰이며 一은 陽이요 二는 陰이며 奇는 陽이요 偶는
陰이며 連者 陽이요 絶者 陰이며 强者 陽이요 弱者 陰이며 動者 陽이요 靜者
陰이며 見者 陽이요 不見者 陰이며 透者 陽이요 隱者 陰이며 外者 陽이요 內者
陰이며 前而陽이요 後而陰이며 左而陽이요 右而陰이며 生은 陽이요 死는 陰이며
男而陽이요 女而陰이며 家宅은 陽이요 墳墓는 陰이다. 陰陽은 大略 如上하다.
故로 陰陽이란 萬物萬形에 相交 凝結하여 化生의 始原이 되는 根源이니
森羅萬象에 相應하며 應用되니 天과 地 그리고 宇宙空間에 가득하다.
그러기에 儀禮 儀式에서도 陰陽으로 區分하여 頭緒와 順序를 定하였다.
故로 喪葬祭禮 儀式에도 陰陽을 爲主하여 陰과 陽이 相交토록 定禮하였으니
祭需의 實果에 棗를 陽果라 하니 其意는 棗는 열매가 밖으로 튀어나와 열리며
씨앗은 하나이다. 故로 透出者 陽이요 하나는 陽이니 棗를 陽果라 하며
栗을 陰果라 하니 밤은 열매가 속에 열리며 씨앗은 두 개 이상으로 나뉘어 있다.
隱伏者 陰이며 絶은 陰이요 나뉜 것은 陰이기에 밤을 陰果라 한다. 이와 같이
陰陽을 分別하여 祭需의 陳設에도 聖賢들이 明白하게 定禮하였다. 然則 祭需에
動陽 靜陰이니 肉魚는 陽이요 蔬果는 陰이다. 또 紅靑은 陽이요 黑白은 陰이며
陽中에도 陰在하고 陰中에도 陽在하니 魚肉이 陽이나 肉은 陽이요 魚는 陰이다.
陽이 크므로 東에 놓고 陰은 작으니 西에 놓는다. 故로 魚東肉西이다.

(不用祭物)은 祭需를 時果 時需로 爲主하되 模樣이 不好한 物件을
不用하며 惡臭物件을 不用하고 傷體된 物件을 不用하며 時魚라도 鯉魚는
不用하며 時果라도 桃果는 不用하니 桃果는 神忌하니 不用하고 鯉魚는 龍種이라
不用한다. 然이나 桃果는 淫浴殺果라 不用하며 鯉魚는 紅色目이니 殺氣魚라
不用하는 것이다. 以上은 祭需의 陳設함에 說明이고 下에는 祭祀 實行이다.

(參神)은 神主로 祭祀를 모시면 參神을 먼저 하니 參神이란 神主는
祠堂에 모셨기에 魂魄이 恒常 因存해 계시므로 魂魄을 迎接하여 모실 必要가
없이 參祀者 一同이 神位 前에 人事 드리는 禮를 參神이라고 한다.
序立한 順序는 祭主의 左로부터 尊長이 位하여 右便으로 順序대로 序立한다.

(降神)은 紙榜으로 祭祀를 모시면 降神을 먼저 하니 祭主가 位前에 跪하여
香爐 香盒 茅沙器 退酒器 祝 等을 位置하고 祭需의 陳設의 正潔함을 살펴본 후에
率在執事兩便하여 三上焚香하고 左側 奉酌이 盞을 내리면 兩手로 奉受하여
左手로 盞臺를 잡고 右手로 執盞하면 右側 執注者가 三小灌酒하면 左로 向하여
右便으로 香爐에 三回하여 三傾茅沙器로 모두 비우고 左側 奉酌에게 돌리니
受盞于故處하면 祭主는 두 손을 앞으로 짚고 俯伏하여 일어나 再拜하고 小退하니
是謂 降神이다. 다음에 參祀者 皆參神 再拜한다. 故로 降神은 神靈을 迎接하여
모시는 禮이고 參神은 神靈에게 參祀者 모두가 人事를 드리는 禮이다.

인명의 선천적인 사주팔자에도 음양의 통변에 따라 부귀와 빈천이 정명 운행하며
상에서도 남좌 여우로 불구자와 길흉화복을 아는 것이니 이것이 음양의 이치이다.
또한 인명이 출생함에 태양인 소양인 태음인 소음인으로 오운 육기에 출생하므로
무병 건강하고 득병 쇠약하며 장수 부귀하고 단명 빈천함은 모두가 음과 양의 상교함에
시요 불요의 근원에서 분별되어 있으니 이것이 음양의 순환하는 원리이다.
고로 천태만상이 음양의 불배함이 없으니 이를 떠나서 그 형체가 있을 수 없는 것이다.
음양이란 큰 자는 양이요 작은 자는 음이며 긴 자는 양이요 짧은 자는 음이며 높은 자는
양이요 낮은 자는 음이며 밝은 자는 양이요 어두운 자는 음이며 하나는 양이요 둘로
나뉜 것은 음이며 기수는 양이요 우수는 음이며 연한것은 양이요 떨어진 것은 음이며
강한 자는 양이요 약한 자는 음이며 동한 자는 양이요 정한 자는 음이며 보이는 것은
양이요 안보이는 것은 음이며 밖으로 튀어나온 것은 양이요 속으로 숨은 것은 음이며
밖은 양이요 속은 음이며 앞은 양이요 뒤는 음이며 좌측은 양이요 우측은 음이며
살아서는 양이요 죽은 뒤에는 음이며 가택은 양이요 분묘는 음이며
남자는 양이요 여자는 음이다. 음양이란 대략 이와 같이 분별한다.
그런고로 음양이란 만물 만형에 상교 응결하여 화생의 시원이 되는 근원이니
삼라만상에 상응하며 응용되니 하늘과 땅 그리고 우주공간에 가득하다.
그르므로 의례 의식에서도 음양으로 구분하여 두서와 순서를 정하였다.
고로 상장제례에서도 음양을 위주하여 음과 양이 상교토록 예법을 정하였으니 제수의
과실에 대추를 양과라 하니 그 뜻인즉 대추는 그 열매가 밖으로 튀어나와 열리며
씨앗은 하나이다. 고로 튀어나온 것은 양이요 하나는 양이니 대추를 양과라고 하며
밤을 음과라 하니 밤은 열매가 속으로 열리며 씨앗은 두 개 이상으로 나뉘어 있으니
속으로 숨은 것은 음이며 떨어진 것은 음이요 나뉜 것은 음이니 밤을 음과라고 한다.
이와 같이 음양으로 분별하여 제수의 진설에 성현들이 명백하게 정례하였다.
그런즉 제수에 동한 것은 양이요 정한 것은 음이니 어육은 양이요 소과는 음이다.
또한 홍청은 양이요 흑백은 음이며 양중에도 음이 있고 음중에도 양이 있으니
어육이 양이나 육은 양이요 어는 음이다. 양이 크므로 동에 놓고 음은 작으므로 서에
놓으니라. 그런고로 어동육서니라.

(**불용제물**)은 제수를 그때의 과실과 그때의 찬으로 위주하되 모양이
좋지 못한 물건을 쓰지 않으며 고약한 냄새가 나는 물건을 쓰지 아니하고 상한 물건을
쓰지 아니하며 그때의 고기라도 잉어는 쓰지 않으며 그때의 과실이라도 복숭아는 쓰지
않으니 복숭아는 귀신이 꺼리는 것이요 잉어는 용의 종류이니 쓰지 않는다.
그러나 복숭아는 음욕살과이니 불용하며 잉어는 홍색목이니 살기어라 불용한다.
이상은 제수의 진설함에 설명이고 아래는 제사 실행의 설명이다.

(**참신**)은 신주로 제사를 모시면 참신을 먼저 하니 참신이란 신주는 사당에
모셨기에 혼백이 항상 인존해 계시므로 혼백을 영접하여 모실 필요가 없이
제사에 참석자 일동이 신위 전에 인사 드리는 예를 참신이라고 한다. 서립하는 순서는
제주의 좌로부터 존석이니 좌측에 존장자가 서고 순서에 따라 우편으로 서립한다.

(**강신**)은 지방으로 제사를 모시면 강신을 먼저 하니 제주가 위전에 꿇어앉아
향로 향합 모사기 퇴주기 축 등을 위치에 놓고 제수의 진설에 정결함을 살펴본 뒤에
양편에 집사를 거느리고 3상 분향하니 좌측 봉작이 잔을 내리면 두 손으로 받들어
왼손으로 잔대를 잡고 오른손으로 잔을 잡으니 우측에 집주자가 술을 조금씩 3번
따르면 좌편으로 향하여 오른쪽으로 향로에 3번 돌려서 향로에 3번 기울여 모두 비우고
좌측 봉작에게 돌리니 봉작이 잔을 받들어 위전에 올리면 제주는 손을 앞으로 짚고
부복하여 일어나 재배하고 뒤로 물러나니 이것이 강신이다.
다음에는 제사에 참석한 사람 모두가 참신 재배한다. 고로 강신은 신령을 영접하여
모시는 예이고 참신은 신령에게 모두가 인사 드리는 예이다.

（初獻）은 祭主가 初獻官으로 詣位前跪하여 三上焚香하면 左側 奉酌이
考位盞下則 兩手奉受하여 左手奉盞臺하고 右手奉盞하니 右側 執注者가 三灌酒하면
左向右便으로 香爐三回하여 三傾茅沙器로(奠酒祭酒하니 自量) 若 9合쯤 되게 하여
左側 奉酌授則 受盞于故處하면 右側 奉酌이 妣位盞下하니 如考位盞行禮하여
右便 奉酌授則 受盞于故處하고 飯啓하며 正箸三回于肉饌하면(立匙는 侑食에 함)
參祀者 皆位前跪하여 머리숙여 靜肅하니 祝이 獻官左便에 東向跪讀祝한다.
祝이 끝나면 初獻官은 두 손을 앞으로 짚고 俯伏하여 일어나 再拜하고 小退하니
降復位한다. (註)祭酒는 3傾茅沙器요 奠酒는 位前에 獻酌을 말한다.

（亞獻）은 主婦이나 時에는 男子가 普通 行三獻官하니 初獻의 次人이 可하다.
亞獻官은 詣位前跪하고 三上焚香하니 左側 奉酌이 考位盞下하면 兩手奉受하여
退酒하고 左手奉盞臺하고 右手奉盞하니 右側 執注者가 三灌酒하면 左向右便으로
香爐三回하여 三小傾茅沙器로 若 9合쯤 되게 하여 左側 奉酌授則 受盞于故處하면
右側 奉酌이 妣位盞下하면 如考位盞行禮하여 右側 奉酌授則 受盞于故處하고
正箸三回于魚饌하면 亞獻은 俯伏하여 일어나 再拜하고 小退하니 降復位한다.
(註)亞獻.終獻은 祭酒奠酒하니 三小傾 後에 獻酌한다.

（終獻）은 亞獻次人이 詣位前跪하고 三上焚香하니 左側 奉酌이 考位盞下하면
兩手奉受하여 退酒하고 左手奉盞臺하고 右手奉盞하니 右側 執注者가 三灌酒하면
左向右便으로 香爐三回하여 三小傾茅沙器로 若 9合쯤 되게 하여 左側 奉酌授則
受盞于故處하면 右側 奉酌이 妣位盞下하니 兩手奉受하여 退酒하고 如考位盞行禮
하여 右側 奉酌授則 受盞于故處하고 正箸三回于菜饌하면 終獻은 두 손을 앞으로
짚고 俯伏하여 일어나 再拜하고 小退하니 降復位한다.

（添酌）은 大蓋 初獻官이 奉行하며 또는 添酌禮를 莫行한 門中도 있다.
然이나 祭祀란 子孫들이 祖上을 追慕하는 精誠이니 祭官들의 議論下에 依하여
添酌은 三獻官外의 子孫中에서 奉行함이 可하며 初獻은 侑食에 添酌함이 可하다.
其意則 祭禮儀式을 熟習함도 되려니와 많은 子孫에게 先塋을 崇尙하는 精誠을
더욱 鼓吹하는데 있다. 然이나 各其 門中에 따라 子孫들의 意向과 精誠에 있다.
添酌은 詣位前跪하여 三上焚香하면 左側 奉酌이 考位盞下하니 兩手奉受하여
退酒하되 若 3合쯤 되게 하니 三灌滿酒하여 三獻官의 禮와 같이 奉行한다.

（侑食）은 初獻官이 詣位前跪하고 三上焚香하니 左側 奉酌이 考位盞下하면
兩手奉受하여 左手奉盞臺하고 右手奉盞하여 三傾茅沙器로 若 3合쯤 되게 하여
奉盞하니 右側 執注者가 三灌滿酒하면 左向右便으로 香爐三回하여 三傾茅沙器하여
若 9合쯤 되게 하여 左側 奉酌授則 受盞于故處하면 右側 奉酌이 妣位盞下하니
如考位盞行禮하여 右側 奉酌授則 受盞于故處하고 立匙西柄하며 正箸三回于匙器上則
參祀者는 皆闔門하고 出外侑食한다 暫時待九分後 祭主噫歆三聲으로 開門復位한다.
(註)時에는 參祀者 皆位前跪하고 靜肅하며 머리숙여 黙念으로 侑食함이 可禮이다.
獻酌은 神靈을 迎接하여 勸酒함이요 侑食은 神靈에게 飯需歆饗을 勸함이니
立匙는 侑食에 하는 것이다. 故로 獻酌 侑食함에 儀禮를 銘心해야 할 것이다.

（辭神）은 初獻詣位前跪하고 焚香하면 兩便 執事가 撤羹하고 進茶水하여
三抄飯下匙于水器하며 撤匙復飯하면 參祀者 一同이 辭神再拜한다.
初獻官이 位前에 跪하여 焚祝茅沙器上하고 三獻官이 飮福하면 撤床한다.

（ 초헌 ）은 제주가 초헌관으로 위전에 나아가 꿇어앉아 3상분향하면 좌측 봉작이 잔을
내려 초헌에게 주면 두 손으로 받들어 왼손으로 잔대를 잡고 오른손으로 잔을 잡으니
우측 집주자가 술을 3번 따라 가득히 하면 좌편으로 향하여 우편으로 향로에 3번 돌린 뒤에
모사기에 3번을 조금씩 기울여(초헌은 전주제주하니 자량할 것이다) 약 9홉쯤 되게 하여
좌측 봉작에게 주니 봉작이 고위전에 올리면 우측 봉작이 비위잔을 내린다. 초헌은 두 손으로
받들어 고위잔을 올리던 예로 하여 우측 봉작에게 주면 받들어 비위전에 올리고 뫼의 개를
열며 젓가락을 3번 정저하여 육류 위에 올려놓으면(입시는 유식에 한다) 제사에 참석한 모든
자손은 위전에 꿇어앉아 머리숙여 정숙하니 축이 헌관 좌측에 나아가 동쪽으로 향하여 꿇어
앉아 독축한다. 축이 끝나면 초헌은 두 손을 앞으로 짚고 부복하여 일어나 재배하고 소퇴하니
처음 자리로 돌아간다. (주)제주는 3경 모사기요 전주는 위전에 잔을 올리는 것을 말한다.

（ 아헌 ）은 주부이나 시에는 남자가 보통 삼헌관을 하니 초헌 다음가는 사람이 가하다.
아헌은 위전에 나아가 꿇어앉아 3상분향하니 좌측 봉작이 고위잔을 내리면 두 손으로 받들어
퇴주하고 왼손으로 잔대를 잡고 오른손으로 잔을 잡으니 우측 집주자가 술을 3번 따라 가득히
하면 왼편으로 향하여 오른쪽으로 향로에 3번 돌려 모사기에 3번 기울이니 약 9홉쯤 되게 하여
좌측 봉작에게 주니 받들어 고위전에 올리면 우측 봉작이 비위잔을 내린다. 아헌은 두 손으로
받들어 퇴주하고 고위잔을 올리던 예로 하여 우측 봉작에게 주면 받들어 비위 전에 올리고
젓가락을 3번 정저하여 어찬 위에 올려놓으면 아헌은 두 손을 앞으로 짚고 부복하여 일어나
재배하고 소퇴하니 처음 자리로 돌아간다. (주)아헌 종헌은 제주전주하니 3소경 후에 올린다.

（ 종헌 ）은 아헌 다음가는 사람으로 위전에 나아가 꿇어앉아 3상분향하니 좌측 봉작이
고위잔을 내리면 두 손으로 받들어 퇴주하고 왼손으로 잔대를 잡고 오른손으로 잔을 잡으니
우측 집주자가 술을 3번 따라 가득히 하면 좌로 향하여 우편으로 향로에 3번 돌려 모사기에
3번 기울이니 약 9홉쯤 되게 하여 좌측 봉작에게 주니 받들어 고위 전에 올리면 우측 봉작이
비위잔을 내리니 두 손으로 받들어 퇴주하고 고위잔을 올리던 예로 하여 우측 봉작에게 주면
받들어 비위전에 올리고 정저를 3번 하여 채찬 위에 놓으면 종헌은 두 손을 앞으로 짚고
부복하여 일어나 재배하고 소퇴하니 처음 자리로 돌아간다.

（ 첨작 ）은 대개 초헌관이 봉행하며 또는 첨작례를 행하지 아니한 문중도 있다.
그러나 제사는 자손들이 조상을 추모하는 정성이니 제관들의 논의하에 의하여 첨작은 삼헌관
외의 자손 중에서 행함이 가하며 초헌관은 유식에 첨작함이 가하다.
그 뜻인즉 제례의식을 익혀 배움도 되려니와 많은 자손들이 선영을 숭상하는 정성을
더욱 고취하는 데 있다. 그러나 각자 문중에 따라 자손들의 의향과 정성에 있다.
첨작은 위전에 나아가 꿇어앉아 3상분향하면 좌측 봉작이 고위잔을 내리면 두 손으로 받들어
퇴주하되 좌수로 잔대를 잡고 우수로 잔을 들어 모사기에 3번 기울여 약 3홉쯤 되게 하여
잔을 받들면 우측 집주자가 술을 3번 따라 가득히 한다. 의식은 삼헌관의 예와 같이한다.

（ 유식 ）은 초헌관이 위전에 나아가 꿇어앉아 3상분향하니 좌측 봉작이 고위잔을 내리면
두 손으로 받들어 퇴주하되 왼손으로 잔대를 잡고 오른손으로 잔을 들어 모사기에 3번 기울여
약 3홉쯤 되게 하여 받드니 우측 집주자가 술을 3번 따라 가득히 하면 좌로 향하여 우편으로
향로에 3번 돌린 후 모사기에 3번 기울여 약 9홉쯤 되게 하여 좌측 봉작에게 주니 받들어
고위전에 올리면 우측 봉작이 비위잔을 내리니 두 손으로 받들어 고위잔을 올리던 예로 하여
우측 봉작에게 주면 받들어 비위전에 올리고 수저를 뫼에 입시하되 자루는 서로 가게 하며
젓가락을 3번 정저하여 수저기에 옮겨 놓으면 제사에 참석한 자손 모두는 문을 열고 밖으로
나아가 약 9분가량 기다린 후 제주가 기침을 3번 하고 문을 열고 들어가면 모두 따라 들어가니
처음 자리로 간다. (주)지금은 제사에 참석한 자손 모두가 위전에 꿇어앉아 머리숙여 묵념으로
유식함이 가하다. 헌작은 신령을 영접하여 모시고 술을 권함이요 유식은 식사를 권함이니
그런고로 헌작 유식함에 의례를 명심해야 할 것이다.

（ 사신 ）은 초헌관이 위전에 꿇어앉아 분향하면 양편 집사가 국을 내리고 숭늉을 올리니
수저로 뫼를 3번씩 떠서 숭늉 그릇에 놓은 뒤에 수저를 걷고 뫼에 개를 덮으면 참사에 자손
모두가 사신재배 한다. 초헌이 위전에 꿇어앉아 모사기에 분축 후 3헌관이 음복하면 철상한다.

單位 陳設圖 (단위 진설도)

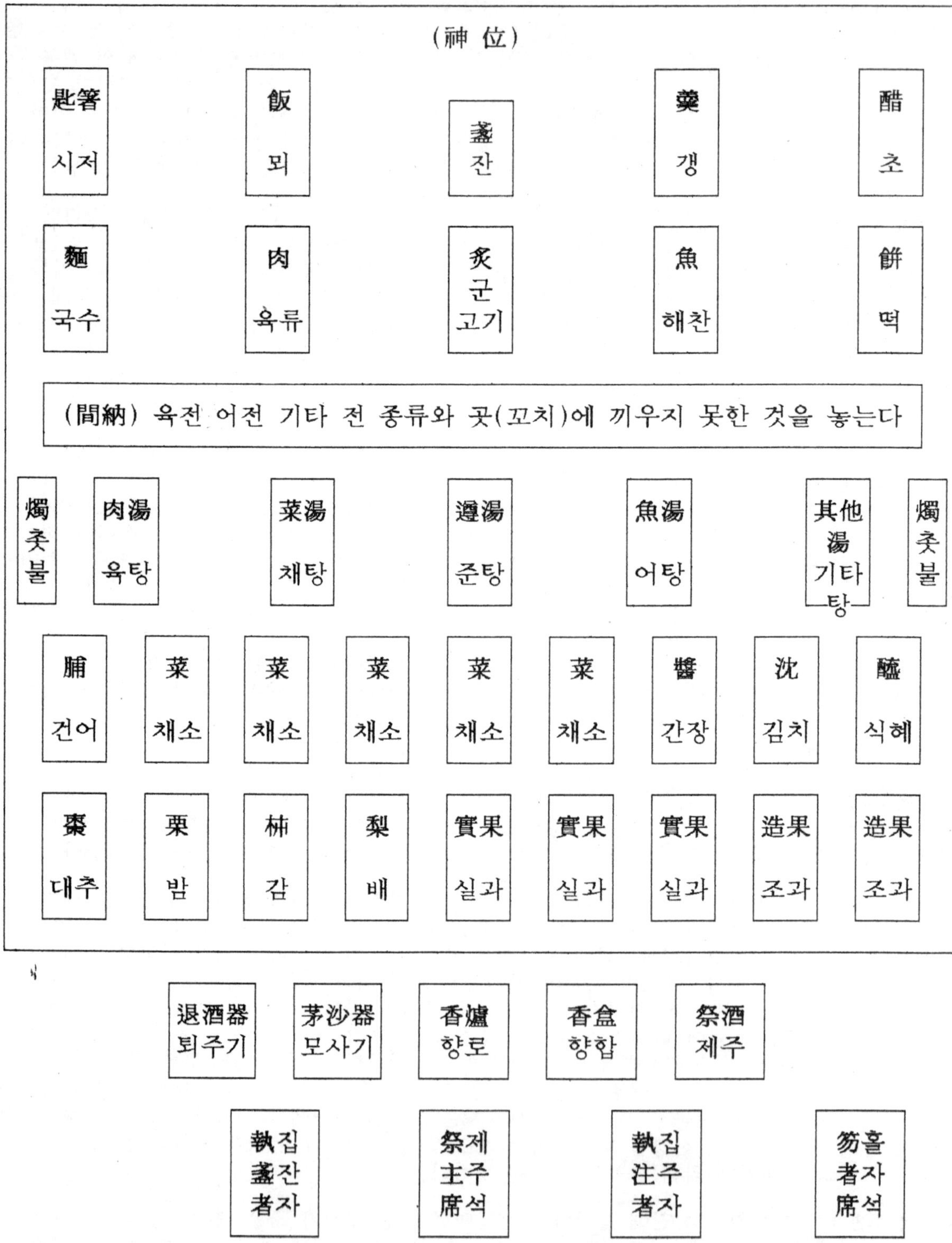

(神 位)

匙箸 시저	飯 뫼	盞 잔	羹 갱	醋 초
麵 국수	肉 육류	炙 군 고기	魚 해찬	餅 떡

(間納) 육전 어전 기타 전 종류와 곳(꼬치)에 끼우지 못한 것을 놓는다

燭 촛 불	肉湯 육탕	菜湯 채탕	遵湯 준탕	魚湯 어탕	其他 湯 기타 탕	燭 촛 불

脯 건어	菜 채소	菜 채소	菜 채소	菜 채소	菜 채소	醬 간장	沈 김치	醢 식혜
棗 대추	栗 밤	柿 감	梨 배	實果 실과	實果 실과	實果 실과	造果 조과	造果 조과

退酒器 퇴주기	茅沙器 모사기	香爐 향로	香盒 향합	祭酒 제주

執집 盞잔 者자	祭제 主주 席석	執집 注주 者자	笏홀 者자 席석

單位 陳設圖 解意 (단위 진설도 해의)

1.. 첫째줄...匙筯 飯 盞 羹 醋이다.

(1) 匙筯. 시저는. 수저와 젓가락이니 시접에 받들어 맨 오른편에 놓는다.
(2) 飯... 반은... 밥으로 뫼라고 한다. 오른편에서 두번째이다.
(3) 盞... 잔은... 술잔이다. 잔대에 받들어 세번째이며 뫼보다 약간 밖으로 놓는다.
(4) 羹... 갱은... 국이니 네번째이며 술잔보다 약간 안으로 뫼와 줄을 같이한다.
(5) 醋... 초는... 식초와 같은 것으로 흠향을 북돋기 위하여 향기로운 것을 놓는다.

2.. 둘째줄...麵 肉 炙 魚 餠이다.

(1) 麵.. 면은.. 국수와 같은 것이니 지금에는 잡채도 가하다. 둘째줄의 첫번째이다.
(2) 肉.. 육은.. 소 돼지 닭 등의 고기이니 머리를 서쪽으로 하여 둘째줄 두번째이다.
(3) 炙.. 적은. 군고기로 육류를 곳(꼬치)에 끼워 숯불에 군 것이니 둘째줄 세번째이며
(4) 魚.. 어는.. 해찬이다. 배는 밖으로 하고 머리는 동으로 하여 네번째에 놓는다.
(5) 餠.. 병은.. 떡이다. 일 기에 진설도 가하나 떡을 각 기에 진설함이 가하다.

(間納) 간납은 오탕줄 안이니 곳(꼬치)에 끼우지 못한 기타 등을 간납줄에 놓는다.

3.. 셋째줄...五湯이다. (五湯은 三湯도 可함)

(1) 肉湯.... 육탕은.... 소.돼지.닭 등의 육류의 탕이니 셋째줄의 첫번째이고
(2) 菜湯... 채탕은.... 각종 채소류의 탕이다. 셋째줄의 두번째이며
(3) 遵湯... 준탕은... 근실(根實) 등의 탕이다. 셋째줄 세번째이고
(4) 魚湯.... 어탕은... 해찬이나 어류의 탕이다. 셋째줄의 네번째이다.
(5) 其他湯.. 기타탕은.. 해초류(海草類)나 기타의 탕이니 다섯번째이다.

4.. 넷째줄...脯 五菜 醬 沈菜 醯이다.

(1) 脯.... 포는...... 문어등 건어인데 문관은 봉이요 무관은 용을 상징하여
　　　　　　　　　　　　네번째줄 첫번째이니 오채보다 약간 안으로 놓는다.
(2) 熟菜.. 숙채이니.. 가정(庭菜)의 홍청채(紅靑菜)로 脯보다 밖으로 놓는다.
(3) 熟菜.. 숙채이니.. 산채(山菜)로 홍청채(紅靑菜)이다. 넷째줄의 세번째이며
(4) 熟菜.. 숙채이니.. 가정(庭菜)의 홍청채(紅靑菜)이다. 넷째줄의 네번째이다.
(5) 熟菜. 숙채이니.. 가정(庭菜)의 흑백채(黑白菜)이다. 다섯번째에 놓는다
(6) 熟菜.. 숙채이니.. 산채(山菜)로 흑백채(黑白菜)이다. 여섯번째에 놓는다.
(7) 醬.... 간장이니. 어느 식탁이든 간장이 크므로 제상에도 간장이 오른다.
(8) 沈菜.. 김치이니.. 역시 식탁에는 김치가 크기에 제상에도 동치미가 오른다.
(9) 醯.... 식혜이니.. 감주이다. 채소줄보다 약간 안으로 포와 줄을 같이한다.

5.. 다섯째줄...棗 栗 柿 梨에 各種 實果와 造果이다.

(1) 棗..... 조는..... 대추이다. 양과의 홍색이니 다섯번째줄의 첫번째에 놓는다.
(2) 栗.... 율은.... 밤이니 6모나 8모로 깍는다. 다섯번째의 두번째에 놓는다.
(3) 柿..... 시는..... 홍시나 감 종류이니 곳감은 씨를 빼고 접어서 놓는다.
(4) 梨..... 이는..... 배다. 봉지 상하를 조금씩 깍아서 다섯번째줄 네번째이고
(5) 實果... 실과는... 사과. 참외. 수박. 포도 등 기타 과실류이니 다섯번째이며
(6) 造果... 조과는... 다식이나 산자 등의 조과류이니 다음으로 얼마든지 놓는다.

(註)제상의 진설하는 법례가 오탕줄 안으로는 신위를 위주하여 좌는 동이요
우는 서이며 오탕줄 밖으로는 집사자를 위주하여 좌는 동이요 우는 서이다.

兩位 陳設圖 (양위 진설도)

考神位　　　　　　　　　　妣神位

飯 뫼	盞 술잔	羹 국	匙筯 수저	飯 뫼	盞 술잔	羹 국	醋 초
麵 국수	餠 떡	肉 육	炙 군 고기	魚 해찬	麵 국수	餠 떡	

(間納)　전 종류와 곳(꼬치)에 끼우지 못한 것 등을 놓는다

燭 촛 불	肉湯 육탕	菜湯 채탕	邊湯 준탕	魚湯 어탕	其他 湯 기타탕	燭 촛 불
脯 건어	菜 채소	菜 채소	菜 채소	菜 채소	菜 채소	醬 간장	沈菜 김치	醢 식혜
棗 대추	栗 밤	柿 감	梨 배	實果 실과	實果 실과	實果 실과	造果 조과	造果 조과

退酒器 퇴주기	茅沙器 모사기	香爐 향로	香盒 향합	祭酒 제주

執집 盞잔 者자	祭제 主주 席석	執집 注주 者자	笏홀 者자 席석

(주)곳 은 꼬치 인데 제수에 꼬치라 함은 경솔하고 상스러우니 곳 이라 한다.

兩位 陳設圖 解意 (양위 진설도 해의)

1.. 첫째줄... 飯 盞 羹 匙筯 飯 盞 羹 醋이다.

(1) 飯.... 반은... 밥이니 뫼라고 한다. 첫째줄의 오른편으로 첫번째이며
(2) 盞.... 잔은... 술잔이니 잔대에 받들어 두번째로 뫼보다 약간 밖으로 놓는다.
(3) 羹.... 갱은... 국이니 술잔보다 약간 안으로 하여 뫼와 줄을 같이한다.
(4) 匙筯.. 시저는. 숟가락과 젓가락이다. 제기에 받들어 네번째에 놓는다.
(5) 飯.... 반은... 밥이니 뫼라고 한다. 비위의 뫼이니 다섯번째이며
(6) 盞.... 잔은... 비위의 술잔이다. 뫼보다 약간 밖으로 하여 여섯번째이다.
(7) 羹.... 갱은... 비위의 국이다. 술잔보다 안으로 하여 뫼와 줄을 같이한다.
(8) 醋.... 초는... 식초이다. 흠향을 북돋기 위하여 향기로운 것을 놓는다.

2.. 둘째줄... 麵 餠 肉 炙 魚 麵 餠이다.

(1) 麵.. 면은.. 국수와 같은 것으로 고위의 면이다 둘째줄의 첫번째이며
(2) 餠.. 병은.. 고위의 떡이니 각종 떡을 제기 하나에 진설하여 두번째에 놓는다.
(3) 肉.. 육은.. 소 돼지 닭 등의 육류이니 머리를 서쪽으로 하여 세번째이며
(4) 炙.. 적은.. 군고기로 육류를 곳에 끼워 숯불에 군 것이니 둘째줄 네번째이고
(5) 魚.. 어는.. 해찬이다. 배는 밖으로 하고 머리는 동으로 하여 놓는다.
(6) 麵.. 면은.. 국수와 같은 것으로 비위의 면이다. 여섯번째에 놓는다.
(7) 餠.. 병은.. 비위의 떡이니 각종 떡을 제기 하나에 진설하여 일곱번째이다.

(間納) 다음에는 간납줄이니 양위 진설 도표와 단위 진설도 해의를 참고하라.

3.. 셋째줄은 오탕이며   4.. 넷째줄은 오채요   5.. 다섯째줄은 오과이니
진설법은 단위제 진설법과 같으니 단위제 진설도 해의를 참고하라.

(註)의례의 본원은 전기의 배례법과 상장제례법에서 설명했거니와
만물이 생애는 양이요 사후는 음이며 또 가택은 양이요 분묘는 음이다.
고로 가택을 양택이라 하며 분묘는 음택이라고 한다.
양택에서는 동서남북의 방향이 사방으로 고정되어 있어 그 방향을 가리키지만
음택에는 어느 방향을 불문하고 좌이동이요 우이서이며 전이남이요 후이북이다.
그러므로 음택에서는 어느 방향을 막론하고 좌청룡 우백호 전주작 후현무라 한다.
그 뜻인즉 좌동 우서 전남 후북으로 태극의 선천도에 甲乙청룡 동방이요
丙丁주작 남방이며 庚辛백호 서방이고 壬癸현무 북방이니
이것이 음양의 자연의 이치에서 출함이다.
또한 사람이 생전에는 남좌 여우로 위주하니 경사에 남자는 좌측에 앉고
여자는 우측에 앉는다. 또는 밥상에 밥이 국보다 크므로 좌측이요 국은 밥보다.
작으니 우측이다. 그러나 사후에는 반대이니 남자는 우측을 위주하니 우가 크며
여자는 좌측을 위주하니 좌가 크다. 그러므로 상장제례에 고위는 우측이요 비위는
좌측이다. 그런즉 제상에 고위는 우측이니 우가 크므로 큰 것은 우측에 놓고
작은 것은 좌측에 놓으니 밥이 국보다 크고 술보다 크기에 우측에 수저기 다음에
식기요 술은 국보다 크며 밥보다 작으므로 식기 다음으로 놓으며 다음에 국이다.
제례에는 오직 자손들의 마음에 있으니 주과라도 정성이 지극하면
신령이 즐겁게 흠향하는 것이고 정성이 부족하면 흠향하지 않느니라.

忌祭 父單位 祭祝 (기제 부단위 제축)

維 유 (벼리유 말할유)	오직		歲 세 (해세 세상세)	세월이
歲 세 (해세 세상세)	벼리를		序 서 (차례서 순서서)	차례로
次 차 (다음차 차례차)	아뢰		遷 천 (옮길천 바뀔천)	바뀌어
	옵건대		易 역 (변할역 바뀔역)	가므로
庚 경 (천간경 별경)	해가			아버지의
午 오 (낮오 말오)	바뀐		顯 현 (높을현 나타날현)	기일이
二 이 (두이 거듭이)	올해의		考 고 (늙을고 죽은이고)	다시
月 월 (달월 한달월)	해는		諱 휘 (꺼릴휘)	돌아
戊 무 (개무 천간무)	경오		日 일 (날일 하루일)	왔습니다.
申 신 (납신)	년이며		復 부 (다시부 돌아올부)	먼
朔 삭 (초하루삭)	이월		臨 림 (임할림 다다를림)	옛날에
	초하루			아버지의
初 초 (처음초 근본초)	일진은		追 추 (쫓을추 따를추)	은혜를
五 오 (다섯오)	무신		遠 원 (멀원 아득할원)	늘
日 일 (날일 하루일)	일이고		感 감 (느낄감 깨달을감)	생각하지
壬 임 (천간임 북방임)	초오일		時 시 (때시 지금시)	못하고
子 자 (아들자 사내자)	오늘			지금에야
	일진은		昊 호 (하늘호 클호)	감동하여
孝 효 (효도효 순할효)	임자		天 천 (하늘천 날천)	느낀 바에
子 자 (아들자 사내자)	일입니다.		罔 망 (없을망 맺을망)	하늘과
吉 길 (길할길 착할길)	효자		極 극 (다할극 이를극)	같이
童 동 (아이동 동자동)	길동			높으신
敢 감 (구태여감 감히감)	이가		謹 근 (삼갈근 공경할근)	은혜에
昭 소 (밝힐소 나타낼소)	감히		以 이 (할이 써이)	다하지
告 고 (고할고 아뢸고)	아뢰		清 청 (맑을청 청결할청)	못하고
于 우 (갈우 어조사우)	나이다.		酌 작 (술작 술잔작)	망극하여
			庶 서 (뭇서 많을서)	삼가
顯 현 (높을현 나타날현)	저		羞 수 (반찬수 부끄러울수)	주과소찬을
考 고 (늙을고 죽은이고)	세상			진수
通 통 (통할통)	높은		恭 공 (받들공 엄숙할공)	하옵고
政 정 (정사정 다스릴정)	곳에		伸 신 (펼신 놓을신)	맑은술을
大 대 (큰대 클대)	계신		奠 전 (전들일전 높일전)	높이
夫 부 (지아비부 벼슬부)	통정대부		獻 헌 (들일헌 바칠헌)	받들어
				올리나이다.
府 부 (마을부 큰고을부)	부군		尚 상 (숭상할상 높일상)	흠향
君 군 (임금군 아버지군)	아버지		饗 향 (잔치향 흠향할향)	하소서.

(註)此祝은 母在父祭祝이니 父在母祭祝則 顯妣淑夫人 某貫某氏라 하며
父在母祭則 顯考諱日復臨을 顯妣諱日復臨이라고 한다.

忌祭 父母兩位 合祭祝 (기제 부모양위 합제축)

維 유 (벼리유 말할유) 오직
歲 세 (해세 세상세) 벼리를
次 차 (다음차 차례차) 아뢰
옵건대
庚 경 (천간경 별경) 해가
午 오 (낮오 말오) 바뀐
二 이 (두이 거듭이) 올해의
月 월 (달월 한달월) 해는
戊 무 (개무 천간무) 경오
申 신 (납신) 년이며
朔 삭 (초하루삭) 이월
初 초 (처음초 근본초) 초하루
五 오 (다섯오) 일진은
日 일 (날일 하루일) 무신
壬 임 (북방임 천간임) 일이고
子 자 (아들자 사내자) 초오일
孝 효 (효도효 순할효) 오늘
子 자 (아들자 사내자) 일진은
吉 길 (길할길 착할길) 임자
童 동 (아이동 동자동) 일입니다.
敢 감 (구태여감 감히감) 효자
昭 소 (밝힐소 나타낼소) 길동이가
告 고 (아뢸고.고할고) 감히
于 우 (갈우 어조사우) 아뢰
나이다.
顯 현 (나타날현 높을현) 저
考 고 (늙을고 죽은이고) 세상
學 학 (배울학 글방학) 높은
生 생 (날생 생활생) 곳에
府 부 (감출부 죽은이부) 계신
君 군 (임금군 남편군) 아버님
顯 현 (나타날현 높을현)
妣 비 (죽은어미비) 그리고
孺 유 (딸릴유 사모할유) 김해
人 인 (사람인 백성인) 김씨
金 김 (성김 쇠금) 이신
海 해 (바다해 넓을해) 어머님
金 김 (성김 쇠금)
氏 씨 (성씨 각시씨)

歲 세 (해세 세상세) 세월이
序 서 (차례서 순서서) 차례로
遷 천 (옮길천 바필천) 바뀌어
易 역 (변할역 바필역) 가므로
아버지
顯 현 (높을현 나타날현) 어머니의
考 고 (늙을고 죽은이고) 기일이
妣 비 (죽은어미비) 다시
諱 휘 (꺼릴휘) 돌아
日 일 (날일 하루일) 왔습니다.
並 병 (아우를병 견줄병) 먼
臨 림 (임할림 다다를림) 옛날에
부모님의
追 추 (쫓을추 따를추) 은혜를
遠 원 (멀원 아득할원) 늘
感 감 (느낄감 깨달을감) 생각하지
時 시 (때시 지금시) 못하고
지금에야
昊 호 (하늘호 클호) 감동하여
天 천 (하늘천 날천) 느낀 바에
罔 망 (없을망 맺을망) 하늘과
極 극 (다할극 이를극) 같이
높으신
謹 근 (삼갈근 공경할근) 은혜에
以 이 (할이 써이) 다하지
淸 청 (맑을청 청결할청) 못하고
酌 작 (술작 술잔작) 망극하여
庶 서 (뭇서 많을서) 삼가
羞 수(반찬수 부끄러울수) 주과소찬을
진수
恭 공 (받들공 엄숙할공) 하옵고
伸 신 (펼신 놓을신) 맑은
술을
奠 전 (전들일전 높일전) 높이
獻 헌 (들일헌 바칠헌) 받들어
올리나이다.
尙 상 (높일상 숭상할상) 흠향
饗 향 (잔치향 흠향할향) 하소서.

(註)此祝은 父母合祭祝이다. 有官則 官職 呼稱 126面을 보고 記錄한다.
祖以上은 昊天罔極을 不勝永慕라 한다. 解意를 例示하였으니 參考하라.

忌祭 笏記 (기제 홀기)

신주로 제사를 모시면 참신을 먼저 하며 지방으로 제사를 모시면 강신을 먼저 하니
그 뜻인즉 신주는 사당에 모셨기에 혼백이 항상 인존해 계시므로
혼백을 영접하여 모실 필요가 없이 참신을 먼저 하여 신위전에 인사를 드림이요
지방으로 제사를 모시면 지방은 해마다 새로 하여 쓰기에 혼백이 인존하지 않으므로
혼백을 영접하여 모신 후에 참석한 자손 모두가 참신재배하는 것이다.
그러므로 강신은 혼백을 영접하여 모시는 예이며
참신은 제사에 참석한 자손 모두가 신령에게 인사를 드리는 예이다.
또한 초헌관은 **奠酒 後**에 **祭酒**하고 아헌 종헌 첨작은 **祭酒 後**에 **奠酒**하니
즉 초헌관은 술을 향로에 3회 하여 모사기에 기울이지 아니하고 위전에 올리며
아헌 종헌 첨작은 술잔을 향로에 3회 하여 모사기에 3번 기울여 제한 후에 올린다.
그런고로 **奠酒**란 잔을 올리는 것을 말하고 **祭酒**란 모사기에 3번 기울인 것을 말한다.
그러나 초헌관도 제주 후에 전주함이 가하다.
또 모든 제관은 잔을 올린 후에는 일어나 북쪽으로 향하여 서니 이때에 집사가
정저를 3번 하여 진찬 후에 재배하고 소퇴하니 처음 자리로 돌아간다.
그러나 헌관은 위전에 끓어앉아 정숙하여 진찬하면 일어나 재배하고 소퇴함이 가하다.
또는 첨작은 초헌관이 행하나 헌작할 자손들이 있다면 이것이 정성이니
헌관 외의 자손이 첨작을 하게 하며 초헌관은 유식에 첨작함이 가하다.

(行參神禮) (행참신례)

(1)　皆序立..........개서립..........어른이 좌측으로 참사에 자손 모두가 서립한다.
(2)　皆參神再拜......개참신재배......참석한 자손 모두가 참신재배한다.

(行降神禮) (행강신례)

(3)　初獻跪三上焚香..초헌궤3상분향....초헌관이 위전에 끓어앉아 3상분향한다.
(4)　率在執事左右....솔재집사좌우.....우측은 집주자요 좌측은 봉작이 궤한다.
(5)　奉酌考位盞下....봉작고위잔하.....좌측 봉작이 고위잔을 내려 초헌에게 준다.
(6)　初獻受盤盞......초헌수반잔.......초헌관은 양수로 받들어 좌수로 잔대를 잡고
　　　　　　　　　　　　　　　　　　　　우수로 잔을 잡으니
(7)　執注者斟酒于盞..집주자짐주우잔...우측 집주자가 3관주로 약 3홉쯤 되게 한다.
(8)　三傾于茅上......3경우모상........초헌관은 좌수로 잔대를 잡고 우수로 잔을 들어
　　　　　　　　　　　　　　　　　　　　좌로 향하여 우편으로 향로에 3회 하여
　　　　　　　　　　　　　　　　　　　　3경 모사기로 모두 비우고 좌측 봉작에게 준다.
(9)　奉酌受盞于故處..봉작수잔우고처...좌측 봉작이 잔을 받들어 고위전에 올린다.
(10) 奉酌妣位盞下....봉작비위잔하.....우측 봉작이 비위잔을 내려 헌관에게 준다.
(11) 初獻受盤盞......초헌수반잔.......초헌관은 두 손으로 받들어 좌수로 잔대를 잡고
　　　　　　　　　　　　　　　　　　　　우수로 잔을 잡으니
(12) 執注者斟酒于盞..집주자짐주우잔...우측 집주자가 3관주로 약 3홉쯤 되게 하면
(13) 三傾于茅上......3경우모상........초헌관은 좌수로 잔대를 잡고 우수로 잔을 들어
　　　　　　　　　　　　　　　　　　　　좌로 향하여 우편으로 향로에 3회 하여
　　　　　　　　　　　　　　　　　　　　3경 모사기로 모두 비우고 우측 봉작에게 준다.
(14) 奉酌受盞于故處..봉작수잔우고처...우측 봉작이 술잔을 받들어 비위전에 올린다.
(15) 初獻興降神再拜..초헌흥강신재배...초헌관은 두 손을 앞으로 짚고 일어나 재배하고
　　　　　　　　　　　　　　　　　　　　소퇴하니 처음 자리로 돌아간다.
(16) 皆參神再拜......개참신재배......제사에 참석한 자손 모두가 참신재배한다.

（ 行初獻禮 ）（행초헌례）

(17) 初獻詣位前跪...초헌예위전궤...초헌은 위전에 나아가 꿇어앉아 3상분향한다.

(18) 奉酌考位盞下...봉작고위잔하...좌측 봉작이 고위잔을 내려 헌관에게 준다.

(19) 初獻受盤盞.....초헌수반잔.....초헌은 좌수로 잔대를 잡고 우수로 잔을 잡으니

(20) 執注者斟酒于盞.집주자짐주우잔.우측 집주자가 3관주로 술을 가득히 한다.

(21) 三傾茅上......삼경모상......헌관은 좌수로 잔대를 잡고 우수로 잔을 들어 좌로
　（奠酒祭酒 自量）　　　　　　향하여 우편으로 향로에 3회 하여 3경 모사기로
　　　　　　　　　　　　　　　약 9홉쯤 되게 하여 좌측 봉작에게 준다.

(22) 奉酌受盞于故處.봉작수잔우고처.좌측 봉작이 잔을 받들어 고위전에 올린다.

(23) 奉酌妣位盞下...봉작비위잔하...우측 봉작이 비위잔을 내려 헌관에게 준다.

(24) 初獻受盤盞.....초헌수반잔.....초헌관은 좌수로 잔대를 잡고 우수로 잔을 잡으니

(25) 執注者斟酒于盞.집주자짐주우잔.우측 집주자가 3관주로 술을 잔에 가득히 한다.

(26) 三傾茅上......삼경모상......초헌은 좌수로 잔대를 잡고 우수로 잔을 들어 좌로
　（奠酒祭酒 自量）　　　　　　향하여 우편으로 향로에 3회 하여 3경 모사기로
　　　　　　　　　　　　　　　약 9홉쯤 되게 하여 우측 봉작에게 준다.

(27) 奉酌受盞于故處.봉작수잔우고처.우측 봉작이 술잔을 받들어 비위전에 올린다.

(28) 執事正筋于肉...집사정저우육...좌측 집사가 정저를 3번 하여 육류 위에 올린다.

(29) 飯開..........반개..........양편 집사가 뫼의 개를 연다(입시는 유식에 한다).

(30) 參祀者皆跪.....참사자개궤.....참사에 자손 모두가 꿇어앉아 정숙한다.

(31) 奉祝初獻之左...봉축초헌지좌...봉축은 초헌 좌편에 나아가
　　東向跪讀祝.....동향궤독축.....동쪽으로 향하여 꿇어앉아 독축한다.

(32) 初獻興再拜退...초헌흥재배퇴...초헌관은 두 손을 앞으로 짚고 부복하여 일어나
　　　　　　　　　　　　　　　재배하고 소퇴하니 처음 자리로 돌아간다.

（ 行亞獻禮 ）（행아헌례）

(33) 亞獻詣位前跪...아헌예위전궤...아헌은 위전에 나아가 꿇어앉아 3상분향한다.

(34) 奉酌考位盞下...봉작고위잔하...좌측 봉작이 고위잔을 내려 아헌에게 준다.

(35) 亞獻受盤盞....아헌수반잔.....아헌은 두 손으로 잔을 받들어 퇴주하고
　　　　　　　　　　　　　　　좌수로 잔대를 잡고 우수로 잔을 잡으니

(36) 執注者斟酒于盞.집주자짐주우잔.우측 집주자가 3관주로 술을 잔에 가득히 한다.

(37) 三傾茅上......삼경모상......아헌은 좌수로 잔대를 잡고 우수로 잔을 들어 좌로
　（祭酒奠酒）　　　　　　　　향하여 우편으로 향로에 3회 하여 3경 모사기로
　　　　　　　　　　　　　　　약 9홉쯤 되게 하여 좌측 봉작에게 준다.

(38) 奉酌受盞于故處.봉작수잔우고처.좌측 봉작이 잔을 받들어 고위전에 올린다.

(39) 奉酌妣位盞下...봉작비위잔하...우측 봉작이 비위잔을 내려 아헌에게 준다.

(40) 亞獻受盤盞....아헌수반잔.....아헌은 두 손으로 잔을 받들어 퇴주하고
　　　　　　　　　　　　　　　좌수로 잔대를 잡고 우수로 잔을 잡으니

(41) 執注者斟酒于盞.집주자짐주우잔.우측 집주자가 3관주로 술을 잔에 가득히 한다.

(42) 三傾茅上......삼경모상......아헌은 좌수로 잔대를 잡고 우수로 잔을 들어 좌로
　（祭酒奠酒）　　　　　　　　향하여 우편으로 향로에 3회 하여 3경 모사기로
　　　　　　　　　　　　　　　약 9홉쯤 되게 하여 우측 봉작에게 준다.

(43) 奉酌受盞于故處.봉작수잔우고처.우측 봉작이 술잔을 받들어 비위전에 올린다.

(44) 正筋于魚饌.....정저우어찬.....좌편 집사가 정저를 3번 하여 어찬 위에 올려놓는다.

(45) 亞獻興再拜退...아헌흥재배퇴...아헌은 두 손을 앞으로 짚고 부복하여 일어나
　　　　　　　　　　　　　　　재배하고 소퇴하니 처음 자리로 돌아간다.

151

（ 行終獻禮 ）（행종헌례）

(46) 終獻詣位前跪...종헌예위전궤...종헌은 위전에 나아가 꿇어앉아 3상분향한다.

(47) 奉酌考位盞下...봉작고위잔하...좌측 봉작이 고위잔을 내려 종헌에게 준다.

(48) 終獻受盤盞.....종헌수반잔.....종헌은 두 손으로 잔을 받들어 퇴주하고
좌수로 잔대를 잡고 우수로 잔을 잡으니

(49) 執注者斟酒于盞.집주자짐주우잔.우측 집주자가 3관주로 잔에 술을 가득히 한다.

(50) 三傾茅上.......삼경모상.......종헌은 좌수로 잔대를 잡고 우수로 잔을 들어 좌로
(祭酒奠酒)　　　　　　　　　　향하여 우편으로 향로에 3회 하여 3경 모사기로
약 9홉쯤 되게 하여 좌측 봉작에게 준다.

(51) 奉酌受盞于故處.봉작수잔우고처.좌측 봉작이 잔을 받들어 고위전에 올린다.

(52) 奉酌妣位盞下...봉작비위잔하...우측 봉작이 비위잔을 내려 종헌에게 준다.

(53) 終獻受盤盞.....종헌수반잔.....종헌은 두 손으로 받들어 퇴주하고
좌수로 잔대를 잡고 우수로 잔을 잡으니

(54) 執注者斟酒于盞.집주자짐주우잔.우측 집주자가 3관주로 잔에 술을 가득히 한다.

(55) 三傾茅上.......삼경모상.......종헌은 좌수로 잔대를 잡고 우수로 잔을 들어 좌로
(祭酒奠酒)　　　　　　　　　　향하여 우편으로 향로에 3회 하여 3경 모사기로
약 9홉쯤 되게 하여 우편 봉작에게 준다.

(56) 奉酌受盞于故處.봉작수잔우고처.우측 봉작이 술잔을 받들어 비위전에 올린다.

(57) 執事正筯于炙...집사정저우적...좌측 집사가 정저를 3번 하여 적찬 위에 올려놓는다.

(58) 終獻興再拜退...종헌흥재배퇴...종헌은 두 손을 앞으로 짚고 부복하여 일어나
재배하고 소퇴하니 처음 자리로 돌아간다.

（ 行添酌禮 ）（행첨작례）

(59) 添酌詣位前跪...첨작예위전궤...첨작은 위전에 나아가 꿇어앉아 3상분향한다.

(60) 奉酌考位盞下...봉작고위잔하...좌측 봉작이 고위잔을 내려 첨작에게 준다.

(61) 添酌受盤盞.....첨작수반잔.....첨작은 두 손으로 잔을 받들어 퇴주하되 좌수로
잔대를 잡고 우수로 잔을 들어 3경 퇴주로
약 3홉쯤 되게 하여 잔을 받드니

(62) 執注者斟酒于盞.집주자짐주우잔.우측 집주자가 3관주로 술을 잔에 가득히 한다.

(63) 三傾茅上.......삼경모상.......첨작은 좌수로 잔대를 잡고 우수로 잔을 들어 좌로
(祭酒奠酒)　　　　　　　　　　향하여 우편으로 향로에 3회 하여 3경 모사기로
약 9홉쯤 되게 하여 좌측 봉작에게 준다.

(64) 奉酌受盞于故處.봉작수잔우고처.좌측 봉작이 술잔을 받들어 고위전에 올린다.

(65) 奉酌妣位盞下...봉작비위잔하...우측 봉작이 비위잔을 내려 첨작에게 준다.

(66) 添酌受盤盞.....첨작수반잔.....첨작은 두 손으로 잔을 받들어 퇴주하되 좌수로
잔대를 잡고 우수로 잔을 들어 3경 퇴주로
약 3홉쯤 되게 하여 잔을 받드니

(67) 執注者斟酒于盞.집주자짐주우잔.우측 집주자가 3관주로 슬을 잔에 가득히 한다.

(68) 三傾茅上.......삼경모상.......첨작은 좌수로 잔대를 잡고 우수로 잔을 들어 좌로
(祭酒奠酒)　　　　　　　　　　향하여 우편으로 향로에 3회 하여 3경 모사기로
약 9홉쯤 되게 하여 우편 봉작에게 준다.

(69) 奉酌受盞于故處.봉작수잔우고처.우측 봉작이 술잔을 받들어 비위전에 올린다.

(70) 執事正筯于菜...집사정저우채...좌측 집사가 정저를 3번 하여 채찬 위에 올려놓는다.

(71) 添酌興再拜退...첨작흥재배퇴...첨작은 두 손을 앞으로 짚고 부복하여 일어나
재배하고 소퇴하니 처음 자리로 돌아간다.

152

（行侑食禮）（행유식례）

(72) 初獻詣位前跪...초헌예위전궤...초헌관이 위전에 나아가 끓어앉아 3상분향한다.
(73) 奉酌考位盞下...봉작고위잔하...좌측 봉작이 고위잔을 내려 헌관에게 준다.
(74) 初獻受盤盞.....초헌수반잔.....초헌은 두 손으로 잔을 받들어 퇴주하되 좌수로
　　　　　　　　　　　　　　　　잔대를 잡고 우수로 잔을 들어 3경 퇴주로
　　　　　　　　　　　　　　　　약 3홉쯤 되게 하여 잔을 받드니
(75) 執注者斟酒于盞.집주자짐주우잔.우측 집주자가 3관주로 잔에 술을 가득히 한다.
(76) 三傾茅上.......삼경모상.....초헌은 좌수로 잔대를 잡고 우수로 잔을 들어 좌로
　　　(祭酒奠酒)　　　　　　　　향하여 우편으로 향로에 3회 하여 3경 모사기로
　　　　　　　　　　　　　　　　약 9홉쯤 되게 하여 좌측 봉작에게 준다.
(77) 奉酌受盞于故處.봉작수잔우고처.좌측 봉작이 술잔을 받들어 고위전에 올린다.
(78) 奉酌妣位盞下...봉작비위잔하...우측 봉작이 비위잔을 내려 첨작에게 준다.
(79) 初獻受盤盞.....초헌수반자.....초헌은 두 손으로 잔을 받들어 퇴주하되 좌수로
　　　　　　　　　　　　　　　　잔대를 잡고 우수로 잔을 들어 3경 퇴주로
　　　　　　　　　　　　　　　　약 3홉쯤 되게 하여 잔을 받드니
(80) 執注者斟酒于盞.집주자짐주우잔.우측 집주자가 3관주로 잔에 술을 가득히 한다.
(81) 三傾茅上.......삼경모상......초헌은 좌수로 잔대를 잡고 우수로 잔을 들어 좌로
　　　(祭酒奠酒)　　　　　　　　향하여 우편으로 향로에 3회 하여 3경 모사기로
　　　　　　　　　　　　　　　　약 9홉쯤 되게 하여 우측 봉작에게 준다.
(82) 奉酌受盞于故處.봉작수잔우고처.우측 봉작이 술잔을 받들어 비위전에 올린다.
(83) 立匙飯中西柄...입시반중서병...양편 집사가 수저를 뫼 가운데에 입시하되
　　　　　　　　　　　　　　　　수저 자루는 서쪽으로 가게 한다.
(84) 正筯于匙楪上...정저우시접상...양편 집사가 정저하여 시접 상에 옮겨 놓는다.
(85) 初獻興再拜退...초헌홍재배퇴...초헌은 부복하여 일어나 재배하고 소퇴한다.
(86) 皆闔門出外侑食.개합문출외유식.제사에 참석한 자손 모두는 문을 닫고 밖으로
　　　　　　　　　　　　　　　　나아가 약 9분 가량 기다린 후
(87) 祭主噫歆三聲...제주희흠삼성...제주가 정문 앞에서 기침을 3번 한 뒤에
　　　開門復位.......개문복위.......문을 열고 들어가니 모두 복위한다.
　　　　　　　　　　　　　　　　(註)그러나 때에는 참석한 자손 모두가 위전에 끓어앉아
　　　　　　　　　　　　　　　　머리숙여 정숙하며 잠시 묵념으로 유식함이 가하다.

（行辭神禮）（행사신례）

(88) 初獻詣位前跪...초헌예위전궤..초헌관이 위전에 나아가 끓어앉아 분향하면
(89) 撤羹進茶水.....철갱진다수....양편 집사가 국을 내리고 숭늉을 올리니
(90) 三抄飯下匙于水器.삼초반하시우수기.수저로 뫼를 3번씩 떠서 숭늉 그릇에 놓은 뒤
(91) 執事撤匙復飯...집사철시복반..수저와 젓가락을 시접에 옮기고 뫼에 개를 덮는다.
(92) 皆辭神再拜.....개사신재배...제사에 참석한 모든 자손은 사신재배한다.
(93) 焚祝..........분축.........제주는 동향 궤하고 축은 서향 궤하여
　　　　　　　　　　　　　　　　지방과 축을 모사기 위에 분축한다.
(94) 飮福撤床.......음복철상......초헌관은 동향 궤하고 축은 서향 궤하여 축이
　　　　　　　　　　　　　　　　제주를 초헌에게 주면 초헌이 조금 음복하니
　　　　　　　　　　　　　　　　다음 헌관 제관이 음복하면 철상한다.

(註)대개 첨작은 초헌관이 행한다. 그러나 잔을 권하는 것은 자손된 자로서의 정성이니
자손들의 의향에 따라 삼헌관 외의 자손 중에서 첨작함이 가하다. 오해 없기 바란다.
제사에 음복은 복을 마시는 것이라 하니 음복이 크다고 하였다 제사지내는 법은
일법인데 각기 문중과 가정마다 소이하나 제사는 오직 자손들의 정성에 있다.

153

ㅇ墓祭와 時祭

墓祭와 時祭

一曰 親盡前 墓祭이니 父母 祖父母 曾祖父母 高祖父母의 墓前에 祭祀함을
親盡前 墓祭라고 한다.
二曰 親盡後 墓祭이니 自五代祖로 至始祖墓에 祭함이니 此를 歲一祭라고 한다.
沙溪曰 設位而無神主則 先降神後에 參神하니 墓祭에도 亦然하니라.
盥帨水는 設於墓東하여 進盥帨하며 有床石則 陳饌於其上하고 如家祭之儀하며
先祀后土氏하니 卽 先時祭요 後山神祭라 하였다.
然이나 先土氏 後祭하는 家門도 있으므로 그 門中의 傳禮에 行할 것이다.

親盡前 墓祭

此祭는 父母及 祖 曾 高 考妣位의 墓前에 行하는 祭祀이니
祭需는 時菜 時果 時需로 具備餅類하여 敬慕而行祭하면 可也니라.
大盖 神道는 貧富間에 有誠意則 歆饗하고 無誠意則 歆饗하지 않으니라.
此 親盡前 墓祭는 冬十月이나 春秋에 擇日하여 行祀하며
또한 正朝나 秋夕에도 亦似可也니 名節이므로 無餅饌而無家也라.
然則 時에 餘別需饌하여 併熟하니 早朝陳設時 各別需饌하여 家族同伴省墓로
酒饌을 陳設하여 讀祝行祭하니 是謂 親盡前 墓祭니라.

（親盡前 墓祭祝文）

維 歲次 甲子 三月 癸丑朔 初三日 乙卯 孝子 吉童 敢昭告于
顯考 正憲大夫(無官則 學生)(合窆則 考妣列書)(祖以上則 其代位列書) 府君之墓
氣序流易 霜雪旣降(春則 雨露旣降) 瞻掃封塋 不勝感慕
謹以 淸酌庶羞(或 酒果) 祗薦歲事 尙 饗

（墓祭 山神祭祝）

維 歲次 甲子 三月 癸丑朔 初三日 乙卯 幼學 金東煥 敢昭告于
土地之神 金吉童(初獻官 姓名) 恭修歲事于 先考 正憲大夫(無官則 學生)之墓
惟時保佑 實賴神休 敢以酒果 敬伸奠獻 尙 饗

先聖이 云하되 時祭는 十月에 行祭라 하고 家禮는 二月 上旬에 擇日 行祀하나
然이나 俗에 正朝 寒食 端午 秋夕에 行祭者 多하니 亦是 可也라 하였다.

歲一祭 墓祭

此祭는 五代祖 以上 遠祖의 墓에 歲一祭인바 祭需의 陳設圖는 忌祭와 如同하고
祝은 二種이 있으니 第一祝文은 秋冬에 適用되고 第二祝文은 四時에 適用된다.
有司가 前期日에 祭務一切를 監視하여 淨潔케 하며 墓庭草木도 鋤斬하고
祭閣內庭 또한 掃灑하여 以待 諸祭官 集合하여 上以享先靈之芬苾하고
下以成諸族之和睦하니 敍天倫之慶樂事를 此外何求哉리오.
子孫이 來則 皆參祭하되 祭官을 特定하니
必히 知禮에 明晳한 子孫으로 選定해야 한다. 祭官名稱은 다음과 같으니라.
初獻 亞獻 終獻 陳設 執禮 奉祝 奉香 奉爐 司尊 奠爵 奉爵 等으로 呼稱한다.

묘제와 시제

묘제의 하나는 친진전 묘제이니 부모 조부모 증조부모 고조부모의 묘에 제사함이니
이것을 친진전 묘제라고 한다.
묘제의 둘은 친진후 묘제이니 오대조로부터 시조에 이르기까지 묘전에서 제사함이니
이것을 친진후 묘제라고 하며 세일제라고 한다.
사계선생이 말하기를 위전을 설치하는데 신주가 없은즉 먼저 강신하고 참신은 뒤에
하니 묘제도 또한 그러하다고 하였다.
낯을 씻고 손 씻는 물은 묘의 동쪽에 설치하니라. 상석이 있은즉 그 위에 진설하고
기제사의 예와 같이하며 또 시제를 먼저 모시고 산신제는 뒤에 모시니라 하였다.
그러나 산신제를 먼저 모시고 시제를 뒤에 모시는 문중이 많으므로
이것은 전해오는 그 문중의 예에 따를 것이다.

친진전 묘제

이 시제는 부모 조부모 증조부모 고조부모의 고위나 비위의 묘전에 모시는 제사이니
제수는 그때의 과실이나 그때의 반찬으로 몇 가지와 더불어 떡을 구비하여 사모하는
마음으로 공경하여 행제함이 가하다. 대개 신도는 빈부(적고 많음)간에 성의가 있은즉
흠향하고 성의가 없은즉 흠향하지 않느니라.
이 친진전 묘제는 겨울의 시월이나 봄가을에 택일하여 행사하며 또한 정조나 추석에도
역시 가하니 명절이므로 떡 없는 집이 없고 반찬 없는 집이 없으니
그런즉 때에 여별 떡과 반찬을 한가지로 하여 아침 진설할 때에 각각 분별하여
가족 동반의 성묘로 주찬을 진설하여 독축으로 행제하니 이것이 친진전 묘제니라.

(친진전 묘제축문)

유 세차 갑자 삼월 계축삭 초삼일 을묘 효자 길동 감소고우
현고 정헌대부(무관즉 학생, 합폄즉 고비열서, 조 이상즉 기대위열서) 부군지묘
기서유역 상설기강(춘즉 우로기강) 첨소봉영 불승감모
근이 청작서수(혹 주과) 지천세사 상 향

(묘제 산신제축)

유 세차 갑자 삼월 계축삭 초삼일 을묘 유학 김동환 감소고우
토지지신 김길동 (초헌관 성명) 공수세사우 선고 정헌대부(무관즉 학생)지묘
유시보우 실뢰신휴 감히주과 경신전헌 상 향

성인이 말하기를 시제는 시월에 행제라 하고 가례는 이월 상순에 택일 행사하나
그러나 풍속에 정조 한식 단오 추석에 행제자가 많으니 역시 가하니라 하였다.

세일제 묘제

이 제사는 오대조 이상 대수가 먼 할아버지의 묘전에 해마다 한 번씩 모시는 제사인바
제수의 진설하는 법은 기제사와 같고 축은 두 종이 있으니
제1축문은 추동에 적용되고 제2축문은 사시에 적용된다.
유사가 전기일에 제수 일절을 감시하여 정결케 하며 묘정에 초목이 있으면 제거하며
제각 내에도 또한 물을 뿌려 소제하고 제관 오기를 기다려 위로는 선령의 제사를
받들고 아래로는 제 종족의 화목을 이루니 천륜을 펴는 즐거운 일이
이 밖에 무엇에서 구하리오. 자손이 도착한즉 다 참제하되 제관을 특별히 정해야 하니
예의에 밝고 명철한 자손으로 선정해야 한다. 제관 명칭은 다음과 같으니라.
초헌 아헌 종헌 진설 집례 축 봉향 봉로 사준 전작 봉작 등으로 호칭한다.

墓庭 序立 順序

譜牒이 成에 昭穆圖가 明矣라. 子는 昭요 孫은 穆이니 行列順序로 昭穆을 明白히
序立함은 先王의 法이요 賢聖의 道이니 門中에 莫如行이니라.
中庸에 曰 宗廟之禮는 所以序昭穆也요 序爵은 所以辨貴賤也며 族酬에 上爲下는
所以逮賤也요 燕毛는 序齒也니라. 祭畢而燕則 毛髮之色으로 序燕齒也며
序立은 左而昭요 右而穆이라. 宗廟之禮는 祀先祖니라.

墓祭 祝文

維 歲次 甲子 三月 癸丑朔 初三日 乙卯 五代孫 吉童 敢昭告于
顯 五代祖考 通政大夫(無官則 學生) 府君之墓(合窆則 妣位列書 合窆之墓)
今以 草木歸根之時 追惟報本 禮不感忘 瞻掃封塋 不勝感慕
謹以 清酌庶羞 祗薦歲事 尚 饗

時祭 祝文

維 歲次 甲子 三月 癸丑朔 初三日 乙卯 五代孫 吉童 敢昭告于
顯 五代祖考 通政大夫(無官則 學生) 府君之墓(合窆則 妣位列書 合窆之墓)
歲薦一祭 禮有中制 履茲霜雪(春則 雨露旣濡) 彌增感慕
謹以 清酌庶羞 祗奉歲事 尚 饗

讀祝法

祝은 神位前에 告함이니 祝聲은 太高則 不可요 太低해도 不可하니
其 祭祀 行祭者로 하여금 其聲聞則 可也니라. 또는 讀不合法則 不可요
誤讀하여도 不可하니 口讀上字하고 目見下字하여 潛心而讀之하면 雖不中이나
不遠이오 讀祝中에 笑咳하며(웃거나 기침하며) 唾하며(침을 뱉으며)
噎(한숨 쉬거나)하는 것은 이는 모두가 讀祝者로서 不可하다.
病者도 또한 不可요 衣服이 不潔한 者도 不可하니 讀祝에 知禮者라야 한다.
萬若 不然則 祭之不正이니 神道에 未安하니라.

唱笏法

唱笏은 執禮者의 爲之이니 祭官을 摠指揮하는 一大責任이라.
故로 指揮에 能手能爛한 者를 選擇할 것이다. 文意不達者도 不可하고
戲弄的 行動者도 不可하며 酒醉者도 不可하고 不着禮服者도 不可하니라.
墓祭는 墓域之事의 有無故를 省察한 後에 行祭함이 可하나니
初獻이 率在執事하고 墓前에 序立하여 再拜한 後에 墓를 環繞哀省三周하되
一周는 省墓而廻하고(묘를 살펴돌고) 二周는 恐有何未察하여 再省墓而廻하며
(묘역에 무슨 두려움이 있는지 살펴 돌며) 三周는 省閾內而廻하니
(벌 안을 두루 살펴보니) 그 後에 序立墓前하여 또 再拜하고 行祭함이 墓祭의
禮에 合하며 靈長으로서 先人의 道에 合하니라.
萬若 不行此禮則 唱笏者 一人의 不敏에 全祭官의 失禮이니라.
大蓋 哀省三周는 啻墓祭時요(묘제시 뿐아니라) 正朝 秋夕 省墓에도
不行如是節次하면 豈何以省墓라 하리오.

묘정 서립 순서

족보가 있음에 소목도가 밝은지라 아들은 소요 손자는 목이니
항렬 순서로 소목을 명백히 서립함은 선왕의 법이요 성현의 도이니
문중에 법도요 영장의 본도라 그런고로 이것이 소목을 가리니라.
중용에 말하기를 종묘의 예는 소목을 차례로 하는 바요 벼슬을 차례로 함은 귀하고
천함을 분별하는 바며 나그네 술자리에 위에서 아래를 위함은 천한 이에게 미치는 바요
연모는 나이를 차례로 한 바니라. 제사를 다 모시고 연회한즉 머리털의 빛으로 연치를
차례하며 서립은 좌측이 소가 되고 우측이 목이 되니라.
종묘의 예는 선조를 제사함이니라.

묘제 축문

유 세차 갑자 삼월 계축삭 초삼일 을묘 오대손 길동 감소고우
현 오대조고 통정대부(무관즉 학생) 부군지묘(합폄즉 비위열서 합폄지묘)
금이 초목귀근지시 추유보본 예불감망 첨소봉영 불승감모
근이 청작서수 지천세사 상향

시제 축문

유 세차 갑자 삼월 계축삭 초오일 을묘 오대손 길동 감소고우
현 오대조고 통정대부(무관즉 학생) 부군지묘(합폄즉 비위 열서 합폄지묘)
세천일제 예유중제 이자상설(춘즉 우로기유) 미증감모
근이 청작서수 지봉세사 상향

독축법

독축은 신위전에 고함이니 축 읽는 소리가 너무 높아도 불가하며 너무 작아도 불가하니
그 제사 모시는 사람으로 하여금 소리가 들리면 가하니라.
또 읽는 소리가 축법에 합법치 아니한즉 불가하며 그릇되게 읽어도 불가하니
입으로는 위에 글자를 읽고 눈으로는 밑에 글자를 보며 마음을 모두 축에 넣어 읽으면
혹여 합법치 아니할지라도 멀지 않을 것이니라.
축 읽는 가운데에 웃거나 기침하고 코 풀며 트림하면 불가하고 병자도 불가요 의복이
불결한 자도 불가하니 독축법을 아는 자손으로 선정해야 한다.
만약 그러지 못한즉 제사에 부정이니 신도에 미안하니라.

창홀법

창홀은 집례자가 함이니 제관을 총지휘하는 일대 책임이라.
그런고로 지휘에 능숙하고 밝은 사람으로 선택할 것이다. 이해하지 못한
사람도 불가하며 희롱적 행동자도 불가하고 술취한 사람도 불가하며
예복을 입지 않은 사람도 불가하니라.
묘제는 묘역 내의 유무사고를 살핀 뒤에 제사를 행함이 가하나니
초헌관이 모든 제관 집사를 거느리고 묘전에 서립하여 재배한 후에 묘를 돌아 세번
살피되 처음 돌 때에 묘를 살펴 돌고 두번 돌 때에는 무엇을 살피지 못한 것이 있는지
두려워하여 살피고 세번 돌 때에는 벌 안을 살펴 돈 후에 묘전에 서립하여 또 재배하고
제사를 행함이 묘제의 예의에 합하며 선인의 도에 합하니라.
만약 이 예를 행하지 아니한즉 창홀자 한 사람의 불민에 전 제관이 실례하니라.
대개 슬피 세번 살핌은 묘제 때에 뿐만 아니라 정조 추석 성묘에도
이 같은 절차를 행치 아니하면 어찌 성묘라 이르리오.

時祭 笏記 （시제홀기）

(1) 獻官祭官執事皆深衣. 헌관제관집사개심의. 헌관 제관 집사 모두 제복을 입는다.
　　　　　　　　　　　　　　　도유사와 초헌관은 제관 집사를 모이게 하고 행사에 지시한다.
(2) 率在執事詣墓前序立. 솔제집사예묘전서립. 초헌관은 제관 집사와 묘전에 나아가 선다.
(3) 省墓再拜.......... 성묘재배.......... 참석한 모든 자손들은 성묘재배한다.
(4) 奉行塋域內外...... 봉행영역내외...... 초헌관은 제관들과 묘역을 두루 살핀다.
(5) 皆降復位盥帨...... 개강복위관세...... 헌관 제관 모두 돌아와 손을 씻는다.
(6) 訖都有司陞詣位前點視陳設. 흘도유사승예위전점시진설.. 도유사는 위전에 나아가
　　　　　　　　　　　　　　　　　제수의 진설에 착오 없도록 살피며 지휘한다.
(7) 訖初獻以下降復位... 흘초헌이하강복위.. 진설이 끝나면 모두 제자리로 돌아온다.

（行降神禮）（행강신례）

(8) 初獻進盥帨陞詣位前. 초헌진관세승예위전. 초헌은 나아가 손을 씻고 위전에 선다.
(9) 奉香奉爐立初獻之右. 봉향봉로입초헌지우. 향과 향합은 초헌 우측에 놓으며
(10) 初獻跪三上焚香.... 초헌궤삼상분향.. 초헌관은 위전에 꿇어앉아 3상에 분향한다.
(11) 府伏興再拜....... 부복흥재배..... 초헌관은 손을 앞으로 짚고 일어나 재배한다.
(12) 興小退立......... 흥소퇴립........ 초헌관은 일어나 조금 뒤로 물러선다.
(13) 奉酌陞初獻之左.... 봉작승초헌지좌.. 봉작은 초헌관 좌측에 나아 가고
(14) 執注者立初獻之右.. 집주자입초헌지우. 집주자는 초헌관 우측에 나아 가며
(15) 初獻跪三上香..... 초헌궤삼상향.... 초헌관은 위전에 꿇어앉아 3상 분향한다.
(16) 奉酌執注亦跪..... 봉작집주역궤.... 봉작과 집주자도 꿇어앉는다.
(17) 奉酌考位盞下..... 봉작고위잔하.... 좌측 봉작이 고위잔을 내려 초헌에게 준다.
(18) 初獻受盤盞....... 초헌수반잔...... 초헌관은 두 손으로 잔을 받들어 좌수로
　　　　　　　　　　　　　　　　잔대를 잡고 우수로 잔을 잡으니
(19) 執注者斟酒于盞.... 집주자짐주우잔.. 우측 집주자가 3관주로 술을 약 3홉쯤 되게 한다.
(20) 三傾茅上授奠酌.... 삼경모상수전작.. 초헌관은 좌수로 잔대를 잡고 우수로 잔을 들어
　　　　　　　　　　　　　　　　좌로 향하여 우편으로 향로에 3회 하여
　　　　　　　　　　　　　　　　3경 모사기로 모두 비우고 좌측 봉작에게 준다.
(21) 奉酌受盞于故處.... 봉작수잔우고처.. 좌측 봉작이 술잔을 받들어 고위전에 올린다.
(22) 奉酌妣位盞下...... 봉작비위잔하.... 우측 봉작이 비위잔을 내려 초헌에게 준다.
(23) 初獻受盤盞....... 초헌수반잔...... 초헌관은 두 손으로 잔을 받들어 좌수로
　　　　　　　　　　　　　　　　잔대를 잡고 우수로 잔을 잡으니
(24) 執注者斟酒于盞.... 집주자짐주우잔.. 우측 집주자가 3관주로 술을 약 3홉쯤 되게 한다.
(25) 三傾茅上授奠酌.... 삼경모상수전작.. 초헌관은 좌수로 잔대를 잡고 우수로 잔을 들어
　　　　　　　　　　　　　　　　좌로 향하여 우편으로 향로에 3회 하여
　　　　　　　　　　　　　　　　3경 모사기로 모두 비우고 우측 봉작에게 준다.
(26) 奉酌受盞于故處.... 봉작수잔우고처.. 우측 봉작이 술잔을 받들어 비위전에 올린다.
(27) 初獻俯伏興再拜.... 초헌부복흥재배.. 초헌관은 두 손을 앞으로 짚고 일어나 재배한다.
(28) 初獻降復位....... 초헌강복위...... 초헌관은 물러나와 처음 자리로 돌아간다.

（行參神禮）（행참신례）
(29) 初獻以下皆再拜.... 초헌이하개재배.. 초헌 이하 모든 자손이 참신재배한다.

（ 行初獻禮 ）（행초헌례）

（註）初獻官은 奠酒祭酒하고 亞獻 終獻 添酌은 祭酒奠酒한다（忌祭 笏記 參考）

(30) 初獻進盥帨詣位前. 초헌진관세예위전. 초헌관은 나아가 손을 씻고 위전에 선다.

(31) 執注者立初獻之右. 집주자입초헌지우. 집주자는 초헌 우측에 나아 가고

(32) 奉酌立初獻之左.. 봉작입초헌지좌.... 봉작은 초헌 좌측에 나아간다.

(33) 初獻跪三上香.... 초헌궤3상향...... 초헌은 위전에 끓어앉아 3상분향한다.

(34) 奉酌考位盞下.... 봉작고위잔하..... 좌측 봉작이 고위잔을 내려 초헌에게 준다.

(35) 初獻受盤盞...... 초헌수반잔....... 초헌관은 두 손으로 잔을 받들어 좌수로
　　　　　　　　　　　　　　　　　　　　잔대를 잡고 우수로 잔을 잡으니

(36) 執注者斟酒于盞.. 집주자짐주우잔.... 우측 집주자가 3관주로 잔에 술을 가득히 한다.

(37) 三傾茅上授奠酌.. 삼경모상수전작.... 초헌관은 좌수로 잔대를 잡고 우수로 잔을 들어
　　　（奠酒祭酒 自量）　　　　　　　　　좌로 향하여 우편으로 향로에 3회 하여 3경 모사
　　　　　　　　　　　　　　　　　　　　기로 약 9홉쯤 되게 하여 좌측 봉작에게 준다.

(38) 奉酌受盞于故處.. 봉작수잔우고처.... 좌측 봉작이 술잔을 받들어 고위전에 올린다.

(39) 奉酌妣位盞下.... 봉작비위잔하..... 우측 봉작이 비위잔을 내려 초헌에게 준다.

(40) 初獻受盤盞...... 초헌수반잔....... 초헌관은 두 손으로 잔을 받들어 좌수로
　　　　　　　　　　　　　　　　　　　　잔대를 잡고 우수로 잔을 잡으니

(41) 執注者斟酒于盞.. 집주자짐주우잔.... 우측 집주자가 3관주로 잔에 술을 가득히 한다.

(42) 三傾茅上授奠酌.. 삼경모상수전작.... 초헌관은 좌수로 잔대를 잡고 우수로 잔을 들어
　　　（奠酒祭酒 自量）　　　　　　　　　좌로 향하여 우편으로 향로에 3회 하여 3경 모사
　　　　　　　　　　　　　　　　　　　　기로 약 9홉쯤 되게 하여 우측 봉작에게 준다.

(43) 奉酌受盞于故處.. 봉작수잔우고처.... 우측 봉작이 술잔을 받들어 비위전에 올린다.

(44) 初獻俯伏興北向立. 초헌부복흥북향립. 초헌관은 부복하여 일어나 북향하여 선다.

(45) 執事者正筋于肉.. 집사자정저우육.... 집사가 정저를 3번 하여 육찬 위에 올려놓는다.

(46) 執事奉飯盖...... 집사봉반개....... 집사가 뫼의 개를 연다(입시는 유식에 한다).

(47) 初獻小退跪...... 초헌소퇴궤...... 초헌관은 조금 뒤로 물러나와 끓어앉는다.

(48) 奉祝跪初獻之左.. 봉축궤초헌지좌.... 봉축이 초헌 좌측에 나아가 끓어앉는다.

(49) 獻官祭官以下子孫皆跪.. 헌관제관이하자손개궤.. 헌관 제관 이하 자손 모두가
　　　　　　　　　　　　　　　　　　　　끓어앉아 머리숙여 정숙한다.

(50) 奉祝東向跪讀祝.. 봉축동향궤독축.... 축은 초헌 좌측에 동향하여 끓어앉아 독축한다.

(51) 初獻俯伏興再拜.. 초헌부복흥재배.... 초헌관은 두 손을 앞으로 짚고 일어나 재배한다.

(52) 初獻降復位...... 초헌강복위....... 초헌관은 뒤로 물러나와 처음 자리로 돌아간다.

（ 行亞獻禮 ）（행아헌례）

(53) 亞獻盥帨詣位前跪.. 아헌관세예위전궤.. 아헌관은 나아가 손을 씻고 위전에
　　　　　　　　　　　　　　　　　　　　끓어앉아 3상에 분향한다.

(54) 奉酌考位盞下.... 봉작고위잔하..... 좌측 봉작이 고위잔을 내려 아헌에게 준다.

(55) 亞獻受盤盞...... 아헌수반잔....... 아헌은 두 손으로 잔을 받들어 퇴주하고
　　　　　　　　　　　　　　　　　　　　좌수로 잔대를 잡고 우수로 잔을 잡으니

(56) 執注者斟酒于盞.. 집주자짐주우잔... 우측 집주자가 3관주로 잔에 술을 가득히 한다.

(57) 三傾茅上授奠酌.. 삼경모상수전작... 아헌은 좌수로 잔대를 잡고 우수로 잔을 들어
　　　　　　　　　　　　　　　　　　　　좌로 향하여 우편으로 향로에 3회 하여 3경 모사
　　　　　　　　　　　　　　　　　　　　기로 약 9홉쯤 되게 하여 좌측 봉작에게 준다.

(58) 奉酌受盞于故處.봉작수잔우고처..좌측 봉작이 술잔을 받들어 고위전에 올린다.
(59) 奉酌妣位盞下...봉작비위잔하....우측 봉작이 비위잔을 내려 아헌에게 준다.
(60) 亞獻受盤盞.....아헌수반잔......아헌은 두 손으로 잔을 받들어 퇴주하고
　　　　　　　　　　　　　　　　　　좌수로 잔대를 잡고 우수로 잔을 잡으니
(61) 執注者斟酒于盞.집주자짐주우잔..우측 집주자가 3관주로 잔에 술을 가득히 한다.
(62) 三傾茅上授奠酌.삼경모상수전작..아헌은 좌수로 잔대를 잡고 우수로 잔을 들어 좌로
　　　　　　　　　　　　　　　　　　향하여 우편으로 향로에 3회 하여 3경 모사기로
　　　　　　　　　　　　　　　　　　약 9홉쯤 되게 하여 우측 봉작에게 준다.
(63) 奉酌受盞于故處.봉작수잔우고처..우측 봉작이 술잔을 받들어 비위전에 올린다.
(64) 亞獻俯伏興北向立.아헌부복흥북향립.아헌은 부복하여 일어나 북쪽으로 향하여 선다.
(65) 執事正筯于魚饌.집사정저우어찬..좌측 집사가 정저를 3번 하여 어찬 위에 올려놓는다.
(66) 亞獻小退再拜...아헌소퇴재배....아헌은 조금 뒤로 물러나와 재배한다.
(67) 亞獻降復位.....아헌강복위.....아헌은 물러나와 처음 자리로 돌아간다.

（ 行終獻禮 ）（행종헌례）

(68) 終獻進盥帨詣位前跪.종헌진관세예위전궤.종헌은 나아가 손을 씻고 위전에
　　　　　　　　　　　　　　　　　　끓어앉아 3상에 분향한다.
(69) 奉酌考位盞下...봉작고위잔하....좌측 봉작이 고위잔을 내려 종헌에게 준다.
(70) 終獻受盤盞.....종헌수반잔......종헌은 두 손으로 잔을 받들어 퇴주하고 좌수로
　　　　　　　　　　　　　　　　　　잔대를 잡고 우수로 잔을 잡으니
(71) 執注者斟酒于盞.집주자짐주우잔..우측 집주자가 3관주로 잔에 술을 가득히 한다.
(72) 三傾茅上授奠酌.삼경모상수전작..종헌은 좌수로 잔대를 잡고 우수로 잔을 들어 좌로
　（祭酒奠酒）　　　　　　　　　　　향하여 우편으로 향로에 3회 하여 3경 모사기로
　　　　　　　　　　　　　　　　　　약 9홉쯤 되게 하여 좌측 봉작에게 준다.
(73) 奉酌受盞于故處.봉작수잔우고처..좌측 봉작이 술잔을 받들어 고위전에 올린다.
(74) 奉酌妣位盞下...봉작비위잔하....우측 봉작이 비위잔을 내려 종헌에게 준다.
(75) 終獻受盤盞.....종헌수반잔......종헌은 두 손으로 잔을 받들어 퇴주하고 좌수로
　　　　　　　　　　　　　　　　　　잔대를 잡고 우수로 잔을 잡으니
(76) 執注者斟酒于盞.집주자짐주우잔..우측 집주자가 3관주로 잔에 술을 가득히 한다.
(77) 三傾茅上授奠酌.삼경모상수전작..종헌은 좌수로 잔대를 잡고 우수로 잔을 들어 좌로
　（祭酒奠酒）　　　　　　　　　　　향하여 우편으로 향로에 3회 하여 3경 모사기로
　　　　　　　　　　　　　　　　　　약 9홉쯤 되게 하여 우측 봉작에게 준다.
(78) 奉酌受盞于故處.봉작수잔우고처..우측 봉작이 술잔을 받들어 비위전에 올린다.
(79) 終獻俯伏興北向立.종헌부복흥북향립.종헌은 부복하여 일어나 북쪽으로 향하여 선다.
(80) 執事正筯于菜..집사정저우채....좌측 집사가 정저를 3 번하여 채찬 위에 올린다.
(81) 終獻小退再拜..종헌소퇴재배....종헌은 조금 뒤로 물러나와 재배한다.
(82) 終獻降復位....종헌강복위......종헌은 뒤로 물러나와 처음 자리로 돌아간다.

（ 行添酌禮 ）（행첨작례）

(83) 添酌盥帨詣位前跪.첨작관세예위전궤.첨작이 나아가 손을 씻고 위전에 끓어앉아
　　　　　　　　　　　　　　　　　　3상에 분향한다.
(84) 奉酌考位盞下..봉작고위잔하.....좌측 봉작이 고위잔을 내려 첨작에게 준다.

160

(85) 添酌受盤盞......첨작수반잔......첨작은 두 손으로 잔을 받들어 퇴주하되 좌수로
                                    잔대를 잡고 우수로 잔을 들어 모사기에
                                    3번 기울여 3홉쯤 되게 하여 잔을 받드니
(86) 執注者斟酒于盞..집주자짐주우잔..우측 집주자가 3관주로 잔에 술을 가득히 한다.
(87) 三傾茅上授奠酌..삼경모상수전작..첨작은 좌수로 잔대를 잡고 우수로 잔을 들어 좌로
    (祭酒奠酒)   향하여 우편으로 향로에 3회 하여 3경 모사기로
                                    약 9홉쯤 되게 하여 좌측 봉작에게 돌리니
(88) 奉酌受盞于故處..봉작수잔우고처..좌측 봉작이 술잔을 받들어 고위전에 올린다.
(89) 奉酌妣位盞下....봉작비위잔하....우측 봉작이 비위잔을 내려 첨작에게 준다.
(90) 添酌受盤盞......첨작수반잔......첨작은 두 손으로 잔을 받들어 퇴주하되 좌수로
                                    잔대를 잡고 우수로 잔을 들어 모사기에
                                    3번 기울여 약 3홉쯤 되게 하여 잔을 받드니
(91) 執注者斟酒于盞..집주자짐주우잔..우측 집주자가 3관주로 잔에 술을 가득히 한다.
(92) 三傾茅上授奠酌..삼경모상수전작..첨작은 좌수로 잔대를 잡고 우수로 잔을 들어 좌로
    (祭酒奠酒)   향하여 우편으로 향로에 3회 하여 3경 모사기로
                                    약 9홉쯤 되게 하여 우측 봉작에게 돌리니
(93) 奉酌受盞于故處..봉작수잔우고처..우측 봉작이 술잔을 받들어 비위전에 올린다.
(94) 添酌俯伏興......첨작부복흥......첨작은 두 손을 앞으로 짚고 부복하여 일어선다.
(95) 執事正筯于炙....집사정저우적....좌측 집사가 정저를 3번 하여 적찬 위에 올린다.
(96) 添酌小退再拜....첨작소퇴재배....첨작은 조금 뒤로 물러나와 재배한다.
(97) 添酌降復位......첨작강복위......첨작은 뒤로 물러나와 처음 자리로 돌아간다.

<h2 align="center">(行侑食禮)</h2>

(98) 初獻詣位前跪....초헌예위전궤....초헌관이 위전에 나아가 꿇어앉아 3상분향하고
                                    초헌관이 첨작 예를 행하니 의식은 역연하다.
(99) 執事立匙飯中西柄.집사입시반중서병.양측 집사가 뫼에 수저를 입시하되
                                    수저 자루는 서쪽으로 가게 한다.
(100)正筯于匙楪上...정저우시접상.좌측 집사가 정저를 3번 하여 시접 상에 옮겨 놓는다.
(101)初獻興小退再拜..초헌흥소퇴재배..초헌은 일어나 재배하고 조금 뒤로 물러선다.
(102)諸子孫皆跪靜肅侑食.제자손개궤정숙유식.모든 자손은 꿇어앉아 머리숙여 정숙하며
                                    잠시(9분 가량) 묵념으로 유식한다.
(103)諸子孫興......제자손흥.........제사에 참석한 자손은 모두 일어선다.

<h2 align="center">(行辭神禮)</h2>

(104)初獻復位前跪..초헌복위전궤.....초헌은 위전에 나아가 꿇어앉아 3상분향한다.
(105)撤羹進茶水....철갱진다수.......양측 집사가 국을 내리고 숭늉을 올린다.
(106)三抄飯下匙于水器.삼초반하시우수기.뫼를 수저로 3번씩 떠서 숭늉기에 놓는다.
(107)撤匙復飯...철시복반..양편 집사가 개를 덮고 수저와 젓가락을 시접 상에 내린다.
(108)初獻以下皆辭神再拜.초헌이하개사신재배...초헌 이하 모두 사신재배한다.
(109)初獻跪焚祝....초헌궤분축........초헌관이 위전에 꿇어앉아 향로에 분축한다.
(110)獻官飮福撤床..헌관음복철상......헌관 제관들이 음복하면 철상한다.
    (註)儀禮儀式은 동일하나 각 문중에 따라 다소 차이가 있으니 그 문중의 예에 따를
    것이나 모든 것은 자손들의 정성에 있으니 그 마음이 중요하다.
161

諸祝文과 節次

(1) 朝祖祝 (조조축)

今以 吉辰 遷柩 敢告
금이 길진 천구 감고

(註)장일 전일 포시(葬前日脯時)에 설전고사 후(設奠告辭 後)에 봉구조우조
(奉柩朝于祖)하니라(朝는 보일조, 祖는 祠堂조).
우암왈(尤菴曰) 위묘왈조(謂廟曰祖)라 하니 수계이지가(雖繼禰之家)라도
역가위조야(亦可謂祖也)니라 하였다(家廟).

(2) 遷柩祝 (천구축)

今 遷柩 就轝 敢告
금 천구 취여 감고

(註)분향(焚香)하고 북향궤독 후(北向跪讀 後)에 취여(就轝)하니
남수이출(南首而出)하느니라.

(3) 就轝祝 (취여축)

永遷之禮 靈辰不留 今奉柩車 式遵祖道
영천지례 영신불류 금봉구차 식준조도

(註)장전일(葬前日)에 분향(焚香)하고 북향궤독 후(北向跪讀 後)에
역부(役夫)가 천구여차상(遷柩轝車上)하여 이색유지(以索維之)하니라.

(發靷) (발인)

발인(發靷)에는 방상씨(方相氏)가 선발(先發)하고 운(雲) 아(亞) 삽(翣)이
선봉(先鋒)이 되어 명정(銘旌) 만사(輓詞) 신주(神主) 영차(靈車),
영차(靈車)에는 전백후주(前魄後主)로 한다. 공포(功布) 대여(大轝) 순차로
출하며 대여 후(大轝 後)에는 상주(喪主) 차자(次子) 장손(長孫) 여서(女婿)
제복인(諸服人)이요 조위빈객(弔慰賓客)이 차출(次出)하되
개집불(皆執紼 상여끈을 잡음)이 가(可) 하니라.
도중정상(道中停喪)에는 설석설반(設席設盤)하여
조객(弔客)의 분향헌작(焚香獻爵)을 접(接)한다.

(4) 遣奠祭祝 (견전제축)

靈輀 旣駕 往則 幽宅 載陳遣禮 永訣 終天
영이 기가 왕즉 유택 재진견례 영결 종천

(註)북향궤독(北向跪讀)으로 견전제(遣奠祭)를 행하니 상주(喪主)의 서립
(序立)은 남좌 여우(男左女右)로 중복자(重服者)가 재전(在前)하고 경복자
(輕服者)는 재후(在後)하되 개립어 주상주부지후(皆立於 主喪主婦之後)가
가하며 존장(尊長)은 좌곡무배(坐哭無拜)하며 비유(卑幼)는 입곡재배
(立哭再拜)가 합례(合禮)이다. 헌작(獻爵)은 근친(近親)이 집례(執禮)하니라.
견전제(遣奠祭)는 영결종천(永訣終天)의 송종지례(送終之禮)이니
동구(洞口) 밖 광장(廣場)이나 노변광장(路邊廣場)에서 행하는 제이다.

(5) 開土 山神祭祝 (개토 산신제축)

維 歲次 甲子 三月 乙丑朔 初五日 丙寅 幼學 李太白 敢昭告于
유 세차 갑자 삼월 을축삭 초오일 병인 유학 이태백 감소고우
土地之神 今爲 吉童 先親 通德郞(正五品官) 金海金公(無官則 學生 金海金公,
토지지신 금위 길동 선친 통덕랑(정오품관) 김해김공(무관즉 학생 김해김공,
內艱喪則 恭人 全州李氏, 無封則 孺人 全州李氏) 營建宅兆此
내간상즉 공인 전주이씨, 무봉즉 유인 전주이씨) 영건택조차
神其保佑 俾無後艱 謹以 淸酌脯醯 祇薦于神 尙 饗
신기보우 비무후간 근이 청작포혜 지천우신 상 향

(註)전일에 주인이 지사와 역부를 인솔장지하여 택지 후에 개토 산신제를 행한다.
그러나 지금에는 보통 택지는 전일에 하되 개토제는 장일에 행하고 천광한다.

(道中至哀悼) (도중지애도)

상인상재곡(喪人常在哭)이나 과아전답즉 곡(過我田畓則 哭)하고
과아친척인근즉 곡(過我親戚隣近則 哭)하며 과명산대천즉 곡(過名山大川則 哭)
하고 과인촌즉 곡(過人村則 哭)하며 과장루지처즉 곡(過杖屨之處則 哭)하고
과산곡수회처즉 곡(過山曲水廻處則 哭)하며 우애지즉 곡(又哀至則 哭)하니라.
혹 시읍(市邑) 번화가(繁華街)는 피(避)함이 가하다.
만일 장지(葬地)가 원(遠)하여 도중숙박시(道中宿泊時)에는 구전(柩前)에
설령좌(設靈坐)하고 조전석전(朝奠夕奠)하며 곡하고 조석상식(朝夕上食)하며
야간(夜間)에는 설료(設燎)하고 상주형제(喪主兄弟)는 구전설석(柩前設席)하고
시숙(侍宿)하며 또한 근친(近親)도 동숙(同宿)이 가하고 호상(護喪)은 근친과
상의(相議)하여 조객(弔客)의 숙소(宿所)를 편안(便安)케 할지니라.

(停喪) (정상)

영차(靈轝)가 이르기 전에 집사수인(執事數人)이 예선설위(豫先設幃)하되
제기(祭器) 제상(祭床) 향합(香盒) 향로(香爐) 축판 등(祝版 等) 필요품(必要品)
을 준비(準備)하며 차일(遮日)은 이설(二設)로 1은 영궤(靈几)와 영차주정막
(靈車住停幕)이요 2는 조객열석(弔賓列席)이라. 상여가 도착한즉 광남(壙南)에
정상(停喪)하고 즉시 설전위안(設奠慰安)하니 주인 이하(主人 以下) 개곡재배 후
(皆哭再拜 後)에 운(雲) 아(亞) 삽(翣)으로 광중사우(壙中四隅)를 휘(揮)하며
방상씨(方相氏)는 이극(以戟)으로 격광사우(擊壙四隅)하여 제살(除殺)하니
명정(銘旌)은 대는 버리고 관우에 복(覆)하여 하관시(下棺時)를 기다리니라.

(下棺) (하관)

하관(下棺)은 공포(功布)로 소제구진(掃除柩塵)하고 정관의 후(整棺衣 後)에
좌우로 4인씩 나누어 거구(擧柩)하며 광상하(壙上下)에 1인씩 하여
또 정관의명정(整柩衣銘旌)하나니 이는 유복친척(有服親戚)이 행사(行事)하니라.
상인(喪人)이 개곡(皆哭)하며 하관하되 정좌(正坐)하여 안치(安置)하고
공포(功布)로 또 식관(拭棺)하며 관상(棺上)에 명정(銘旌)이요 명정상(銘旌上)
에 백지(白紙)며 백지상(白紙上)에는 불치타물(不置他物)이라.
삽사개(翣四個)는 광중사우(壙中四偶)에 일개(一個)씩 매(埋)한다.
대개 삽(翣)은 대부(大夫)는 사삽(四翣)이요 서인(庶人)은 이삽(二翣)이니라.

(6) 平土 後 慰安祭祝 (평토 후 위안제축)

維 歲次 甲子 三月 乙丑朔 初五日 丙寅 孤子(母喪則 哀子) 吉童 敢昭告于
유 세차 갑자 삼월 을축삭 초오일 병인　고자(모상즉 애자) 길동 감소고우
顯考 通德郎府君 (無官則 學生 府君, 母喪則 顯妣 恭人 全州李氏,
현고 통덕랑부군 (무관즉 학생 부군, 모상즉 현비 공인 전주이씨,
無封則 孺人 全州李氏) 形歸窀穸 神返室堂 神主旣成 伏惟
무봉즉 유인 전주이씨) 형귀둔석 신반실당 신주기성 복유
尊靈 舍舊從新 是憑 是依(神主 未成하고 紙榜則 備奉紙榜 伏惟)
존령 사구종신 시빙 시의(신주 미성하고 지방즉 비봉지방 복유)

(註)일명 제주축(一名 題主祝)이며 평토제축(平土祭祝)이고
위안제축(慰安祭祝)이라고도 한다.
묘방(墓傍)에 설석(設席)하고 제주(題主 글씀)하여 행제(行祭)하니
분묘반성(墳墓半成)에 설석(設席)하고 신주함중(神主函中)에
고 모관모공 휘모 호모 신주(故 某官某公 諱某 號某 神主)라 하고
분면(粉面)에는 현고 모관부군 신위(顯考 某官府君 神位)라 하며
신주 전면 좌방(神主 前面 左旁)에 효자 모봉사(孝子 某奉祀)라 쓴다.
假令 姓은 金氏요 本貫은 金海이며 名은 東煥이고 官은 正二品이요 號는
松堂이라면 函中에는 故 正憲大夫 金公 東字 煥字 松堂 神主라고 쓰며
粉面에는 顯考 正憲大夫 府君 神位라 쓰고
神主前面左旁에 孝子 某奉祀라 細書로 쓴다.

(7) 平土 後 山神祭祝 (평토 후 산신제축)

維 歲次 甲子 三月 乙丑朔 初五日 丙寅 幼學 李太白 敢昭告于
유 세차 갑자 삼월 을축삭 초오일 병인 유학 이태백 감소고우
土地之神 今爲 吉童 先親 通德郎 金海金公(無官則 學生 金海金公,
토지지신 금위 길동 선친 통덕랑 김해김공(무관즉 학생 김해김공,
內艱喪則 恭人 全州李氏, 無封則 孺人 全州李氏) 卜宅玆地 建玆幽宅
내간상즉 공인 전주이씨, 무봉즉 유인 전주이씨) 복택자지 건자유택
神其保佑 俾無後艱　謹以 淸酌脯醢 祗薦于神　尙　饗
신기보우 비무후간 근이 청작포혜 지천우신　상　향

（返魂）(반혼)

반평토(半平土)하면 상인(喪人)이 개곡(皆哭)하고 사선서자(使善書者)로
제신주(題神主)하여 위안제(慰安祭)를 행한 후에 상인(喪人) 모두는 묘전(墓前)
에 곡재배(哭再拜)하고 영차(靈車)를 봉행(奉行)하되 전주후백(前主後魄)으로
혼백상자(魂魄箱子)는 신주후(神主後)에 안치(安置)하여 개곡(皆哭)하며
묘역(墓域)을 좌로 향하여 우편(右便)으로 삼회(三回)하여 서행(徐行)으로
왕거이복래(往去而復來)하니 망리이곡(望里而哭)하고 망문이곡(望門而哭)하면
재가(在家)의 복인(服人) 남녀친당(男女親黨)이 출영(出迎)하니라.
만약(萬若) 장지(葬地)가 원(遠)하여 도중숙박시(道中宿泊時)에는
숙박소(宿泊所)에서 초우제(初虞祭)를 모시나니
혼백위안(魂魄慰安)에 급급(急急)함이 합어례(合於禮)니라.

(8) 虞祭祝 (우제축)

維 歲次 甲子 三月 乙丑朔 初五日 丙寅　孤子(母喪則 哀子) 吉童 敢昭告于
유 세차 갑자 삼월 을축삭 초오일 병인　고자(모상즉 애자) 길동 감소고우
顯考 通德郎(正五品官) 府君 (無官則 學生 府君,
현고 통덕랑(정오품관) 부군 (무관즉 학생 부군,
母喪則 顯妣 恭人 全州李氏, 無封則 孺人 全州李氏)
모상즉 현비 공인 전주이씨, 무봉즉 유인 전주이씨)
日月不居奄及 初虞(再虞則 再虞, 三虞則 三虞) 夙興夜處 哀慕不寧
일월불거엄급 초우(재우즉 재우, 삼우즉 삼우) 숙흥야처 애모불녕
謹以 淸酌庶羞 哀薦 祫事(再虞則 虞事, 三虞則 成事) 尙 饗
근이 청작서수 애천 협사(재우즉 우사, 삼우즉 성사) 상 향

(註)초우제(初虞祭)는 장일(葬日)인바 불출시일(不出是日)이 가하니
반가(返家)하여 초우제(初虞祭)를 행한다.
만약 원지(遠地)에 도중숙박즉 (道中宿泊則) 기숙소(其宿所)에서 行하며
상향축(尙饗祝)은 이에 비로소 시행한다.
제수(祭需)는 천산(天産)과 지산(地産)으로 위주(爲主)하니 천산(天産)은
양지속(陽之屬)이요 지산(地産)은 음지속(陰之屬)이라.
고로 음양상합지의야(陰陽相合之義也)라 陳氏曰 어육(魚肉)은 천산(天産)이요
소과(蔬果)는 지산(地産)이라 하니 진설법(陳設法)은 전면 제례법(祭禮法)과
진설도(陳設圖)를 참고(參考)하라. 삼년상(三年喪)에 우제(虞祭) 졸곡(卒哭)
소상(小祥) 대상제(大祥祭)에 개무참신지례(皆無參神之禮)하니
이는 효자지심(孝子之心)에 불탈최마지의(不脫衰麻之衣)하고 상재령좌지측고
(常在靈座之側故)로 무참신(無參神) 무사신지의(無辭神之意)니라.
그러나 지금에는 불이행(不履行)하는 고로 유참신(有參神) 유사신이 가하다.
복장시(卜葬時)에 전이불제(奠而不祭)하고 단이작주진찬(但以酌酒陳饌)으로
설전(設奠)하다가 지초우(至初虞)에야 시성례(始成禮)하니
주인상주(主人喪主)가 진설(陳設)하여 헌작(獻酌)한다.
주인(主人)은 실외곡(室外哭)하고 복인(服人)은 영실곡(靈室哭)하니라.
길제(吉祭)에는 주인(主人)이 수조(受胙)하나
흉제(凶祭)에는 불수조(不受胙)하니라(卽 不飮福也).

(剛日 柔日) (강일 유일)

甲丙戊庚壬日은 剛日이요 乙丁己辛癸日은 柔日이니 卽 陰陽日을 말함이다.

(再虞와 三虞) (재우와 삼우)

재우(再虞)는 초우 후 유일(初虞 後 柔日)인바 축(祝)은 초우축(初虞祝)에
동일(同一)하나 협사(祫事)를 우사(虞事)라 개(改)할 뿐이요
삼우(三虞)는 초우 후(初虞 後) 강일(剛日)인바 축(祝)은 초우축(初虞祝)에
동일(同一)하나 협사(祫事)를 성사(成事)라 개(改)할 뿐이다.
재우(再虞) 삼우제법(三虞祭法)은 초우제(初虞祭)와 동일하고
이날 혼백(魂魄)은 병처결지(屛處潔地)에 매안(埋安) 또는 분지(焚紙)한다.

(卒哭) (졸곡)

졸곡제(卒哭祭)는 삼우제(三虞祭)를 행한 3일 후 강일(剛日)이 졸곡(卒哭)
인바 소과주찬(蔬果酒饌)으로 행제한다. 이날부터 성사(成事) 고로 점용길례
(漸用吉禮)이니 축(祝)도 주인좌측(主人左側)에 동향궤 독축(東向跪 讀祝)하며
졸곡 전(卒哭 前)에 고애자(孤哀子)를 이후부터는 효자(孝子)라 하며
이 제사 후(此祭 後)에는 복인(服人)이 각자귀가(各自歸家)한다.

(9) 卒哭祝 (졸곡축)

維 歲次 甲子 三月 乙丑朔 初五日 丙寅 孤子 吉童 敢昭告于
유 세차 갑자 삼월 을축삭 초오일 병인 고자 길동 감소고우
顯考 某官府君 日月不居奄及 卒哭 夙興夜處 哀慕不寧
현고 모관부군 일월불거엄급 졸곡 숙흥야처 애모불녕
謹以 清酌庶羞 哀薦成事 來日 隮祔于 某官祖考 府君 尙 饗
근이 청작서수 애천성사 내일 제부우 모관조고 부군 상 향

(註)지방인즉 내일 제부우(來日 隮祔于) 모관조고(某官祖考)는 불서(不書)함

(10) 亡親 生辰告辭 (망친 생진고사)

維 歲次 甲子 三月 乙丑朔 初五日 丙寅 孝子 吉童 敢昭告于
유 세차 갑자 삼월 을축삭 초오일 병인 효자 길동 감소고우
顯考 某官府君(妣位則 顯妣 某封某氏) 歲序遷易 生辰復遇 存旣有慶 沒寧敢忘
현고 모관부군(비위즉 현비 모봉모씨) 세서천역 생진복우 존기유경 몰녕감망
追遠感時 昊天罔極 謹以 清酌庶羞 恭伸 奠獻 尙 饗
추원감시 호천망극 근이 청작서수 공신 전헌 상 향

(祔祭) (부제)

졸곡 후(卒哭 後) 명일(明日)이 부제(祔祭)이니 망자(亡者)의 신주(神主)를
부우조고(祔于祖考)로 부제(祔祭)라 한다.
망자(亡者)의 조고위(祖考位)를 어중(於中)에 남향(南向)하여 서상(西上)하고
망자위(亡者位)는 동변(東邊)에 서향(西向)으로 설치(設置)하는데
모상즉(母喪則) 부우조비(祔于祖妣)하나니 조비(祖妣)가
초재취(初再娶) 이인(二人)이면 소생조비 전(所生祖妣 前)에 부(祔)한다.
상주(喪主)가 비종자즉(非宗子則) 사종자(使宗子)로 행차제(行此祭)니라.

(11) 祖考位 出主 告廟告辭 (조고위 출주 고묘고사)

孝曾孫 吉童(承重則 孝玄孫) 今以 隮祔先考(母則 先妣, 承重則 先祖考) 有事于
효증손 길동(승중즉 효현손) 근이 제부선고(모즉 선비, 승중즉 선조고) 유사우
顯曾祖考(母喪則 曾祖妣, 承重則 高祖妣) 敢請
현증조고(모상즉 증조비, 승중즉 고조비) 감청
顯曾祖考 顯曾祖妣(有前後配則 列書, 母喪則 只請顯妣) 神主出就正寢(或 廳事)
현증조고 현증조비(유전후배즉 열서, 모상즉 지청현비) 신주출취정침(혹 청사)

(註)축이 봉독(奉櫝)하여 치우서계탁상(置于西階卓上)하고 계독출주(啓櫝出主)하여
치우좌(置于座)한다. 상주(喪主)가 비종자(非宗子)요 여종자이거즉(與宗子異居則)
종자(宗子)가 전기일(前期日)에 위고우조고 후(爲告于祖考 後)에 행제(行祭)한다.

(12) 宗子代告 告辭 (종자대고 고사)

吉童 先親 通德郞 府君 三月 十五日 棄世以 明日 隮祔于
길동 선친 통덕랑 부군 삼월 십오일 기세이 명일 제부우
顯曾祖考 某官府君 所居異宮 不得不祭於
현증조고 모관부군 소거이궁 부득부제어
祖廟 謹用祇榜 薦于其家 謹以酒果 虔告 謹告
조묘 근용지방 천우기가 근이주과 건고 근고
請主詣 正寢(或 廳事)
청주예 정침(혹 청사)

(註)축(祝)이 봉독(奉櫝)하니 주인 이하(主人 以下) 개곡(皆哭)하며 지문(至門)
에 지곡(止哭)하고 치우서계(置于西階) 탁상(卓上)하고 계독출주(啓櫝出主)하여
치우좌 후(置于座 後)에 설주찬(設酒饌)하여 제(祭)한다.

(13) 祔祭祝 (부제축) (曾祖考前)

維 歲次 甲子 三月 乙丑朔 初五日 丙寅 孝子 吉童 謹以 清酌庶羞 適于
유 세차 갑자 삼월 을축삭 초오일 병인 효자 길동 근이 청작서수 적우
顯曾祖考 通德郞 府君 隮祔于 朝散大夫(從四品官) 東煥 孫
현증조고 통덕랑 부군 제부우 조산대부(종사품관) 동환 손
(妣位則 曾祖妣 恭人 全州李氏 隮祔于 子婦 令人 全州李氏) 尙 饗
(비위즉 증조비 공인 전주이씨 제부우 손부 영인 전주이씨) 상 향

(14) 祔祭 新主祝 (부제 신주축) (亡者前)

維 歲次 甲子 三月 乙丑朔 初五日 丙寅 孝子 吉童 謹以 清酌庶羞 哀薦祔于事
유 세차 갑자 삼월 을축삭 초오일 병인 효자 길동 근이 청작서수 애천부우사
(喪主가 非宗子則 隨宗子 屬稱. 承重則 孝孫)
(상주가 비종자즉 수종자 속칭. 승중즉 효손)
顯考 朝散大夫 適于 顯曾祖考 通德郞 府君 尙 饗
현고 조산대부 적우 현증조고 통덕랑 부군 상 향

(小祥) (소상)

소상(小祥)은 자초상시(自初喪時)로 지일년(至一年)이니 불계윤월(不計閏月)한다.
만약 부재모상(父在母喪)이면 십일월(十一月) 정해일(丁亥日)로 소상(小祥)이요
십삼월(十三月)에 대상(大祥)이며 십오월(十五月)에 담제(禫祭)니라.
전기일(前期日)에 남녀(男女)가 목욕재계(沐浴齋戒)하고 남자(男子)는 제소내외를
(祭所內外)를 청결(清潔)하고 부인(婦人)은 제기(祭器) 제상(祭床) 병미(餠米)
생채(生菜) 부정(釜鼎)을 청결(清潔)하고 희희적 담소(戲嬉的 談笑)는 일불출구
(一不出口)니라. 소상(小祥)에는 상복(喪服)을 연(練)하니 부판(負版)(제복 등에
붙인 것)과 벽령(辟領)(제복 어깨에 붙인 것)과 최(衰)(제복 앞섶에 붙인 것)를
개거(皆去)하고 남자(男子)는 거수질(去首絰)하며 부인(婦人)은 거요질(去腰絰)
하고 초상(初喪)에는 장군(長裙)하다가 지시(至時)에 단군(短裙)하여 평소와
같으며 조곡석곡(朝哭夕哭)은 지(止)하되 조석상식(朝夕上食)에는 당유곡(當有哭)
이니 중자(衆子)도 개동(皆同)하니라(祭禮儀式은 前 喪禮法 參考).

(15) 小祥祝 (소상축)

維 歲次 甲子 三月 乙丑朔 初五日 丙寅 孝子 吉童 敢昭告于
유 세차 갑자 삼월 을축삭 초오일 병인 효자 길동 감소고우
顯考 嘉善大夫 府君 (無官則 學生 府君,
현고 가선대부 부군 (무관즉 학생 부군,
母喪則 顯妣 貞夫人 全州李氏, 無封則 孺人 全州李氏) 日月不居 奄及 小祥
모상즉 현비 정부인 전주이씨, 무봉즉 유인 전주이씨) 일월불거 엄급 소상
夙興夜處(小心畏忌 不惰其身) 哀慕不寧
숙흥야처(소심외기 불타기신) 애모불녕
謹以 淸酌庶羞 哀薦 常事 尙 饗
근이 청작서수 애천 상사 상 향

(註)禮記에 말하기를 小心畏忌 不惰其身은 士大夫家에도 不用者 多라고 하였다.

(大祥) (대상)

대상(大祥)은 자초상시(自初喪時)로 지이년(至二年)이니 불계윤월(不計閏月)하고
대상제(大祥祭)이다. 주인 이하(主人 以下)가 개목욕재계(皆沐浴齋戒)하고
전일일(前一日)에 진기구찬(陳器具饌)을 개여소상지의(皆如小祥之儀)하여
질명미명(質明未明)에 행사(行事)하고 제필(祭畢)에 주인형제(主人兄弟)는 또
곡(哭)하고 신주전고왈(神主前告曰) 축서(祝書)에 입우사당(入于祠堂)이라 하고
봉입사당(奉入祠堂)하여 부우조(祔于祖)하니 치동변서향(置東邊西向)하니라.
기상(旣祥) 고로 영좌(靈座)는 철지(徹之)하나 영실(靈室)은 여전존치(如前存置)
하여 이대담제 후(以待禫祭 後)에 철지(徹之)하니라.
이날부터는 상사일(祥事日)인 고로 최마지복(衰麻之服)은 탈(脫)하나
효자지심(孝子之心)에 미가전제 고(未可全諸 故)로 백립(白笠) 백화(白靴)
백의(白衣)하고 부인(婦人)은 소의소복(素衣素服)으로 이대담제기(以待禫祭期)니
담제 후(禫祭 後)에야 여평상행동(如平常行動)하며 무소불패야(無所不佩也)니라.

(16) 大祥祝 (대상축)

維 歲次 甲子 三月 乙丑朔 初五日 丙寅 孝子 吉童 敢昭告于
유 세차 갑자 삼월 을축삭 초오일 병인 효자 길동 감소고우
顯考 嘉善大夫 府君(無官則 學生 府君,
현고 가선대부 부군(무관즉 학생 부군,
母喪則 顯妣 貞夫人 全州李氏, 無封則 孺人 全州李氏) 日月不居奄及 大祥
모상즉 현비 정부인 전주이씨, 무봉즉 유인 전주이씨) 일월불거엄급 대상
夙興夜處 小心畏忌 不惰其身 哀慕不寧
숙흥야처 소심외기 불타기신 애모불녕
謹以 淸酌庶羞 哀薦 祥事 尙 饗
근이 청작서수 애천 상사 상 향

(註)禮記에 말하기를 小祥 大祥 禫祭에 小心畏忌 不惰其身은 士大夫家에서도
不用者 多라고 하나 各子孫들의 孝誠之心에 있으니 自量할 것이다.

168

(17) 祔廟 告辭 (부묘 고사) (家廟)

維 歲次 甲子 三月 乙丑朔 初五日 丙寅 五世孫 吉童 敢昭告于
유 세차 갑자 삼월 을축삭 초오일 병인 오세손 길동 감소고우

顯五代祖考 某官府君　　顯五代祖妣 某封某氏
현오대조고 모관부군　　현오대조비 모봉모씨

顯高祖考 某官府君　　顯高祖妣 某封某氏
현고조고 모관부군　　현고조비 모봉모씨

顯曾祖考 某官府君　　顯曾祖妣 某封某氏
현증조고 모관부군　　현증조비 모봉모씨

顯祖考 某官府君　　顯祖妣 某封某氏
현조고 모관부군　　현조비 모봉모씨

茲以 先考 某官 大祥 已屆禮當 祔於
자이 선고 모관 대상 이계례당 부어

祖考 某官府君 不勝感愴 謹以 酒果用伸 虔告 謹告
조고 모관부군 불승감창 근이 주과용신 건고 근고

(母喪則 祔於 曾祖妣 初再娶, 二妣則 所生妣前)
(모상즉 부어 증조비 초재취, 이비즉 소생비전)

（禫祭） (담제)

담제(禫祭)는 대상 후(大祥 後) 간일월(間一月)이니 자초상시(自初喪時)로
불계윤월(不計閏月)하고 이십칠월(二十七月)이 담제(禫祭)이다.
사당 전(祠堂 前)에서 옛사람은 이배교지제(以环珓之制)로 택일(擇日)이러니
지금 사람은 복일(卜日)하되 혹 정해일(丁亥日)로 상순(上旬)이 유고(有故)하면
중순(中旬)이요 중순(中旬)이 유고(有故)하면 하순(下旬)에 택일(擇日)하여
사당문(祠堂門)을 열고 주인(主人)은 서향(西向)하고 중주인(衆主人)은
북상(北上)하여 분향 후(焚香 後)에 출주(出主)하여 전령좌고처(前靈座故處)에서
행제(行祭)한다. 부재모상즉(父在母喪則) 십오월(十五月)에 담제(禫祭)이다.
또 부재즉(父在則) 적자(適子)라도 기처상(已妻喪)에 불장부담(不杖不禫)이요
부몰(父沒) 모재즉(母在則) 유장(有杖)이며 담(禫)한다.
비종자이모재즉(非宗子而母在則) 위기처(爲其妻)에 장(杖)하되 불담(不禫)이다.
대개 여자(女子)는 출가(出嫁)라도 위부모(爲父母)에 담(禫)하고 출모(出母)는
무담(無禫)이며 전후유상즉(前後有喪則) 전상담제(前喪禫祭)는 불가(不可)하니
흉시길례(凶時吉禮)는 불행(不行)하니라.
우암왈(尤菴曰) 배교지제(环珓之制)는 기비난비(旣非難備)로되 금속(今俗)에
무단불용(無端不用)하니 미가효야(未可曉也)라 하였다.

（丁日 亥日） (정일 해일)

정(丁)은 취기정녕지의(取其丁寧之意)라 하니 신도(神道)가 정녕(丁寧)히 흠향
(歆饗)한다 함이요 해(亥)는 곡성(穀星)이라 하니 비곡(非穀)이면
양생송사(養生送死)에 부득용사(不得用事)함이라.

(18) 禫祭 擇吉告辭 (담제 택길고사)
吉童 將以 來月 祗薦禫事于 先考 通政大夫 府君 尙 饗
길동 장이 내월 지천담사우 선고 통정대부 부군 상 향

(註)설주찬(設酒饌)하여 독차고사 후(讀此告辭 後)에 복일(卜日)하나니
득길 후(得吉 後) 고사(告辭)는 여하(如下)하다.

(19) 得吉 告辭 (득길 고사)
孝子 吉童 將以 來月 二十七日 祗薦禫事于
효자 길동 장이 내월 이십칠일 지천담사우
先考 通政大夫 府君 卜旣得吉 敢告
선고 통정대부 부군 복기득길 감고

(註)담제일(禫祭日)을 복택 후(卜擇 後) 신주전(神主前)에 예고(豫告)함이니
무묘주(無廟主)면 묘전고(墓前告)가 가야(可也)니라.

(20) 禫祭祝 (담제축)
維 歲次 甲子 三月 乙丑朔 初五日 丙寅 孝子 吉童 敢昭告于
유 세차 갑자 삼월 을축삭 초오일 병인 효자 길동 감소고우
顯考 通政大夫 府君(無官則 學生 府君) 日月不居奄及 禫祭 夙興夜處 哀慕不寧
현고 통정대부 부군(무관즉 학생 부군) 일월불거엄급 담제 숙흥야처 애모불녕
謹以 淸酌庶羞 哀薦 禫事 尙 饗
근이 청작서수 애천 담사 상 향

(21) 父先亡 母喪 祔廟祝 (부선망 모상 부묘축)
維 歲次 甲子 三月 乙丑朔 初五日 孝子 吉童 敢昭告于
유 세차 갑자 삼월 을축삭 초오일 효자 길동 감소고우
顯考 通政大夫 府君 茲以 先妣 淑夫人 全州李氏 大祥日 屆禮當 祔於
현고 통정대부 부군 자이 선비 숙부인 전주이씨 대상일 계례당 부어
先考府君 不勝感愴 謹以酒果 用伸 虔告 謹告
선고부군 불승감창 근이주과 용신 건고 근고

（吉祭）(길제)

길제(吉祭)는 담제 후(禫祭 後) 혹 정일(丁日)이나 해일(亥日)로 택일(擇日)
하여 설주찬(設酒饌)하고 하기(下記)의 고사문(告辭文)을 독 후(讀 後)에
신주분면(神主粉面)을 개서(改書)한다.

(22) 吉祭 改題主 告辭 (길제 개제주 고사)

維 歲次 甲子 三月 乙丑朔 初五日 丙寅 五世孫 吉童 敢昭告于
유 세차 갑자 삼월 을축삭 초오일 병인 오세손 길동 감소고우
顯五代祖考 某官府君　　顯五代祖妣 某封某氏
현오대조고 모관부군　　현오대조비 모봉모씨
顯高祖考 某官府君　　　顯高祖妣 某封某氏
현고조고 모관부군　　　현고조비 모봉모씨
顯曾祖考 某官府君　　　顯曾祖妣 某封某氏
현증조고 모관부군　　　현증조비 모봉모씨
顯祖考 某官府君　　　　顯祖妣 某封某氏
현조고 모관부군　　　　현조비 모봉모씨
神主 今將 改題 世次迭遷 不勝感愴 謹以酒果 用伸 虔告 謹告
신주 금장 개제 세차질천 불승감창 근이주과 용신 건고 근고

(23) 出主 遞遷 告辭 (출주 체천 고사) (家廟)

五世孫 吉童 今以 遞遷(若 父先亡 母喪則 云旣免喪有事于)
오세손 길동 금이 체천(약 부선망 모상즉 운기면상유사우)
顯五代祖考 某官府君　　顯五代祖妣 某封某氏
현오대조고 모관부군　　현오대조비 모봉모씨
顯高祖考 某官府君　　　顯高祖妣 某封某氏
현고조고 모관부군　　　현고조비 모봉모씨
顯曾祖考 某官府君　　　顯曾祖妣 某封某氏
현증조고 모관부군　　　현증조비 모봉모씨
顯祖考 某官府君　　　　顯祖妣 某封某氏
현조고 모관부군　　　　현조비 모봉모씨
祔食 敢請 神主 出就 正寢 恭伸 奠獻 尚 向
부식 감청 신주 출취 정침 공신 전헌 상 향

(24) 代盡 神主 埋安祝 (대진 신주 매안축) (家廟)

維 歲次 甲子 三月 乙丑朔 初五日 丙寅 五世孫 吉童 敢昭告于
유 세차 갑자 삼월 을축삭 초오일 병인 오세손 길동 감소고우
顯五代祖考 某官府君 顯五代祖妣 某封某氏 玆以 先考 某官 府君
현오대조고 모관부군 현오대조비 모봉모씨 자이 선고 모관 부군
喪期已盡 禮當遷主 入廟 先王禮制 祀止四代 心雖無窮 分則 有限
상기이진 예당천주 입묘 선왕례제 사지사대 심수무궁 분즉 유한
神主當祧 將埋于墓所(若 有親未盡者 將徙于某房則 當告將遷于 某親 某之房)
신주당조 장매우묘소(약 유친미진자 장사우모방즉 당고장천우 모친 모지방)
不勝感愴 謹以 清酌庶羞 敬伸 奠獻 (或 百拜告辭) 尚 饗
불승감창 근이 청작서수 경신 전헌 (혹 백배고사) 상 향

(註)대진이란 4대가 넘어 5대가 되면 대진이라 하니 5대부터는 제사를 시제로
모시므로 옛적부터 전해오는 제도로서 오대조고비의 신주를 체천하여 묘방에
매안하며 이후부터는 제사를 시제로 모시는 것이다.

(25) 忌祭 單位祭祝 (기제 단위제축)

維 歲次 甲子 三月 乙丑朔 初五日 丙寅 孝子 吉童 敢昭告于
유 세차 갑자 삼월 을축삭 초오일 병인 효자 길동 감소고우
顯考 通政大夫(正三品官) 府君(無官則 學生 府君,
현고 통정대부(정삼품관) 부군(무관즉 학생 부군,
妣位則 顯妣 淑夫人 全州李氏, 無封則 孺人 全州李氏) 歲序遷易
비위즉 현비 숙부인 전주이씨, 무봉즉 유인 전주이씨) 세서천역
顯考 諱日復臨(母祭則 顯妣 諱日復臨)
현고 휘일부림(모제즉 현비 휘일부림)
追遠感時 昊天罔極(祖 以上은 不勝永慕) 謹以 清酌庶羞 恭伸 奠獻 尚 饗
추원감시 호천망극(조 이상은 불승영모) 근이 청작서수 공신 전헌 상 향

(26) 忌祭 兩位祭祝 (기제 양위제축)

維 歲次 甲子 三月 乙丑朔 初五日 丙寅 孝子 吉童 敢昭告于
유 세차 갑자 삼월 을축삭 초오일 병인 효자 길동 감소고우
顯考 承訓郎(正六品官) 府君(無官則 學生 府君)
현고 승훈랑(정육품관) 부군(무관즉 학생 부군)
顯妣 宣人 全州李氏(無封則 孺人 全州李氏) 歲序遷易
현비 선인 전주이씨(무봉즉 유인 전주이씨) 세서천역
顯考妣 諱日並臨 追遠感時 昊天罔極
현고비 휘일병림 추원감시 호천망극
謹以 清酌庶羞 恭伸 奠獻 尚 饗
근이 청작서수 공신 전헌 상 향

(27) 忌祭 祖考位祝 (기제 조고위축)

維 歲次 甲子 三月 乙丑朔 初五日 丙寅 孝孫 吉童 敢昭告于
유 세차 갑자 삼월 을축삭 초오일 병인 효자 길동 감소고우
顯祖考 崇祿大夫(從一品官) 府君(無官則 學生 府君)
현조고 숭록대부(종일품관) 부군(무관즉 학생 부군)
顯祖妣 貞敬夫人 全州李氏(無封則 孺人 全州李氏) 歲序遷易
현조비 정경부인 전주이씨(무봉즉 유인 전주이씨) 세서천역
顯祖考 諱日復臨(祖妣祭則 顯祖妣 諱日復臨, 合祭則 顯祖考妣 諱日並臨)
현조고 휘일부림(조비제즉 현조비 휘일부림, 합제즉 현조고비 휘일병림)
追遠感時 不勝永慕 謹以 清酌庶羞 恭伸 奠獻 尚 饗
추원감시 불승영모 근이 청작서수 공신 전헌 상 향

(28) 忌祭 出主告辭 (기제 출주고사)

今以
금이
顯考 某官府君 遠諱之辰 敢請 神主出就 正寢 恭伸追慕 虔告 謹告
현고 모관부군 원휘지진 감청 신주출취 정침 공신추모 건고 근고

(29) 時祭 合祭祝 (시제 합제축)

維 歲次 甲子 三月 乙丑朔 初五日 丙寅 五世孫 吉童 敢昭告于
유 세차 갑자 삼월 을축삭 초오일 병인 오세손 길동 감소고우
顯五代祖考 通政大夫 府君(無官則 學生 府君)
현오대조고 통정대부 부군(무관즉 학생 부군)
顯五代祖妣 淑夫人 全州李氏(無封則 孺人 全州李氏) 合窆之墓
현오대조비 숙부인 전주이씨(무봉즉 유인 전주이씨) 합폄지묘
歲遷一祭 禮有中制 雨露旣濡(秋冬則 履茲霜雪) 彌增感慕
세천일제 예유중제 우로기유(추동즉 이자상설) 미증감모
謹以 淸酌庶羞 祗奉 歲事 尙 饗
근이 청작서수 지봉 세사 상 향

(30) 時祭 山神祭祝 (시제 산신제축)

維 歲次 甲子 三月 乙丑朔 初五日 丙寅 某官 姓名(山神祭官 名) 敢昭告于
유 세차 갑자 삼월 을축삭 초오일 병인 모관 성명(산신제관 명) 감소고우
土地之神 恭修歲事于 金吉童 五代祖考 通德郞 府君(無官則 學生 府君,
토지지신 공수세사우 김길동 오대조고 통덕랑 부군(무관즉 학생 부군,
合窆則 五代祖妣 恭人 全州李氏, 無封則 孺人 全州李氏) 合窆之墓
합폄즉 오대조비 공인 전주이씨, 무봉즉 유인 전주이씨) 합폄지묘
惟時保佑 實賴神休 謹以酒果 敬伸 奠獻 尙 饗
유시보우 실뢰신휴 근이주과 경신 전헌 상 향

(改墓) (개묘)

(31) 改葬 告廟祝 (개장 고묘축) (家廟)

維 歲次 甲子 三月 乙丑朔 初五日 丙寅 孝子 吉童 敢昭告于
유 세차 갑자 삼월 을축삭 초오일 병인 효자 길동 감소고우
顯考 奉正大夫(正四品官) 府君(無官則 學生 府君, 合葬則 考妣列書)
현고 봉정대부(정사품관) 부군(무관즉 학생 부군, 합폄즉 고비열서)
體魄托非其地 恐有意外之患 驚動先靈 不勝憂懼 將卜以 是月 某日 改葬 某所
체백탁비기지 공유의외지환 경동선령 불승우구 장복이 시월 모일 개장 모소
謹以酒果 用伸 虔告 謹告
근이주과 용신 건고 근고

(32) 移葬時 破墓祭祝 (이장시 파묘제축)

維 歲次 甲子 三月 乙丑朔 初五日 丙寅 孝子 吉童 敢昭告于
유 세차 갑자 삼월 을축삭 초오일 병인 효자 길동 감소고우
顯考 通政大夫 府君(正三品官) (無官則 學生 府君,
현고 통정대부 부군(정삼품관) (무관즉 학생 부군,
妣位則 淑婦人 全州李氏, 無封則 孺人 全州李氏)之墓
비위즉 숙부인 전주이씨, 무봉즉 유인 전주이씨)지묘
歲月滋久 恐有他患(或 體魄不寧) 今將啓窆 遷于他所 昊天罔極
세월자구 공유타환(혹 체백불녕) 금장계폄 천우타소 호천망극
謹以 酒果脯醯 用伸 虔告 謹告(或 謹告 尙 饗)
근이 주과포혜 용신 건고 근고(혹 근고 상 향)

(33) 移葬時 破墓 山神祭祝 (이장시 파묘 산신제축) (舊墓)
維 歲次 甲子 三月 乙丑朔 初五日 丙寅 幼學 李太白 敢昭告于
유 세차 갑자 삼월 을축삭 초오일 병인 유학 이태백 감소고우
土地之神 茲爲 吉童 先親 通政大夫 金海金公(無官則 學生 金海金公,
토지지신 자위 길동 선친 통정대부 김해김공(무관즉 학생 김해김공,
妣位則 吉童 先妣 淑夫人 全州李氏, 無封則 孺人 全州李氏) 卜宅茲地
비위즉 길동 선비 숙부인 전주이씨, 무봉즉 유인 전주이씨) 복택자지
恐有他患 將啓遷于他所
공유타환 장계천우타소
謹以酒果 祗薦于神 (或 神其保佑) 尙 饗
근이주과 지천우신 (혹 신기보우) 상 향

(34) 移葬時 新山 開土 山神祭祝 (이장시 신산 개토 산신제축)
維 歲次 甲子 三月 乙丑朔 初五日 丙寅 幼學 李太白 敢昭告于
유 세차 갑자 삼월 을축삭 초오일 병인 유학 이태백 감소고우
土地之神 今爲 吉童 先親 通政大夫 金海金公(無官則 學生 金海金公,
토지지신 금위 길동 선친 통정대부 김해김공(무관즉 학생 김해김공,
妣位則 吉童 先妣 淑夫人 全州李氏, 無封則 孺人) 宅兆不利 將改葬于此
비위즉 길동 선비 숙부인 전주이씨, 무봉즉 유인) 택조불리 장개장우차
神其保佑 俾無後艱 謹以 清酌庶羞 祗薦于神 尙 饗
신기보우 비무후간 근이 청작서수 지천우신 상 향

(35) 移葬時 新山 成墳 後 慰安祭祝 (이장시 신산 성분 후 위안제축)
維 歲次 甲子 三月 乙丑朔 初五日 丙寅 孝子 吉童 敢昭告于
유 세차 갑자 삼월 을축삭 초오일 병인 효자 길동 감소고우
顯考 崇祿大夫(從一品官) 府君(無官則 學生府君,
현고 숭록대부(종일품관) 부군(무관즉 학생부군,
妣位則 貞敬夫人 全州李氏, 無封則 孺人 全州李氏) 新改幽宅 禮畢終虞
비위즉 정경부인 전주이씨, 무봉즉 유인 전주이씨) 신개유택 예필종우
夙夜靡寧 啼昊罔極 謹以 清酌庶羞 祗薦于伸 (或 祗薦虞事) 尙 饗
숙야미녕 제호망극 근이 청작서수 지천우신 (혹 지천우사) 상 향

(36) 移葬時 新山 成墳 後 山神祭祝 (이장시 신산 성분 후 산신제축)
維 歲次 甲子 三月 乙丑朔 初五日 丙寅 幼學 李太白 敢昭告于
유 세차 갑자 삼월 을축삭 초오일 병인 유학 이태백 감소고우
土地之神 今爲 吉童 先親 崇祿大夫 金海金公(無官則 學生 金海金公,
토지지신 금위 길동 선친 숭록대부 김해김공(무관즉 학생 김해김공,
妣位則 貞敬夫人 全州李氏, 無封則 孺人 全州李氏) 卜宅茲地 建茲幽宅
비위즉 정경부인 전주이씨, 무봉즉 유인 전주이씨) 복택자지 건자유택
神其保佑 俾無後艱 謹以 清酌脯醢 祗薦于神 尙 饗
신기보우 비무후간 근이 청작포혜 지천우신 상 향

　　　(37) 合葬時 破墓祭祝 (합장시 파묘제축)
維 歲次 甲子 三月 乙丑朔 初五日 丙寅 孝子 吉童 敢昭告于
유 세차 갑자 삼월 을축삭 초오일 병인 효자 길동 감소고우
顯妣 恭人(正五品官) 全州李氏(無封則 孺人 全州李氏) 葬于玆地
현비 공인(정오품관) 전주이씨(무봉즉 유인 전주이씨) 장우자지
歲月滋久 體魄不寧 今遷祔于
세월자구 체백불녕 금천부우
顯考 通德郎 府君(無官則 學生 府君)之墓 東畔 伏惟
현고 통덕랑 부군(무관즉 학생 부군)지묘 동반 복유
尊靈 不震 不驚
존령 불진 불경

　　　(38) 合葬時 破墓 山神祭祝 (합장시 파묘 산신제축)
維 歲次 甲子 三月 乙丑朔 初五日 丙寅 幼學 李太白 敢昭告于
유 세차 갑자 삼월 을축삭 초오일 병인 유학 이태백 감소고우
土地之神 玆爲 吉童 先妣 端人(正八品官) 全州李氏 卜宅玆地
토지지신 자위 길동 선비 단인(정팔품관) 전주이씨 복택자지
歲月滋久 恐有他患 今將啓窆 遷祔于
세월자구 공유타환 금장계폄 천부우
通德郎 金海金公 基左 謹以酒果 祗薦于神 尙 饗
통덕랑 김해김공 기좌 근이주과 지천우신 상 향

　　　(39) 合葬 益封時 告墓祝 (합장 익봉시 고묘축)
維 歲次 甲子 三月 乙丑朔 初五日 丙寅 孝子 吉童 敢昭告于
유 세차 갑자 삼월 을축삭 초오일 병인 효자 길동 감소고우
顯妣 端人 全州李氏(無封則 孺人 全州李氏) 托非其地
현비 단인 전주이씨(무봉즉 유인 전주이씨) 탁비기지
恐有意外之患 不勝憂懼 今遷祔于 府君之墓 東畔 伏惟
공유의외지환 불승우구 금천부우 부군지묘 동반 복유
謹以 淸酌庶羞 謹告 奠獻 尙 饗
근이 청작서수 근고 전헌 상 향

　　　(40) 合葬 益封時 啓墓 山神祭祝 (합장 익봉시 계묘 산신제축)
維 歲次 甲子 三月 乙丑朔 初五日 丙寅 幼學 李太白 敢昭告于
유 세차 갑자 삼월 을축삭 초오일 병인 유학 이태백 감소고우
土地之神 今爲 吉童 先妣 淑人(從三品官) 全州李氏 宅兆不利 將以改葬 祔于
토지지신 금위 길동 선비 숙인(종삼품관) 전주이씨 택조불리 장이개장 부우
中直大夫 金海金公之墓左
중직대부 김해김공지묘좌
神其保佑 俾無後艱 謹以 淸酌庶羞 祗薦于神 尙 饗
신기보우 비무후간 근이 청작서수 지천우신 상 향

（41）合葬益封時 成墳 後 慰安祭祝 （합장익봉시 성분 후 위안제축）
維 歲次 甲子 三月 乙丑朔 初五日 丙寅 孝子 吉童 敢昭告于
유 세차 갑자 삼월 을축삭 초오일 병인 효자 길동 감소고우
顯考 崇祿大夫（從一品官） 府君（無官則 學生 府君）
현고 숭록대부（종일품관） 부군（무관즉 학생 부군）
顯妣 貞敬夫人 全州李氏（無封則 孺人 全州李氏） 新改幽宅 禮畢終虞
현비 정경부인 전주이씨（무봉즉 유인 전주이씨） 신개유택 예필종우
夙夜靡寧 啼昊罔極 謹以 淸酌庶羞 祗薦于伸 （或 祗薦虞事） 尙 饗
숙야미녕 제호망극 근이 청작서수 지천우신 （혹 지천우사） 상 향

　　（42）合葬時 成墳 後 山神祭祝 （합장시 성분 후 산신제축）
維 歲次 甲子 三月 乙丑朔 初五日 丙寅 幼學 李太白 敢昭告于
유 세차 갑자 삼월 을축삭 초오일 병인 유학 이태백 감소고우
土地之神 今爲 吉童 先妣 貞敬夫人 全州李氏 玆以遷葬 祔于
토지지신 금위 길동 선비 정경부인 전주이씨 자이천장 부우
崇祿大夫 府君 金海金公之墓左
숭록대부 부군 김해김공지묘좌
神其保佑 俾無後艱 謹以 淸酌庶羞 祗薦于神 尙 饗
신기보우 비무후간 근이 청작서수 지천우신 상 향

　　（43）改莎草時 告墓祝 （개사초시 고묘축）
維 歲次 甲子 三月 乙丑朔 初五日 丙寅 孝子 吉童 敢昭告于
유 세차 갑자 삼월 을축삭 초오일 병인 효자 길동 감소고우
顯考 通政大夫（正三品官） 府君（無官則 學生 府君）之墓
현고 통정대부（정삼품관） 부군（무관즉 학생 부군）지묘
（顯妣 淑夫人 全州李氏, 無封則 孺人 全州李氏） 歲月滋久 草衰土圮
（현비 숙부인 전주이씨, 무봉즉 유인 전주이씨） 세월자구 초쇠토이
今爲吉辰 益封改莎 伏惟
금위길진 익봉개사 복유
尊靈 不震 不驚（或 謹以 酒果脯醯 謹告 尙 饗）
존령 불진 불경（혹 근이 주과포혜 근고 상 향）

　　（44）改莎草 後 慰安祭祝 （개사초 후 위안제축）
維 歲次 甲子 三月 乙丑朔 初五日 丙寅 孝子 吉童 敢昭告于
유 세차 갑자 삼월 을축삭 초오일 병인 효자 길동 감소고우
顯考 通政大夫（正三品官） 府君（無官則 學生 府君,
현고 통정대부（정삼품관） 부군（무관즉 학생 부군,
顯妣 淑夫人 全州李氏, 無封則 孺人 全州李氏）之墓
현비 숙부인 전주이씨, 무봉즉 유인 전주이씨）지묘
旣封旣莎 舊宅維新 伏惟
기봉기사 구택유신 복유
尊靈 永世是寧（或 謹以 淸酌庶羞 祗薦于伸 尙 饗）
존령 영세시녕（혹 근이 청작서수 지천우신 상 향）

(45) 改莎草 後 山神祭祝 (개사초 후 산신제축)
維 歲次 甲子 三月 乙丑朔 初五日 丙寅 幼學 李太白 敢昭告于
유 세차 갑자 삼월 을축삭 초오일 병인 유학 이태백 감소고우
土地之神 今爲 吉童 先親 通政大夫(正三品官) 金海金公
토지지신 금위 길동 선친 통정대부(정삼품관) 김해김공
(無官則 學生 金海金公, 妣位則 淑夫人 全州李氏) 塚宅崩頹 將加修治
(무관즉 학생 김해김공, 비위즉 숙부인 전주이씨) 총택붕퇴 장가수치
神其保佑 俾無後艱 謹以 清酌庶羞 祗薦于神 尚 饗
신기보우 비무후간 근이 청작서수 지천우신 상 향

(46) 立碑時 墓前 告辭 (입비시 묘전 고사)
維 歲次 甲子 三月 乙丑朔 初五日 丙寅 孝子 吉童 敢昭告于
유 세차 갑자 삼월 을축삭 초오일 병인 효자 길동 감소고우
顯考 通政大夫(正三品官) 府君(無官則 學生 府君)之墓
현고 통정대부(정삼품관) 부군(무관즉 학생 부군)지묘
今爲吉辰 謹具石物排設 如儀用衛 墓道此
금위길진 근구석물배설 여의용위 묘도차
謹以 清酌庶羞 恭伸 奠獻 尚 饗
근이 청작서수 공신 전헌 상 향

(註)입비(立碑) 후(後)에는 용위묘도차(用衛墓道此)를
용위묘도(用衛墓道) 예필종우(禮畢終虞)라고 한다.

(47) 立碑 後 山神祭祝 (입비 후 산신제축)
維 歲次 甲子 三月 乙丑朔 初五日 丙寅 幼學 李太白 敢昭告于
유 세차 갑자 삼월 을축삭 초오일 병인 유학 이태백 감소고우
土地之神 今爲 吉童 先親 通政大夫 金海金公之墓 謹具石物 用衛墓道
토지지신 금위 길동 선친 통정대부 김해김공지묘 근구석물 용위묘도
神其保佑 俾無後艱
신기보우 비무후간
謹以 清酌庶羞 祗薦于神 尚 饗
근이 청작서수 지천우신 상 향

(48) 兩墓 同崗 一遷墓祝 (양묘 동강 일천묘축)
維 歲次 甲子 三月 乙丑朔 初五日 丙寅 孝子 吉童 敢昭告于
유 세차 갑자 삼월 을축삭 초오일 병인 효자 길동 감소고우
顯考 通政大夫(正三品官) 府君 增以
현고 통정대부(정삼품관) 부군 증이
顯妣 淑夫人 全州李氏 同葬一崗 恐有他患 今將啓窆 遷于他所 昊天罔極
현비 숙부인 전주이씨 동장일강 공유타환 금장계폄 천우타소 호천망극
謹以 清酌庶羞 恭伸 奠獻 尚 饗
근이 청작서수 공신 전헌 상 향

(49) 先山 同域墓 移葬去他所時 先山告墓祝
선산 동역묘 이장거타소시 선산고묘축
維 歲次 甲子 三月 乙丑朔 初五日 丙寅 六世孫 吉童 敢昭告于
유 세차 갑자 삼월 을축삭 초오일 병인 육세손 길동 감소고우
顯六代祖考 通政大夫 府君之墓 增以 先考 奉列大夫(正四品) 府君
현육대조고 통정대부 부군지묘 증이 선고 봉렬대부(정사품) 부군
先妣 令人 全州李氏 祔葬于此 恐有他患 今將啓窆 遷于他所
선비 영인 전주이씨 부장우차 공유타환 금장계폄 천우타소
謹以 酒果脯醢 恭伸 奠獻 尚 饗
근이 주과포혜 공신 전헌 상 향

(50) 合葬 同域一崗 開土 山神祭祝 (합장 동역일강 개토 산신제축)
維 歲次 甲子 三月 乙丑朔 初五日 丙寅 幼學 金吉童 敢昭告于
유 세차 갑자 삼월 을축삭 초오일 병인 유학 김길동 감소고우
土地之神 今爲 東煥 先祖 七代祖考 通政大夫 金海金公(子孫告則 府君) 增以
토지지신 금위 동환 선친 칠대조고 통정대부 김해김공(자손고즉 부군) 증이
七代祖妣 淑夫人 全州李氏 以下
칠대조비 숙부인 전주이씨 이하
十六位 祖上 各兩位 宅兆不利 各位改將 合窆于此
십육위 조상 각양위 택조불리 각위개장 합폄우차
神其保佑 俾無後艱 謹以 淸酌庶羞 祗薦于神 尚 饗
신기보우 비무후간 근이 청작서수 지천우신 상 향

(51) 合葬 同域一崗 成墳 後 慰安祭祝 (합장 동역일강 성분 후 위안제축)
維 歲次 甲子 三月 乙丑朔 初五日 丙寅 七世孫 東煥 敢昭告于
유 세차 갑자 삼월 을축삭 초오일 병인 칠세손 동환 감소고우
顯七代祖考 通政大夫(正三品官) 府君 增以
현칠대조고 통정대부(정삼품관) 부군 증이
顯七代祖妣 淑夫人 全州李氏 以下 十六位 祖上 各兩位 新改 合窆幽宅
현칠대조비 숙부인 전주이씨 이하 십육위 조상 각양위 신개 합폄유택
禮畢終虞 夙夜未寧 啼昊罔極 謹以 淸酌庶羞 祗薦虞事(或 于事) 尚 饗
예필종우 숙야미녕 제호망극 근이 청작서수 지천우사(혹 우사) 상 향

(52) 合葬 同域一崗 成墳 後 山神祭祝 (합장 동역일강 성분 후 산신제축)
維 歲次 甲子 三月 乙丑朔 初五日 丙寅 幼學 金吉童 敢昭告于
유 세차 갑자 삼월 을축삭 초오일 병인 유학 김길동 감소고우
土地之神 今爲 東煥 先祖 七代祖考 通政大夫 金海金公(子孫告則 府君) 增以
토지지신 금위 동환 선조 칠대조고 통정대부 김해김공(자손고즉 부군) 증이
七代祖妣 淑夫人 全州李氏 以下
칠대조비 숙부인 전주이씨 이하
十六位 祖上 茲以遷葬 各兩位 新改合窆 建茲幽宅
십육위 조상 자이천장 각양위 신개합폄 건자유택
神其保佑 俾無後艱 謹以 淸酌庶羞 祗薦于神 尚 饗
신기보우 비무후간 근이 청작서수 지천우신 상 향

178

(53) 夫祭祝 (부제축)

維 歲次 甲子 三月 乙丑朔 初五日 丙寅 主婦(姓名 某) 敢昭告于
유 세차 갑자 삼월 을축삭 초오일 병인 주부(성명 모) 감소고우

顯辟 通善郎(正五品官) 府君(無官則 學生 府君) 歲序遷易 諱日復臨
현벽 통선랑(정오품관) 부군(무관즉 학생 부군) 세서천역 휘일부림

追遠感時 不勝感愴(昊天罔極)
추원감시 불승감창(호천망극)

謹以 淸酌庶羞 恭伸 奠獻 尙 饗
근이 청작서수 공신 전헌 상 향

(54) 妻祭祝 (처제축)

維 歲次 甲子 三月 乙丑朔 初五日 丙寅 (夫 姓名) 敢昭告于
유 세차 갑자 삼월 을축삭 초오일 병인 (부 성명) 감소고우

故室 宣人 全州李氏(正六品官) (無封則 孺人 全州李氏) 歲序遷易
고실 선인 전주이씨(정육품관) (무봉즉 유인 전주이씨) 세서천역

亡日復至 追遠感時 不勝悲苦 謹以 淸酌陳此 奠儀 尙 饗
망일부지 추원감시 불승비고 근이 청작진차 전의 상 향

(55) 伯叔父母 祭祝 (백숙부모 제축)

維 歲次 甲子 三月 乙丑朔 初三日 丁卯 從子 吉童 敢昭告于
유 세차 갑자 삼월 을축삭 초삼일 정묘 종자 길동 감소고우

顯伯父(或 顯叔父) 通德郎(正五品官) 府君
현백부(혹 현숙부) 통덕랑(정오품관) 부군

顯伯母(或 顯叔母) 恭人 全州李氏 歲序遷易 諱日復臨 不勝感愴
현백모(혹 현숙모) 공인 전주이씨 세서천역 휘일부림 불승감창

謹以 淸酌庶羞 恭伸 奠儀 尙 饗
근이 청작서수 공신 전의 상 향

(56) 妻父母 外祖父母 忌祭祝 (처부모 외조부모 기제축)

維 歲次 甲子 三月 乙丑朔 初三日 丁卯
유 세차 갑자 삼월 을축삭 초삼일 정묘

　　　　　　　　　(妻父母祭則 女息 某의 夫 金吉童 敢昭告于)
　　　　　　　　　(처부모제즉 여식 모의 부 김길동 감소고우)
　　　　　　　　　(外祖父母祭則 外孫 金吉童 敢昭告于)
　　　　　　　　　(외조부모제즉 외손 김길동 감소고우)

室 顯考(外祖父祭則 顯外祖考) 學生 府君
실 현고(외조부제즉 현외조고) 학생 부군

室 顯妣(外祖母祭則 顯外祖妣) 金海金氏 歲序遷易 諱日復臨 追遠感愴
실 현비(외조모제즉 현외조비) 김해김씨 세서천역 휘일부림 추원감창

謹以 淸酌庶羞 伸此 奠獻 尙 饗
근이 청작서수 신차 전헌 상 향

(57) 墓前 節時祭祝 (묘전 절시제축)

維 歲次 甲子 三月 乙丑朔 初五日 丙寅 孝子 吉童 敢昭告于
유 세차 갑자 삼월 을축삭 초오일 병인 효자 길동 감소고우
顯考 中訓大夫(從三品官) 府君(祖 曾 高 代)之墓
현고 중훈대부(종삼품관) 부군(조 증 고 대)지묘
既序流易 霜雪既降(春則 雨露既降) 瞻掃封塋 不勝感慕
기서류역 상설기강(춘즉 우로기강) 첨소봉영 불승감모
謹以 清酌庶羞 祗薦歲事 尚 饗
근이 청작서수 지천세사 상 향

(58) 墓前 節時 山神祭祝 (묘전 절시 산신제축)

維 歲次 甲子 三月 乙丑朔 初五日 丙寅 幼學 吉童 敢昭告于
유 세차 갑자 삼월 을축삭 초오일 병인 유학 길동 감소고우
土地之神 東煥(祭主 姓名) 恭修歲事于
토지지신 동환(제주 성명) 공수세사우
先考 中訓大夫(正三品官) 府君(無官則 學生 府君)之墓
선고 중훈대부(정삼품관) 부군(무관즉 학생 부군)지묘
維時保佑 實賴神休 敢以 酒果 敬神
유시보우 실뢰신휴 감이 주과 경신
奠獻 尚 饗
전헌 상 향

(59) 改葬 告廟祝 (개장 고묘축)　　(治墳時)

維 歲次 甲子 三月 乙丑朔 初五日 丙寅 孝子 吉童 敢昭告于
유 세차 갑자 삼월 을축삭 초오일 병인 효자 길동 감소고우
顯考 通善郎(正五品官) 府君(無官則 學生 府君) 體魄 托非其地
현고 통선랑(정오품관) 부군(무관즉 학생 부군) 체백 탁비기지
恐有他患 將卜三月 初五日 改葬
공유타환 장복삼월 초오일 개장
謹以酒果 用伸 謹告 尚 饗
근이주과 용신 근고 상 향

(60) 改葬 開土 山神祭祝 (개장 개토 산신제축)

維 歲次 甲子 三月 乙丑朔 初五日 丙寅 幼學 李太白 敢昭告于
유 세차 갑자 삼월 을축삭 초오일 병인 유학 이태백 감소고우
土地之神 今爲 吉童 先親 通善郎 金海金公 宅兆不利 將改于此
토지지신 금위 길동 선친 통선랑 김해김공 택조불리 장개우차
神其保佑 俾無後艱 謹以 清酌脯醢 祗薦于神 尚 饗
신기보우 비무후간 근이 청작포혜 지천우신 상 향

(61) 破墓 山神祭祝 (파묘 산신제축)

維 歲次 甲子 三月 乙丑朔 初五日 丙寅 幼學 李太白 敢昭告于
유 세차 갑자 삼월 을축삭 초오일 병인 유학 이태백 감소고우
土地之神 今爲 吉童 先親 通善郞 金海金公 甲宅(乙坐則 乙宅) 茲地
토지지신 금위 길동 선친 통선랑 김해김공 갑택(을좌즉 을택) 자지
恐有他患 將啓遷于他所
공유타환 장계천우타소
神其保佑 謹以 淸酌庶羞 祗薦于神 尙 饗
신기보우 근이 청작서수 지천우신 상 향

(62) 改葬 後 出主 告辭 (개장 후 출주 고사)

今以 顯考 正憲大夫 府君 改葬 事畢 敢請
금이 현고 정헌대부 부군 개장 사필 감청
神主 出主 正寢 虔告 謹告
신주 출주 정침 건고 근고

(63) 改葬 後 告神主祭祝 (개장 후 고신주제축)

維 歲次 甲子 三月 乙丑朔 初五日 丙寅 孝子 吉童 敢昭告于
유 세차 갑자 삼월 을축삭 초오일 병인 효자 길동 감소고우
顯考 朝奉大夫 府君 新改幽宅 禮畢反哭 夙夜靡寧 昊天罔極
현고 조봉대부 부군 신개유택 예필반곡 숙야미녕 호천망극
謹以 淸酌庶羞 恭伸 奠獻 尙 饗
근이 청작서수 공신 전헌 상 향

(64) 文廟 大享 祝文 (문묘 대향 축문)

大成至聖 文宣王 伏以 道冠百王 萬世之師 茲値上丁 精禋是宜
대성지성 문선왕 복이 도관백왕 만세지사 자치상정 정인시의
謹以 牲幣醴齊 粢盛庶品 式陳明薦以
근이 생폐례제 자성서품 식진명천이
先師 兗國 復聖公 顏氏 郕國 宗聖公 曾氏 沂國 述聖公 孔氏
선사 연국 복성공 안씨 성국 종성공 증씨 기국 술성공 공씨
鄒國 亞聖公 孟氏 配 尙 饗
추국 아성공 맹씨 배 상 향

(註)先塋祭에는 于伸 恭伸 敬伸이요 山神祭에는 于神이라 한다.
諸祝文은 其時, 其處, 其位, 其行에 適應토록 作祝文하니라.
以上은 初學者 便宜爲主로 註音을 加하였다.
後面의 諸祝 列書에 例示 祝意하니 參考하라.

諸祝 列書

朝祖祝

今以吉辰 遷柩 請朝祖 敢告

(註)葬前日 脯時에 設奠告辭 後에 奉柩朝于祖하니라.
(朝는 보일조, 祖는 사당조)
古人이 謂廟曰 祖라 하니 雖繼禰之家라도 亦可謂祖也니라.

조조축

오늘 길진에

영형의 자리를 옮겨 모시고

사당에 배알하사

청하여 감히 아뢰나이다

(주)장일 전일 포시에 설전고사 후에 봉구조우조하니라.
(朝는 보일조, 祖는 사당조)
고인이 위묘왈 조라 하니 수계이지가라도 역가위조야니라.

遷柩祝

今
遷柩　就擧　敢告

천구축

오늘

영형의 자리를 옮겨 상여에

모시고자 감히 아뢰나이다

(주)분향하고 북향궤독 후에 남수이출하느니라.

就擧祝

永遷之禮 靈辰不留 今奉柩車 式遵祖道

(註)葬日에 焚香하고 北向跪讀 後에 遷柩擧車上하여 以索維之니라.

취여축

자리를 바꾸시어

멀리 북두에 가시는 때에 이르러

신령은 머물러 있지 아니하므로

오늘 제도의 의식을 좇아

관을 수레에 받들어 모시고자

아뢰나이다

(주)장일에 분향하고 북향궤독 후에 천구여차상하여 이색유지니라
(즉 북향궤독 후에 관을 상여에 싣고 새끼로 묶는다).

遣奠祭祝

靈輀旣駕

往則幽宅

載陳遣禮

永訣終天

(註)北向跪讀으로 遣奠祭를 行하니라.
序立은 男左女右로 重服者가 在前하고 輕服者는 在後하되 主喪主婦之後也라.
尊長은 坐哭無拜하며 卑幼는 立哭再拜함이 合於禮니라. 獻爵은 近親이 執禮한다.
洞口 밖 廣場이나 路邊 廣場에 設席하여 魂魄奉安하고 行하는 永訣祭이다.

견 전 제 축

영혼은 이미 상여에 오르시어

자리를 저승으로 하시니

멀리 떠나 가시는 때에 이르므로

베풀어 모시고 아뢰나이다

신령께서는 하늘에 오르시어

영원토록 편안하소서

(주)북향 궤독으로 견전제를 행하니라.
서립은 남좌 여우로 중복자가 재전하고 경복자는 재후하되 주상주부지후니라.
존장은 좌곡 무배하며 비유는 입곡 재배함이 합어례니라. 헌작은 근친이 집례한다.
동구 밖 광장이나 노변 광장에 설석하여 혼백을 봉안하고 행하는 영결제이다.

初葬時　開土山神祭祝

維

歲次　癸酉　十二月戊戌朔　初七日甲辰

幼學　李太白　敢昭告于

土地之神　今爲　吉童　先親

通政大夫　金海金公　塋建宅兆此

神其保佑　俾無後艱

謹以　清酌脯醢　祇薦于神

尚饗

（正三品官）（無官則　學生　孺人）（子孫告則　顯考　通政大夫　府君　塋建宅兆）
（妣位則　顯妣　淑夫人　全州李氏）（合窆則　考妣列書）

초장시 개토산신제축

오직 벼리를 아뢰옵건대

해가 바뀐 올해의 해는 계유년이며

십이월 초하루 일진은 무술일이고

초칠일 오늘 일진은 갑진일입니다

유학 이태백이 감히 아뢰나이다

토지지신 오늘 길동 선친

통정대부 김해김공의 유택을

여기에 봉영코자 하나이다

지신께서는 이를 보우하사

후환이 없도록 도와주시기 바라오며

삼가 주과포혜를 진수하옵고 맑은 술을

신령께 받들어 올리나이다

흠향하소서

(정삼품관) (무관즉 학생 유인) (자손고즉 현고 통정대부 부군 영건택조)
(비위즉 현비 숙부인 전주이씨) (합폄즉 고비열서)

維

歲次 癸酉 十二月戊戌朔 初七日甲辰

孤子 吉童 敢昭告于

顯考 通政大夫府君

形歸窀穸 神返室堂 備奉祗榜 伏惟

尊靈 舍舊從新

是憑 是依

（正三品官）（無官則 學生 孺人）（神主則 神主既成 伏惟）

평토 후 위안제 축

오직 벼리를 아뢰옵건대

해가 바뀐 올해의 해는 계유년이며

십이월 초하루 일진은 무술일이고

초칠일 오늘 일진은 갑진일입니다

외로운 아들 길동이가

감히 아뢰나이다

저 세상

높은 곳에 계신

아버님 통정대부 부군

영혼은 오르고 형상은 하강하셨으니

지방으로 모시고자 엎드려 아뢰나이다

존령께서는 옛집으로 종하사

새로이 여기에 의빙하소서

(정삼품관) (무관즉 학생 유인) (신주즉 신주기성 복유)

維

歲次 癸酉 十二月 戊戌朔 初七日甲辰

幼學 李太白 敢昭告于

土地之神 今爲 吉童 先親

通政大夫 金海金公 卜宅茲地 建茲幽宅

神其保佑 俾無後艱

謹以 清酌脯醢 祗薦于神

尚
饗

平土後　山神祭祝

（正三品官）（妣位則　淑夫人）（無官則　學生　孺人）

평토 후 산신제 축

오직 벼리를 아뢰옵건대

해가 바뀐 올해의 해는 계유년이며

십이월 초하루 일진은 무술일이고

초칠일 오늘 일진은 갑진일입니다

유학 이태백이 감히 아뢰나이다

토지지신 오늘 길동 선친

통정대부 김해김공

유택을 여기에 봉영하였나이다

지신께서는 이를 보우하사

후환이 없도록 도와주시기 바라오며

삼가 주과포혜를 진설하옵고

신령께 받들어 올리나이다

흠향하소서

(정삼품관) (비위측 숙부인) (무관측 학생 유인)

維

歲次 癸酉 十二月戊戌朔 初七日甲辰

孤子 吉童 敢昭告于

顯考 通善郎 府君

日月不居 奄及初虞 夙興夜處 哀慕不寧

謹以 清酌庶羞 哀薦祫事

尚饗

初虞祭祝

（正五品官）（妣位則 恭人）（無官則 學生 孺人）
（母喪則 哀子，父母俱沒則 孤哀子）

초우제축

오직 벼리를 아뢰옵건대

해가 바뀐 올해의 해는 계유년이며

십이월 초하루 일진은 무술일이고

초칠일 오늘 일진은 갑진일입니다

외로운 아들 길동이가

감히 아뢰나이다

저 세상

높은 곳에 계신

아버님 통선랑 부군

해와 달이 쉬지 않고 흘러가므로

급기야 초우제를 모시나이다

아침 저녁으로

아버님의 모습을 그리며

사모하는 슬픈 마음 정치 못하며

삼가 주과소찬을 진수하옵고

슬피 자리를 달리하여

제사로 모시나이다

흠향하소서

(정오품관) (비위즉 공인) (무관즉 학생 유인)
(모상즉 슬픈 아들, 부모구몰즉 외롭고 슬픈 아들)

維

歲次 癸酉 十二月戊戌朔 初八日乙巳

再虞祭祝

孤子 吉童 敢昭告于

顯考 通善郎 府君

日月不居 奄及再虞 夙興夜處 哀慕不寧

謹以 清酌庶羞 哀薦虞事

尚饗

（正五品官）（妣位則 恭人）（無官則 學生 孺人）

재우제축

오직 벼리를 아뢰옵건대
해가 바뀐 올해의 해는 계유년이며
십이월 초하루 일진은 무술일이고
초팔일 오늘 일진은 을사일입니다
외로운 아들 길동이가
감히 아뢰나이다
저 세상
높은 곳에 계신
아버님 통선랑 부군
해와 달이 쉬지 않고 흘러가므로
급기야 재우제를 모시나이다
아침 저녁으로 모습을 그리며
아버님의 슬픈 마음을
사모하는 슬픈 마음 정치 못하며
삼가 주과소찬을 진수하옵고
슬피 자리를 가리어
우제로 모시나이다
흠향하소서

(정오품관) (비위즉 공인) (무관즉 학생 유인)

維

三虞祭祝

歲次 癸酉 十二月戊戌朔 初九日丙戌

孤子 吉童 敢昭告于

顯考 通善郎 府君

日月不居 奄及三虞 夙興夜處 哀慕不寧

謹以 清酌庶羞 哀薦成事

尚

饗

（正五品官）（妣位則 恭人）（無官則 學生 孺人）

삼우제축

오직 벼리를 아뢰옵건대

해가 바뀐 올해의 해는 계유년이며

십이월 초하루 일진은 무술일이고

초구일 오늘 일진은 병오일입니다

외로운 아들 길동이가

감히 아뢰나이다

저 세상

높은 곳에 계신

아버님 통선랑 부군

해와 달이 쉬지 않고 흘러가므로

급기야 삼우제를 모시나이다

아침 저녁으로 모습을

아버님의 슬픈 모습을 그리며

사모하는 마음 정치 못하며

삼가 주과소찬을 진수하옵고

슬피 자리를 가리어

이루어 모시나이다

흠향하소서

(정오품관) (비위즉 공인) (무관즉 학생 유인)

維

歲次 甲子 十二月 乙丑朔 十二日 丙子
孤子 吉童 敢昭告于

顯考 通善郎 府君

日月不居 奄及卒哭

夙興夜處 哀慕不寧

謹以 清酌庶羞 哀薦成事

「來日隮祔于 某官祖考」

尚
饗

(註)神主未成하고 祗榜則 來日隮祔于 某官祖考는 不書한다.
至此祭之後로 漸用吉禮이니 以後부터는 祝도 獻官左側에 跪讀祝한다.
(通善郎 正五品官)(無官則 學生 孺人)

졸곡 축

오직 벼리를 아뢰옵건대

해가 바뀐 올해의 해는 갑자년이며

십이월 초하루 일진은 을축일이고

십이일 오늘 일진은 병자일입니다

외로운 아들 길동이가

감히 아뢰나이다

저 세상

높은 곳에 계신

아버님 통선랑 부군

해와 달이 쉬지 않고 흘러가므로

급기야 졸곡제를 모시나이다

아침 저녁으로 모습을 그리며

아버님의 슬픈 모습을

사모하는 슬픈 마음 정치 못하오며

삼가 주과소찬을 진수하옵고

슬피 자리를 가리어

이루어 모시나이다

흠향하소서

(주)신주미성하고 지방이면 내일제부우 모관조고는 쓰지 않는다.
이 제사 이후로 점용길례이니 이후부터는 축도 헌관 좌측에 궤독축한다.
(통선랑은 정오품관) (무관즉 학생 유인)

維

歲次 甲子 三月乙丑朔 十五日己卯

孝子 吉童 敢昭告于

顯考 通政大夫 府君 歲序遷易

顯考 生辰復遇 存既有慶 沒寧敢忘

追遠感時 昊天罔極 恭伸

謹以 清酌庶羞

奠獻 尚 饗

(妣位則 顯妣 淑夫人，祖考妣 以上도 亦然也.)

망친 생신고사

오직 벼리를 아뢰옵건대
해가 바뀐 올해의 해는 갑자년이며
삼월 초하루 일진은 을축일이고
십오일 오늘 일진은 기묘일입니다
저 세상 곳에 계신
높은 효자 길동이가 감히 아뢰나이다
아버님 통정대부군
세월이 차례로 바뀌어 가므로
아버님의 생신이 다시 돌아왔습니다
경사롭고 복됨이 있었으나
이미 다하여 잠기므로
감히 생각하지 못하옵고
지금에야 감동하여 느낀 바에
하늘과 같이
높으신 은혜는 이에 다함이 망극하와
삼가 주과소찬을 진수하옵고
높이 받들어 올리나이다
흠향하소서

(비위즉 현비 숙부인, 조고비 이상도 역연하다.)

祖考位出主　告廟告辭

孝曾孫　今爲

隋祔　先考　有事于

顯曾祖考　敢請

顯曾祖妣

顯曾祖考

神主　出就

正寢

(註)祝이　奉櫝하여　置于西階卓上하고　啓櫝出主하여　置于座함.
喪主가　非宗子요　與宗子異居則　宗子가　前期日에　爲告于祖考後에　行祭함.
隋祔之意는　祖廟의　先祖考에게로　合祔之意也.
(承重則　孝玄孫)　(母喪則　先妣)　(承重則　先祖妣)　(前後配則　列書)

조고위출주　고묘고사

효증손

오늘　제부하시어

오르시는　아버님을

이에　모시고자

저 세상

높은　곳에　계신

증조　할아버지　전에

감히　아뢰나이다

현증조　할아버지와

현증조　할머니의

신위를

받들어　모시오니

정하여　베푼　자리에

편안히　하소서

(주)축이 봉독하여 치우서계 탁상하고 계독 출주하여 치우좌함.
상주가 비종자요 여종자 이거즉 종자가 전기일에 위고우조고 후에 행제함.
제부(隮祔)는 조묘(祖廟)의 선조고에게로 합하여 모신다는 말이다.
(승중즉 효현손) (모상즉 선비) (승중즉 선조비) (전후배즉 열서)

維

歲次 甲子 三月 乙丑朔 十三日 丁丑

五世孫 吉童 敢昭告于

顯五代祖考 某官府君

顯五代祖妣 某封某氏

顯高祖考 某官府君

顯高祖妣 某封某氏

顯曾祖考 某官府君

顯曾祖妣 某封某氏

顯祖妣 某封某氏

顯祖考 某官府君

茲以 先考 某官府君 大祥

已屆禮當祔於

顯祖考 某官府君 不勝感愴

謹以酒果 謹告

虔告 告 用伸

祔廟 告辭

(家廟)

(註)祔於之意는 祖廟의 先祖考에게로 合祔之意이다.
(母喪則 祔於 曾祖妣) (初再娶二妣則 所生妣前)

208

부묘 고사
(가묘)

오직 벼리를 아뢰옵건대

해가 바뀐 올해의 해는 갑자년이며

삼월 초하루 일진은 을축일이고

십삼일 오늘 일진은 정축일입니다

오세손 길동이가 감히 아뢰나이다

현오대조고 모관부군 현오대조비 모봉모씨

현고조고 모관부군 현고조비 모봉모씨

현증조고 모관부군 현증조비 모봉모씨

현조고 모관부군 현조비 모봉모씨

이에 모시는

선고 모관부군 대상

이미 마치는 예에 이르렀으므로

마땅히 현조고 모관부군을 좇으사

부어 되었아오니

느껴지는 슬픈 마음 이기지 못하며

삼가 주과를 진설하옵고

공경하여 삼가 아뢰나이다

(주)부어(祔於)는 조묘의 선조고에게로 합하여 모신다는 말이다.
(모상즉 부어 증조비) (초재취 2비즉 소생비전)

宗子代告　告辭

吉童　先親
通善郞　府君　某以
某月　某日　棄世　以明日　隋祔于
顯曾祖考　奉直郞　府君　所居異宮
不得不祭於
祖廟　謹用紙榜　薦于其家
謹以酒果
虔告　謹告

종자대고 고사

길동 선천

통선랑 부군 모이

모월 모일 세상을 버리시어

마침내

명일 제부우하여 모시고자 하오나

현증조고 봉직랑 부군 계신 곳이

다르기에

부득이 지방으로 조묘에 모시고자

삼가 주과를 진설하옵고

공경하여

삼가 아뢰나이다

(註)청주예정침 축이 봉독하니 주인 이하 개곡하며 지문에 지곡하고
치우서계탁상하여 계독출주하여 치우좌 후에 설주찬하여 제하니라.
제부우(隮祔于)는 조묘의 선조고에게로 합하여 모신다는 말이다.

祔祭祝

（祖考位前）

維

歲次 甲子 三月乙丑朔 十三日丙子

孝子 吉童

謹以 清酌庶羞 適于 敢請

顯曾祖考 通德郎 府君

隮祔于 朝散大夫 東煥 孫

尚饗

（祖妣則 曾祖妣 某封某氏 隮祔于 孫婦 某封某氏）

부제축

(조고위전)

오직 벼리를 아뢰옵건대

해가 바뀐 올해의 해는 갑자년이며

삼월 초하루 일진은 을축일이고

십삼일 오늘 일진은 병자일입니다

삼가 효자 길동이가

주과소찬을 진설하옵고

적우하심을 감히 청하나이다

저 세상

높은 곳에 계신

통덕랑 부군 할아버지

제부우 조산대부 동환 손

흠향하소서

(조비즉 증조비 모봉모씨 제부우 손부 모봉모씨)

祔祭　新主祝

（亡者前）

維

歲次

甲子　三月　乙丑朔　十三日　丙子

孝子　吉童　敢昭告于

謹以　清酌庶羞　哀薦祔事于　適于

顯考　朝散大夫　府君

顯曾祖考　通善郞　府君

尚饗

(朝散大夫　從四品官)（通善郞　正五品官）（無官則　學生　孺人）
(註)喪主가　非宗子則　隨宗子　屬稱，承重則　孝孫.
　　古禮에　卒哭　前에는　凶祭이니　孤哀子요　卒哭　後부터는　孝子라　한다.

214

부제 신주축

(망자전)

오직 벼리를 아뢰옵건대

해가 바뀐 올해의 해는 갑자년이며

삼월 초하루 일진은 을축일이고

십삼일 오늘 일진은 병자일입니다

삼가 효자 길동이가 감히 아뢰나이다

슬피 주과소찬을 진수하옵고

이에 자리를 가리어 부우하여 모시게 되었나이다

저세상

높은 곳에 계신

아버님 조산대부 부군 적우

현증조고 통선랑 부군

흠향하소서

(조산대부 종사품관) (통선랑 정오품관) (무관즉 학생 유인)
(주)상주가 장자가 아닌즉 수종자 속칭한다. 승중즉 효손이다.
고례에 졸곡 전에는 흉제이니 고애자요, 졸곡 후부터는 효자라 한다.

維

歲次

甲戌 十二月 丁未朔 初七日 癸丑

顯考 通善郎 府君

孝子 吉童 敢昭告于

日月不居及 小祥

夙興夜處「小心畏忌 不惰其身」哀慕不寧

謹以淸庶羞 哀薦常事

尚饗

(註)禮書曰 小心畏忌 不惰其身은 士大夫家에도 不用者 多라고 하였다.
古禮에 卒哭 前에는 凶祭이므로 孤哀子라 하였으나 卒哭 後에는 漸用吉禮이니
孤哀子를 孝子라 하며 祝도 卒哭 前에는 獻官右側에 跪讀하였으나 卒哭 後에는
獻官左側에 跪讀한다. (通善郎 正五品官) (無官則 學生 孺人)

소상축

오직 벼리를 아뢰옵건대

해가 바뀐 올해의 해는 갑술년이며

십이월 초하루 일진은 정미일이고

초칠일 오늘 일진은 계축일입니다

효자 길동이가 감히 아뢰나이다

저 세상

높은 곳에 계신

아버님 통선랑 부군

세월이 차례로 바뀌어 가므로

급기야 소상제를 모시나이다

아침 저녁으로

아버님의 모습을 그리며

사모하는 슬픈 마음 정치 못하며

삼가 주과 소찬을 진수하옵고

슬피 자리를 가리어

항상 받들어 모시나이다

흠향하소서

(주)예서에 왈 소심외기 불타기신은 사대부가에서도 불용자 다라고 하였다.
고례에 졸곡 전에는 흉제이므로 고애자라 하였으나 졸곡 후에는 점용 길례이니
고애자를 효자라 하며 축도 졸곡 전에는 헌관 우측에 궤독하였으나
졸곡 후에는 헌관 좌측에 궤독한다. (통선랑 정오품관) (무관즉 학생 유인)

維

大祥祝

歲次　乙亥　十二月辛卯朔　初七日丁酉　孝子　吉童　敢昭告于

顯考　通善郎　府君

日月不居　奄及大祥

夙興夜處「小心畏忌　不惰其身」哀慕不寧

謹以　清酌庶羞　哀薦祥事

尚饗

(註)書曰 小心畏忌 不惰其身은 士大夫家에도 不用者 多라고 하였다.
祝意는 子孫들의 孝誠心과 哀悼한 精誠을 表示하니 各 子孫들의 理解에 있다.
(通善郎 正五品官)　(無官則 學生 孺人)

대상축

오직 벼리를 아뢰옵건대
해가 바뀐 올해의 해는 을해년이며
십이월 초하루 일진은 신묘일이고
초칠일 오늘 일진은 정유일입니다
효자 길동이가 감히 아뢰나이다
저 세상
높은 곳에 계신
아버님 통선랑 부군
세월이 차례로 바뀌어 가므로
급기야 대상제를 모시나이다
아침 저녁으로 모습을 그리며
아버님의
사모하는 슬픈 마음 정치 못하오며
삼가 주과소찬을 진수하옵고
슬피 자리를 가리어 모시나이다
상서롭게 받들어
흠향하소서

(주)서에 왈 소심외기 불타기신은 사대부가에서도 불용자 다라고 하였다.
축문의 뜻은 자손들의 효성심과 애도한 정성을 표함이니 각 자손들의
이해에 달려 있다. (통선랑은 정오품관) (무관즉 학생 유인)

禫祭祝

維

歲次 丙子 十二月辛亥朔 初七日丁巳

孝子 吉童 敢昭告于

顯考 通善郞府君

日月不居 奄及禫祭

夙興夜處「小心畏忌 不惰其身」哀慕不寧

謹以 清酌庶羞 哀薦禫事

尚

饗

(註)書曰 小心畏忌 不惰其身은 士大夫家에서도 不用者 多라고 하였다.
同春曰 小大祥日에 親賓이 來見似當哭拜함에 主人이 先哭後止라 하였다.
(通善郞 正五品官)(妣位則 恭人)(無官則 學生 孺人)

담제 축

오직 벼리를 아뢰옵건대
해가 바뀐 올해의 해는 병자년이며
십이월 초하루 일진은 신해일이고
초칠일 오늘 일진은 정사일입니다
저 세상
높은 곳에 계신
아버님 통선랑 부군
세월이 차례로 바뀌어가므로
급기야 담제를 모시나이다
아침 저녁으로
아버님의 모습을 그리며
사모하는 슬픈 마음 정치 못하오며
삼가 주과 소찬을 진수하옵고
슬피 자리를 가리어
담제를 받들어 모시나이다
흠향하소서

(주)서에 왈 소심외기 불타기신은 사대부가에서도 불용자 다라고 하였다.
동춘이 말하기를 소대상일에 친빈과 서로 곡하고 절함에 있어
주인이 먼저하고 뒤에 그치니라 하였다.
(통선랑 정오품관) (비위즉 공인) (무관즉 학생 유인)

維

歲次 庚午 三月癸卯朔 初三日乙巳

小大祥祭 又兼禫祭 合祭祝

顯考 通政大夫 府君 孝子 吉童 敢昭告于

日月流邁 奄及忌日

時代遷易 隨於風潮

小大祥祭 又兼禫祭

日時並行 祭禮違序 哀慕不寧

謹以 清酌庶羞 哀薦祥事

尙 饗

(註)此 祝文은 時代의 變遷風潮에 따라 時에는 簡素化로 實行者 多함.
(通政大夫 正三品官) (無官則 學生 孺人)

소대상제와
담제합제축 겸하여 제축

오직 벼리를 아뢰옵건대
해가 바뀐 올해의 해는 경오년이며
삼월 초하루 일진은 계묘일이고
초삼일 오늘 일진은 을사일입니다
효자 길동이가 감히 아뢰나이다
저 세상에
높은 곳에 계신
아버님 통정대부 부군
해와 달이 어느덧 흘러 지나므로
급기야 기일이 옵니다
시대의 변천과 풍속의 흐름에 따라
소대상제와 담제를 함께 모시면서
사모하는 슬픈 마음 이기지 못하여
삼가 주과소찬을 진설하옵고
슬피 자리를 가리어
상서롭게 받들어 모시나이다
흠향하소서

(주)이 축은 시대의 변천풍조에 따라 현재는 간소화로 실행하는 사람이 많다.
(통정대부 정삼품관) (무관즉 학생 유인)

一年　脫喪祝

維

歲次　庚午　三月癸卯朔　初三日乙巳　孝子　吉童　敢昭告于

顯考　通政大夫府君

日月不居　奄及朞祥

夙興夜處　哀慕不寧

三年奉喪　於禮至當

事勢不逮　魂歸已墓

謹以　清酌庶羞　哀薦祥事

尚

饗

(註)此 祝文은 一年 脫喪 祝이니 卽 朞年에 脫喪 祝이다.
萬若 火葬할 境遇에는 魂歸墳墓를 魂歸仙境이라 한다.
然이나 諸祝文은 其子孫의 心意이니 各 子孫의 理解로 作祝하라.

일년 탈상축

오직 벼리를 아뢰옵건대

해가 바뀐 올해의 해는 경오년이며

삼월 초하루 일진은 계묘일이고

초삼일 오늘 일진은 을사일입니다

저 세상 길동이가 감히 아뢰나이다

높은 곳에 계신

아버님 통정대부군

해와 달이 머물러 있지 않으므로

급기야 저년으로 제사를 모시나이다

아침 저녁으로 슬픈 마음 이기지 못하며

사모하는 봉상이 예로써 지당하오나

삼년 봉상이 예로써 미치지 못하옵고

섬기는 형세에 미치지 못하옵고

혼백은 이미 분묘로 가셨아와

삼가 주과소찬을 진설하옵고

슬피 자리를 가리어 모시나이다

상서롭게 받들어 모시나이다

흠향하소서

(주)이 축은 일년에 탈상하는 축문이니 즉 기년탈상 축이다.
만약 화장을 하였을 경우에는 혼귀분묘를 혼귀선경이라 한다.
그러나 모든 축문은 그 자손의 마음이니 각 자손의 이해로 작축하라.

父先亡 母喪 祔廟祝

（家廟）

維

歲次 甲子 三月 乙丑朔 十三日 丁丑

孝子 吉童 敢昭告于

顯考 通政大夫 府君

茲以 先妣

淑夫人 河東鄭氏 大祥日

已屆禮 當祔於

先考 府君 不勝感愴

謹以酒果 用伸

虔告 謹告

(註)祔於之意는 祖廟의 先考에게로 合祔之意也.
(通政大夫 正三品官)(無官則 學生 孺人)

부선망 모상 부묘축 (가묘)

오직 벼리를 아뢰옵건대

해가 바뀐 올해의 해는 갑자년이며

삼월 초하루 일진은 을축일이고

십삼일 오늘 일진은 정축일입니다

효자 길동이가 감히 아뢰나이다

저 세상

높은 곳에 계신

아버님 통정대부 부군

이에 모시는

선비 숙부인 하동정씨 대상일을

이미 마치는 예에 이르렀으므로

옛 제도의 예에 의하여 마땅히

선고 제도의 부군을 좋으사

부어하시게 되었아오니

느껴지는 슬픈 마음 이기지 못하며

삼가 주과를 진설하옵고

공경하여 삼가 아뢰나이다

(註)부어(祔於)는 조묘의 선고에게로 합하여 모신다는 말이다.
(통정대부는 정삼품관) (무관즉 학생 유인)

改題主祝

（家廟）

維

歲次 丙子 三月辛亥朔 十三日癸亥

五世孫 吉童 敢昭告于

顯五代祖考 通政大夫 府君

顯五代祖妣 淑夫人 全州李氏

顯高祖考 嘉善大夫 府君

顯高祖妣 貞夫人 密陽朴氏

顯曾祖考 中直大夫 府君

顯曾祖妣 淑人 晉州鄭氏

顯祖考 正憲大夫 府君

顯祖妣 貞夫人 漢陽趙氏

神主 今將改題 世次迭遷 不勝感愴

謹以酒果 謹告

虔告 謹告

(一名 吉祭祝)
(註)迭遷之意는 日去月去하니 已俗至禮라는 말이다.
祝文에는 上代 下世가 可하니 即 祖上은 幾代요 自己는 幾世니라.

개제주축 (가묘)

오직 벼리를 아뢰옵건대

해가 바뀐 올해의 해는 병자년이며

삼월 초하루 일진은 신해일이고

십삼일 오늘 일진은 계해일입니다

오세손 길동이가 감히 아뢰나이다

현오대조고 통정대부 부군

현오대조비 숙부인 전주이씨

현고조고 가선대부 부군

현고조비 정부인 밀양박씨

현증조고 중직대부 부군

현증조비 숙인 진주정씨

현조고 정헌대부 부군

현조비 정부인 한양조씨

신위를 오늘 새로이 모시나이다

세월이 차례로 바뀌어 갈마드니

느껴지는 슬픈 마음 이기지 못하며

삼가 주과를 진설하옵고

공경하여 삼가 아뢰나이다

(일명 길제축)
(주)질천(迭遷)은 세월이 바뀌어 옮기니 한정한 바의 예에 이르렀다는 말이다.
축문에는 상대 하세가 가하니 즉 조상은 몇 대(代)요 자기는 몇 세(世)라 한다.

出主　遞遷告辭

（家廟）

五世孫　吉童　今爲　遞遷

顯五代祖考　通政大夫　府君
顯五代祖妣　淑夫人　全州李氏
顯高祖考　嘉善大夫　府君
顯高祖妣　貞夫人　密陽朴氏
顯曾祖考　中直大夫　府君
顯曾祖妣　淑人　晋州鄭氏
顯祖考　正憲大夫　府君
顯祖妣　貞夫人　漢陽趙氏
祔食　敢請
神主　出就　正寢
謹以酒果　用伸
奠獻
尚饗

(註) 遞遷之意는 禮俗至已하니 定別分位之意이다.
祔食은 先祖考와 合羞享饌之意이다.
　若 父先亡 母喪則 云旣免喪 有事于함.

출주 체천고사   (가묘)

오세손 길동이가

오늘 체천하나이다

현오대조고 통정대부 전주부군

현오대조비 숙부인 전주이씨

현고조고 가선대부 밀양부군

현고조비 정부인 밀양박씨

현증조고 중직대부 진주정부군

현증조비 숙인 진주정씨

현조고 정헌대부 한양부군

현조비 정부인 한양조씨

부식하심을 감히 청하나이다

신위를 취하여 바르게 베푼 자리에

정하여 편안히 모시고자

삼가 주과를 진설하옵고

높이 받들어 올리나이다

흠향하소서

(주)체천(遞遷)은 풍속의 예에 따라 모시는 예가 이미 다함에 이르니
나누어 가리어 옮겨 다른 곳에 모신다는 말이다.
부식(祔食)은 선조고와 자리를 같이 하여 제삿밥을 먹는다는 말이다.
만약 부선망 모상즉 운기면상 유사우함.

代盡神主 埋安祝

（家廟）

維

歲次 甲子 三月乙丑朔 十二日丙子

五世孫 吉童 敢昭告于

顯五代祖考 通政大夫 府君

顯五代祖妣 淑夫人 全州李氏

喪期已盡 禮當遷主 入廟

先王禮制 祀止四代 心雖無窮 分則有限

神主當祧 將埋于墓所 不勝感愴

謹以 清酌庶羞 敬伸

奠獻

尚饗

（註）若 有親 未盡者 將徙于某房則 當告將遷于 某親某之房

232

대진신주매안축 (가묘)

오직

벼리를 아뢰옵건대

해가 바뀐 올해의 해는 갑자년이며

삼월 초하루 일진은 을축일이고

십이일 오늘 일진은 병자일입니다

오세손 길동이가 감히 아뢰나이다

현오대조고 통정대부 부군

현오대조비 숙부인 전주이씨

상기일이 이미 다하여

의당히 신위를 옮겨 모시게 되옴은

선왕의 제도의 예로서

제사가 오나 사대에 이르므로 비록 마음은

무궁하오나 나눔의 조목에 한정되어

신주를 조묘에 체천하와

반들어 묘역에 매안하오니

느껴지는 슬픈 마음 이기지 못하오며

삼가 주과 소찬을 진설하옵고

높이 받들어 올리나이다

흠향하소서

(주)만약 유친 미진자 장사우모방즉 당고장천우 모친모지방이다.

忌祭　父祭祝

維

歲次　癸酉　十二月己亥朔　十三日壬子

孝子　吉童　敢昭告于

顯考　正憲大夫　府君

顯妣　貞夫人　全州李氏　歲序遷易

顯考　諱日復臨

追遠感時　昊天罔極

謹以　清酌庶羞　恭伸

奠獻　尚　饗

（正憲大夫　正二品官）　（無官則　學生　孺人）

기제 부제축

오직 벼리를 아뢰옵건대

해가 바뀐 올해의 해는 계유년이며

십이월 초하루 일진은 기해일이고

십삼일 오늘 일진은 임자일입니다

저 세상 효자 길동이가 감히 아뢰나이다

높은 곳에 계신

아버님 정헌대부 부군

어머님 정부인 전주이씨

세월이 차례로 바뀌어 가므로

아버님의 기일이 다시 돌아왔습니다

먼 옛날에 은혜를 늘 생각하지 못하고

부모님의 은혜를 이에 늦게 느낀 바에

지금에야 감동하여

하늘과 같이

높으신 은혜는 이에 다함이 망극하와

삼가 주과소찬을 진수하옵고

높이 받들어 올리나이다

흠향하소서

(정헌대부 정이품관) (무관즉 학생 유인)

維

歲次　甲子　十二月　乙丑朔　十三日　丁丑

孝子　吉童　敢昭告于

顯考　正憲大夫　府君

顯妣　貞夫人　全州李氏　歲序遷易

顯妣　諱日復臨

追遠感時　昊天罔極

謹以　清酌庶羞　恭伸

奠獻　尚　饗

忌祭　母祭祝

（正憲大夫　正二品官）　（無官則　學生　孺人）

236

기제모제축

오직 벼리를 아뢰옵건대

해가 바뀐 올해의 해는 갑자년이며

십이월 초하루 일진은 을축일이고

십삼일 오늘 일진은 정축일입니다

저 세상 효자 길동이가 감히 아뢰나이다

높은 곳에 계신

아버님 정헌대부군

어머님 정부인 전주이씨

세월이 차례로 바뀌어 가므로

어머님의 기일이 다시 돌아왔습니다

먼 옛날에 은혜를 늘 생각하지 못하고

부모님의 은혜를 늘 느낀 바에

지금에야 감동하여

하늘과 같이

높으신 혜는 이에 다함이 망극하와

삼가 주과소찬을 진수하옵고

높이 받들어 올리나이다

흠향하소서

(정헌대부 정이품관) (무관즉 학생 유인)

忌祭　父母合祭祝

維

歲次　甲子　十二月戊午朔　十八日乙亥

孝子　吉童　敢昭告于

顯考　正憲大夫　府君

顯妣　貞夫人　全州李氏　歲序遷易

顯考妣　諱日並臨　追遠感時　昊天罔極

謹以　清酌庶羞　恭伸

奠獻　尚饗

（正二品官）（無官則　學生　孺人）

오직 벼리를 아뢰옵건대

기제 부모 합제 축

해가 바뀐 올해의 해는 갑자년이며

십이월 초하루 일진은 무오일이고

십팔일 오늘 일진은 을해일입니다

저 세상 효자 길동이가 감히 아뢰나이다

높은 곳에 계신

아버님 정헌대부 부군

어머님 정부인 전주이씨

세월이 차례로 바뀌어 가므로

부모님의 기일이 아울러 돌아왔습니다

먼 옛날에 은혜를 늘 생각하지 못하고

부모님의 은혜를 늘 느낀 바에

지금에야 감동하여

하늘과 같이

높으신 은혜는 이에 다함이 망극하와

삼가 주과소찬을 진수하옵고

높이 받들어 올리나이다

흠향하소서

(정이품관) (무관즉 학생 유인)

維

歲次 甲子 十一月 丁亥朔 十六日 壬寅

孝孫 吉童 敢昭告于

祖考妣 單位祭祝

顯祖考 崇祿大夫 府君

顯祖妣 貞敬夫人 全州李氏 歲序遷易

顯祖考 諱日復臨 追遠感時 不勝永慕

謹以 清酌序羞 恭伸

奠獻 尚 饗

(祖妣 單位祭則 顯祖妣 諱日復臨) (從一品官) (無官則 學生 孺人)
(註)曾祖 高祖 考妣 等 單位祭祝도 同一하니 同祝에 考妣位만 換位한다.

조고비 단위제축

오직 벼리를 아뢰옵건대

해가 바뀐 올해의 해는 갑자년이며

십일월 초하루 일진은 정해일이고

십육일 오늘 일진은 임인일입니다

저 세상 효손 길동이가 감히 아뢰나이다

높은 곳에 계신

할아버지 지숭록대부 부군

할머니 정경부인 전주이씨

세월이 차례로 바뀌어 가므로

할아버지의 기일이 다시 돌아왔습니다

먼 옛날에

할아버지와 할머니의

은혜를 늘 생각하지 못하고

지금에야 사모하는 마음 이기지 못하며

삼가 주과소찬을 진수하옵고

높이 받들어 올리나이다

흠향하소서

(조비 단위제즉 현조비 휘일복림) (종일품관) (무관즉 학생 유인)
(주)증조 고조 고비 등 단위제축도 동일하니 동축에 고비위만 환위한다.

維

歲次 甲子 十二月 乙丑朔 十八日 壬午

孝孫 吉童 敢昭告于

顯祖考 崇祿大夫 府君

顯祖妣 貞敬夫人 全州李氏 歲序遷易

顯祖考妣 諱日並臨 追遠感時 不勝永慕

謹以 清酌庶羞 恭伸

奠獻 尚 饗

祖考妣 合祭祝

（從一品官）（無官則 學生 孺人）
（註）曾祖 高祖位의 考妣 合祭祝도 同一하니 位만 換位한다.

조고비 합제축

오직 벼리를 아뢰옵건대

해가 바뀐 올해의 해는 갑자년이며

십이월 초하루 일진은 을축일이고

십팔일 오늘 일진은 임오일입니다

저 세상 효손 길동이가 감히 아뢰나이다

높은 곳에 계신

할아버지 숭록대부 부군

할머니 정경부인 전주이씨

세월이 차례로 바뀌어 가므로

할아버지와 할머니의 기일이

아울러 돌아왔습니다

먼 옛날에

할아버지와 할머니의

은혜를 늘 생각하지 못하고

지금에야 사모하는 마음 이기지 못하며

삼가 주과소찬을 진설하옵고

높이 받들어 올리나이다

흠향하소서

(종일품관) (무관즉 학생 유인)
(주)증조 고조위의 고비 합제축도 동일하니 위만 환위한다.

時祭 合祭祝

維

歲次 甲子 三月乙丑朔 初三日丁卯

五世孫 吉童 敢昭告于

顯五代祖考 奉正大夫 府君

顯五代祖妣 令人 全州李氏 合窆之墓

歲薦一祭 禮有中制 雨露既濡 彌增感慕

謹以 清酌庶羞 祗奉歲事

尚

饗

（正四品官）（無官則 學生 孺人）

（註）秋冬則 履茲霜雪

시제 합제축

오직 벼리를 아뢰옵건대
해가 바뀐 올해의 해는 갑자년이며
삼월일 초하루 일진은 축일이고
초삼일 오늘 일진은 정묘일입니다
오세손 길동이가 감히 아뢰나이다
저 세상
높은 곳에 계신
오대조 할아버지 봉정대부 부군
오대조 할머니 영인 전주이씨
두 분을 합봉으로 모신 묘전에
해마다 한 번씩 오는 제사가
옛적부터 전해 오는 제도로서
오직 그 가운데 예가 있으나
늘 생각하는 마음 더하지 못하고
초목이 이슬에 젖은 지금에야 감동하여
사모하는 마음 이기지 못하며
삼가 주과 소찬을 진수하옵고 맑은 술을
높이 받들어 올리나이다
흠향하소서

(정사품관) (무관즉 학생 유인)
(주)雨露旣濡를 秋冬에는 履茲霜雪이라 하니 눈과 서리가 내린 지금에야의 뜻.

時祭　山神祭祝

維

歲次　甲子　三月　乙丑　朔　初　三　日　丁卯

幼學　金吉童　敢昭告于

土地之神　今爲　金東煥　恭修歲事于

五代祖考　奉正大夫　府君

五代祖妣　令人　全州李氏　合窆之墓

惟時保佑　實賴神休

謹以酒果　敬伸

奠獻　尚　饗

（正四品官）（無官則　學生　孺人）（或　雙封則　雙封）
（註）金吉童은　山神祭　獻官　名이고　金東煥은　時祭　初獻官　名이다.

시제 산신제축

오직 벼리를 아뢰옵건대

해가 바뀐 올해의 해는 갑자년이며

삼월 초하루 일진은 을축일이고

초삼일 오늘 일진은 정묘일입니다

토지지신 유학 김길동이 감히 아뢰나이다

해마다 엄숙하게 오늘 김동환「씨」가

받들어 모시는

오대조고 봉정대부 부군

오대조비 영인 전주이씨

두 분을 합봉으로 모신 묘전입니다

오직 때마다 보우하사 진실로

넉넉함에 힘입어

신령께서는 편안하시기 바라오며

삼가 주과를 진설하옵고

높이 받들어 올리나이다

흠향하소서

(정사품관) (무관즉 학생 유인) (혹 쌍봉즉 쌍봉)
(주)김길동은 산신제 헌관 명이고 김동환은 시제 초헌관 명이다.

墓前　節時祭祝

維

歲次　甲子　十月庚辰朔　初五日甲申

孝子　吉童　敢昭告于

顯考　通政大夫府君之墓

既序流易　霜雪旣降

瞻掃封塋　不勝感慕

謹以　清酌庶羞　祇薦歲事

尚

饗

(註)祖 以上은 代數에 따라 幾世孫 敢昭告于라 한다.
此 祝文은 正秋名節 清明 寒食 端午 其他時의 省墓祝이다.
春則 雨露旣降이라 하며 其他 其節時를 記書한다.
祖考妣 以上은 代數에 따라 記書한다.
(妣位則 某封某氏之墓)　(合封則 合窆之墓)

묘전 절시제축

오직
벼리를 아뢰옵건대
해가 바뀐 올해의 해는 갑자년이며
시월 초하루 일진은 경진일이고
초오일 오늘 일진은 갑신일입니다
효자 길동이가 감히 아뢰나이다
저 세상 높은 곳에 계신 아버님
통정대부 부군
아버님의 유택에
세월이 이미 차례로 바뀌어 가므로
서리가 오고 또 눈이 내렸습니다
유택을 늘 봉첨하지 못하고
사모하는 마음 이기지 못하와
삼가 하는 자리를 가리어 주과소찬을
진수하옵고 맑은 술을
받들어 올리나이다
흠향하소서

(주)조 이상은 대수에 따라 몇 세손 감소고우라 한다.
이 축문은 정초나 추석명절 외 청명 한식 단오 기타 절기의 성묘 축이다.
봄인즉 우로기강이라 하며 기타 그때의 절시를 기서한다.
조고비 이상은 대수에 따라 쓴다. (비위즉 모봉모씨지묘) (합봉즉 합폄지묘)
봉첨(封瞻)은 묘소를 늘 우러러 때마다 왕래하며 다듬고 갖추어 살핀다는 말이다.

249

墓前節時　山神祭祝

維

歲次　甲子

十月庚辰朔　初五日甲申

幼學　金吉童　敢昭告于

土地之神　金東煥　恭修歲事于

先考　中訓大夫　府君之墓

維時保佑　實神休　敢以　酒果

敬伸　奠獻

尚　饗

(註)金吉童은　山神祭　獻官　名이고,　金東煥은　時祭　初獻官　名이다.

묘전절시 산신제축

오직 벼리를 아뢰옵건대

해가 바뀐 올해의 해는 갑자년이며

시월 초하루 일진은 경진일이고

초오일 오늘 일진은 갑신일입니다

유학 김길동이 감히 아뢰나이다

토지지신 김동환씨가

해마다 이에 베풀어 엄숙하게

반들어 모시는

선고 중훈대부 부군의 묘소입니다

오직 때마다 보우하사

진실로 넉넉함에 힘입어

신령께서는 편안하시기 바라오며

감히 주과를 진설하옵고 맑은 술을

높이 받들어 올리나이다

흠향하소서

(주)김길동은 산신제 헌관 명이고, 김동환은 시제 초헌관 명이다.

改葬 告廟祝

維
歲次 甲子 三月乙丑朔 十二日丙子
顯考 通善郎 府君 孝子 吉童 敢昭告于
體魄 托非其地 恐有 意外之患
驚動先靈 不勝憂懼
將卜 是月 十五日 遷于改葬
謹以酒果 用伸
虔告 謹告

(遷于改葬을 或 葬于某所) (合葬則 考妣列書) (無官則 學生 孺人)
(註)改葬時 服制는 皆如初喪服하고 改葬 後 三月而除服하니라.
尤菴曰 雖尋常時라도 至墓則 必哭하니 穿壙灰隔은 如初喪時하고
遷葬時의 凡百을 一如初葬이나 但 無魂魄箱을 代以遺衣니라.

개장 고묘축

오직 벼리를 아뢰옵건대

해가 바뀐 올해의 해는 갑자년이며

삼월 초하루 일진은 을축일이고

십이일 오늘 일진은 병자일입니다

저 세상

효자 길동이가 감히 아뢰나이다

높은 곳에 계신 부군

아버님 통신선랑

체백을 모신 자리가 불리하여

뜻밖의 다른 근심이

선령에게 미칠까

두려움을 이기지 못하와

이달 십오일에

자리를 옮겨 새로이 모시고자

삼가 과를 진설하옵고

받들어 삼가 아뢰나이다

(천우개장을 혹 천우모소) (합장즉 고비열서) (무관즉 학생 유인)
(주)개장시 복제는 개여초상복하고 삼개월 후에 복을 벗느니라.
우암월 수심상시라도 지묘한즉 필곡하니 천광 회격은 여초상시하고
이장시의 모든 것을 초장시와 같이하고 다만 혼백상이 없으면 옷으로 대용하니라.

移葬時　破墓祭祝

維

歲次　甲子　三月　丙辰朔　初五日　庚申

顯考　通善郎　府君之墓

孝子　吉童　敢昭告于

歲月滋久　體魄不寧

今將啓窆　遷于他所　昊天罔極

謹以酒果　用伸謹告

奠獻　尚　饗

(註)合葬則 考妣列書 同葬一崗 恐有他患
或 體魄不寧을 恐有他患
祖 以上은 代數에 따라 쓴다.
(妣位則 顯妣 恭人)(無官則 學生 孺人)

이장시 파묘제축

오직 벼리를 아뢰옵건대

해가 바뀐 올해의 해는 갑자년이며

삼월 초하루 일진은 병진일이고

초오일 오늘 일진은 경신일입니다

효자 길동이가 감히 아뢰나이다

저 세상

높은 곳에 계신

아버님 통선랑 부군

아버님을 여기에 모신 이후

세월이 오래도록 흘러가므로

체백이 불안하여

오늘 유택을 옮겨

새로이 모시고자 하오며

하늘과 같이

높으신 은혜는 이에 다함이 망극하와

삼가 주과소찬을 진수하옵고

받들어 올리며 아뢰나이다

흠향하소서

(주)합장즉 고비열서 동장일강 공유타환이라 함.
혹 체백불녕을 공유타환이라 함.
조 이상은 대수에 따라 쓴다.
(비위즉 현비 공인) (무관즉 학생 유인)

移葬　破墓時　山神祭祝

維

歲次　甲子　三月丙辰朔　初五日庚申

幼學　李太白　敢昭告于

土地之神　今爲　吉童　先親

通善郎　金海金公　卜宅茲地

恐有他患　葬改　遷于他所

謹以酒果　祗薦于神

神其保佑

尚　饗

（妣位則　叔夫人）（無官則　學生　孺人）

이장 파묘시 산신제축

오직 벼리를 아뢰옵건대
해가 바뀐 올해의 해는 갑자년이며
삼월 초하루 일진은 병진일이고
초오일 오늘 일진은 경신일입니다
유학 이태백이 감히 아뢰나이다
토지지신 오늘 길동 선천
통선랑 김해김공 유택이
다른 근심이 있을까 두려워
새로이 옮겨 다른 곳에 모시고자
삼가 주과소찬을 진수하옵고 맑은 술을
받들어 올리나이다
신령께서는 이를 보우하사
흠향하소서

移葬時　新坐　開土山神祭祝

維

歲次　甲子　三月　丙辰朔　初五日　庚申

幼學　李太白　敢昭告于

土地之神　今遷　吉童　先親

通善郎　金海金公

宅兆不利　將改葬于此

神其保佑　俾無後艱

謹以　清酌脯醢　祗薦于神

尚　饗

이장시 신좌 개토산신제 축

오직 벼리를 아뢰옵건대

해가 바뀐 올해의 해는 갑자년이며

삼월 초하루 일진은 병진일이고

초오일 오늘 일진은 경신일입니다

유학 이태백이 감히 아뢰나이다

토지지신 오늘 길동 선친

통선랑 김해김공의 유택이 불리하여

여기에 새로이 모시고자 하나이다

지신께서는 이를 보우하사

후환이 없도록 도와주시기 바라오며

삼가 주과소찬을 진수하옵고 맑은 술을

신령께 받들어 올리나이다

흠향하소서

(주)이태백은 산신제 헌관 명이고 길동은 제주 명이다.
(통선랑 정오품관) (비위즉 선비 공인) (무관즉 학생 유인)
(자손고즉 현고 통선랑 부군, 비위즉 현비 공인)

移葬時 新坐 成墳後 慰安祭祝

維

歲次 甲子 三月丙辰朔 初五日庚申

孝子 吉童 敢昭告于

顯考 通善郎 府君之墓

新改幽宅 事畢封塋

夙夜靡寧 啼號罔極

謹以 清酌庶羞 祇薦虞事

尚 饗

(註)或 事畢封塋 骨靈 永安體魄 是憑 是依라고도 한다.
또는 事畢封塋을 禮畢終虞라고도 한다.
(妣位則 顯妣 恭人)(無官則 學生 孺人)

이장시 신좌
성분후 위안제 축

오직 벼리를 아뢰옵건대

해가 바뀐 올해의 해는 갑자년이며

삼월 초하루 일진은 병진일이고

초오일 오늘 일진은 경신일입니다

효자 길동이가 감히 아뢰나이다

저 세상 높은 곳에 계신 통선랑 부군

아버님의 유택을

여기에 새로이 봉영하였나이다

아침에 저녁으로 늘 불안하였아오나

이에 다함이 망극하와

삼가 주과소찬을 진설하옵고

자리를 받들어 모시나이다

흠향하소서

(주)혹 사필봉영 존령 영안체백 시빙 시의라고도 한다.
또는 사필봉영을 예필종우라고도 한다.
(비위즉 현비 공인) (무관즉 학생 유인)

移葬時　新坐　成墳後

山神祭祝

維

歲次　甲子　三月丙辰朔　初五日庚申

幼學　李太白　敢昭告于

土地之神　今爲　吉童　先親

通善郎　金海金公

卜宅茲之　建茲幽宅

神其保佑　俾無後艱

謹以　清酌脯醢　祗薦于神

尙

饗

(註)李太白은　山神祭官　名이고　吉童은　初獻官　名이다.
(妣位則　先妣　恭人)　(無官則　學生　孺人)

262

이장시 신좌 성분 후

산신제축

오직 벼리를 아뢰옵건대

해가 바뀐 올해의 해는 갑자년이며

삼월 초하루 일진은 병진일이고

초오일 오늘 일진은 경신일입니다

유학 이태백이 감히 아뢰나이다

토지지신 오늘 길동 선천

통선랑 김해김공의 유택을

여기에 새로이 봉영하였나이다

지신께서는 이를 보우하사

후환이 없도록 도와주시기 바라오며

삼가 주과포혜를 진설하옵고 맑은 술을

신령께 받들어 올리나이다

흠향하소서

(주)이택백은 산신제관 명이고 길동은 초헌관 명이다.
건자(建玆)의 뜻을 봉영이라 하였으니 오해없기 바란다.
(비위즉 선비 공인) (무관즉 학생 유인)

改葬後　出主告辭

（家廟）

改葬

今以

顯考　通善郎　府君

改葬　事畢　敢請

神主　出就　正寢

虔告　謹告

（無官則　學生　孺人）

개장 후 출주고사

(가묘)

오늘 있어

현고 통선랑 부군

아버님의 유택을

새로이 봉영하였아와

감히 청하나이다

신위를 받들어

바른 자리에 편안히

모시고자

삼가 아뢰나이다

(주)사필(事畢)의 뜻을 봉영이라 하였으니 오해없기 바란다.
(무관즉 학생 유인)

維

歲次　甲子　三月丙辰朔　初五日庚申

顯考　通善郎　府君　　孝子　吉童　敢昭告于

新改幽宅　禮畢反哭　夙夜靡寧

昊天罔極

謹以　清酌庶羞　恭伸

奠獻　尚饗

（無官則　學生　孺人）

266

개장 후 고신주제축 (가묘)

오직 벼리를 아뢰옵건대

해가 바뀐 올해의 해는 갑자년이며

삼월 초하루 일진은 병진일이고

초오일 오늘 일진은 경신일입니다

저 세상 효자 길동이가 감히 아뢰나이다

높은 곳에 계신

아버님 통선랑 부군

아버님의 유택을

새로이 봉영하고

아침 저녁으로 늘 불안하였아오나

하늘과 같이 돌아와 모시나이다

높으신 은혜는 이에 다함이

높이 주과소찬을 이에 망극하와

삼가 받들어 진수하옵고

흠향하소서 올리나이다 맑은 술을

(주)신개유택 예필지중의를 봉영이라 하였으니 오해없기 바란다.
(무관즉 학생 유인)

合葬 移去他所時 破墓祭祝

維

歲次 甲子 三月乙卯朔 十五日己巳

孝子 吉童 敢昭告于

顯妣 淑夫人 全州李氏 葬于茲地

歲月滋久 體魄不寧 今遷祔于

顯考 通政大夫 府君之墓 東畔伏惟

尊靈 不震 不驚

(註)此祝은 合葬 他所 祔去時 舊墓 破墓祭祝이다.
(正三品官) (無官則 學生 孺人)
(雙封則 雙封) (祖考 以上은 代數에 따라 쓴다)

268

합장 파묘제축 이거타소시

오직 벼리를 아뢰옵건대
해가 바뀐 올해의 해는 갑자년이며
삼월 초하루 일진은 을묘일이고
십오일 효자 오늘 일진은 기사일입니다
저 세상 길동이가 감히 아뢰나이다
높은 곳에 계신
어머님 숙부인 전주이씨
어머님의 유택을 여기에 모신 이후
세월이 오래도록 흘러가므로
체백이 불리하여 오늘 자리를 옮겨
아버님의 유택 좌편에 합봉으로
모시고자 엎드려 아뢰나이다
존령께서는 놀라지 마소서

(주)혹 놀라지 마소서를 편안히 하소서 라고도 함.
이 축은 합장 타소 부거시 구묘 파묘제 축이다.
(정삼품관) (무관즉 학생 유인)
(쌍봉즉 쌍봉) (조고 이상은 대수에 따라 쓴다)

合葬

移去他所時
破墓山神祭祝

維

歲次 甲子 三月丙辰朔 初五日庚申

幼學 李太白 敢昭告于

土地之神 茲爲

吉童先妣 淑夫人 全州李氏 卜宅茲地

歲月滋久 恐有他患

今將改窆 遷祔于

通政大夫 金海金公 墓左

謹以酒果 祗薦于神

尚

饗

(註)或 謹以酒果 用伸 神其保佑 尚饗이라고도 함.
(正三品官)(無官則 學生 孺人)

합장
파묘산신제축

이거타소시

오직 벼리를 아뢰옵건대
해가 바뀐 올해의 해는 갑자년이며
삼월 초하루 일진은 병진일이고
초오일 오늘 일진은 경신일입니다
토지지신 유학 이에 태백이 감히 아뢰나이다
숙부인 전주이씨 택조가 길동 선비
세월이 오래도록 흘러가므로
다른 근심이 있을까 두려워
오늘 새로이 옮겨
통정대부 김해김공 유택 좌편에
합봉으로 모시고자
삼가 주과를 진수하옵고 맑은 술을
신령께 받들어 올리나이다
흠향하소서

(주)혹 근이주과 용신 신기보우 상향이라고도 함.
(정삼품관) (무관즉 학생 유인)

維

　　合葬　盆封時　啓墓祭祝

歲次　甲子　三月乙卯朔　十五日己巳

顯考　通政大夫　府君　孝子　吉童　敢昭告于

顯妣　淑夫人　全州李氏　托非其地

恐有意外之患　不勝憂懼　今遷祔于

府君之墓　東畔　伏惟

謹以清酌庶羞　謹告

奠獻　尚饗

（正三品官）（無官則　學生　孺人）

합장 익봉시 계묘제축

오직 벼리를 아뢰옵건대

해가 바뀐 올해의 해는 갑자년이며

삼월 초하루 일진은 을묘일이고

십오일 오늘 일진은 기사일입니다

효자 길동이가 감히 아뢰나이다

저 세상

높은 곳에 계신

아버님 통정대부 부군

어머님 숙부인 전주이씨 유택에

뜻밖의 다른 근심이 있을까

두려움을 이기지 못하여

오늘 아버님의 유택 좌편에

합봉으로 모시고자 오직 엎드려

삼가 주과소찬을 진수하옵고 맑은 술을

높이 받들어 올리며 삼가 아뢰나이다

흠향하소서

合葬 益封時 開土山神祭祝

維

歲次 甲子 三月乙卯朔 十五日己巳

幼學 李太白 敢昭告于

土地之神 今爲 吉童 先妣

淑夫人 全州李氏

宅兆不利 將以改葬 祔于

通政大夫 金海金公之墓左

神其保佑 俾無後艱

謹以 清酌庶羞 祇薦于神

尚 饗

（正三品官）（無官則 學生 孺人）
（註）此祝은 合葬 祔來 益封時 啓墓 前 山神祭祝이다.

합장 익봉시 개토산신제축

오직 벼리를 아뢰옵건대

해가 바뀐 올해의 해는 갑자년이며

삼월 초하루 일진은 을묘일이고

십오일 오늘 일진은 기사일입니다

유학 이태백이 감히 아뢰나이다

토지지신 오늘 길동 선비

숙부인 전주이씨의

유택이 불리하여 새로이 옮겨

통정대부 김해김공의 유택 좌편에

합봉으로 모시고자 하나이다

지신께서는 이를 보우하사 하나이다

후환이 없도록 도와주시기 바라오며

삼가 주과소찬을 진수하옵고 맑은 술을

신령께 받들어 올리나이다

흠향하소서

(정삼품관) (무관즉 학생 유인)
(주)이 축은 합장 부래 익봉시 계묘 전 산신제 축이다.

維

歲次 甲子 三月 乙卯朔 十五日 己巳

合葬 益封時 成墳後 慰安祭祝

孝子 吉童 敢昭告于

顯考 通政大夫 府君

顯妣 淑夫人 全州李氏

新改 合窆幽宅 禮畢終虞

夙夜靡寧 啼號罔極

謹以 清酌庶羞 祗薦虞事

尙 饗

（雙封則 雙封幽宅）（無官則 學生 孺人）（啼昊罔極을 或 昊天罔極）

성분후 합장
익봉시 위안제축

오직 벼리를 아뢰옵건대

해가 바뀐 올해의 해는 갑자년이며

삼월 초하루 일진은 을묘일이고

십오일 오늘 일진은 기사일입니다

저 효자 길동이가 감히 아뢰나이다

높은 세상 곳에 계신

아버님 통정대부 부군

어머님 숙부인 전주이씨 유택을 옮겨

새로이 합봉으로 봉영하였나이다

아침 저녁으로 늘 불안하였아오나

이에 다함이 망극하와

삼가 자리를 가리어 주과소찬을

진수하옵고 맑은 술을

반들어 올리나이다

흠향하소서

(쌍봉즉 쌍봉유택) (무관즉 학생 유인) (제호망극을 혹 호천망극)

維
歲次　甲子　三月乙卯朔　十五日己巳
幼學　李太白　敢昭告于
土地之神　今爲　吉童　先妣
淑夫人　全州李氏　茲以遷葬　祔于
通政大夫　金海金公之墓左
神其保佑　俾無後艱
謹以　清酌脯醢　祗薦于神
尚　饗

合葬益封時
成墳後山神祭祝

（雙封則　雙封）（祖考　以上은　代數에　따라　記書함）（無官則　學生　孺人）

합장 익봉시

성분 후 산신제축

오직

벼리를 아뢰옵건대

해가 바뀐 올해의 해는 갑자년이며

삼월 초하루 일진은 을묘일이고

십오일 오늘 일진은 기사일입니다

유학 이태백이 감히 아뢰나이다

토지지신 오늘 길동 선비

숙부인 전주이씨의 유택을 옮겨

통정대부 김해김공 유택 좌편에

새로이 합봉으로 봉영하였나이다

지신께서는 이를 보우하사

후환이 없도록 도와주시기 바라오며

삼가 주과소찬을 진설하옵고 맑은 술을

신령께 받들어 올리나이다

흠향하소서

(쌍봉즉 쌍봉) (조고 이상은 대수에 따라 쓴다) (무관즉 학생 유인)

合葬同域一崗　開土
　　　　　　山神祭祝

維

歲次

乙丑　三月　丁未朔　十二日　戊午

幼學　李太白　敢昭告于

土地之神　今為　東煥　先祖

七代祖考　通政大夫　金海金公　增以

七代祖妣　淑夫人　全州李氏　以下

十六位　祖上　諸位　宅兆不利

各兩位　將以改葬　合窆于此

神其保佑　俾無後艱

謹以　清酌庶羞　祗薦于神

尚饗

（註）子孫告則　顯七代祖考　通政大夫　府君　增以
顯七代祖妣　淑夫人　全州李氏　以下　十六位　祖上
（正三品官）（無官則　學生　孺人）

개토
산신제축

합장동역일강

오직 벼리를 아뢰옵건대
해가 바뀐 올해의 해는 을축년이며
삼월 초하루 일진은 정미일이고
십이일 오늘 일진은 무오일입니다
토지지신 유학 오늘 이태백이 감히 아뢰나이다
칠대조고 통정대부 김해김공 증이
칠대조비 숙부인 전주이씨 이하
십육위 조상 여러분의 유택이 불리하여
새로이 옮겨 여기에 각 유위를 합봉으로
모시고자 하나이다
지신께서는 이를 보우하사
후환이 없도록 도와주시기 바라오며
삼가 주과소찬을 진설하옵고
신령께 받들어 올리나이다
흠향하소서

(주)자손 고즉 현칠대조고 통정대부 부군 증이
현칠대조비 숙부인 전주이씨 이하 십육위 조상
(정삼품관) (무관즉 학생 유인)

合葬同域一崗　成墳後
慰安祭祝

維

歲次　乙丑　三月丁未朔　十二日戊午

七世孫　吉童　敢昭告于

顯七代祖考　通政大夫　府君　增以

顯七代祖妣　淑夫人　全州李氏　以下

十六位　祖上　諸位　茲以遷于

各兩位　新將改葬　合窆幽宅

禮畢終于　夙夜靡寧　啼號罔極

謹以　清酌庶羞　祗薦虞事

尙
饗

（正三品官）（無官則　學生　孺人）

합장동역일강 위안제축 성분후

오직

벼리를 아뢰옵건대

해가 바뀐 올해의 해는 을축년이며

삼월 초하루 일진은 정미일이고

십이일 오늘 일진은 무오일입니다

칠세손 길동이가 감히 아뢰나이다

저 세상

높은 곳에 계신

칠대조고 통정대부 부군 증이

칠대조비 숙부인 전주이씨 이하

십육위 조상 여러분을 여기에 옮겨

각 위를 새로이 합봉으로 모셨나이다

아침 저녁으로 늘 불안하였아오나

이에 다함이 망극하와

삼가 자리를 가리어 주과소찬을

진설하옵고 맑은 술을

반들어 올리나이다

흠향하소서

(정삼품관) (무관측 학생 유인)

283

成墳後 山神祭祝

合葬同域一崗

維

歲次 乙丑 三月丁未朔 十二日戊午

幼學 李太白 敢昭告于

土地之神 今位 吉童 先祖

七代祖考 通政大夫 金海金公 增以

七代祖妣 淑夫人 全州李氏 以下

十六位 祖上 諸位 茲以遷葬

各兩位 新改合窆 建茲幽宅

神其保佑 俾無後艱

謹以 清酌庶羞 祗薦于神

尚 饗

（註）子孫告則 顯七代祖考 通政大夫 府君 增以
顯七代祖妣 淑夫人 全州李氏 以下 十六位 祖上
（正三品官）（無官則 學生 孺人）

284

합장동역일강

성분 후

산신제축

오직 벼리를 아뢰옵건대

해가 바뀐 올해의 해는 을축년이며

삼월 초하루 일진은 정미일이고

십이일 오늘 일진은 무오일입니다

유학 이태백이 감히 아뢰나이다

토지지신 오늘 길동 선조 증

칠대조고 통정대부 김해김공 증이

칠대조비 숙부인 전주이씨 이하

십육위 조상 여러분의

각 양위 분을 여기에 옮겨

새로이 합폄으로 봉영하였나이다

지신께서는 이를 보우하사

후환이 없도록 도와주시기 바라오며

삼가 주과소찬을 진설하옵고 맑은 술을

신령께 받들어 올리나이다

흠향하소서

(주)자손고즉 현칠대조고 통정대부 부군 증이
현칠대조비 숙부인 전주이씨 이하 십육위 조상
(정삼품관) (무관즉 학생 유인)

先山同域一崗　祔葬時
開土告墓祭祝

維

歲次

癸酉　潤三月癸酉朔　十二日甲申　孝孫　吉童　敢昭告于

顯祖考　某官府君　今爲

顯考　某官府君　增以

顯妣　某封某氏　托非其地

恐有意外之患　不勝憂懼　茲以遷葬祔于

祖考　府君之墓下　將改合窆于此

尊靈　不震不驚　伏惟

謹以酒果　用伸　謹告

奠獻　尚　饗

(註)此祝은 先考妣 幽宅을 先祖考位 山所下에 祔葬時 先祖考位 墓前 告辭이다.

선산동역일강　개토고묘제축　부장시

오직 벼리를 아뢰옵건대
해가 바뀐 올해의 해는 계유년이며
윤삼월 초하루 일진은 계유일이고
십이일 오늘 일진은 갑신일입니다
저 세상 곳에 계신
높은 효손 길동이가 감히 아뢰나이다
할아버지 모관부군 오늘
현고 모관부군 그리고
현비 모봉모씨 유택에
뜻밖에 다른 근심이 있을까
두려움을 이기지 못하고 새로이 옮겨
모시고자 엎드려 아뢰나이다
할아버지의 유택 하에에 합봉으로
존령께서는 편안하시기 바라오며
삼가 주과를 진설하옵고
높이 받들어 올리나이다
흠향하소서

(주)혹 편안하시기 바라며를 놀라지 마소서, 라고도 한다.
이 축은 선고비 유택을 선조고위 산소하에 부장시 선조고위 묘전 고사이다.

先山同域一崗
附葬時
開土山神祭祝

維
歲次 癸酉 潤三月癸酉朔 十二日甲申
幼學 李太白 敢昭告于
土地之神 今爲 吉童 先親
某官某公 增以
先妣 某封某氏 宅兆不利 茲以遷葬祔于
先祖考 某官某公之墓下 將改合窆于此
神其保佑 俾無後艱
謹以 清酌庶羞 祗薦于神
尚 饗

(註)此 祝은 先考妣 兩位를 先祖考位 墓下에 祔葬時 開土山神祭 祝이다.
(子孫告則 今爲 顯考 某官府君 顯妣 某封某氏 顯祖考 某官府君)

선산동역일강 부장시 개토산신제축

오직 벼리를 아뢰옵건대
해가 바뀐 올해의 해는 계유년이며
윤삼월 초하루 일진은 계유일이고
십이일 오늘 일진은 갑신일입니다
토지지신 오늘 중이 길동 선친 감히 아뢰나이다
모관모공 증이
선비 모봉모씨 유택이 불리하여
새로이 옮겨
선조고 모관모공지묘하에 합봉으로
모시고자 하나이다
지신께서는 이를 보우하사
후환이 없도록 도와주시기 바라오며
삼가 주과소찬을 진수하옵고
신령께 반들어 올리나이다
흠향하소서

(주)이 축은 선고비 양위를 선조고위 묘하에 부장시 개토산신제 축이다.
(자손고즉 오늘 현고 모관부군 현비 모봉모씨 현조고 모관부군)

先山同域一岡　祔葬時　成墳後
慰安祭祝

維

歲次　癸酉　閏三月癸酉朔　十二日甲申

　　孝子　吉童　敢昭告于

顯考　某官府君

顯妣　某封某氏　兩位宅兆

茲以　遷葬祔于

顯祖考　某官府君之墓下

新改　合窆幽宅　禮畢終虞

宿夜靡寧　啼號罔極

謹以　清酌庶羞　祇薦虞事

尚　饗

선산동역일강　부장시　성분후
위안제축

오직 벼리를 아뢰옵건대

해가 바뀐 올해의 해는 계유년이며

윤삼월 초하루 일진은 계유일이고

십이일 오늘 일진은 갑신일입니다

효자 길동이가 감히 아뢰나이다

저 세상

높은 곳에 계신

아버님 모관부군

어머님 모봉모씨 양위분의 택조를

이에 받들어

헌조고 모관부군지묘하에

새로이 합폄으로 봉영하였나이다

아침 저녁으로 늘 불안하였아오나

이에 다함이 망극하와

삼가 주과소찬을 진설하옵고

받들어 올리나이다

흠향하소서

先山同域一堈　祔葬時　成墳　後

山神祭祝

維

歲次　癸酉　潤三月癸酉朔　十二日甲申

幼學　李太白　敢昭告于

土地之神　今爲　吉童　先親

某官某公　增以

先妣　某封某氏　兩位　宅兆

茲以遷葬　祔于

先祖考　某官某公之墓下

新改合窆　建茲幽宅

神其保佑　俾無後艱

謹以清酌庶羞　祇薦于神

尚饗

(註)先塋祭에는　于伸　敬伸　恭伸이라　하며
山神祭에는　于神　敬神　恭神이라　하니　誤解없기　바란다.

선산동역일강 부장시   성분 후   산신제축

오직 벼리를 아뢰옵건대
해가 바뀐 올해의 해는 계유년이며
윤삼월 초하루 일진은 계유일이고
십이일 오늘 일진은 갑신일입니다
유학 이태백이 감히 아뢰나이다
토지지신 오늘 길동선천
모관모공 증이
선비 모봉모씨 양위분의 택조를
여기에 옮겨
선조고 모관모공지묘하에
새로이 합폄으로 봉영하였나이다
지신께서는 이를 보우하사
후환이 없도록 도와주시기 바라오며
삼가 주과소찬을 진수하옵고 맑은 술을
신령께 받들어 올리나이다
흠향하소서

(주)선영제(先塋祭)에는 우신(于伸) 경신(敬伸) 공신(恭伸)이라 하며
산신제(山神祭)에는 우신(于神) 경신(敬神) 공신(恭神)이라 하니 오해없기 바란다.

維

歲次　甲子　三月乙酉朔　初三日丁亥　孝子　吉童　敢昭告于

顯考　崇祿大夫　府君之墓

歲月滋久　草衰土圮

今以吉辰　益封改莎　伏惟

尊靈　不震　不驚

謹以　清酌脯醢　恭伸

奠獻　尚饗

（合封則　考妣列書）
（從一品官）（妣位則　顯妣　貞敬夫人）（無官則　學生　孺人）

개사 초시 고묘제축

오직 벼리를 아뢰옵건대

해가 바뀐 올해의 해는 갑자년이며

삼월 초하루 일진은 을유일이고

초삼일 오늘 일진은 정해일입니다

저 세상 효자 길동이가 감히 아뢰나이다

높은 곳에 계신

숭록대부 부군

아버님의 유택을 여기에 모신 이후

세월이 오래도록 흘러가므로

풀뿌리는 쇠약해지고 흙은 무너졌기에

오늘 좋은 날을 가려

새로이 봉축하고자 엎드려 아뢰나이다

오직 존령께서는 편안하시기 바라오며

삼가 주과포혜를 진설하옵고

높이 받들어 올리나이다

흠향하소서

(합봉즉 고비열서)
(종일품관) (비위즉 현비 정경부인) (무관즉 학생 유인)

改莎草 後 慰安祭祝

維

歲次 甲子 三月 乙酉朔 初三日丁亥

孝子 吉童 敢昭告于

顯考 崇祿大夫 府君之墓

既封既莎 舊宅維新 伏惟

尊靈 永世 是寧

謹以 清酌庶羞 祗薦于伸

尚饗

(妣位則 顯妣 貞敬夫人)（無官則 學生 孺人）
(註)一方에서는 謹以 清酌庶羞 祗薦于伸 尚饗은 不書하기도 한다.

개사초 후 위안제축

오직 벼리를 아뢰옵건대
해가 바뀐 올해의 해는 갑자년이며
삼월 초하루 일진은 을유일이고
초삼일 오늘 일진은 정해일입니다
저 세상 길동이가 감히 아뢰나이다
높은 곳에 계신
숭록대부 부군
아버님의 유택을 엎드려 아뢰옵건대
봉영하였나이다
존령께서는
영원토록 편안하시기 바라오며
삼가 자리를 가리어 주과소찬을
진설하옵고 맑은 술을
받들어 올리나이다
흠향하소서

(비위즉 현비 정경부인) (무관즉 학생 유인)
(주)일방에서는 근이 청작서수 지천우신 상향은 불서하기도 한다.

改莎草 後 山神祭祝

維

歲次 甲子 三月 乙酉朔 初三日 丁亥 幼學 李太白 敢昭告于

土地之神 今爲 吉童 先親

崇祿大夫 金海金公

塚宅崩頹 將加修治

神其保佑 俾無後艱

謹以 清酌庶羞 祇薦于神

尚 饗

（妣位則 先妣 貞敬夫人）（無官則 學生 孺人）
（子孫告則 今爲 顯考 崇祿大夫 府君）

개사 초 후   산신 제축

오직 벼리를 아뢰옵건대

해가 바뀐 올해의 해는 갑자년이며

삼월 초하루 일진은 을유일이고

초삼일 오늘 일진은 정해일입니다

토지지신 유학 이태백이 감히 아뢰나이다

숭록대부 오늘 길동 선친 김해김공의 유택이

풀뿌리는 쇠약해지고 흙은 무너졌기에

새롭게 봉영하였나이다

지신께서는 이를 보우하사

후환이 없도록 도와주시기 바라오며

삼가 주과소찬을 진수하옵고 맑은 술을

신령께 받들어 올리나이다

흠향하소서

(비위즉 선비 정경부인) (무관즉 학생 유인)
(자손고즉 금위 현고 숭록대부 부군)

立碑時 墓前告辭

維

歲次 庚午 三月癸卯朔 十二日甲寅

顯考 奉列大夫 府君之墓 孝子 吉童 敢昭告于

今爲 吉辰

謹具石物 排設 如儀用衛墓道此

謹以 清酌庶羞 謹告

奠獻 尚饗

(或 謹以 淸酌庶羞 虔告 謹告라고도 한다)
(正四品官) (妣位則 顯妣 令人) (無官則 學生 孺人)
(立碑 後則 用衛墓道此를 用衛墓道 禮畢終虞(或終于)라 한다)

입비시 묘전고사

오직 벼리를 아뢰옵건대

해가 바뀐 올해의 해는 경오년이며

삼월 초하루 일진은 계묘일이고

십이일 오늘 일진은 갑인일입니다

저세상 효자 길동이가 감히 아뢰나이다

높은 곳에 계신

봉렬대부 부군

아버님의 유택에 오늘 좋은 날을 가려

삼가 석물을 배설하여

이에 영역의 의치와 법도로써

유택을 호위하고자

삼가 주과소찬을 진설하옵고 맑은 술을

높이 받들어 올리며 아뢰나이다

흠향하소서

(혹 근이 청작서수 건고 근고라고도 한다)
(정사품관) (비위즉 현비 영인) (무관즉 학생 유인)
(입비 후즉 용위묘도 차를 용위묘도 예필종우라 한다)

立碑　後　山神祭祝

維

歲次　庚午　三月癸卯朔　十二日甲申

幼學　李太白　敢昭告于

土地之神　今爲　吉童　先親

奉列大夫　金海金公之墓

謹具石物　用衛墓道

神其保佑　俾無後艱

謹以　清酌庶羞　祗薦于神

尚　饗

(註)李太白은 山神祭官 名이고 吉童은 初獻官 名이다.
子孫告則 今爲 先考 奉列大夫 府君 幽宅이라 하며 或 之墓라 한다.
(正四品官)　(妣位則 先妣 令人)　(無官則 學生 孺人)

입비 후 산신제 축

오직 벼리를 아뢰옵건대

해가 바뀐 올해의 해는 경오년이며

삼월 초하루 일진은 계묘일이고

십이일 오늘 일진은 갑신일입니다

토지지신 오늘 이태백이 감히 아뢰나이다

봉렬대부 김해김공 길동 유택에 선친

삼가 석물을 배설하여

이에 영역의 의치와 법도로써

유택을 호위하고자

지신께서는 이를 보우하사 설치하였나이다

후환이 없도록 도와주시기 바라오며

삼가 주과소찬을 진수하옵고 맑은 술을

신령께 받들어 올리나이다

흠향하소서

(주)이태백은 산신제관 명이고 길동은 초헌관 명이다.
자손고즉 금위 선고 봉렬대부 부군 유택이라 하며 혹 지묘라 한다.
(정사품관) (비위즉 선비 영인) (무관즉 학생 유인)

祭閣　落成時　基神祭祝

維

歲次　庚午　三月　癸卯朔　十二日　甲寅

　　　幼學　金吉童　敢昭告于

基址之神　今以吉辰　擇茲吉地

營建齋宇　今既落成

功雖人力　德是神助　不敢不欽

謹以酒果　已表誠意

惟神　鑑顧　敬奠厥居

尚

饗

제각 낙성시 기신제축

오직 벼리를 아뢰옵건대

해가 바뀐 올해의 해는 경오년이며

삼월 초하루 일진은 계묘일이고

십이일 오늘 일진은 갑인일입니다

유학 김길동이가 감히 아뢰나이다

터주지신 오늘

좋은 날이 좋은 터에

제실을 이룩하여

이에 낙성식을 하게 되니

공사한 것은 비록 사람의 힘이나

덕은 이에 신명의 도움이라

감히 공경하지 아니치 못하와

삼가 주과를 베풀고 정성을 표하오니

오직

신령께서는 감고하심을 바라오며

공경하여 이에 계심에

받들어 모시나이다

흠향하소서

維

歲次 庚午 三月癸卯朔 十二日甲寅 幾世孫 吉童 敢昭告于

顯幾代祖考 某官府君

顯幾代祖妣 某封某氏

繼先裕後 追惟報本 禮不感忘

僅行歲薦 勢難謹守 親盡遠祖

今以吉辰 新築齋室

奉安 神位 將薦歲事 祭室伏惟

尊靈 永世是寧

神位 奉安祝

(註)此祝은 祭室建築 後 初行時祭 前 告由祝이다. 卽 神位 奉安祝이다.
尊位부터 以下 諸位를 列書하여 讀祝한다.
또한 神位의 最尊位는 中央에 若干 後位요 次位는 西로부터 列坐하니
神位의 右而西요 左而東이다.

신위 봉안축

오직
벼리를 아뢰옵건대
해가 바뀐 올해의 해는 경오년이며
삼월 초하루 일진은 계묘일이고
십이일 오늘 일진은 갑인일입니다
기세손 길동이가 감히 아뢰나이다
저 세상
높은 곳에 계신
몇대조고 모관부군
몇대조비 모봉모씨
선조를 이어 후손을 넉넉하게 하며
따라서 근본 갚음을 생각하건대
예에 감히 잊지 못하여
세시로 한차례 제사를 모셔왔으나
형세 삼가 수호하기 어려워
이제 좋은 때에 제실을 장차 아뢰옵건대
친진 원조 여러분을 새로 제실에 지어서
모시오니
존령께서는 오직 영원토록
편안하소서 엎드려 아뢰옵건대

(주)이 축문은 제실을 신축하여 초행시제 전 고유축이다. 즉 신위 봉안축이다.
존위부터 이하 제위를 열서하여 독축한다.
또한 신위의 최존위는 중앙에 약간 후위요 차위는 서로부터 열좌하니
신위의 우이서요 좌이동이다.

維

歲次 庚午 三月癸卯朔 十二日甲寅 孝孫 吉童 敢昭告于

顯高祖考 某官府君

顯高祖妣 某封某氏

祠宇建築 歲久頹圮

今以吉辰 將加修葺

謹以奉神主 移安他所 伏惟

尊靈 不震不驚

祠宇 重修時 告由祝

(註)此 祝文은 悠久한 祭閣을 重修改築時 神主를 移去他所 告由祝이다.
家廟 即 一般 祠堂에는 高祖位까지므로 諸位를 列書한다.

사우 중수시 고유축

오직 벼리를 아뢰옵건대

해가 바뀐 올해의 해는 경오년이며
삼월 초하루 일진은 계묘일이고
십이일 오늘 일진은 갑인일입니다

효손 길동이가 감히 아뢰나이다

저 세상
높은 곳에 계신
고조고 모관부군
고조비 모봉모씨

사당을 건축한 이후
여러 해가 지나므로 퇴락하여
이에 좋은 날을 가려 수리하고자
삼가 신위를 받들어 다른 곳으로
모시나이다

오직 엎드려 아뢰옵건대
존령께서는
편안하소서 놀라지 마시고

(주)이 축문은 오래된 제각이 퇴락하여 개수하기 위하여 신주를 다른 곳으로
옮길 때의 축이니 일반 사당에는 고조위까지므로 제위를 열서한다.
현자(顯字)는 (저 세상 높은 곳에)로 이미 표현하였으니 오해없기 바란다.

祠宇 重修 後 神主奉安祝

維

歲次 庚午 三月 癸卯朔 十二日甲寅

顯高祖考 某官府君

顯高祖妣 某封某氏

祠宇修葺 工既畢役

今以吉辰 奉安故處 伏惟

尊靈 永世是寧

孝孫 吉童 敢昭告于

(註)此 祝文은 祭閣改修 後 神主奉安祝이니 故處還位告辭이다.
高祖 以下 諸位列書하여 讀祝한다.

사우 중수 후 신주봉안축

오직 벼리를 아뢰옵건대
해가 바뀐 올해의 해는 경오년이며
삼월 초하루 일진은 계묘일이고
십이일 오늘 일진은 갑인일입니다
효손 길동이가 감히 아뢰나이다
저 세상
높은 곳에 계신
고조고 모관부군
고조비 모봉 모씨
사당을 개수하여
치장하는 개일을 이미 하였으므로
이에 좋은 날을 가려
신위를 옛날에 계시던 자리로
모시나이다
오직 엎드려
존령께서는 아뢰옵건대
편안하소서 영원토록

(주)이 축문은 제각 개수 후 신주봉안축이니 옛날 자리로 모시는 축이다.
조고위 이하 여러분을 열서하여 독축한다.
현자(顯字)는 (저 세상 높은 곳에)로 이미 표현하였으니 오해없기 바란다.

祭閣　中靁祭祝

維
歲次　庚午　三月癸卯朔　十二日甲寅
孝玄孫　吉童　敢昭告于
中靁之神　營建祭閣　衆役利浚
先塋歲事　將行于斯
神其保佑　俾無後艱
敢以酒果陳此
敬神奠獻
尙饗

(註)此 祝文은 祭閣建築時나 祭享時 前에 土地之神祭祝이다.
(或 幼學 金吉童 敢昭告于)

제각

중류제축

오직

벼리를 아뢰옵건대

헤가 바뀐 올해의 해는 경오년이며

삼월 초하루 일진은 계묘일이고

십이일 오늘 길진은 갑인일입니다

중앙의 효현 토지지신

여기에 제각을 건축코자

여러 영손들이 힘을 모아

선영을 모시는 자

이에 행하고자 절사를

지신께서는 이를 보우하사

후환이 없도록 도와주시기 바라오며

감히 께서 이에 주과를 진설하옵고

신령께 받들어

높이 올리나이다

흠향하소서

(주)이 축문은 제각을 건축할 때나 제향을 모실 때에 앞서 토지지신제축이다.
(혹 유학 김길동이가 감히 아뢰나이다)

列位 祭閣祝

維

歲次 庚午 三月癸卯朔 十二日甲寅

顯幾代祖考 某官府君 幾世孫 吉童 敢昭告于

顯幾代祖妣 某封某氏 伏以復昆

繁衍封塋 累漏世態 異昔散住

他地各位 墓祭難遵 下禮合謀

覃誠建茲 祭閣棟宇 侖奠籩豆

吉蠲將爲 歲事權行于斯 伏惟

謹以 酒果 先此告由

尊審 是憑 是寧

(註)此 祝文은 祭閣建立 後 祖上諸位를 初享時에 合祭奉行時 前告祝이다.
(변(籩)제사에 쓰는 대 그릇변, 견(蠲)정결할견)

열위 제각축

오직 벼리를 아뢰옵건대

해가 바뀐 올해의 해는 경오년이며

삼월일 초하루 일진은 계묘일이고

십이일 오늘 일진은 갑인일입니다

기세손 길동이가 감히 아뢰나이다

저 세상 높은 곳에 계신

몇 대조고 모관부군

몇 대조비 모봉 모씨

분묘를 봉함에 있고 또

누대에 산재하여 계시와 예가 달라서

각 각지에 각위가 세태에 위세가에 물들고

이에 여러 제위자손이 정성을 모아

각각 묘제로 제각을 세우고

여기에 제각 제위자손이 모시고

정결하게 제사를 정성을 모아 제기를 갖추어

삼가 주과를 진설하옵고 엎드려

먼저 아뢰옵나이다

존령께서는 이를 다 살피시와

이에 의빙하시어 편안하소서

(주)이 축문은 제각을 건립한 후 조상 여러분을 처음으로
제각에서 합제로 모실 때에 먼저 잔을 올리며 고하는 축이다.
　현자(顯字)는 (저 세상 높은 곳에)의 구절로 이미 표현 되었으니 오해없기 바란다.

維

　　廟祠祝

歲次　庚午　三月癸卯朔　初三日乙巳

後孫　某官某　敢昭告于

始祖　某官府君

巍哉功德　垂耀竹帛　集成吾東

百世準的

謹以粢盛　禮齋潔牲　庶品式陳　明薦

尚　饗

묘사축

오직 벼리를 아뢰옵건대

해가 바뀐 올해의 해는 경오년이며

삼월 초하루 일진은 계묘일이고

초삼일 오늘 일진은 을사일입니다

저 세상 후손 모관모 감히 아뢰나이다

높은 곳에 계신

시조 모관부군

높으신 공덕이야말로

죽백이 드리워 빛나오리다

우리 동방의 역사로 집대성하여

백세의 표준이 되오이다

삼가 피기장을 쌓아놓고

단술과 정결한 제물등

간소한 제수를 진설하옵고

정성을 밝히나이다

흠향하소서

(주)피기장이란 자성(粢盛)이니
(粢)젯밥자 피자 인절미자
(盛)성할성 많을성 제향곡식성
즉 제수의 양곡(糧穀)등 제물을 껍질을 벗기지 않고
싱싱한 그대로 풍성하게 쌓아 놓았다는 말이다.

이 책을 끝내면서

세상에는 조상이 계셨기에 부모가 계셨으며 부모가 계셨기에 내가 있다.
내가 있으므로 자식이 있으니 조상(祖上) 이래로 계계승승(系系承承) 이어져
조상을 숭조(崇祖)하고 친족(親族)이 돈목(敦睦)하며 위로는 어른을 모시고
아래로는 자식(子息)을 사랑하며 가족(家族)이 화목(和睦)하나니
이것이 사람의 본연(本然)의 윤리(倫理)요 영장으로서 근본(根本)이니라.
이에 종족(宗族)이 번성(蕃盛)하여 서로 안후(安候)를 살피고 왕래(往來)하며
존장(尊長)을 배알(拜謁)하여 익히고 배워 행하므로 이것이 가정의 윤리이다.
자손들이 성장하여 혼인하면 종족간(宗族間)의 가장 큰 경사(慶事)로
종족(宗族)이 모두 모여 축하(祝賀)하며
집안 존장이 세상을 다하심에 종족이 모여 함께 애도(哀悼)하니
이것이 사람이 행하여야 할 본연(本然)의 인륜지도이니라.
예나 지금이나 사람의 마음은 다를 바 없을진대 어찌하여 오늘날에 이르러
이다지도 패륜(悖倫)이 극심(極甚)하는고 ?
시속(時俗)을 한탄(恨歎)한다.
조상과 부모도 먼저 지나간 세상에서 지금의 그대와 같이 자식을 낳아 기르며
훗날 자손들의 번영을 위하여 노심초사 고민하며 만고풍상을 겪었으리라.
이를 내몸에 미루어 생각하건대 어찌 선영 봉사에 정성을 다하지 않으며
부모 봉양에 소홀함이 있으랴.
그러므로 선영의 묘역에 석물을 배설하여 치장하고 그 은혜와 공 ` 을 숭상하며
사당을 세우고 해마다 시제로써 흠모함에 정성을 다 하느니라.
그러나 지금의 세습풍조는 조상의 기제사도 모시려 하지 않으면서
교회나 사찰에는 지성껏 다니며 아멘 또는 관세음보살하며 정성을 바친다.
그러한 마음으로 선영에게 정성을 다하며 부모에게 효도할 것이다.
하느님은 어디에 계시며 부처님은 어디에 계신고 하니
교회에 있지 않으며 사찰에 있지 않느니라.
바로 자기 옆에 있으며 자신에게 있으니 나의 마음이요 그대의 마음이니라.
사람이 정의로써 즐거워하면 하느님도 부처님도 따라서 즐거워하는 것이니
모두가 즐거우면 복이 스스로 오는 것이며 그 가정이 편안하고
사사로이 사람을 속이며 즐거워하면 하느님 부처님이 어찌 즐거워하겠느냐.
모두가 미워하면 복이 스스로 멀어져 가는 것이니 그 가정이 산란하니라.
그러므로 성서에 말하기를 어두운 곳에서 사람의 눈은 속일지라도 귀신은
보고 있느니라 하였으니 이는 어느 때에 이르러 그 벌을 받는다는 말이다.
천견박식한 필자가 이 책을 쓰면서 여러분에게 간곡히 권고하고 싶은 것은
하느님 부처님 앞에 기도하는 마음으로 조상과 부모에게 그 정성을 다하며
친척과 화목하고 이웃을 사랑하며 또한 후손에게 선덕을 전하라.
그대와 내가 도덕을 행함으로써 나라는 태평하고 가정은 영화로울 것이다.

乙亥 春節　　松岩 金政洙 書

人倫之道와 家庭儀禮

初版 印刷 ● 1995年　9月　15日
初版 發行 ● 1995年　9月　20日

著　者 ● 金　政　洙
發行者 ● 金　東　求

發行處 ● 明　文　堂

서울特別市　鍾路區　安國洞　17〜8
對替　010041-31-0516013
電話　(營) 733-3039, 734-4798
　　　(編) 733-4748
FAX　734-9209
登錄　1977. 11. 19. 第1〜148號

● 落張 및 破本은 交換해 드립니다.
● 不許複製 · 版權 本社 所有.

값 15,000원
ISBN 89-7270-483-0